Markus T. Bagh
On-demand Anwendungen in Forschung und Lehre

Schriften zum europäischen Urheberrecht

EurUR 6

Schriften zum europäischen Urheberrecht

Herausgegeben von

Prof. Dr. Karl-Nikolaus Peifer, Köln
Prof. Dr. Karl Riesenhuber, M. C. J., Bochum

EurUR
Band 6

RECHT

De Gruyter Recht · Berlin

On-demand Anwendungen in Forschung und Lehre

Die öffentliche Zugänglichmachung für Unterricht und Forschung im Rechtsvergleich zwischen Schweden und Deutschland

Von

Markus T. Bagh

W DE G
RECHT

De Gruyter Recht · Berlin

Dr. iur. *Markus T. Bagh*, LL.M. (Stockholm), Rechtsanwalt in Bochum

♾ Gedruckt auf säurefreiem Papier,
das die US-ANSI-Norm über Haltbarkeit erfüllt.

ISBN 978-3-89949-463-1

Bibliografische Information der Deutschen Nationalbibliothek

Die Deutsche Nationalbibliothek verzeichnet diese Publikation in der Deutschen Nationalbibliografie; detaillierte bibliografische Daten sind im Internet über http://dnb.d-nb.de abrufbar.

Umschlaggestaltung: Christopher Schneider, Berlin
Datenkonvertierung/Satz: jürgen ullrich typosatz, Nördlingen
Druck und Bindung: Hubert & Co., Göttingen

Printed in Germany

Vorwort

Die vorliegende Arbeit wurde im Sommersemester 2007 von der Rechtswissenschaftlichen Fakultät der Universität zu Köln als Dissertation angenommen. Sie ist im Juli 2007 in Teilen überarbeitet und aktualisiert worden. Die Arbeit entstand am Lehrstuhl von Prof. Dr. Karl-Nikolaus Peifer. Er gab mir die Möglichkeit, nach meinem Assessorexamen an seinem Lehrstuhl mitzuarbeiten und seine wertvollen Anregungen und motivierenden Worte trugen wesentlich zum Gelingen der Arbeit bei. Ihm möchte ich daher in besonderer Weise danken. Überdies möchte ich Frau Prof. Dr. Anja Steinbeck für die zügige Erstellung des Zweitgutachtens danken.

Die Rechtsanwaltskanzlei Mauer · Obermeier · Reister · Schulte-Vels in Bochum ermöglichte großzügig die Verlagsveröffentlichung der Dissertation.

Gewidmet ist die Arbeit meinen Eltern, auf deren liebevolle Unterstützung ich während meiner gesamten Ausbildung zählen konnte.

Bottrop, im Juli 2007 *Markus T. Bagh*

Preface

Over a comparatively short period during the last decade before the millennium shift, six Directives were launched to harmonize copyright legislation within the European Union. These often called "first generation" Directives addressed quite sectorial issues applying to specific categories of works, related rights, forms of uses or certain features of protection, like the duration of an exclusive right. Not so by the Information Society Directive, a second generation Directive, whereby copyright legislation is meant to be harmonized more horizontally, however with a focus on the digitization of works and uses and with an aim to mitigate the dangers to rights owners in a network environment.

Upon such an aim it could be assumed that also the explicit limitations to the exclusive rights should have been harmonized, as the factual positioning of copyright, its function on the market and in all those contexts copyright matters tend to embrace, is very much following as a result of how exclusivity is balanced by other interests potentially manifest in a limitation thereto. However, with one sole exception the Information Society Directive merely offers a closed list of limitations, which a Member State may choose from, indicating limitations a Member State "may" provide for. Within this category is for example found a potential exception from the exclusive rights on reproduction and communication to the public, on demand uses included, for the purpose of illustration for teaching or scientific research, Article 5(3)(a) of the Information Society Directive, an article of manifest interest in Markus T. Bagh's dissertation.

Teaching and research are phenomena massively connected to copyright, not least from the authors' perspective. But they also meet with the complex area of freedom of expression and freedom of information, cravings for free access to knowledge, ideas and informational matters in a broad sense. To some extent teaching and research may also be considered alienated from the common market place, not necessarily involved in the commercialization of works being the core of the justification of copyright protection. It is therefore of great interest and importance to study how Member States of the EU have implemented the Information Society Directive, and how basic values of teaching and research have been treated in this context.

Preface

Germany and Sweden have basically a common footing in legal matters, emanating not only from geographical nearness and Germany being historically and today the prime trade partner of Sweden, but also from dogmatical and systematical approaches to legal thinking. As this dissertation demonstrates, such common features of the two jurisdictions do not necessarily lead to the same approaches to evaluation of the needs of education and science in an encounter with the protection of authors' works. The rather cool attitude of the Swedish legislator when analyzing the collection of existing limitations to copyright, relative to the list offered by the Information Society Directive, is quite striking. On-line teaching and on demand-techniques for science, research and learning have generally not been nourished with new exemptions to copyright in Sweden, but rather posed within the ordinary or enforced frames of copyright, indeed supported by some already existing limitations meant to meet with those exemptions given by the Directive, still not being of a mandatory nature for any Member State.

This dissertation explores and demonstrates the complexity of contemporary copyright matters in a context of teaching and science.

Jan Rosén
LLD, Professor of Private Law
Law Faculty
Stockholm University

Inhaltsverzeichnis

Literaturverzeichnis

Acham, Karl, Zu den Bedingungen der Entstehung von Neuem in der Wissenschaft, in: Berka, Walter/Brix, Emil/Smekal, Christian (Hrsg.), Woher kommt das Neue? Kreativität in Wissenschaft und Kunst, Wien, Köln, Weimar 2003, S. 1–28 (zitiert: *Acham*, in: Woher kommt das Neue?)

Ahrens, Claus, Napster, Gnutella, FreeNet & Co. – die im materialgüterrechtliche Beurteilung von Internet-Musiktauschbörsen, in: ZUM 2000, S. 1029–1037

Algotsson, Karl-Göran, Sveriges författning efter EU-anslutningen, Stockholm 2000 (zitiert: *Algotsson*, Sveriges författning)

Anderhub, Andreas, Urheberrechtsnovelle: Der § 52a, in: Forschung und Lehre 2003, S. 252

Andersson, Åke E., Kreativitetet,, Stockholm 1985

Arlt, Christian, Digital Rights Management-Systeme, in: ZUM 2004, S. 548–554

ders., Digital Rights Management Systeme. Der Einsatz technischer Maßnahmen zum Schutz digitaler Inhalte, München 2006

Barron, Tom, Trends in Corporate E-Learning, in: Riekhof, Hans-Christian/Schüle, Hubert (Hrsg.), E-Learning in der Praxis, Wiesbaden 2002, S. 55–68 (zitiert: *Barron*, in: E-Learning in der Praxis)

Bartels, Christoph/Curdt, Florian, E-Learning – wichtiger Baustein im strategischen Wissensmanagement, in: Riekhof, Hans-Christian/Schüle, Hubert (Hrsg.), E-Learning in der Praxis, Wiesbaden 2002, S. 37–54 (zitiert: *Bartels/Curdt*, in: E-Learning in der Praxis)

Bayreuther, Frank, Beschränkungen des Urheberrechts nach der neuen EU-Urheberrechtsrichtlinie, in: ZUM 2001, S. 828–839

Bechtold, Stefan, Multimedia und Urheberrecht – einige Grundsätzliche Anmerkungen, in: GRUR 1998, S. 18–27

ders., Vom Urheber- zum Informationsrecht – Implikationen des Digital Rights Management, München 2002

Beger, Gabriele, Hält § 52a UrhG dem urheberrechtlichen Dreistufentest stand?, in: Hammwöhner, Rainer/Rittberger, Marc/Semar, Wolfgang (Hrsg.), Wissen in Aktion. Der Primat der Pragmatik als Motto der Konstanzer , Informationswissenschaft. Festschrift für Rainer Kuhlen, Konstanz 2004, S. 131–140 (zitiert: *Beger*, in: FS Kuhlen)

Belitz, Heike/Kirn, Tanja/Werwatz, Axel, Innovationsfähigkeit: Deutschland braucht mehr Schwung, in: Wochenbericht des DIW Berlin 45/2006, S. 633–641

Berglund, Britt-Marie/Wiman, Mona, Norstedts Tyska Ordbok, Stockholm 1999 (zitiert: *Berglund/Wiman*, Ordbok)

Berners-Lee, Tim, Weaving the Web: The Original Design and Ultimate Destiny of the Word Wide Web by Its Inventor, San Francisco 1999 (zitiert: *Berners-Lee*, Weaving the Web)

Bernitz, Ulf, Tryckfrihetsförordningen och upphovsrättslagen i kollision, in: SvJT 2000, S. 340–345

Bernitz, Ulf/Karnell, Gunnar/Pehrson, Lars/Sandgren, Claes, Immaterialrätt – och otillbörlig konkurrens, 8:e upplagan, Stockholm 2004 (zitiert: *Bernitz/Karnell/Pehrson/Sandgren*, Immaterialrätt)

Bernitz, Ulf/Heuman, Lars/Leijonhufvud, Madeleine/Seipel, Peter/Warnling-Nerep, Wiweka/Victorin, Anders/Vogel, Hans-Heinrich, Finna rätt. Juristens källmaterial och arbetsmetoder, Stockholm 2000 (zitiert: *Bernitz/Heumann/Leijonhufvud/Seipel/Warnling-Nerep/Victorin/Vogel*, Juristens källmaterial och arbetsmetoder)

Bing, Jon, Ophavsretten og ny informasjonsteknologi, in: NIR 1995, S. 595 – 615

Björkenfeldt, Mats, Juridik, teknik och idéernas framtid, in: NIR 2002, S. 251–264

Blumschein, Patrick/Wieland, Kristina/Steiner, Susanne, Der-IBT-Server als Basis für netzgestütztes Lernen im B. A. Bildungsplanung und Instructional Design der Universität Freiburg, in: Bett, Wedeking (Hrsg.), Lernplattformen in der Praxis, Münster 2003, S. 33–51 (zitiert: *Blumschein/Wieland/Steiner*, in: Lernplattformen)

Bundesministerium für Bildung und Forschung (Hrsg.), Bestandsaufnahme 2003 und Analyse 2001 bis 2003. IT-Ausstattung der allgemeinbildenden und berufsbildenden Schulen in Deutschland, Bonn 2003 (zitiert: *BMBF*, IT-Ausstattung)

Bundesministerium für Wirtschaft und Arbeit/Bundesministerium für Bildung und Forschung (Hrsg.), Informationsgesellschaft Deutschland 2006. Aktionsprogramm der Bundesregierung, Berlin 2003 (zitiert: *BMWA/BMBF*, Deutschland 2006)

Bodendorf, Freimut/Langenbach, Christian, Electronic Education Mall – Ein virtueller Marktplatz für mediengestützte Aus- und Weiterbildung, in: Wirtschaftsinformatik 1997, S. 589–599

Bodendorf, Freimut/Euler, Dieter/Schertler, Manfred/Soy, Mustafa/Uelpenich, Sascha/Lasch, Silke, E-Teaching in der Hochschule – Technische Infrastrukturen und didaktische Gestaltung, Lohmar 2002 (zitiert: *Bodendorf*, E-Teaching)

Bornkamm, Joachim, Der Dreistufenstest als urheberrechtliche Schrankenbestimmung, in: Ahrens, Hans-Jürgen/Bornkamm, Joachim/Gloy, Wolfgang/Starck, Joachim/v. Ungern-Sternberg, Joachim (Hrsg.), Festschrift für Willi Erdmann zum 65. Geburtstag, Köln/Berlin/Bonn/München 2002, S. 29–48 (zitiert: *Bornkamm*, in: FS Erdmann)

Braun, Matthias/Mühlhausen, Peter, Berufsbildungsgesetz. Kommentar, Köln 2004 (zitiert: *Bearbeiter*, in: BBiG-Kommentar)

Brix, Emil, Wesen und Gestalt kreativer Milieus, in: Berka, Walter/Brix, Emil/Smekal, Christian (Hrsg.), Woher kommt das Neue? Kreativität in Wissenschaft und Kunst, Wien, Köln, Weimar 2003, S. 99–115 (zitiert: *Brix*, in: Berka, Woher kommt das Neue?)

Büllingen, Franz, „any place, any time, everything“. Unternehmensstrategien und Anwendungsfelder im Mobile Commerce, in: Kubicek, Herbert/Klumpp, Dieter/Büllesbach, Alfred/Fuchs, Gerhard/Rossnagel, Alexander (Hrsg.), Internet@ Future – Technik, Anwendungen und Dienste der Zukunft, Jahrbuch Telekommunikation und Gesellschaft 2001, S. 176–187 (zitiert: *Büllingen,* in: Internet@Future)

Carlén-Wendels, Thomas, Nätjuridik – lag och rätt på Internet, Stockholm 2000 (zitiert: *Carlén-Wendels,* Nätjuridik)

Chen, Hsiao-Hui, Die Nutzung urheberrechtlich geschützter Werke auf Individualabruf nach den WIPO-Verträgen, der EU-, Richtlinie sowie deutschem und taiwanesischem Recht, München 2003 (zitiert: *Chen,* Nutzung von Werken auf Individualabruf)

Collovà, Taddeo, Reproduction sonore et visuelle pour l'usage personnel, RIDA 1979, S. 77– 137

Czychowski, Christian, Das Gesetz zur Regelung des Urheberrechts in der Informationsgesellschaft – Ein Über- und ein Ausblick, in: NJW 2003, S. 2409–2412

Dalin, Per, Utbildning för ett nytt århundrade, Falköping 1995, (zitiert: *Dalin,* Utbildning)

Delp, Ludwig, Das Recht des geistigen Schaffens in der Informationsgesellschaft – Medienrecht, Urheberrecht, Urhebervertragsrecht, München 2003 (zitiert: *Delp,* Recht des geistigen Schaffens)

Diepold, Peter, Der Deutsche Bildungs-Server, in: Schwarzer (Hrsg.), MultiMedia und TeleLearning – Lernen im Cyberspace, Frankfurt am Main 1998, S. 163–177 (zitiert: *Diepold,* in: MultiMedia)

Dijksterhuis, Eduard J., The origins of classical mechanics. From Aristotle to Newton, in: Clagett (Hrsg.), Critical Problems in the History of Science, Madison 1969, S. 163–190 (zitiert: *Dijksterhius,* in: Critical Problems in the History of Science)

Dittler, Ullrich/Jechle, Thomas, Tele-Tutor-Training: Erfahrungen aus der Qualifizierung von Tele-Tutoren, in: Bett, Katja/Wedekind, Joachim/Zentel, Peter (Hrsg.), Medienkompetenz für die Hochschule, Münster 2004, S. 153–170 (zitiert: *Dittler/Jechle,* in: Medienkompetenz)

DLR-Projektträger (Hrsg.), Neue Medien in der Bildung – Hochschulen. Kursbuch eLearning 2004, Produkte aus dem Förderprogramm, Bonn 2004 (zitiert: *DLR,* eLearning)

Dreier, Horst (Hrsg.), Grundgesetz. Kommentar. Band III., Artikel 83–146, Tübingen 2000 (zitiert: *Bearbeiter,* in: Dreier GG Band III)

Dreier, Thomas, Die Umsetzung der Urheberrechtsrichtlinie 2001/29/EG in deutsches Recht, in: ZUM 2002, S. 28–43

Dreier, Thomas/Schulze, Gernot, Urheberrechtsgesetz, Urheberrechtswahrnehmungsgesetz, Kunsturhebergesetz. Kommentar, 2. Auflage, München 2006 (zitiert: *Bearbeiter,* in: Dreier/Schulze, UrhG)

Dreyer, Gunda/Kotthoff, Jost/Meckel, Astrid, Heidelberger Kommentar zum Urheberrecht, Heidelberg 2002 (zitiert: *Bearbeiter,* in HK-UrhG)

Dudenverlag (Hrsg.), Duden – Das Fremdwörterbuch, Band 5, 8. Auflage, Mannheim 2005

Dziobaka-Spitzhorn, Verena, Stichwort Paradigmenwechsel: Die Wissensmanagement- und E-Learning-Strategie der Metro Cash & Carry GmbH, in: Riekhof, Hans-Christian/Schüle, Hubert (Hrsg.), E-Learning in der Praxis, Wiesbaden 2002, S. 339–363

Eberspächer, Jörg, Die Zukunft des Internet im Lichte von Konvergenz, in: Kubicek, Herbert/Klumpp, Dieter/Büllesbach, Alfred/Fuchs, Gerhard/Rossnagel, Alexander (Hrsg.), Internet Future – Technik, Anwendungen und Dienste der Zukunft, Jahrbuch Telekommunikation und Gesellschaft 2001, Heidelberg 2001, S. 17–27 (zitiert: *Eberspächer,* in: Kubicek, Internet Future)

EG-Kommission (Hrsg.), Mitteilungen der Kommission. Initiativen zum Grünbuch über Urheberrecht und verwandte Schutzrechte in der Informationsgesellschaft, KOM (96) 568, Brüssel 1996 (zitiert: *EG-Kommission,* Grünbuch)

Ehlers, Ulf-Daniel, Qualität im E-Learning aus Lernersicht – Grundlagen, Empirie und Modellkonzeption subjektiver Qualität, Wiesbaden 2004 (zitiert: *Ehlers,* Qualität im E-Learning)

Eliasson, Torsten/Höglund, Bengt, Vuxenutbildning i Sverige, Rapport från pedagogiskt centrum, Stockholm 1981 (zitiert: *Eliasson/Höglund,* Vuxenutbildning i Sverige)

Encarnação, José Luis/Guddat, Hannes/Schnaider, Michael, Die Hochschule auf dem Weg ins E-Learning-Zeitalter, in: Bentlage, Ulrike/Glotz, Peter/Hamm, Ingrid/Hummel, Johannes (Hrsg.), E-Learning, Gütersloh 2002, S. 21–55 (zitiert: *Encarnação/Guddat/Schnaider,* in: E-Learning)

Ensthaler, Jürgen, Bundestag beschließt die Herausnahme wissenschaftlicher Sprachwerke aus dem Urhebergesetz, in: K&R 2003, S. 209–211

Ensthaler, Jürgen/Bosch, Wolfgang/Völker, Stefan, Handbuch Urheberrecht und Internet, Heidelberg 2002 (zitiert: *Bearbeiter,* in: Handbuch UrheberR)

Ernst, Stefan, Urheberrechtliche Probleme bei der Veranstaltung von on-demand Diensten, in: GRUR 1997, S. 592–597

Eschenauer, Barbara, Erfolgreiche Integration von Medien in der Schule: eine Zwischenbilanz (Konferenzbericht I), in: Langen (Hrsg.), Schulinnovation durch neue Medien – Entwürfe und Ergebnisse in der Diskussion, Gütersloh 1999, S. 27–65 (zitiert: *Eschenauer,* in: Schulinnovation)

Fallenböck, Markus/Nitzl, Stephan, Urheberrechtliche Rahmenbedingungen für elektronische Pressespiegel, in: medien und recht 2003, S. 102–108

Federrath, Hannes, Multimediale Inhalte und technischer Urheberrechtsschutz im Internet, in ZUM 2000, S. 804–810

Fischer, Klaus, Die Universität zwischen Kreativität und Steuerung – Thesen aus wissenschaftshistorischer Perspektive, in: Forschung und Lehre 2001, S. 240–247

Fischer, Wolfram, Innovationsräume in Westeuropa in der Neuzeit (16.–20. Jahrhundert): Kontinuität oder Brüche?, in: Schwinges, Rainer C./Messerli, Paul/Münger, Tamara (Hrsg.), Innovationsräume. Woher das Neue kommt – in Vergangenheit und Gegenwart, Zürich 2001, S. 45–53. (zitiert: *Fischer,* in: Innovationsräume)

Fiscor, Mihály, The Law of Copyright and the Internet. The 1996 WIPO Treaties, their Interpretation and Implementation, New York 2002 (zitiert: *Fiscor*, Copyright & Internet)
Flechsig, Norbert P., EU-Harmonisierung des Urheberrechts und der verwandten Schutzrechte in der Informationsgesellschaft, in: ZUM 1998, S. 139–154
ders., Grundlagen des Europäischen Urheberrechts. Die Richtlinie zur Harmonisierung des Urheberrechts in Europa und die Anforderungen an ihre Umsetzung in deutsches Recht, in: ZUM 2002, S. 1–21
ders., Robert Dittrich/Manfred Matzka/Heinz Wittmann: Rechtsprobleme des Bildschirmtextes in Österreich – Besprechung, in: UFITA 99 (1995), S. 296–297
Fleck, Ludwig, Die Entstehung und Entwicklung einer wissenschaftlichen Tatsache, Frankfurt am Main 1980 (zitiert: *Fleck,* Die Entstehung einer wissenschaftlichen Tatsache)
Flender, Jürgen, E-Mail-unterstützter Lerntransfer: Ergebnisse aus der empirischen Begleitung der Aus- und Fortbildung der Lehrkompetenz, in: Das Hochschulwesen 2003, S. 118–121
Foster, Ian/Kesselmann, Carl (Hrsg.), The Grid. Blueprint for a New Computing Infrastructure, 2. Auflage, San Francisco 1999 (zitiert: *Foster/Kesselmann*, The Grid)
Fromm, Friedrich Karl/Nordemann, Wilhelm, Urheberrecht – Kommentar 9. Auflage, Stuttgart 1998 (zitiert: *Bearbeiter*, in: Fromm/Nordemann, UrheberR-Komm.)

Géczy-Sparwasser, Vanessa, Die Gesetzgebungsgeschichte des Internet, Beiträge zum Informationsrecht Band 3, Berlin 2003
Gehle, Michael, IT-unterstützter Wissenstransfer in der internationalen Forschung & Entwicklung: Ein Praxisbericht über den „Marktplatz des Wissens“ der BMW AG, in: Wirtschaftsinformatik 42 (2000), Sonderheft IT & Personal, S. 119–123
Geiger, Christophe, Der urheberrechtliche Interessenausgleich in der Informationsgesellschaft – Zur Rechtsnatur der Beschränkungen des Urheberrechts, in: GRUR Int. 2004, S. 815–821
ders., Die Schranken des Urheberrechts im Lichte der Grundrechte – Zur Rechtsnatur der Beschränkungen des Urheberrechts, in: Hilty, Reto M./Peukert, Alexander (Hrsg.), Interessenausgleich im Urheberrecht, Baden-Baden 2004, S. 143–157 (zitiert: *Geiger,* in: Interessenausgleich im Urheberrecht)
Gentsch, Peter, Wissen managen mit innovativer Informationstechnologie, Wiesbaden 1999 (zitiert: Gentsch, Wissen managen)
Gerlach, Tilo, „Making available right“ – Böhmische Dörfer, in: ZUM 1999, S. 278–282
Gounalakis, Georgios, Elektronische Kopien für Unterricht und Forschung (§ 52 a UrhG) im Lichte der Verfassung – Rechtsgutachten im Auftrag des Börsenvereins des Deutschen Buchhandels e. V., Tübingen 2003 (zitiert: *Gounalakis,* § 52 a UrhG)
ders., Digitale Lehrbücher im Computernetzwerk von Schulen und Hochschulen und das Urheberrecht, in: JZ 2003, S. 1099–1101

Graf von Westphalen, Friedrich, Produkthaftungshandbuch, München 1989 (zitiert: *Bearbeiter*, in: Graf v. Westphalen, Produkthaftung)
Grassmuck, Volker, Die Machtübernahme der Datenherren, in: Digitales Urheberrecht. Zwischen ‚Information Sharing' und ‚Information Control' – Spielräume für das öffentliche Interesse an Wissen? Dokumentation einer Tagung der Heinrich-Böll-Stiftung (Hrsg.) am 26. April 2002 in Berlin, Berlin 2002, S. 52–59 (zitiert: *Grassmuck*, in: Digitales Urheberrecht)
Guggemos, Werner-Christian, Digital Rights Management im praktischen Einsatz, in: ZUM 2004, S. 183–187

Häggström, Britt Marie, Reflektioner kring propositionen om upphovsrätten, i informationssamhället, in: DIK-forum 2005, S. 13
Hansen, Gerd, Zugang zu wissenschaftlichen Informationen – Alternative urheberrechtliche Ansätze, in: GRUR Int. 2005, S. 378–388
Harder, Jörn, Ist die Zugänglichmachung von Werken zur Veranschaulichung im Unterricht an Hochschulen (§ 52a Abs. 1 Nr. 1, 2. Alt. UrhG) verfassungsgemäß?, in: UFITA 2004, S. 643–664
Haupt, Stefan, Die EG-Richtlinie „Urheberrecht in der Informationsgesellschaft" und Konsequenzen für die Nutzung von Werken im Schulunterricht gemäß § 52a UrhG, in: ZUM 2004, S. 104–112
Heide, Thomas, The Berne Three Steps Test and the proposed Copyright Directive, in: EIPR 1999, S. 105–109
Heide, Ann/Hendersson, Dale, Active Learning in the Digital Age Classroom, Portsmouth 2001 (zitiert: *Heide/Hendersson*, The Digital Age Classroom)
Helsel, Sandra Kay, Virtual Reality and Education, in: Gayeski (Hrsg.), Multimedia for Learning – Development – Application – Evaluation, New Jersey 1993, S. 73–85 (zitiert: *Helsel*, in: Multimedia for Learning)
Herler, Brita Kristina, Upphovsrätt – Särskilt för lärare vid universitet och högskolor, Wasa 2004 (zitiert: *Herler*, Upphovsrätt för lärare)
Hey, Tony/Trefethen, Anne E., Cyberinfrastructure for e-Science, in: Science Magazine 2005, Vol. 308 S. 817–821
Hiller, Wolfgang, Aufgaben von D-Grid, in: Wissensmanagement Spezial 2005, S. 6–7
Hilty, Reto M., Das Urheberrecht und der Wissenschaftler, in: GRUR Int. 2006, S. 179–190
ders., Urheberrecht und Wissenschaft, in: Ulrich Sieber/Thomas Hoeren (Hrsg.): Urheberrecht für Bildung und Wissenschaft, Bonn 2005, S. 174–192 (zitiert: *Hilty*, in: UrheberR für Bildung und Wissenschaft)
Hoeren, Thomas, Copyright Dilemma: Access Right as a Postmodern Symbol, in: Becker, Eberhard/Buhse, Willms/Günnewig, Dirk, Rump, Niels (Hrsg.), Digital Rights Management. Technological, Economic, Legal and Political Aspects, Berlin, Heidelberg 2003, S. 574–586 (zitiert: *Hoeren*, in: DRM)
ders., Entwurf einer EU-Richtlinie zum Urheberrecht in der Informationsgesellschaft – Überlegungen, zum Zwischenstand der Diskussion, in: MMR 2000, S. 515–521

ders., Rechtsvergleichende Aspekte: Der Blick über den Tellerrand, in: Ulrich Sieber/Thomas Hoeren (Hrsg.): Urheberrecht für Bildung und Wissenschaft, Bonn 2005, S. 166–173 (zitiert: *Hoeren,* in: UrheberR für Bildung und Wissenschaft)

ders., Überlegungen zur urheberrechtlichen Qualifizierung des elektronischen Abruf, in: CR 1996, S. 517–521

ders., Urheberrecht 2000 – Thesen für eine Reform des Urheberrechts, in: MMR 2000, S. 3–7

Hoeren, Thomas/Kalberg, Nadine, Der amerikanische TEACH Act und die deutsche Schrankenregelung zur „Öffentlichen Zugänglichmachung für Unterricht und Forschung" (§ 52a UrhG) im Vergleich, in: ZUM 2006, S. 600–604

Hoeren, Thomas/Sieber, Ulrich, Handbuch Multimedia-Recht. Rechtsfragen des elektronischen Geschäftsverkehrs, Loseblattsammlung, Stand: 16. Ergänzungslieferung, August 2006 (zitiert: *Bearbeiter,* in: MultimediaR)

Hoffmann-Riem, Wolfgang, Informationsfreiheit, in: Kubicek, Herbert/Klumpp, Dieter/Büllesbach, Alfred/Fuchs, Gerhard/Rossnagel, Alexander (Hrsg.), Innovation Infrastruktur – Informations- und Dienstleistungsstrukturen der Zukunft, Jahrbuch Telekommunikation und Gesellschaft 2002, Heidelberg 2002, S. 81–86 (zitiert: *Hoffmann-Riem,* in: Kubicek, Innovation Infrastruktur)

Holm, Hans, Litterär stöld eller återupplivad berättar-tradition? – Fan fiction ur ett moraliskt och juridiskt perspektiv, Lund 2000 (zitiert: *Holm,* Litterär stöld)

Holmbeck, Åke/Wessén, Elias,, Magnus Erikssons Landslag – I Nusvensk Tolkning, Lund 1962 (zitiert: *Holmbeck/Wessén,* Landslag)

Hübner, Heinz, Informationsmanagement und strategische Unternehmensführung – Vom Informationsmarkt zur Innovation, München, Wien 1996 (zitiert: *Hübner,* Informationsmanagement und strategische Unternehmensführung)

Hugenholtz, Bernt, De wettelijke beperkingen beperkt. De WTO geeft de driestappentoets tanden, in: AMI 2000, S. 197–201

Ihm, Erwin, E-Learning bei der Deutschen Telekom AG, in: Riekhof, Hans-Christian/Schüle, Hubert (Hrsg.), E-Learning in der Praxis, Wiesbaden 2002, S. 324–338 (zitiert: *Ihm,* in: E-Learning in der Praxis)

Isensee, Josef/Kirchhof, Paul, Handbuch des Staatrechts der Bundesrepublik Deutschland, Band VI, Freiheitsrechte, Heidelberg 1989 (zitiert: *Bearbeiter,* in: Handbuch des StaatsR VI)

Issing, Ludwig J., Vernetztes Studium, in: Kubicek, Herbert/Klumpp, Dieter/Büllesbach, Alfred/Fuchs, Gerhard/Rossnagel, Alexander (Hrsg.), Innovation Infrastruktur – Informations- und Dienstleistungsstrukturen der Zukunft, Jahrbuch Telekommunikation und Gesellschaft 2002, Heidelberg 2002, S. 123–137 (zitiert: *Issing,* in: Kubicek, Innovation Infrastruktur)

Jarass Hans D./Pieroth, Bodo, Grundgesetz für die Bundesrepublik Deutschland – Kommentar, 7. Auflage, München 2004 (zitiert: *Bearbeiter,* in: Jarass/Pieroth, GG)

Jenslin, Åsa, Digital upphovsrätt och informationsteknik – ett dilemma?: En analys av tre aktöres motsridiga intressen, Umeå 2000 (zitiert: *Jenslin,* Digital upphovsrätt och informationsteknik – ett dilemma?)

Jessen, Eike, Die Zukunft des Internet und insbesondere der Wissenschaftsnetze, in: Kubicek, Herbert/Klumpp, Dieter/Büllesbach, Alfred/Fuchs, Gerhard/ Rossnagel, Alexander (Hrsg.), Internet Future – Technik, Anwendungen und Dienste der Zukunft, Jahrbuch Telekommunikation und Gesellschaft 2001, Heidelberg 2001, S. 11–16. (zitiert: *Jessen*, in: Internet Future)

Kaderali, Firoz/Schaup, Sonja, Entwicklungstrends im Bereich der breitbandigen Zugangstechnologie, in: Kubicek, Herbert/Braczyk, Hans-Joachim/Klumpp, Dieter/Rossnagel, Alexander (Hrsg.), Global Home – Informations- und Dienstleistungsstrukturen der Zukunft, Jahrbuch Tele-, kommunikation und Gesellschaft 2000, Heidelberg 2000, S. 120–129 (zitiert: *Kaderali/Schaup*, in: Global Home)

Kadesjö, Maria, Folkbibliotheken, upphovsmännen och den nya upphovsrätten: En analys av debatten i Sverige, 1995–2000, Uppsala 2001 (zitiert: *Kadesjö*, En analysis av debatten i Sverige 1995–2000)

Karnell, Gunnar, Den svenska upphovsrätten, in: Stig Strömholm (Huvudredaktör), Svensk rätt – en översikt, Uppsala 2001 (zitiert: *Karnell*, in: Svensk rätt)

ders., Europaparlaments och rådets direktiv nr 96/9/EG av den 11 mars 1996 om rättsligt skydd för databaser – en icke-officiell nyöversättning till svenska språket, till ledning för rättstillämping och rättsvetenskap, in: NIR 1999, S. 209–221

ders., Högsta Domstolen i parkeringsficka på den elektroniska motorvägen, in: NIR 1996, S. 310–314

Klein, Naomi, No Logo! Der Kampf der Global Players um Marktmacht – Ein Spiel mit vielen Verlierern und wenigen Gewinnern, München 2001 (zitiert: *Klein*, No Logo!)

Kloth, Matthias, Der Schutz der ausübenden Künstler nach TRIPS und WPPT, Baden-Baden 2000 (zitiert: *Kloth*, Schutz der ausübenden Künstler)

Koch, Frank A., Grundlagen des Urheberrechtsschutz im Internet, und in Online-Diensten, in: GRUR 1997, S. 417–430

Koch, Hartmut, InfoSCHUL – Ein erfolgreicher Ansatz zur Verbesserung der Informationskompetenz an deutschen Schulen, in: Vds Bildungsmedien e.V., (Hrsg.), Forum Multimedia. Unterricht und Lehre mit neuen Medien. Medienarbeit in Schule und Hochschule: Die Themen der aktuellen Multimedia-Diskussion und die konkreten Projekte. Eine Dokumentation zum „Forum Multimedia – Bildungsmesse 2003 Nürnberg, Frankfurt 2003, S. 64–65 (zitiert: *Koch*, in: Medienarbeit)

Koestler, Arthur, The Act of Creation, London 1964 (zitiert: *Koestler*, The Act of Creation)

Koktvedgaard, Mogens/Levin, Marianne, Lärobok i Immaterialrätt, 8:e upplagan, Stockholm 2004 (zitiert: *Koktvedgaard/Levin*, Immaterialrätt)

Kreutzer, Till, Napster, Gnutella und Co.: Rechtsfragen zu Filesharing-Netzen aus der Sicht des deutschen Urhebergesetzes de lege lata und de lege ferenda – Teil 1, in: GRUR 2001, S. 193–204

Kröger, Detlef, Enge Auslegung von Schrankenbestimmungen – wie lange noch? Zugang zu Informationen in digitalen Netzwerken, in: MMR 2002, S. 18–21

ders., Die Urheberrechtsrichtlinie für die Informationsgesellschaft – Bestandsaufnahme und kritische Bewertung, in: CR 2001, S. 316–324
ders., Informationsfreiheit und Urheberrecht, München 2002 (zitiert: *Kröger,* Informationsfreiheit)
Kühner, Anja/Sturm, Thilo, Das Medienlexikon, 2. Auflage, Landberg am Lech 2001 (zitiert: *Kühner/Sturm,* Medienlexikon)
Kuhlen, Rainer, Eine Kopernikanische Wende im Publikationssystem zur Sicherung der Zugangsfreiheit für Bildung und Wissenschaft vonnöten – Eine Kritik der Schranken (insbesondere § 52a) beim Urheberrechtsgesetz, in: Peifer, Karl-Nikolaus/Gersmann, Gudrun, Forschung und Lehre im Informationszeitalter – zwischen Zugangsfreiheit und Privatisierungsanreiz; Schriften zum europäischen Urheberrecht, Band 4, Berlin 2007, S. 135–176 (zitiert: *Kuhlen,* in: Forschung und Lehre im Informationszeitalter)
ders., Über die Möglichkeit eines informationsethischen Diskurses, in: Digitales Urheberrecht. Zwischen ‚Information Sharing' und ‚Information Control'– Spielräume für das öffentliche Interesse an Wissen? Dokumentation einer Tagung der Heinrich-Böll-Stiftung (Hrsg.) am 26. April 2002 in Berlin, Berlin 2002, S. 9–13. (zitiert: *Kuhlen,* in: Digitales Urheberrecht)

Landes, William M./Posner, Richard A., An Economic Analysis of Copyright Law, in: Journal of Legal Studies XVIII (1989), S. 325–363
Lauber, Anne/Schwipps, Karsten, Das Gesetz zur Regelung des Urheberrechts in der Informationsgesellschaft, in: GRUR 2004, S. 293–300
Lehmann, Michael, Eigentum, geistiges Eigentum, gewerbliche Schutzrechte, in: GRUR Int. 1983, S. 356–362
ders. (Hrsg.), Internet- und Multimediarecht (Cyberlaw), Stuttgart, 1997 (zitiert: *Bearbeiter,* in: Cyberlaw)
Lehner, Franz, Organisational Memory. Konzepte und Systeme für das organisatorische Lernen und das Wissensmanagement, München, Wien 2000 (zitiert: *Lehner,* Organisational Memory)
Lehrberg, Bert, Praktisk juridisk metod, Uppsala 2001
Lessig, Lawrence, Code: And Other Laws of Cyberspace, New York 1999 (zitiert: *Lessig,* Code)
ders., Free Culture. How Big Media Uses Technology And The Law. To Lock Down Culture And Control Creativity, New York 2004 (zitiert: *Lessig,* Free Culture)
ders., The Future Of Ideas – The Fate Of The Commons. In A Connected World, New York 2002 (zitiert: *Lessig,* The Future Of Ideas)
Leu, Deborah Diadiun/Leu, Donald J., Teaching with the Internet – Lessons from the Classroom, 3rd Edition, Norwood 2000 (zitiert: *Leu/Leu,* Teaching with the Internet)
Leufen, Stefan, Software-Angebot für Unterricht und Schule, in: Bertelsmann Stiftung/Heinz Nixdorf Stiftung (Hrsg.), Neue Medien in den Schulen – Projekte – Konzepte – Kompetenzen, Gütersloh 1996 (zitiert: *Leufen,* in: Neue Medien in den Schulen)

Leupold, Andreas/Demisch, Dominik, Bereithalten von Musikwerken zum Abruf in digitalen Netzen, in: ZUM 2000, S. 379–390

Levin, Marianne, Lärobok i Immaterialrätt – Supplement 2006. Upphovsrätt, Stockholm 2006 (zitiert: *Levin*, Upphovsrätt – Supplement)

Lindberg, Agne/Bengtsson, Henrik, Database-Aided IPR Due Diligence, in: Law and Information Technology – Swedish Views – An anthology produced by the IT Law Observatory of the Swedish ICT Commission, SOU 2002:112, Stockholm 2002, S. 117–127 (zitiert: *Lindberg/Bengtsson*, in: Swedish Views)

Lindmark, Ingemar, Vem bygger upphovsrättens Clas Ohlson?, in: DIK-forum 2005, S. 10–13

Lippert, Pascal, Filtersysteme zur Vehinderung von Urheberrechtsverletzungen im Internet, in: CR 2001, S. 478–484

Lögdberg, Åke, Einige aktuelle Fragen im schwedischen Urheberrecht, in: UFITA 63 (1972) S. 67–84

Loewenheim, Ulrich (Hrsg.), Handbuch des Urheberrechts, Müchen 2003 (zitiert: *Bearbeiter*, in: Handbuch UrhR)

ders., Öffentliche Zugänglichmachung von Werken im Schulunterricht – Überlegungen zum Begriff der Öffentlichkeit in § 52a UrhG, in: Festschrift für Gerhard Schricker zum 70. Geburtstag, München 2005, S. 413 – 423 (zitiert: *Loewenheim*, in: FS Schricker)

Lorentzen, Lisa, Sui-generis-vernet av databaser i åndsverksloven, in: NIR 2004, S. 118–136

Lüthen, Jürgen, Die Gesetzgebungskompetenz des Bundes im Hochschulwesen, in: DöV 1973, S. 545–554

Lundberg, Christina/Ström, Lars-Erik/Svensson, Carl Anders, Praktisk informationsrätt, Falun 1996

Maier, Ronald, Knowledge Management Systems. Information and Communication Technologies for Knowledge Management, 2. Auflage, Berlin, Heidelberg, New York 2004 (zitiert: *Maier*, Knowlegde Management)

Marking, Christer, The Swedish ICT Commission, in: Law and Information Technology – Swedish Views – An anthology produced by the IT Law Observatory of the Swedish ICT Commission, SOU 2002:112, Stockholm 2002, S. 117–127 (zitiert: *Marking*, in: Swedish Views)

Martens, Bernd, Ab 2004 dann im Sommer ganz entspannt vom Baggersee aus die Vorlesung verfolgen, via UMTS oder der Einsatz virtueller Lehre, aus studentischer Perspektive, in: Wagner, Kindt, (Hrsg.), Virtueller Campus – Szenarien – Strategien – Studium, Münster 2001, S. 319–328 (zitiert: *Martens*, in: Virtueller Campus)

Marwitz, Petra, Haftung für Hyperlinks, in: K&R 1998, S. 369–374

McLuhan, Marshall, The Gutenberg Galaxy, London 1962 (zitiert: *McLuhan*, The Gutenberg Galaxy)

Melichar, Ferdinand, Virtuelle Bibliotheken und Urheberrecht, in: CR 1995, S. 756–762

Michel, P. Lutz/Goertz, Lutz, Die aktuelle Lage auf dem eLearning-Markt, in:

Loebe, Herbert, Severing, Eckart, eLearning für die betriebliche Praxis, Bielefeld 2003, S. 25–34 (zitiert: *Michel/Goertz*, in: eLearning)

Mitchell, William J. T., The Pictorial Turn, in: Art Forum International XXX, No. 7 1992, S. 89–94

Möhring, Philipp/Nicolini, Käthe/Ahlberg, Hartwing (Hrsg.), Urheberrechtsgesetz. Kommentar, München 2000 (zitiert: *Bearbeiter*, in: Möhring/Nicolini, UrheberG)

Münchmeier, Gert, E-Learning am praktischen Beispiel der Virtuellen Berufsoberschule Bayern, in: Vds Bildungsmedien e. V., (Hrsg.), Forum Multimedia. Unterricht und Lehre mit neuen Medien. Medienarbeit in Schule und Hochschule: Die Themen der aktuellen Multimedia-Diskussion und die konkreten Projekte. Eine Dokumentation zum „Forum Multimedia" – Bildungsmesse 2003 Nürnberg, Frankfurt 2003, S. 74–75. (zitiert: Münchmeier, in: Medienarbeit), Nergelius, Joakim, Constitutional Law, in: Bogdan (Editor), Swedish Law in the New Millennium, Stockholm 2000, S. 65–88. (zitiert: *Nergelius*, in: Swedish Law)

ders., The Impact of EC Law in Swedish National Law – A Cultural Revolution, in: Cameron & Simoni (Editors), Dealing with Integration, Vol. 2, Uppsala 1998, S. 165–182 (zitiert: *Nergelius*, in: Dealing with Integration)

Neumann, Till, Urheberrecht und Schulgebrauch. Eine vergleichende Untersuchung der Rechtsgrundlagen und der Wahrnehmungspraxis, Baden-Baden 1994 (zitiert: *Neumann*, Urheberrecht und Schulgebrauch)

Nolte, Georg, Paperboy oder die Kunst den Informationsfluss zu regulieren, ZUM 2003, S. 540–549

Nordin, Pernilla/Stattin, Annika, Informationstillgång, demokrati och förändrad upphovsrätt, Stockholm 2004 (zitiert: *Nordin/Stattin*, Informationstillgång)

Nyman, Olle, Basic Features of Swedish Constitutional Law, in: Strömholm (Editor), An Introduction to Swedish Law, Stockholm 1991, S. 46–77 (zitiert: *Nyman*, in: Introduction to Swedish Law)

Olsson, Henry, Agne, Copyright – Svensk och internationell upphovsrätt, Sjunde Upplagan, Stockholm 2006 (zitiert: *Olsson*, Copyright)

Ott, Stephan, Die urheberrechtliche Zulässigkeit des Framing nach, der BGH-Entscheidung im Fall „Paperboy", in: ZUM 2004, S. 357–367

ders., Urheber- und wettbewerbsrechtliche Probleme von Linking und Framing, Stuttgart, München, Hannover, Berlin, Weimar, Dresden 2004 (zitiert: *Ott*, Linking und Framing)

Papert, Seymour, Revolution des Lernens – Kinder, Computer, Schule in einer digitalen Welt, Hannover 1994 (zitiert: *Papert*, Revolution des Lernens)

Peifer, Karl-Nikolaus, Forschung und Lehre im Informationszeitalter – zwischen Zugangsfreiheit und Privatisierungsanreiz, in: Peifer, Karl-Nikolaus/Gersmann, Gudrun, Forschung und Lehre im Informationszeitalter – zwischen Zugangsfreiheit und Privatisierungsanreiz; Schriften zum europäischen Urheberrecht, Band 4, Berlin 2007, S. 1–6 (zitiert: *Peifer*, in: Forschung und Lehre im Informationszeitalter)

Pfennig, Gerhard, Digital Rights Management-Systeme aus der Sicht von Verwertungsgesellschaften, in: ZUM 2004, S. 198–203

Pflüger, Thomas, E-Publishing und Open Access – Konsequenzen für Ertmann, Dietmar, das Urheberrecht im Hochschulbereich, in: ZUM 2004, S. 436–443

Poeppel, Jan, Die Neuordnung der urheberrechtlichen Schranken, im digitalen Umfeld, Göttingen 2005

Poltermann, Andreas, Urheberrecht und Wissenschaft – Einführung, in: Digitales Urheberrecht. Zwischen ‚Information Sharing' und ‚Information Control' – Spielräume für das öffentliche Interesse an Wissen? Dokumentation einer Tagung der Heinrich-Böll-Stiftung am 26. April 2002 in Berlin, Berlin 2002, S. 19–21 (zitiert: *Poltermann*, in: Digitales Urheberrecht)

Raczinski, Bernd/Rademacher, Ulrich, Urheberrechtliche Probleme beim Aufbau und Betrieb einer juristischen Datenbank, in: GRUR 1989, S. 324–331

Regeringskansliet (Hrsg.), Upphovsrätten i informationssamhället, Stockholm 2005

dies., Upphovsrätt – Information om rättsreglerna, Stockholm 2006 (zitiert: *Regeringskansliet*, Upphovsrätt)

Rehbinder, Manfred, Urheberrecht, 13. Auflage, München 2002 (zitiert: *Rehbinder*, UrheberR)

Reich, Andreas, Hochschulrecht des Bundes. Band 2. Hochschulrahmengesetz. Kommentar, 8. Auflage, Bad Honnef 2002 (zitiert: *Reich*, HRG)

Reinbothe, Jörg, Die EG-Richtlinie zum Urheberrecht in der Informationsgesellschaft, in: GRUR Int. 2001, S. 733–745

ders., Die Umsetzung der EU-Urheberrechtsrichtlinie in deutsches Recht, in: ZUM 2002, S. 43–51

ders., Europäisches Urheberrecht und Electronic Commerce, in: Lehmann (Hrsg.), Electronic Business in Europa, München 2002, S. 368–407 (zitiert: *Reinbothe*, in: Electronic Business)

Reinbothe, Jörg/von Lewinski, Silke, The WIPO Treaties 1996, London 2002 (zitiert: *Reinbothe/v.Lewinski*, WIPO Treaties)

Reinefeld, Alexander, Chancen eines internationalen Wissenschaftsverbundes, in: Wissensmanagement Spezial 2005, S. 4–5

Renman-Claesson, Katarina, Kort om upphovsrätt Stockholm 2003 (zitiert: *Claesson*, Upphovsrätt)

dies., Upphovsrätt Digitala påfrestningar på upphovsrätten? En genomgång av Katarina Renman-Claesson, Stockholm 2001 (zitiert: *Claesson*, Upphovsrätt – en genomgång)

Rheinberger, Hans-Jörg, Historische Beispiele experimenteller Kreativität in den Wissenschaften, in: Berka, Walter/Brix, Emil/Smekal, Christian (Hrsg.), Woher kommt das Neue? Kreativität in Wissenschaft und Kunst, Wien, Köln, Weimar 2003, S. 29–49 (zitiert: *Rheinberger*, in: Woher kommt das Neue?)

Ricketson, Sam, The Berne Convention for the Protection of Literary and Artistic Works, London 1987 (zitiert: *Ricketson*, The Berne Convention)

Riekhof, Hans-Christian/Schüle, Hubert, E-Learning und Wissensmanagement in deutschen Großunternehmen, in: Riekhof, Hans Christian/, Schüle, Hubert (Hrsg.), E-Learning in der Praxis, Wiesbaden 2002, S. 113–129 (zitiert: Riekhof/Schüle, in: E-Learning)

Ring, Gerhard/Olsen-Ring, Einführung in das skandinavische Recht, Line, München 1999 (zitiert: *Ring/Olsen-Ring*, Skandinavisches Recht)

Röhl, Klaus F., Das Recht nach der visuellen Zeitenwende, in: JZ 2003, S. 339–344

Rohleder, Bernhard, DRM – Herausforderung und Chance in der digitalen Welt, in: ZUM 2004, S. 203–204

Rosén, Jan, Ansvar för utnyttjanden av skyddade prestationer i nätverk, in: SvJT 2000, S. 805–824

ders., BBS-målet och ansvaret för elektroniska förmedlingstjänster, in: SvJT 1996, S. 414–425

ders., Intellectual Property Rights, in: Tidberg (Hrsg.), Swedish Law – a survey, Stockholm 1994 (zitiert: *Rosén*, in: Swedish Law – a survey)

ders., Upphovsrätten i med- och motvind, in: NIR 2005, S. 567–580

ders., Upphovsrätt och närstående rättigheter i, informationssamhället – något om EG-direktivet 2001/29/EG, in NIR 2001, S. 582–603

ders., Urheberrecht und verwandte Schutzrechte in der Informationsgesellschaft – Zur Umsetzung der EG-Richtlinie 2001/29/EG in den nordischen Ländern, in: GRUR Int. 2002, S. 195–206

Rüschoff, Bernd, Neue Medien, kreatives Lernen und Wandel von Lehrerarbeit: technologiebereicherte Lernwelten am Beispiel des Fremdsprachenunterrichts, in: Vollstädt (Hrsg.), Zur Zukunft der Lehr- und Lernmedien in der Schule – Eine Delphi-Studie in der Diskussion, Opladen 2003, S. 103–115 (zitiert: *Rüschoff*, in: Zukunft der Lehrmedien)

Sacher, Werner, Schulische Medianarbeit im Computerzeitalter. Grundlagen – Konzepte – Perspektiven, Bad Heilbrunn 2000 (zitiert: *Sacher*, Schulische Medienarbeit)

Sachs, Michael, Grundgesetz – Kommentar, 3. Auflage, München 2003 (zitiert: *Bearbeiter*, in: Sachs GG-Kom.)

Sand, Thomas, Informationen auf Knopfdruck: Zum Einsatz neuer Medien in der Forschung – eine Trendanalyse, in: Forschung und Lehre 2000, S. 458–460

Schack, Haimo, Dürfen öffentliche Einrichtungen elektronische Archive anlegen? In: AfP 2003, S. 1–8

ders., Neue Techniken und Geistiges Eigentum, in: JZ 1998, S. 753–763

ders., Urheberrechtliche Gestaltung von Webseiten unter Einsatz von Links und Frames, in: MMR 2001, S. 9–17

ders., Urheber- und Urhebervertragsrecht 3. Auflage, Tübingen 2005 (zitiert: *Schack*, UrheberR)

Schippan, Martin, Rechtsfragen bei der Implementierung von Digital Rights Management-Systemen, in: ZUM 2004, S. 188–198

ders., Urheberrecht goes digital – Das Gesetz zur Regelung des Urheberrechts in der Informationsgesellschaft, in: ZUM 2003, S. 378–389

Schlageter, Gunter/Feldmann, Birgit, E-Learning im Hochschulbereich: Der Weg zu lernerzentrierten Bildungssystemen, in: Issing, Klimsa (Hrsg.), Information und Lernen mit Multimedia und Internet – Lehrbuch für Studium und Praxis, 3. Auflage, Weinheim 2002, S. 345–377 (zitiert: *Schlageter/Feldmann*, in: Multimedia & Internet)

Schlick, Moritz, Allgemeine Erkenntnislehre, Berlin 1918

Schmid, Matthias/Wirth, Thomas, Urheberrechtsgesetz, Handkommentar, Baden-Baden 2004 (zitiert: *Schmid/Wirth*, UrhG)

Schmidt-Bleibtreu, Bruno/Klein, Franz,, Kommentar zum Grundgesetz, 9. Auflage, Neuwied 1999 (zitiert: *Schmidt-Bleibtreu/Klein*, GG)

Schricker, Gerhard, Urheberrecht, Kommentar, 3. Auflage, München 2006 (zitiert: *Bearbeiter*, in: Schricker, UrheberR)

ders. (Hrsg.), Urheberrecht auf dem Weg zur Informationsgesellschaft. Von Thomas Dreier, Paul Katzenberger, Silke v. Lewinski, Gerhard Schricker, Baden-Baden 1997

ders., Urheberrecht zwischen Industrie- und, Kulturpolitik, in: GRUR 1992, S. 242–247

Schuch, Stefan, Virtuelle Hefte im Grundkurs Geschichte – ein InfoSCHUL – II – Projekt InfoSCHUL –, in: Vds Bildungsmedien e.V. (Hrsg.),, Forum Multimedia. Unterricht und Lehre mit neuen Medien. Medienarbeit in Schule und Hochschule: Die Themen der aktuellen Multimedia-Diskussion und die konkreten Projekte. Eine Dokumentation zum „Forum Multimedia" – Bildungsmesse 2003 Nürnberg, Frankfurt 2003, S. 65–66 (zitiert: *Schuch*, in: Medienarbeit)

Schüle, Hubert, E-Learning – wichtiger Baustein im strategischen Wissensmanagement, in: Riekhof, Hans-Christian/Schüle, Hubert (Hrsg.), E-Learning in der Praxis, Wiesbaden 2002, S. 37–54 (zitiert: *Schüle*, in: E-Learning)

ders., Technologie-Konzepte für E-Learning, in: Riekhof, Hans-Christian/Schüle, Hubert (Hrsg.), E-Learning in der Praxis, Wiesbaden 2002, S. 165–185, (zitiert: *Schüle*, in: E-Learning)

Schulte, Olaf, Die Videokonferenz in der universitären Lehre – Projekte und Forschung, in: Das Hochschulwesen 2003, S. 81–86 (zitiert: *Schulte*, HSW 2003)

Schulze, Gernot, Rechtsfragen von Printmedien im Internet, in: ZUM 2000, S. 432–454

Schwarz, Mathias, Urheberrecht und unkörperliche Verbreitung multimedialer Werke, in: GRUR 1996, S. 836–842

Schwedische Handelskammer in der BRD (Hrsg.), IT aus Schweden, in: Schweden Aktuell 2002, S. 8 (zitiert: *Schwedische Handelskammer*, Schweden Aktuell 2002)

Sembill, Detlef/Wolf, Karsten D., The Use of Interactive Media in Complex Teaching-Learning Environments, in: Dijkstra/Jonassen/Sembill (Hrsg.), Multimedia Learning – Results and Perspectives, Frankfurt am Main 2001, S. 69–107 (zitiert: *Sembill/Wolf*, in: Multimedia Learning)

Senftleben, Martin, Copyright, Limitations and the Three-Step Test. An Analysis of the Three-Step Test in International and EC Copyright Law, The Hague, London, New York 2004 (zitiert: *Senftleben*, Copyright) ders., Die Bedeutung der Schranken des Urheberrechts in der Informationsgesellschaft und ihre Begrenzung durch den Dreistufentest, in: Hilty, Reto M./Peukert, Alexander (Hrsg.), Interessenausgleich im Urheberrecht, Baden-Baden 2004, S. 159–186 (zitiert: *Senftleben,* in: Interessenausgleich im Urheberrecht)

ders., Grundprobleme des urheberrechtlichen Dreistufentests, in: GRUR Int. 2004, S. 200–211

ders., Privates digitales Kopieren im Spiegel des Dreistufentests, in: CR 2003, S. 914–919

Servatius, Hans-Gerd, Wissensmanagement in der Netzwerk-Ökonomie, in: Riekhof, Hans-Christian/Schüle, Hubert (Hrsg.), E-Learning in der Praxis, Wiesbaden 2002, S. 71–83 (zitiert: *Servatius,* in: E-Learning in der Praxis)

Sieber, Ulrich, Memorandum zur Berücksichtigung der Interessen des Bildungsbereichs bei der Reform des Urheberrechts, in: Ulrich Sieber/Thomas Hoeren (Hrsg.): Urheberrecht für Bildung und Wissenschaft, Bonn 2005, S. 47–87 (zitiert: *Sieber,* in: UrheberR für Bildung und Wissenschaft)

ders., Urheberrecht für Bildung und Wissenschaft. Die Anforderungen eines modernen Unterrichts, in: Ulrich Sieber/Thomas Hoeren (Hrsg.): Urheberrecht für Bildung und Wissenschaft, Bonn 2005, S. 19–34 (zitiert: *Sieber,* in: UrheberR für Bildung und Wissenschaft)

ders., Urheberrechtlicher Reformbedarf im Bildungsbereich, in: MMR 2004, S. 715–719

Simon, Holger, „prometheus" und Justitia – Bildarchive der Kunst- und Kulturwissenschaften im Spannungsfeld des medialen Umbruchs hin zu einer digitalen Informationsgesellschaft, in: Peifer, Karl-Nikolaus/Gersmann, Gudrun, Forschung und Lehre im Informationszeitalter – zwischen Zugangsfreiheit und Privatisierungsanreiz; Schriften zum europäischen Urheberrecht, Band 4, Berlin 2007, S. 65–86, (zitiert: *Simon,* in: Forschung und Lehre im Informationszeitalter)

Sohlman, Åsa, Framtidens utbildning. Sverige i internationell konkurrens, Stockholm 1996 (zitiert: *Sohlman,* Framtidens utbildning)

Salokannel, Marjut, Global public goods and private rights: Scientific research and intellectual property rights, in: NIR 2003, S. 334–358

Spindler, Gerald, Anmerkungen zu BGHZ 156,1 – Paperboy, in: JZ 2004, S. 150–154

ders., Europäisches Urheberrecht in der Informationsgesellschaft, in: GRUR 2002, S. 105–120

Stenlund, Annika, Upphovsrätt på bibliotek, in: Biblioteksbladet 2003, S. 12–13

Still, Viveca, Upphovsrättens expansion, in: NIR 2003, S. 44–56

Strömberg, Håkan, Tryckfrihetsrätt – och annan yttrandefrihetsrätt, Lund 2003 (zitiert: *Strömberg,* Tryckfrihetsrätt)

Strömholm, Stig, General Features of Swedish Law, in: Bogdan (Hrsg.), Swedish Law in the New Millennium, Stockholm 2000, S. 31–47 (zitiert: *Strömholm,* in: Swedish Law)

Suttorp, Anke, Die öffentliche Zugänglichmachung für Unterricht und Forschung (§ 52a UrhG), Berlin 2005 (zitiert: *Suttorp,* § 52a UrhG)

Svensäter, Lennart, Intellectual Property Law, in: Bogdan (Editor), Swedish Law in the New Millennium, Stockholm 2000, S. 397–410 (zitiert: *Svensäter*, in: Swedish Law)
Svenska Institutet (Hrsg.), Tatsachen über Schweden – Recht und Rechtswesen, Stockholm 2001 (zitiert: *Svenska Institutet*, Das Rechtswesen)

Thum, Kai, Urheberrechtliche Zulässigkeit von digitalen Online-Bildarchiven zur Lehr- und Forschungszwecken, in: K&R 2005, S. 490–498
Traxel Oliver/Schulte, Olaf/Hennecke, Birgit, Wie e-kompetent sind Hochschullehrende? Eine Befragung zum Thema E-Learning/E-Teaching, in: Das Hochschulwesen 2004, S. 89–93

Ulmer, Eugen, Die Reform der materiellrechtlichen Bestimmungen, der Berner Übereinkunft, in: GRUR Int. 1967, S. 431–459

Valéry, Paul, Das Unvorhersehbare, in: Schmidt-Radefeldt (Hrsg.), Zur Zeitgeschichte und Politik, Frankfurt am Main 1995, S. 519–523 (zitiert: *Valéry*, in: Zur Zeitgeschichte)
Vivant, Michael, Directive 2001/29/EC on the harmonisation of certain aspects of copyright and related rights in the information society, in: Lodder, Kaspersen (Hrsg.) eDirectives: Guide to European Union Law on E-Commerce, Den Haag, London, New York 2003, S. 95–117. (zitiert: Vivant, in: eDirectives)
von Bernuth, Wolf, Streitpunkt – der Regelungsgehalt des § 52a UrhG, in: ZUM 2003, S. 438–444
von Lewinski, Silke, Die Multimedia-Richtlinie – Der EG-Richtlinienvorschlag zum Urheberrecht in der Informationsgesellschaft, in: MMR 1998, S. 115–119
von Olenhusen, Albrecht Götz, Digitale Informations- und Wissensgesellschaft und das Urheberrecht, in: ZRP 2003, S. 232–235
von Mangoldt, Hermann/Friedrich, Klein/Starck, Christian (Hrsg.), Das Bonner Grundgesetz. Kommentar. Band 2: Art. 20–78, 4. Auflage, München 2000 (zitiert: *Bearbeiter*, in: v. Mangoldt/Klein/Starck, GG Band II)
Vorbeck, Jens, Sharing Process Knowledge in Production Environments – Roche Diagnostics – Laboratory Systems, in: Mertins/Heising/Vorbeck (Hrsg.), Knowledge Management – Concepts and Best Practices, Berlin, Heidelberg, New York 2003, S. 313–320 (zitiert: Vorbeck, in: Knowledge Management)

Waldenberger, Arthur, Zur zivilrechtlichen Verantwortlichkeit für Urheberrechtsverletzungen im Internet, in: ZUM 1997, S. 176–188
Wandtke, Artur, Zur Reform des Urheberrechts in der Informationsgesellschaft, in: KUR 2003, S. 109–118
Wandtke, Artur/Bullinger, Winfried, Praxiskommentar zum Urheberrecht, 2. Auflage, München 2006 (zitiert: *Bearbeiter*, in: Wandtke/Bullinger, UrhR)
Wandtke, Artur/Schäfer, Oliver, Music on Demand? Neue Nutzungsart im Internet? in: GRUR Int. 2000, S. 187–192
Weiß, Eckhardt, Die dritte Dimension – Der PC im Deutschunterricht, in: Vds

Bildungsmedien e.V., (Hrsg.), Forum Multimedia. Unterricht und Lehre mit neuen Medien. Medienarbeit in Schule und Hochschule: Die Themen der aktuellen Multimedia-Diskussion und die konkreten Projekte. Eine Dokumentation zum „Forum Multimedia" – Bildungsmesse 2003 Nürnberg, Frankfurt 2003, S. 70–71 (zitiert: *Weiß*, in: Medienarbeit)

Wesel, Uwe, Geschichte des Rechts – Von den Frühformen bis zum Vertrag von Maastricht, München 1997 (zitiert: *Wesel,* Geschichte des Rechts)

Westman, Daniel, Tekniska åtgärder – teknik, juridik ock politik, in: NIR 2002, S. 227–250

Westram, Hiltrud, Internet in der Schule – Ein Medium für alle!, Opladen 2000 (zitiert: *Westram,* Internet in der Schule)

Widmark, Jenny, Biblioteken, upphovsrätten och de nya medierna, Lund 2000 (zitiert: *Widmark,* Upphovsrätten och de nya medierna)

Willén, Birgitta, Distance Education at Swedish universities, Stockholm 1981

Wirth, Wolfgang, Das Ende des wissenschaftlichen Manuskripts Beobachtungen eines Hochschullehrers, in: Forschung und Lehre 2002, S. 19–22

Wolk, Sanna, Lärarundantaget i omvandling, in: NIR 2003, S. 415–426

Zscherpe, Kerstin, Urheberrechtsschutz digitaler Werke im Internet, in: MMR 1998, S. 404–411

Zweigert, Konrad/Kötz, Hein, An Introduction to Comparative Law, 3rd Edition, New York 1998 (zitiert: *Zweigert/Kötz,* Comparative Law)

Zypries, Brigitte, Ein modernes Urheberrecht für das digitale Zeitalter, in: KUR 2003, S. 57–58

dies., Vereinbarkeit von Urheberrecht und Allgemeinwohl im digitalen Zeitalter, in: NJW-Editorial 16/2003

Abkürzungsverzeichnis

a.A.	anderer Ansicht
AB	Aktiebolag
a.F.	alte Fassung
AfP	Archiv für Presserecht
AG	Aktiengesellschaft
ALIS	Administration av litterära rättigheter i Sverige
AMI	Tijdschrift voor Auteurs-, Media-& Informatierecht
ARPANET	Advanced Research Projects Agency Network
Art.	Artikel
BBiG	Berufsbildungsgesetz
CBT	Computer Based Training
BDB	Bundesvereinigung Deutscher Bibliotheksverbände
BDI	Bundesverband der Deutschen Industrie
BDZV	Bundesverband deutscher Zeitungsverleger
BGB	Bürgerliches Gesetzbuch
BGBl.	Bundesgesetzblatt
BGH	Bundesgerichtshof
BITKOM	Bundesverband Informationswirtschaft, Telekommunikation und neue Medien
BMBF	Bundesministerium für Bildung und Forschung
BMJ	Bundesministerium der Justiz
BONUS	Bild-Ord-Not-Upphovsrättslig Samorganisation
BT	Bundestag
BT-Dr.	Bundestagsdrucksachen
BUS	Bildkonst Upphovsrätt Sverige
BVerfG	Bundesverfassungsgericht
bzw.	beziehungsweise
CERN	Centre Européen de Recherche Nucléaire
CD	Compact Disc
Corp.	Corporation
CR	Computer & Recht
DFN	Deutsches Forschungsnetz e.V.
DGI	Gesellschaft für Informationswissenschaft und Informationspraxis
d.h.	das heißt
DIK-förbundet	Verband Dokumentation Information & Kultur
DINI	Deutsche Initiative für Netzwerkinformation e.V.
DIW	Deutsches Institut für Wirtschaftsforschung
DöV	Die öffentliche Verwaltung
DRM	Digital Rights Management
Ds	Departementsserien

DVD	Digital Versatile Disc
E-Learning	Electronic Learning
E-Magazines	Electronic-Magazines
E-Mail	Electronic-Mail
E-Publishing	Electronic-Publishing
EG	Europäische Gemeinschaft
EIPR	European Intellectual Property Review
engl.	englisch
EU	Europäische Union
EuGH	Europäischer Gerichtshof
e.V.	eingetragener Verein
FAZ	Frankfurter Allgemeine Zeitung
ff.	folgende
franz.	französich
gem.	gemäß
GEMA	Gesellschaft für musikalische Aufführungs- und mechanische Vervielfältigungsrechte
GG	Grundgesetz
GRUR	Gewerblicher Rechtsschutz und Urheberrecht
GRUR Int.	Gewerblicher Rechtsschutz und Urheberrecht Internationaler Teil
GVL	Gesellschaft zur Verwertung von Leistungsschutzrechten
GWFF	Verwertungsgesellschaft zur Wahrnehmung von Film- und Fernsehrechten mit beschränkter Haftung
HRG	Hochschulrahmengesetz
Hs.	Halbsatz
HSW	Das Hochschulwesen
IFPI	International Federation of the Phonogram Industry
InfoSoc	Information Society
i.S.	im Sinne
i.S.d.	im Sinne des
ISP	Internet Service Provider
IT	Informationstechnologie
IuK	Informations- und Kommunikations-
i.V.m.	in Verbindung mit
JZ	Juristenzeitung
K&R	Kommunikation und Recht
Kap.	Kapitel
KLYS	Konstnärliga och Litterära Yrkesutövares Samarbetsnämnd
KMK	Kultusministerkonferenz
LAN	Local Area Network
LUVIT	Lund University Virtual Interactive Tool
lit.	litera
MMR	Multimedia und Recht
MP3	Moving Pictures Expert Group Layer 3

Mrd.	Milliarden
m.w.N.	mit weiteren Nachweisen
NIR	Nordiskt Immateriellt Rättsskydd
NJA	Nytt juridiskt arkiv, Avdelning I *(Rechtsprechung)*
NJA II	Nytt juridiskt arkiv, Avdelning II *(Gesetzesmaterialien)*
NJW	Neue Juristische Wochenschrift
NRW	Nordrhein-Westfalen
OECD	Organisation for Economic Cooperation and Development
OLG	Oberlandesgericht
PC	Personal Computer
PISA	Programme for International Student Assessment
Prop.	Regeringens proposition
RBÜ	Revidierte Berner Übereinkunft
RIDA	Revue Internationale du Droit d'Auteur
RL	Richtlinie
SACO	Sveriges Akademikers Centralorganisation
SAMI	Svenska Artisters och Musikers Intresseorganisation
SFS	Svensk författningssamling
SLFF	Sveriges Läromedelsförfattares Förbund
Slg.	Sammlung
sog.	so genannten
SOU	Statens Offentliga Utredningar
SPIO	Spitzenorganisation der Filmwirtschaft
StBAG	Gesetz zur Erhebung von Studienbeiträgen und Hochschulabgaben
STIM	Svenska Tonsättares Internationella Musikbyrå
SvJT	Svensk Juristtidning
SZ	Süddeutsche Zeitung
TRIPS	Trade Related Aspects of Intellectual Property Rights
TV	Television
u.a.	unter anderem
UFITA	Archiv für Urheber- Film- Funk- und Theaterrecht
UrhG	Urhebergesetz
UrhG-E	Urhebergesetz-Entwurf
UrhGWE	Urheberrechtswahrnehmungsgesetz
URL	Lagen om upphovsrätt till litterära och konstnärliga verk
URL-Prom	*(schwedisch)* URL-Promemoria *(Ministerialmemorandum)*
URL-Prop	*(schwedisch)* URL-Proposition *(Regierungsentwurf)*
US	United States
USA	United States of America
Var.	Variante
VdS	Verband der Schulbuchverlage
VDZ	Verband deutscher Zeitschriftenverleger
VFF	Verwertungsgesellschaft der Film- und Fernsehproduzenten mit beschränkter Haftung

VG Bild-Kunst	Verwertungsgesellschaft Bild-Kunst
VGF	Verwertungsgesellschaft für Nutzungsrechte an Filmwerken mit beschränkter Haftung
VHS	Video Home System
VIBOS	Virtuelle Berufsoberschule
WAN	Wide Area Network
WBT	Web Based Training
WCT	WIPO Copyright Treaty
WHU	Wissenschaftliche Hochschule für Unternehmensführung
WIPO	World Intellectual Property Organization
WLAN	Wireless Local Area Network
WPPT	WIPO Performances & Phonograms Treaty
WTO	World Trade Organization
WWW	World Wide Web
z. B.	zum Beispiel
ZFS	Zentralstelle Fotokopieren an Schulen
ZUM	Zeitschrift für Urheber- und Medienrecht
ZRP	Zeitschrift für Rechtspolitik

A. Erster Teil: Einführung in die Problematik

I. Informationen als Schaffensbasis für Lehrende und Forschende

Forschung und Lehre basieren auf der Erschließung und dem Austausch von Informationen.[1] Der Zugang zu dieser Ressource ist die Basis sowohl der Wissensproduktion im Wege der Forschung als auch einer sich anschließenden Vermittlung von Wissen im Rahmen der Lehre. Forschende bedienen sich „Informationen als Rohstoff für Innovationen"[2] und knüpfen an vorhandene Erkenntnisse an, bilden neue Ideen auf dieser informationellen Grundlage und verhelfen der Wissenschaft auf der Basis des Vorhandenen zu neuen Einsichten.[3] Auf einer zweiten Ebene sammeln Lehrende anschließend diese oftmals fremdursprünglichen Erkenntnisse, eignen sich diese an und geben sie – regelmäßig nach kritischer Reflektion – an Lernende weiter. Der Zugang zu Informationen ist mithin conditio sine qua non sowohl der Wissensgewinnung als auch der Wissensvermittlung.[4]

Im Gegensatz zur sekundären Ebene der Wissensvermittlung wird die Bedeutung des Zugangs zu einer vorhandenen informationellen Ausgangsbasis auf der Primärebene der Wissensgewinnung vielfach unterschätzt. Das wirklich Neue, Kreative ist oftmals eine Modifikation des bereits Vorhandenen.[5] Es baut auf einer gesicherten Wissensgrundlage auf

---

1 *Hübner*, Informationsmanagement und strategische Unternehmensführung, S. 4.

2 BMBF – Strategisches Positionspapier: Informationen vernetztten – Wissen aktivieren, S. 2, abrufbar unter: http://www.bmbf.de/pub/information_vernetzen-wissen_aktivieren.pdf (Abruf vom 24. 8. 2006).

3 "Creation is always the building upon something else", *Lessig*, The Future Of Ideas, S. 250; *Kuhlen*, in: Digitales Urheberrecht, S. 10; *Hilty*, GRUR Int. 2006, S. 179.

4 *Oppermann*, in: Handbuch des StaatsR VI, § 145 Rn. 38; *Hilty*, GRUR Int. 2006, S. 179; *Hoffmann-Riem*, in: Kubicek, Innovation Infrastruktur, S. 86.

5 "Nothing today, likely nothing since we tamed fire, is genuinely new: Culture, like science and technology, grows by accretion, each new creator building on the works of those who came before", Dissenting Judge *Kozinski* in: A&M Records, Inc. vs. Napster, Inc. 239 F. 3d 1004 (9th Circuit 2001).

und entwickelt diese fort. Damit setzt die Gewinnung neuer Erkenntnisse zwangsläufig den Zugang zu bestehendem Wissen voraus.[6]

Insbesondere die Naturwissenschaften sind in hohem Maße von Analogienbildungen und Prozessen des Wiedererkennens als Mittel der Gewinnung neuer Erkenntnisse abhängig.[7] Der Kern des Erkenntnisprozesses enthüllt sich hier häufig als ein Wiederfinden[8] und mithin als ein Zurückführen des Neuen, bislang Unerkannten auf eine gesicherte Erkenntnisbasis. Die elementare Bedeutung des Zugangs zu bereits vorhandenen Informationen als Ausgangspunkt wissenschaftlicher Erkenntnisprozesse tritt in besonderer Klarheit durch die nähere Betrachtung der Ausgestaltung kreativer Forschermilieus zu Tage.[9] Dabei wird deutlich, dass sich Innovationsräume, die längerfristig wirksam geblieben sind, durch drei Wesensmerkmale auszeichnen: Durch bestimmte Wissens- und Ideenträger, durch einen bestimmten sozialökonomischen und politischen Kontext sowie durch eine den geistigen Austausch fördernde, liberale Informations- und Kommunikationsstruktur.[10] Die Verfügbarkeit interdisziplinärer Informations- und Kommunikationsräume zur Herstellung einer möglichst hohen Kommunikationsdichte aller an kreativen Prozessen Beteiligter, stellt dabei die Grundlage solcher „conditions of excellence“[11] dar.

Die Erkenntnis des Abhängigkeitsverhältnisses zwischen Innovation und Information ist keineswegs überraschend. In Politik und Wirtschaft werden fortlaufend Aussagen über die Innovationskraft von Gemeinden, Städten und Staaten getroffen. Dabei wird implizit von der Annahme ausgegangen, dass die jeweiligen Informations- und Kommunikationsstrukturen dazu beitragen können, Neues zu erschaffen.[12] Besonderes Augenmerk verdient die Bandbreite der für die Schaffung des Neuen erforderlichen Informationen. Wissenschaftler bedienen sich regelmäßig

6 *Kuhlen,* Privatisierung des Wissens, S. 21, abrufbar unter: www.inf-wiss.uni-konstanz.de/People/RK/gutachte/gutachten-enquete-v3-080302.pdf (Abruf vom 19. 6. 2006).

7 *Acham,* in: Woher kommt das Neue?, S. 2.

8 *Schlick,* Allgemeine Erkenntnislehre, Kap. 9.

9 Zu dem Verhältnis zwischen Gesellschaft und Kreativität *Andersson,* Kreativitetet, S. 25.

10 *Fischer,* in: Innovationsräume, S. 48.

11 *Brix,* in: Berka, Woher kommt das Neue?, S. 101; DIE ZEIT Nr. 46 vom 4. 11. 2004, S. 43.

12 *Brix,* in: Berka, Woher kommt das Neue?, S. 102.

der Erkenntnisse benachbarter Fachrichtungen, um eigene Ideen voranzutreiben. Den Grund für die Vielfalt der im Verlauf von Innovationsprozessen benötigten Informationen kann man mit *Ludwig Fleck* als den „Kolumbus-Effekt" bezeichnen: Man sucht nach Indien und findet Amerika.[13] Der Innovationsprozess lebt oftmals von dem Unvorhersehbaren.[14] Gutenberg beispielsweise bekam die Idee für die Konstruktion der Druckpresse beim Betrachten einer Weinpresse in seiner Heimatstadt Mainz.[15] Viele weitere bahnbrechende Entdeckungen, wie Dampfmaschine, Telefon, Otto- und Dieselmotor, Flugzeug, Computer sowie die Lasertechnik waren das Ergebnis einer nicht auf eben diese spezielle Anwendung ausgerichteten Forschung, sondern geschahen nebenbei, in Verfolgung ganz anderer Ziele.[16] Sie erfolgten im Windschatten anderer Entwicklungen, die von den Zeitgenossen zu Beginn ihrer Experimente als viel wichtiger wahrgenommen wurden.[17] Die modernen Wissenschaften sind vielfach ein „epistemologisches Laboratorium"[18] und als solches der Dynamik der Veränderung unterworfen.[19] Um mit diesen Veränderungen im Innovationsprozess Schritt halten zu können, muss es Forschenden möglich sein, ihre Blicke in jedwede Richtung zu lenken und auf ein möglichst weites Wissensspektrum zuzugreifen.[20]

II. Multimediale Informations- und Kommunikationssysteme in Unterricht und Forschung

Mit der Möglichkeit der Digitalisierung von Daten und des Angebotes von Wissen über Netzwerke wandelt sich die informationelle Basis in Forschung und Lehre grundlegend. Beispielhaft für diese Entwicklung ist das Projekt des weltweit führenden WWW-Suchdienstes Google, der – in enger Zusammenarbeit mit den Universitätsbibliotheken Stanford, Oxford, Michigan, Harvard und der New York Public Library – in den kommenden zehn Jahren 15 Millionen Bücher mittels automatisch blät-

13 *Fleck*, Die Entstehung einer wissenschaftlichen Tatsache, S. 91.
14 *Valéry*, in: Zur Zeitgeschichte S. 522.
15 *Koestler*, The Act of Creation, S. 122.
16 *Fischer*, Forschung & Lehre 2001, S. 240.
17 *Fischer*, Forschung & Lehre 2001, S. 240.
18 *Dijksterhuis*, in: Critical Problems in the History of Science, S. 182.
19 *Rheinberger*, in: Woher kommt das Neue?, S. 48.
20 *Hilty*, in: UrheberR für Bildung und Wissenschaft, S. 175.

ternder und photografierender Scann-Automaten digitalisieren und anschließend zum netzvermittelten Abruf bereitstellen möchte.[21] Das „Gutenberg-Zeitalter“ in Forschung und Lehre geht möglicherweise mit großen Schritten seinem Ende entgegen.[22]

Unter den Schlagwörtern „E-Science“ und „E-Learning“ halten vielfältige multimediale Anwendungen Einzug in Schule, Hochschule und industrielle Forschung. E-Mails und Chatrooms ersetzen traditionelle, papierbasierte Informations- und Kommunikationsformen. Vermehrt erkennen Lehrende und Forschende, dass interaktiv gestaltete und dynamisch nutzbare elektronische Medienintegration (Text-, Bild-, Animation- und Sounddateien) im Vergleich zu traditionellen Medien einen weitaus größeren Informationsgrad erzielen können.[23] Multimediale Präsentation mittels Laptop und Beamer ersetzt bei der Darstellung von Lehrinhalten und Forschungsergebnissen Flippchart und Tafel. Computergestützte Simulationen in Labor, Hörsaal und Klassenzimmer übernehmen, speziell in den experimentellen Wissenschaften, die Arbeit am und mit dem Objekt – sei es Versuchsgegenstand oder Modell.[24] In Bereichen der Wissenschaft, in denen sich Lehrende und Lernende einer überschaubaren Anzahl von Objekteigenschaften und Steuerungsparametern ausgesetzt sehen, lassen sich mit leistungsfähigen Rechnern bereits seit Jahren relativ präzise wissenschaftliche Prognosen erstellen, z.B. in der Meteorologie und Klimaforschung, den Geowissenschaften oder im Fahrzeug-, Maschinen- und Anlagenbau.[25] Darüber hinaus werden multimediale Lernmodule gezielt zur Durchführung von Fernexperimenten in virtuellen Laboratorien[26] eingesetzt. Eine noch unausgereifte Technik mit hohem zukünftigen Nutzungspotential für Forschende und Lehrende liegt in der dreidimensionalen und interaktiven Visualisierung, die mit dem

---

21 „Digitaler Großangriff“, in: DIE WELT vom 14. 1. 2005, S. 23.

22 *Westram*, Internet in der Schule, S. 29; „Digitaler Großangriff“, in: DIE WELT vom 14. 1. 2005, S. 23; *Röhl*, JZ 2003, S. 339; *Mitchell*, Art Forum International 1992, S. 89; *McLuhan*, The Gutenberg Galaxy; S. 5ff.; kritisch zu dieser Entwicklung *Wirth*, Forschung & Lehre 2002, S. 19.

23 BT-Dr. 13/11004, S. 65; *Papert*, Revolution des Lernens, S. 59; *Heide/Henderson*, The Digital Age Classroom, S. 7; *Poltermann*, in: Digitales Urheberrecht, S. 19ff.

24 *Sand*, Forschung & Lehre 2000, S. 459.

25 *Sand*, Forschung & Lehre 2000, S. 459; *Ehlers*, Qualität im E-Learning, S. 39; *Rüschoff*, in: Zukunft der Lehrmedien, S. 112

26 *Schlageter/Feldmann*, in: Multimedia & Internet, S. 351.

Schlagwort der „virtuellen Realität" nur unzureichend beschrieben und erfasst wird. Dabei erfährt der Nutzer in speziellen Projektionskabinen – sog. Caves – oder auch über Projektionsmasken und Datenhandschuh eine multimediale Simulation.[27]

Urhebergesetzlich von Bedeutung sind bei derartigen Werknutzungen regelmäßig das Recht der Wiedergabe durch Bild- oder Tonträger, § 21 UrhG, sowie das Vervielfältigungsrecht gem. § 16 UrhG. Der Dozent, der in einer öffentlichen Vorlesung fremde Texte mittels Beamer im Rahmen einer Power Point Präsentation projiziert, verletzt das entsprechende Verwertungsrecht des Urhebers der Sprachwerke aus § 21 UrhG. Die Festplatte des Computers dient hier zur wiederholten Wiedergabe eines Sprachwerkes und stellt daher einen Bildträger i. S. d. § 21 UrhG dar.[28] Die digitale Speicherung des Werkes auf der Festplatte oder in dem Arbeitsspeicher des Rechners tangiert überdies das Recht des Urhebers aus § 16 UrhG.[29]

Im Mittelpunkt der Nutzung von Informations- und Kommunikationstechnologie in Forschung und Lehre stehen indes Applikationen, mit einer anderen Zielrichtung. Eine Vielzahl der neuen Anwendungen ist auf das Anbieten von digitalen Informationen via Netzwerke gerichtet.[30] Bereits in den 1960er Jahren suchte man im Bereich der universitären Forschung und Lehre nach Möglichkeiten, in elektronischer Form auf das Wissen anderer systematisch zuzugreifen und als Grundlage des eigenen Schaffens zu verwenden sowie eigene Informationen als Schaffensgrundlage anzubieten. Im Jahre 1969 entstand schließlich das weltweit erste Computernetz als Medium des Informationsaustausches Forschender und Lehrender aus einer Verbindung von Knotenpunkten an Hochschulen:[31] Die University of California in Los Angeles, das Stanford Research Institute, die University of California in Santa Barbara sowie die University of Utah wurden durch das ARPANET miteinander vernetzt.[32] Die Anzahl der an das Netzwerk angeschlossenen Universitäten stieg von Be-

---

27 *Helsel*, in: Multimedia for Learning, S. 73; *Eschenauer*, in: Schulinnovation, S. 28.

28 *Dreyer*, in: HK-UrhG, § 21 Rn. 13.

29 *Schulze*, in: Dreier/Schulze, UrhG, § 16 Rn. 7; *Heerma*, in: Wandte/Bullinger, UrhR, § 16 Rn. 16.

30 *Büllingen*, in: Internet Future S. 176; *Leu/Leu*, Teaching with the Internet, S. 3; *Rüschoff*, in: Zukunft der Lehrmedien, S. 112; *Sacher*, in: Schulische Medienarbeit, S. 6 ff.; *Sembill/Wolf*, in: Multimedia Learning, S. 69 ff.

31 *Jessen*, in: Internet Future, S. 15.

32 *Kühner/Sturm*, Medienlexikon, S. 129.

ginn an stetig.[33] Es entwickelte sich zu einer zentralen Informations- und Kommunikationsplattform der universitären Forschung und Lehre und bildete den Grundstein für die Entwicklung des Internet in seiner heutigen Form sowie seiner Dienste wie E-Mail und das World Wide Web.[34]

Inspiriert durch Fortschritte in der netzbasierten Breitbandtechnik[35] und die dadurch möglich gewordenen hohen Übertragungsraten nutzen Lehrende, Lernende und Forschende vermehrt die Möglichkeiten der Informationstechnologie, um Wissen über Netzwerke in einer Weise anzubieten, die einen orts- und zeitungebundenen Zugriff erlaubt.[36] Das On-demand Angebot von Informationen über Netzwerke entwickelte sich so zu einer der bedeutendsten Applikation im Bereich des „E-Learning“ und der „E-Science“.[37]

1. Netzbasierte Abrufsysteme des E-Learnings

Der Begriff des E-Learnings *(engl., electronic learning)* umfasst sämtliche Lernprozesse, die durch digitale Informations- und Kommunikationssysteme unterstützt werden.[38] Hinsichtlich der eingesetzten Technologie lassen sich vier Grundformen des E-Learnings unterscheiden:[39] Videokonferenzen/synchrones Teleteaching,[40] Schulungsvi-

---

33 Gab es im Januar 1970 erst vier Kotenpunkte des Netzwerks, so waren es im Januar 1971 bereits dreizehn, im April 1972 dreiundzwanzig. Die Zahl der Nutzer war indes bedeutend größer, da an jedem dieser Knotenpunkte des Netzwerkes wiederum mehrere Computer angeschlossen waren, *Géczy-Sparwasser*, Gesetzgebungsgeschichte des Internet, S. 50.

34 *Géczy-Sparwasser*, Gesetzgebungsgeschichte des Internet, S. 50; *Berners-Lee*, Weaving the Web, S. 6 ff.

35 *Kaderali/Schaup*, in: Global Home, S. 120.

36 *Büllingen*, in: Internet Future S. 176.

37 *Suttorp*, § 52a UrhG, S. 6 ff.; *Michel/Goertz*, in: eLearning, S. 32; *Sand*, Forschung & Lehre 2000, S. 459; *Schüle*, in: E-Learning in der Praxis, S. 49; *Riekhof/Schüle*, in: E-Learning in der Praxis, S. 136.

38 *Schüle*, in: E-Learning in der Praxis, S. 49

39 *Dittler/Jechle*, in: Medienkompetenz, S. 157; *Schulte*, HSW 2003, S. 81; *Bodendorf*, E-Teaching, S. 23; *Schlageter/Feldmann*, in: Multimedia & Internet, S. 352; *Schüle*, in: E-Learning in der Praxis, S. 175 ff.

40 Unter synchronem Teletaching sind Anwendungen zu verstehen, bei denen Inhalte, die an einem Ort, z. B. einem Seminarraum, vermittelt werden, zeit-

deos,[41] Computer Based Training (CBT)[42] sowie Web Based Training (WBT). Allein letzteres ermöglicht es, digitale Inhalte über eine Distanz zum orts- und zeitungebundenen Abruf anzubieten. WBT bildet damit die technische Grundlage für eine Vielzahl unterschiedlicher On-demand-Anwendungen im Rahmen der Lehre.[43]

WBT basiert, im Unterschied zu CBT, auf dem Einsatz von Netzwerktechnik. Lerninhalte werden zentral auf einem Server gespeichert und anschließend über Local Area Networks (LAN) oder Wide Area Networks (WAN) an die Nutzer zum zeit- und ortsungebundenen Abruf übertragen.[44] Bei hohen Übertragungsraten können auf diesem Wege hohe Datenmengen, wie bei Videosequenzen oder Flash-Animationen erforderlich, übermittelt werden. Unterstützt durch vielfältige Förderprogramme von Bund,[45] Ländern[46] und EU[47] halten eine Vielzahl von auf

---

gleich mittels Sendetechnik an einen anderen Ort übertragen werden, *Bodendorf/Langenbach,* Wirtschaftsinformatik 1997, S. 594.

41 Beim Einsatz von Schulungsvideos erfolgt deren Aufnahme und Wiedergabe zeitversetzt. Eine Wahlmöglichkeit der Nutzer, zu welchen Zeiten und von welchem Ort sie auf die Inhalte zugreifen besteht regelmäßig nicht, *Schüle,* in: E-Learning in der Praxis, S. 49.

42 CBT ist netzungebunden. Es ist die technologisch einfachste Form, E-Learning zu realisieren. Die Lehrinhalte werden regelmäßig auf einer CD-ROM zur Verfügung gestellt und können direkt auf dem Rechner des Nutzers installiert werden, *Schüle,* in: E-Learning in der Praxis, S. 174.

43 *Riekhof/Schüle,* in: E-Learning in der Praxis, S. 117; *Encarnação/Guddat/Schnaider,* in: E-Learning, S. 33; *Traxel, Schulte, Hennecke,* HSW 2004, S. 91.

44 *Schüle,* in: E-Learning in der Praxis, S. 175.

45 Das bezüglich des Fördervolumens größte Programm ist das des BMBF „Neue Medien in der Bildung", welches im März 2000 vorgestellt wurde und bis zum Jahre 2004 ca. 300 Millionen Euro für die Entwicklung von Lehr- und Lernsoftware und deren dauerhafte Integration in Schulen, Hochschulen und berufliche Bildung bereitstellte, das Programm ist abrufbar unter: http://www.bmbf.de/pub/neue_medien_bildung.pdf (Abruf vom 22. 6. 2006).

46 Beispielhaft zu nennen ist das Programm „Systematische Einbeziehung von Medien, Informations- und Kommunikationstechnologien in Lehr- und Lernprozesse" der Bund-Länder-Kommission für Bildungsplanung und Forschungsförderung, abrufbar unter: http://www.fwu.de/semik/info/konzept/htm (Abruf vom 23. 6. 2006).

47 Vgl. nur das 5. Rahmenprogramm der EU „Technologien in der Informationsgesellschaft", dessen Zielrichtung es ist, speziell im Bildungssektor die Nutzung neuer Medien zu forcieren, http://www.cordis.lu/ist/ka3/ (Abruf vom 23. 6. 2006).

WBT-Technologie basierender On-demand Applikationen Einzug in Schulen, Universitäten und Unternehmen.[48]

a) On-demand Applikationen an Schulen

Die Anfänge des computergestützten Lernens in Schulen reichen bis in die 1960er Jahre zurück.[49] Bedingt durch fehlende finanzielle Mittel öffentlicher Schulen, das rasante Entwicklungstempo entsprechender Hard- und Software sowie eines geringen Erfahrungsschatzes Lehrender mit ihrem Umgang, erfolgte der Einsatz neuer Medien in Schulen jedoch nur äußerst zögerlich.[50] Vor dem Hintergrund der steigenden Bedeutung von netzbasierter Informations- und Kommunikationstechnologie (sog. IuK-Technologie) in weiten Teilen der Gesellschaft, beschloss des BMBF im Jahre 1996 gemeinsam mit der Deutschen Telekom AG die Initiative „Schulen ans Netz".[51] Ziel der Gründung des gleichnamigen Vereins war es, im Wege eines Public-Private Partnerships die Einbindung neuer Medien in den Schulalltag zu fördern und deren eigenverantwortliche und kritische Nutzung anzustreben.[52]

Die Initiative gliedert sich in zwei Phasen. Während es in der ersten Phase in den Jahren von 1996–2001 darum ging, eine ausreichende Hardwareausstattung an Schulen zu gewährleisten, liegt der Fokus der im Jahre 2001 angelaufenen zweiten Phase auf der Förderung der Medienkompetenz.[53] Kernelemente dieser zweiten Projektphase sind die Portale „Lehrer-Online"[54] und „lo-net".[55] Diese beiden Portale sind dergestalt aufeinander abgestimmt, dass „Lehrer-Online" die multimedialen Inhalte liefert, während „lo-net" die Plattform anbietet, über welche Schüler auf diese Inhalte zugreifen können. So finden sich im ersten Portal unter der Rubrik „Themenschwerpunkte"[56] nach Fächern untergliederte Mul-

48 *Suttorp*, § 52a UrhG, S. 6.

49 http://www.bmbf.de/pub/neue_medien_bildung.pdf, S. 7 (Abruf vom 23. 6. 2006).

50 http://www.bmbf.de/pub/neue_medien_bildung.pdf, S. 7 (Abruf vom 23. 6. 2006).

51 http://www.schulen-ans-netz.de (Abruf vom 22. 6. 2006).

52 http://www.schulen-ans-netz.de/san/index.php (Abruf vom 22. 6. 2006).

53 http://www.schulen-ans-netz.de/san/index.php (Abruf vom 22. 6. 2006).

54 http://www.lehrer-online.de (Abruf vom 27. 6. 2006).

55 http://www.lo-net.de (Abruf vom 27. 6. 2006).

56 http://www.lehrer-online.de (Abruf vom 27. 6. 2006).

timedia-Anwendungen – beispielsweise unter „Geographie“ ein Flash-Film zum Vulkanismus, unter „Physik“ eine Flash-Applikation zur Elektrizitätslehre und im Bereich der Fremdsprachen der Vokabeltrainer Englisch „Spellmaster“. Diese Anwendungen stehen Lehrenden kostenfrei für den Einsatz im Unterricht zur Verfügung.[57] Das virtuelle Klassenzimmer zu diesen multimedialen Inhalten liefert das Lehrer-Online-Netzwerk „lo-net“, in dem Lehrer solche Inhalte ihren Schülern zum zeit- und ortsunabhängigen Abruf zur Verfügung stellen können.[58] Dabei haben sie die Wahl, bestimmte Inhalte im sog. Privatraum nur einzelnen Schülern zugänglich zu machen, andere Inhalte im sog. Gruppenraum nur einem Teil des Klassenverbandes, oder aber im digitalen Klassenraum der gesamten Gruppe.[59] Ergänzt wird dieser virtuelle Klassenraum durch das Projekt „InfoSCHUL II“,[60] eine Sonderfördermaßnahme im Rahmen der Initiative „Schulen ans Netz“. Ihr Ziel es ist, pädagogisch sinnvolle Einsatzmöglichkeiten neuer Medien in der Sekundarstufe II zu entwickeln, zu erproben und zu verbreiten.[61]

Einen ähnlichen Ansatz verfolgt das Projekt „SESAM“ (Server für Schulische Arbeit mit Medien) des Landesmedienzentrums Baden-Württemberg. Auf einem zentralen Server werden in Themendatenbanken zusammengefasste und nach Fächern untergliederte Inhalte Lehrkräften zum On-demand Abruf zur Verfügung gestellt.[62] Die ca. 9600 größenteils kostenlosen Module (Bilder, Arbeitsblätter, Texte, Filme, Audio-Files) sind auf die jeweilige Schulform abgestimmt und allen Lehrkräften aus Baden-Württemberg zugänglich.[63] In Nordrhein-Westfalen wird mit

---

57 http://www.lehrer-online.de (Abruf vom 27. 6. 2006).

58 http://www.lo-net.de (Abruf vom 27. 6. 2006).

59 Am 22. 6. 2006 verfügte „lo-net“ insgesamt über 80.212 Mitglieder. 45.611 Lehrer und Lehrerinnen unterrichteten in virtuellen Klassenräumen insgesamt 658.458 Schüler; die jeweils aktuellen Zahlen sind anrufbar unter: http://www.lo-net.de (Abruf vom 22. 6. 2006).

60 http://www.infoschul.de (Abruf vom 23. 6. 2006).

61 Beispielsweise wurde im Rahmen des InfoSchul II-Projektes die Einführung und Nutzung virtueller Schulhefte erprobt. Die Inhalte dieser virtuellen Hefte konnten über das Internet On-demand abgerufen werden und enthielten neben den Tafelabschriften zusätzliche Informationen in Form von digitalen Bild,- Video- und Audiofiles, *Koch*, in: Medienarbeit, S. 64; *Schuch*, in: Medienarbeit, S. 65.

62 www.sesam.lmz-bw.de (Abruf vom 26. 6. 2006).

63 www.sesam.lmz-bw.de (Abruf vom 26. 6. 2006).

dem Projekt „Edmond" (Elektronische Distribution von Bildungsmedien On-demand) ein paralleler Weg verfolgt.[64] Ziel dieses Projekts ist die landesweite Bereitstellung von Lernmodulen für Lehrkräfte zum On-demand Abruf bis zum Jahre 2008.[65]

Die vielfältige Förderung netzbasierter IuK-Technologie im Schulunterricht blieb nicht ohne Auswirkung. Ausweislich des seitens des BMBF in Auftrag gegebenen Gutachtens „IT-Ausstattung der allgemeinbildenden und berufsbildenden Schulen in Deutschland" verfügten im Jahre 2003 insgesamt 96% der bundesdeutschen Schulen über stationäre und mobile Computer.[66] Netzbasiertes Lernen spielt bei ihrem Einsatz eine herausragende Rolle. An Grundschulen findet vor allem in den Fächern Sachunterricht, Deutsch und Mathematik nach Angaben der befragten Schulen häufig oder gelegentlich eine Einbindung des Internets in den Unterricht statt;[67] in den Sekundarstufen I und II in den Fächern Deutsch, Mathematik und den Naturwissenschaften.[68]

Beispielhaft für die Einbettung netzwerkgestützer Abrufsysteme in den konventionellen Präsenzunterricht ist das Projekt „Deutsch digital" des Clavus-Gymnasiums in Bamberg.[69] Dabei werden die Unterrichtsmaterialen den Schülern nahezu vollständig digital angeboten. In digitalen Bibliotheken werden auf einem Schulserver sowohl Klassiker der Literatur, Bildmaterial zu Autoren und literaturgeschichtlichen Epochen als auch Übersichten und Arbeitshinweise zum On-demand Abruf zur Verfügung gestellt.[70] In ähnlicher Form erfolgt der Einsatz von On-demand Applikationen im Fachunterricht Wirtschaft/Recht des Adam-Kraft-Gymnasiums Schwabach.[71] Über das World Wide Web können Schüler auf einen zentralen Server der Schule zugreifen und finden dort unterrichtsbezogene Daten, wie z.B. zur Geld- und Fiskalpolitik, alle abrufbereit in einer Datenbank.[72]

---

64 www.edmond-nrw.de (Abruf vom 26. 6. 2006).
65 www.edmond-nrw.de (Abruf vom 26. 6. 2006).
66 *BMBF*, IT-Ausstattung, S. 7.
67 *BMBF*, IT-Ausstattung, S. 46.
68 *BMBF*, IT-Ausstattung, S. 46.
69 Ausführlich zu diesem Projekt *Weiß*, in: Medienarbeit, S. 70 f.
70 *Weiß*, in: Medienarbeit, S. 70.
71 Ausführlich zu diesem Projekt *Weber*, in: Medienarbeit, S. 68.
72 http://www.info-wr.de (Abruf vom 26. 6. 2006).

Derartige On-demand-Anwendungen im Schulunterricht zielen darauf ab, die Möglichkeiten moderner IuK-Technologie mit traditionellen Lehrmethoden zu kombinieren. Im Wege des sog. „Blended Learning“[73] soll die Effektivität des Präsenzunterrichts durch das ergänzende On-demand Angebot von multimedialen Unterrichtsmaterialen erhöht werden. Darüber hinausgehend existieren Schulformen, deren Unterrichtskonzept ausschließlich auf dem Angebot von Lerninhalten zum zeit- und ortsungebundenen Abruf basiert.[74] So ermöglicht es die Virtuelle Berufsoberschule Bayern (VIBOS)[75] Schülern mit mittlerem Schulabschluss und Berufsausbildung bzw. Berufserfahrung die fachgebundene oder allgemeine Hochschulreife zu erwerben. Die Schüler erhalten mittels eines Passwortes Zugang zu den auf dem Server der Schule zum elektronischen Abruf bereitgestellten Informationen, wie z.B. zu interaktiv und multimedial aufbereiteten Materialen, Übungen und Tutorien.[76]

b) On-demand Applikationen an Universitäten

Zahlreiche deutsche Hochschulen haben bereits oder sind im Begriff, elektronische Lernplattformen zu errichten.[77] Es kann dabei ebenfalls *(siehe oben II.1.a)* zwischen den die traditionelle Präsenzlehre ergänzenden On-demand Angeboten und solchen in vollständig virtuellen Studiengängen unterschieden werden.

---

73 Der Begriff des „Blendend Learnings“ beschreibt eine Lernform, bei der durch das Angebot von Begleitmaterialen (z.B. On-demand abrufbare Bild- oder Videofiles) die Effektivität der traditionellen Präsenzlehre erhöht werden soll; einführend *Blumschein/Wieland/Steiner*, in: Lernplattformen, S. 37; *Heide/Hendersson*, The Digital Classroom, S. 7.

74 *Suttorp*, § 52a UrhG, S. 13; *Münchmeier*, in: Medienarbeit, S. 74.

75 http://www.vibos.de (Abruf vom 26. 6. 2006); *Suttorp*, § 52a UrhG, S. 13.

76 *Münchmeier*, in: Medienarbeit, S. 75; *Leufen*, in: Neue Medien in den Schulen, S. 25.

77 Beispielhaft zu nennen sind die Projekte „Literaturwissenschaft-online“ der Universität Kiel, das „GenLab“ der Heinrich-Heine-Universität Düsseldorf sowie das Simulationsprojekt „MediMED“ der Universität Witten-Herdecke; einen Überblick über Modellprojekte der deutschen Universitäten erhält man unter http://www.learninglab.de/elan/kb3/index.php?id=457 (Abruf vom 26. 6. 2006); eine umfassende Übersicht der E-Learning Projekte an deutschen Hochschulen bietet zudem das von BMBF und DLR herausgegebene „Kursbuch elearning 2004“; *Issing*, in: Innovation Infrastruktur, S. 129; *Martens*, in: Virtueller Campus, S. 328.

Über das umfassendste Angebot gänzlich auf den netzbasierten Abruf von Lehrinhalten basierender Kurse verfügt die Virtuelle Universität der FernUniversität Hagen.[78] Sie ist Deutschlands erste vollständig virtuelle Hochschule und Teil der FernUniversität Hagen.[79] Sie bietet im Wege des asynchronen Teleteachings digitale Vorlesungen als „Lecture-On-demand“ zum zeit- und ortsunabhängigen Abruf an. Sämtliche Zusatzmaterialen, die im Zusammenhang mit der entsprechenden Vorlesung stehen, werden dabei mit dem digitalisierten Video verknüpft und den Studierenden zum Download zur Verfügung gestellt.[80]

Aber auch an traditionellen Präsenzuniversitäten wird das enorme Potential des Einsatzes von On-demand Applikationen erkannt. Beispielhaft für die Integration des asynchronen Teleteachings in traditionelle Lehrveranstaltungen ist die Universität Duisburg-Essen. Bei der Fusion beider Hochschulen stellte sich frühzeitig das Problem, dass einzelne Lehrveranstaltungen lediglich an einem der beiden Hochschulstandorte angeboten wurden. Um ein ständiges Pendeln der Hörer zwischen beiden Campi zu vermeiden, richtete das Medienzentrum der Universität spezielle E-Teaching Hörsäle an beiden Standorten ein. In diesen Hörsälen werden auf Großbildleinwänden zeitgleich die jeweils am anderen Hochschulstandort angebotenen Vorlesungen übertragen.[81] Den im E-Teaching Hörsaal anwesenden Studierenden ist es möglich, über installierte Mikrophone Fragen an den abwesenden Dozenten zu richten. Im Anschluss an die Veranstaltung werden den Studierenden die Bild- und Tondateien über ein Portal des Rechenzentrums zum On-demand Abruf angeboten.[82]

Eine im Sommersemester 2003 an der Universität Duisburg-Essen durchgeführte Befragung von Hochschullehrenden zeigte, dass ca. 49% der Lehrenden ausschließlich auf digitale Medien bei der Distribution von Informationen an Studierende zurückgreifen.[83] Aktuelle Studienlite-

78 *Bodendorf*, E-Teaching, S. 23; *Schlageter/Feldmann*, in: Multimedia & Internet, S. 352.

79 http://www.fernuni-hagen.de/LVU (Abruf vom 27. 6. 2006).

80 *Bodendorf*, E-Teaching, S. 23; *Schlageter/Feldmann*, in: Multimedia & Internet, S. 352.

81 http://www.mz.uni-duisburg-essen.de/virt_hoersaal/ (Abruf vom 27. 6. 2006).

82 http://www.mz.uni-duisburg-essen.de/virt_hoersaal/ (Abruf vom 27. 6. 2006).

83 *Traxel/Schulte/Hennecke*, HSW 2004, S. 91.

ratur wurde dabei von 16% der befragten Dozenten auf der eigenen Homepage zum Download angeboten.[84]

Eine die traditionelle Lehre im Bereich der Kunst- und Kulturwissenschaften unterstützende Funktion übernimmt „prometheus“ – das verteilte digitale Bildarchiv für Forschung und Lehre an der Universität zu Köln.[85] Es vereint 28 Datenbanken von Instituten, Museen und Bildarchiven und ermöglicht den zeit- und ortsunabhängigen Zugriff auf digitales Bildmaterial.[86] Zudem verfügt „prometheus“ über Retrieval- und Editorfunktionen, die eine gezielte Suche, Bearbeitung und Präsentation der Bilddaten ermöglichen.[87]

Ein weiteres Einsatzfeld netzbasierter Abrufsysteme in der universitären Lehre ist der Bereich der Aus- und Weiterbildung. So bietet die Ludwig-Maximilians-Universität München einen vollständig virtuellen Weiterbildungskurs im Bereich Unfallchirurgie an.[88] Praktiker und Studierende erhalten die Möglichkeit, insgesamt fünfzehn multimedial gestaltete Kurse abzurufen und sich über die häufigsten Verletzungen vertieft zu informieren.[89] Speziell auf berufstätige Personen zugeschnitten ist der „Master of Science in Information Systems“ des Fachbereichs Wirtschaftsinformatik der Universität Göttingen.[90] Das Programm ist nahezu vollständig netzbasiert absolvierbar, sämtliche Lerneinheiten werden als

---

84 *Traxel/Schulte/Hennecke*, HSW 2004, S. 91.

85 http://www.prometheus-bildarchiv.de (Abruf vom 27. 6. 2006); umfassend zur Funktionsweise des Bildarchivs “prometheus“ *Simon*, in: Forschung und Lehre im Informationszeitalter, S. 65–86.

86 Einführend zum Projekt „prometheus“, *Versthegen*: prometheus – Das digitale Bildarchiv für Forschung und Lehre, in: zeitenblicke 2 (2003) Nr. 1, abrufbar unter: http://www.zeitenblicke.historicum.net/2003/01/versthegen/index/html (Abruf vom 27. 6. 2006); *DLR*, eLearning, S. 58; *Simon*, in: Forschung und Lehre im Informationszeitalter, S. 65 ff.

87 http://www.zeitenblicke.historicum.net/2003/01/versthegen/index/html (Abruf vom 27. 6. 2006).

88 http://www.cms-chirurgie.de (Abruf vom 27. 6. 2006); *DLR*, eLearning, S. 218.

89 *DLR*, eLearning, S. 218.

90 http://www.winfoline.uni-goettingen.de/home/Winfoline_Master/ (Abruf vom 27. 6. 2006).

Texte oder in Form von vertonten Videosequenzen zum On-demand Abruf bereitgestellt.[91]

c) On-demand Applikationen in Unternehmen

Ein drittes Einsatzfeld des On-demand Angebotes von Wissen zu Lehrzwecken ist der Bereich des „Corporate E-Learnings[92]". Weiterbildung, Seminare und Schulungen in Unternehmen erfolgen – nicht allein in solchen der IuK-Technologie – vermehrt durch das Angebot von Wissen zum On-demand Abruf über Netzwerke.[93] Beispielhaft für die Implementierung eines derartigen netzbasierten Schulungssystems ist das Projekt „elba – E-Learning by Aral".

Das Modul „elba" richtet sich an Mitarbeiter sowie Vertriebspartner[94] der Aral Lubricants GmbH – der Vertriebssparte der Aral AG.[95] Ziel des E-Learning Tools ist die Vermittlung von Expertenwissen über die durch das Unternehmen angebotenen Produkte, wie etwa Details des Herstellungsverfahrens hochwertiger Mineralöle sowie teil- und vollsynthetischer Öle.[96]

Der Zugang zu der Plattform erfolgt über einen Login auf der Website der Aral Lubricants GmbH.[97] Nach erfolgtem Login gestaltet sich das Portal zweigliedrig.[98] Einerseits befinden sich auf der Plattform selbst verschiedene Rubriken, die eine schnelle Informationsbeschaffung garantieren sollen. So findet sich beispielsweise unter der Rubrik „Lexikon" ein Nachschlagewerk mit umfassenden Retrieval Funktionen.[99] Kernelement des Portals sind indes die Content-Module. Im Rahmen der „Grundla-

---

91 http://www.winfoline.uni-goettingen.de/home/Winfoline_Master/ (Abruf vom 27. 6. 2006); *DLR*, eLearning, S. 314.

92 Zum Begriff und zur Entwicklung des „Corporate E-Learnings", *Barron*, in: E-Learning in der Praxis, S. 56.

93 *Michel/Goertz*, in: eLearning, S. 32; *Ihm*, in: E-Learning in der Praxis, S. 327.

94 Dies sind neben Werkstätten und Autohäusern ausschließlich die Betreiber der Aral-Tankstellen, *Bartels/Curdt*, in: E-Learning in der Praxis", S. 302.

95 Ausführlich zum Projekt „elba", *Bartels/Curdt*, in: E-Learning in der Praxis, S. 301 ff.

96 *Bartels/Curdt*, in: E-Learning in der Praxis, S. 302.

97 Vgl. den Quikfinder „eLearning" unter: http:// www.aral-lubricants.de (Abruf vom 27. 6. 2006).

98 *Bartels/Curdt*, in: E-Learning in der Praxis, S. 312.

99 *Bartels/Curdt*, in: E-Learning in der Praxis, S. 315.

genschulung Tribologie[100]" werden z.B. die Themen Rohölentstehung, -gewinnung und -verarbeitung, Motoröl-Klassifizierung, die Rolle der Additive, Funktionen von Motoröl im Verbrennungsmotor sowie die Entsorgung von Motoröl behandelt.[101] Die Wissensvermittlung erfolgt multimedial – unter Einsatz von Grafiken, Schaubildern, Simulationen, digitalisierten Zeitungsartikeln, Audio- und Videofiles. So wird beispielsweise die atmosphärische Destillation – ein Vorgang zur Kraftstoffgewinnung – mittels einer audiounterstützen Animation dargestellt.[102] Im Rahmen des Moduls „Verkaufsschulung" steht neben der Vermittlung von Wissen vor allem der Trainingscharakter im Vordergrund. Ziel ist es, mit einer auf verschiedene Kundentypen abgestimmten Verkaufsstrategie Mitarbeiter in die Lage zu versetzen, Kundengespräche aufzubauen und auf Kundeneinwände zielgerichtet argumentativ zu reagieren.[103] Hierzu werden den Mitarbeiter unter anderem digitale Rollenspiele (Audio- und Videofiles) zum On-demand Abruf über das Portal „elba" angeboten.[104]

Einen ähnlichen Ansatz bei der netzwerkgestützten Wissensvermittlung verfolgt die Metro Cash and Carry GmbH, die Großhandelssparte der Metro AG.[105] Über ein firmeninternes LAN haben sämtliche Mitarbeiter Zugang zur E-Learning Plattform „House of Knowledge".[106] Diese nimmt insbesondere bei der Verbesserung der Sprachkompetenz der Konzernsprache Englisch eine bedeutende Rolle ein.[107] Beginnend in Spanien und Italien wurde weiten Teilen der Belegschaft ein virtueller Englischkurs angeboten. Abgestimmt auf die jeweilige Landessprache haben Mitarbeiter die Möglichkeit, orts- und zeitunabhängig multimedial gestaltete Übungen (Text-, Bild- und Soundfiles) über das Intranet des Konzerns abzurufen.[108]

---

100 Tribologie (griechisch: Reibungslehre) ist ein Teilgebiet des Maschinenbaus und befasst sich mit der wissenschaftlichen Beschreibung von Reibung, Verschleiß und Schmierung gegeneinander sich bewegender Körper, Duden – Fremdwörterbuch, S. 1055.

101 *Bartels/Curdt*, in: E-Learning in der Praxis, S. 318.

102 *Bartels/Curdt*, in: E-Learning in der Praxis, S. 318.

103 *Bartels/Curdt*, in: E-Learning in der Praxis, S. 320.

104 *Bartels/Curdt*, in: E-Learning in der Praxis, S. 320.

105 http://www.metro24.de (Abruf vom 28. 12. 2006).

106 *Dziobaka-Spitzhorn*, in: E-Learning in der Praxis, S. 352.

107 *Dziobaka-Spitzhorn*, in: E-Learning in der Praxis, S. 359.

108 *Dziobaka-Spitzhorn*, in: E-Learning in der Praxis, S. 359.

2. Netzbasierte Abrufsysteme der E-Science

Der Begriff der E-Science hat in den letzten Jahren einen Bedeutungswandel erfahren. Während er zunächst für „Electronic Science“ stand und den Einsatz digitaler Medien im Bereich der Wissenschaft beschrieb, wird E-Science inzwischen vielfach mit „enhanced“ *(engl. „verbessert“, „erweitert“)* beschrieben.[109] E-Science umfasst neue Formen netzbasierten wissenschaftlichen Arbeitens in universitärer und industrieller Forschung.[110] Unter Einsatz leistungsstarker Netzwerktechnologien sollen Forschungsprozesse speziell durch den orts- und zeitungebundenen Zugriff auf Wissen verbessert und intensiviert werden.[111] Dies geschieht einerseits durch die Vernetzung von Computerressourcen zu sog. „Grids“,[112] andererseits durch den Aufbau von IT-basierten Wissensmanagementsystemen.[113]

a) IT-basiertes Wissensmanagement

Der Einsatz sog. „Knowledge Management Systeme“ in der industriellen Forschung wird regelmäßig als ein elementarer Weg zur Steigerung der Produktivität im Unternehmen betrachtet.[114] Eine Vorreiterrolle bei der Implementierung von Wissensmanagementsystemen im Bereich der industriellen Forschung spielte das Schweizer Pharma-Unternehmen Roche. Ziel war es, der ständig zunehmenden Papierflut im Konzern zu begegnen und das vorhandene Wissen strukturiert zum Abruf anzubieten. So muss etwa für das Zulassungsverfahren eines Medikamentes das gesamte Prüfungs- und Entwicklungsverfahren dokumentiert werden. Derartige Dossiers umfassen regelmäßig über 1.000 Aktenordner. Mehrere hundert Mitarbeiter verschiedener Abteilungen arbeiten gemeinsam an der Entwicklung eines Medikamentes und benötigen jederzeitigen Zugriff auf den Datenbestand.[115] Regelmäßig benötigen unterschiedliche Forschungsgruppen zeitgleich Zugriff auf das gleiche Datenmaterial. Eine konzerninterne Analyse offenbarte, dass allein durch die Suche nach

---

109 *Hey/Trefethen*, in: Science Magazine 2005, S. 821.
110 *Hey/Trefethen*, in: Science Magazine 2005, S. 821.
111 http://www.e-science-forum.de (Abruf vom 28. 6. 2006).
112 *BMWA/BMBF*, Deutschland 2006, S. 48.
113 *Maier*, in: Knowledge Management, S. 359.
114 *Servatius*, in: E-Learning in der Praxis, S. 72.
115 *Gentsch*, Wissen managen, S. 199.

Forschungsdaten zwischen 40 und 60% der gesamten Arbeitszeit verloren gehen.[116] Durch die Vernetzung von Computern und den Aufbau eines konzerneigenen LAN konnte der Wissenstransfer im Unternehmen deutlich verbessert werden. Dokumente wurden digitalisiert, auf einem Server gespeichert und mittels einer zentralen Informationsplattform zum On-demand Abruf angeboten. Im Ergebnis gelang es, den Prozess der Patentanmeldung von 18 auf drei Monate zu verkürzen.[117]

Die Wissensressourcen im Unternehmen zu erschließen, zu vernetzen und einem breiten Kreis potentieller interner Interessenten zum elektronischen Abruf anzubieten, ist das Ziel des im Intranet der BMW AG implementierten sog. „Marktplatz des Wissens".[118] Dieser elektronische Marktplatz ist als Zentrum des Informationsaustausches aller im Konzern im Bereich der Forschung und Entwicklung tätigen Mitarbeiter konzipiert, und der zentrale Zugriffspunkt zu den verschiedenen Wissensressourcen.[119] Kern des Systems ist eine Retrieval Anwendung, die es Mitarbeitern ermöglicht, zielgerichtet Fachaufsätze, Tabellen, Bilder und Graphiken abzurufen. Im Wege einer E-Publishing-Funktion können Mitarbeiter eigenes Wissen im hauseigenen Netzwerk publizieren.[120]

Der Aufbau eines konzernweiten Informationsnetzwerkes bildet das Kernstück eines umfassenden Restrukturierungsprogramms der Ford Motor Corp. Derzeit wird das Ford Intranet täglich von 150.000 Mitarbeitern in 800 Werken und 150 Produktionsanlagen genutzt.[121] Über den Server werden ca. 1.000 Websites und über eine Millionen Dokumente in Form von Text, Bild, Sound- und Videodateien in verschiedenen projektbezogenen Anwendungen zum On-demand Abruf bereitgestellt. So finden beispielsweise in der sog. „Aesthetic Information Database" Industriedesigner des Konzerns digitale Photos von Fahrzeugen der Wettbewerber und erhalten per Mausklick Bilddaten vom In- und Exterieur vergleichbarer Modelle. Dadurch wurde es möglich, die gesamte Bandbreite an unterschiedlichsten Lösungsmöglichkeiten auf einen Blick am Bildschirm darzustellen und zu vergleichen.[122] Die Entwicklung neuer

---

116 *Vorbeck,* in: Knowledge Management, S. 320.

117 *Vorbeck,* in: Knowledge Management, S. 320.

118 *Gehle,* Wirtschaftsinformatik Sonderheft 2000, S. 119.

119 *Gehle,* Wirtschaftsinformatik Sonderheft 2000, S. 120.

120 *Gehle,* Wirtschaftsinformatik Sonderheft 2000, S. 122.

121 *Lehner,* Organisational Memory, S. 417.

122 *Lehner,* Organisational Memory, S. 417.

Modellreihen erfolgt im sog. „eRoom" unter Herstellung konzernweiter Synergien. Ingenieure aller Marken[123] sowie Mitglieder des Zulieferernetzes stellen Entwürfe, Fachliteratur sowie Messdaten auf dieser Plattform zum On-demand Abruf über das Intranet bereit.[124]

b) Grid-Computing

In Anlehnung an den Begriff „power grid" *(engl., Stromnetz)* beschreibt Grid-Computing eine Netzwerktechnologie zur Nutzung verteilter Rechen- bzw. Speicherkapazitäten (sog. „Compute-Grids") sowie von Informationen (sog. „Data-Grids").[125] Die Nutzer des Grids können untereinander sowohl auf die Leistung der vernetzten Rechner als auch auf das dort hinterlegte Wissen zugreifen.[126] Letzteres geschieht regelmäßig im Wege des netzbasierten On-demand Abrufs.

Pionierarbeit bei der Implementierung eines Hochleistungsnetzwerkes im Bereich der Wissenschaft und Forschung leistete der Verein zur Förderung eines Deutschen Forschungsnetzes (DFN e.V.). Im Jahre 1984 als Selbsthilfeorganisation von Hochschulen, außeruniversitären Forschungseinrichtungen und forschungsnahen Wirtschaftsunternehmen gegründet, finden sich heute 370 Mitglieder unter dem Dach des DFN-Vereins zusammen.[127] Er ermöglicht seinen Mitgliedseinrichtungen dank exklusiv geschalteter Bandbreiten und Wellenlängen durch Nutzung des DFNVideoConference-Dienstes, Videokonferenzen zu veranstalten und Aufzeichnungen dieser Sitzungen im Anschluss als Video-Datei über das Netzwerk abzurufen. Forschungsergebnisse werden anstatt in printbasierten Fachzeitschriften im Wege des E-Publishing mittels des DFNNetNews-Dienstes auf einem zentralen Newsserver bereitgestellt. Mitglieder haben auf diesem Wege die Möglichkeit, auf eine Vielzahl von fachspezifischen Newsgroups zuzugreifen, in denen das Expertenwissen eines internationalen Mitgliederkreises abgerufen werden

---

123 Neben der Marke Ford gehören zur Ford Motor Corp. die Marken Lincoln, Mercury, Mazda, Volvo, Jaguar und Land Rover, vgl. http://www.ford.com (Abruf vom 29. 6. 2006).

124 *Lehner*, Organisational Memory, S. 416.

125 *Foster/Kesselmann*, The Grid, S. 47.

126 *Reinefeld*, in: Wissensmanagement Spezial 2005, S. 4; *BMWA/BMBF*, Deutschland 2006, S. 48; http://www.e-science-forum.de (Abruf vom 2. 7. 2006).

127 htttp:// www.dfn.de (Abruf vom 3. 2. 2006); *Jessen*, in: Internet Future, S. 16.

kann.[128] Archivierte, nach den Bedürfnissen unterschiedlicher Nutzergruppen indexierte, wissenschaftliche Informationen hält der vom DFN e.V. betriebene Deutsche Bildungs-Server zum elektronischen On-demand Abruf bereit.[129] Diese Anwendungen des DFN e.V. werden von Forschern an Universitäten und in Unternehmen in umfassender Art und Weise genutzt. Sie machen den DFN e.V. bezüglich seiner Nutzerzahlen zu einem der größten Internet Service Provider in Deutschland. Insbesondere hinsichtlich des pro Nutzer transportierten Datenvolumens übertrifft er seine Wettbewerber um ein Vielfaches.[130]

Die umfassende Vernetzung weiter Teile der Wissenschaft in Deutschland und der Aufbau einer digitalen Wissensinfrastruktur ist das Ziel der im Jahre 2003 von Seiten der Wissenschaft ins Leben gerufenen „D-Grid Initiative".[131] Unterstützt mit Fördermittel des BMBF in Höhe von 100 Millionen werden in verschiedenen Bereichen der Wissenschaft netzbasierte Wissensplattformen implementiert.[132] So ist das Ziel des Projektes „Medi-Grid", ein vernetztes Arbeiten aller in Deutschland im Bereich der medizinischen Forschung Tätigen zu ermöglichen. Dabei stehen der gemeinsame Aufbau sowie die gemeinsame Nutzung von Datenpools im Vordergrund.[133] Im Wege des On-demand Abrufs sollen den verschiedenen Nutzergruppen des Grids orts- und zeitungebunden Daten aus Grundlagenforschung, klinischer Forschung und Patientenversorgung zugänglich sein.[134] Im Bereich der Geisteswissenschaften steht die Entwicklung eines sog. „TextGrid" im Mittelpunkt der Aktivitäten der D-Grid Initiative. Über das Grid soll den Nutzern der Zugang zu Publikationssoftware, zu Tools für die wissenschaftliche Redaktionsarbeit sowie zu Primärquellen ihrer jeweiligen Forschungsdisziplin eröffnet werden.[135]

Auf europäischer Ebene wurde durch Fördermaßnahmen des 6. Rahmenprogramms der Europäischen Union für Forschung, technologische

128 http://www.dfn.de/content/dienstleistungen/dfnnetnews/ (Abruf vom 3. 3. 2007).

129 *Diepold*, in: MultiMedia, S. 166.

130 *Jessen*, in: Internet Future, S. 16.

131 *Hiller*, in: Wissensmanagement Spezial 2005, S. 6.

132 http://www.d-grid.de (Abruf vom 2. 6. 2006).

133 http://www.d-grid.de/index.php?id=42 (Abruf vom 3. 6. 2006).

134 http://www.d-grid.de/index.php?id=42 (Abruf vom 3. 6. 2006).

135 http://www.d-grid.de/index.php?id=167 (Abruf vom 3. 3. 2006).

Entwicklung und Demonstration die Vernetzung von Forschern vorangetrieben.[136] Von besonderer Bedeutung ist dabei das im Rahmen des Dante-Projekts[137] entwickelte Hochgeschwindigkeitsnetzwerk „Géant2", *(franz.: Gigant)*, das nationale Wissenschaftsnetze zu einem europäischen Forschungsnetzwerk verbindet.[138] Es startete am 15. Juni 2005 als Nachfolger des Géant1-Netzwerkes und verbindet über ein Multi-Gigabit-Netzwerk 3500 Forschungseinrichtungen in insgesamt 34 Staaten miteinander.[139] Es ermöglicht seinen Nutzern, bislang unvorstellbare Datenmengen weltweit über das Hochgeschwindigkeitsnetzwerk in nur wenigen Sekunden auszutauschen.[140] So entwickelte beispielsweise die Europäische Organisation für Kernforschung CERN *(Centre Européen de Recherche Nucléaire)* das sog. „Toolkit Geant4". Es hält für den Bereich der Medizin, der Physik und der Weltraumforschung verschiedene Anwendungen für das Géant2-Netzwerk bereit, die unter anderem den On-demand Zugriff auf fachspezifische Datenbanken ermöglichen.[141]

III. Das Urheberrecht als rechtlicher Rahmen für netzbasierte Abrufsysteme

Die vielfältigen Nutzungsformen *(siehe oben A. II.)* von On-demand-Anwendungen in Unterricht und Forschung – sei es in Schule, Universität oder Unternehmen – weisen eine wichtige Gemeinsamkeit auf: Im Mittelpunkt der Anwendungen stehen allenthalben die Inhalte, Texte, Graphiken, Videos, Messdaten, Sounds und Bilder, die Forschenden, Lehrenden und Lernenden über das Netzwerk zeit- und ortsunabhängig zugänglich sind. Rechtlich problematisch wird es, sobald die Bereitstellung der Inhalte ein fremdes Urheberrecht oder ein verwandtes Schutzrecht tangiert. In diesem Falle werden die Schranken der urhebergesetzlichen Ausschließlichkeitsrechte bedeutsam. Ihre Aufgabe ist es, das Interesse der Allgemeinheit – und damit auch das der Lehrer und Forscher – an einer erlaubnisfreien Nutzung von Werken und Leistungen zu garantie-

136 *Suttorp*, § 52 a UrhG, S. 7.
137 http://www.dante.net (Abruf vom 2. 7. 2006).
138 http://www.geant2.net (Abruf vom 2. 7. 2006).
139 http://www.geant2.net (Abruf vom 2. 7. 2006).
140 http://www.geant.net (Abruf vom 3. 7. 2006).
141 http://www.cern.ch/geant4 (Abruf vom 4. 4. 2006).

ren.[142] In welchem Umfang dies in einem digitalen Umfeld im Bereich der Forschung und Lehre möglich ist, ist Gegenstand einer heftigen Debatte. Dabei geht es im Kern um die Frage, welcher Rechtsrahmen die optimalen Bedingungen zur Generierung neuen Wissens bietet. Die Antwort darauf versuchen zwei gänzlich unterschiedliche Modelle zu geben:[143]

Der erste Ansatz stellt die Gefahr der Aushöhlung der Rechte des Urhebers durch die Möglichkeiten der Digitaltechnik im Allgemeinen und des netzbasierten On-demand Abrufs im Besonderen in den Mittelpunkt.[144] Er wird vornehmlich von der Verwerterseite vorgebracht und betont die Notwendigkeit eines umfassenden, durch den Einsatz technischer Schutzmaßnahmen[145] flankierten, Schutzes des Urheberrechts.[146] Allein durch ein starkes Ausschließlichkeitsrecht, dass eine umfassende Verwertung sichert, sei ein ausreichender materieller Anreiz vorhanden, neues Wissen zu generieren.[147] An dieses Wissen könnten schließlich Forschende zur Gewinnung weiterer Erkenntnisse anknüpfen und Lehrende könnten darauf zur Wissensvermittlung zurückgreifen *(siehe oben A. I.)*. Je größer der Anreiz zur Wissensproduktion desto breiter sei die daraus entstehende informationelle Basis zur Generierung weiterer Innovationen. Seine Ausprägung findet dieser Ansatz unter anderem in den Erwägungsgründen (9), (11), (25) und (51) der InfoSoc-RL,[148] in der Präambel des WIPO Copyright Treaty (WCT) sowie des WIPO Performances and Phonograms Treaty (WPPT).

---

142 *Schack*, UrheberR, Rn. 463, Rn. 482; *Götting*, in: Handbuch UrhR, § 30 Rn. 8.

143 Zu beiden Ansätzen *Peifer*, in: Forschung und Lehre im Informationszeitalter, S. 1.

144 *Federrath*, ZUM 2000, S. 804; *Lehmann*, GRUR Int. 1983, S. 360; *Landes/Posner*, Journal of Legal Studies 1989, S. 362; *Lippert*, CR 2001, S. 478.

145 Umfassend zum Einsatz technischer Maßnahmen zum Schutz digitaler Inhalte, vgl. *Arlt*, Digital Rights Management Systeme, S. 1–53; *Bechthold*, DRM, S. 19–145.

146 Vgl. beispielsweise die Stellungnahme der Verwertungsgesellschaften zu Korb 2 der Novelle des Urhebergesetzes, abrufbar unter: http://www.gema.de/korb2/ (Abruf vom 5. 7. 2006).

147 *Lehmann*, GRUR Int. 1983, S. 360.

148 Richtlinie 2001/29/EG des Europäischen Parlaments und des Rates vom 22. Mai 2001 zur Harmonisierung bestimmter Aspekte des Urheberrechts und der verwandten Schutzrechte in der Informationsgesellschaft.

Den Gegenpol bilden die Vertreter des sog. „open access".[149] Dieser Ansatz entwickelte sich aus der sog. „open source" Bewegung im Bereich der Softwareentwicklung, die einen freien Zugang zu dem Quellcode eines Computerprogramms einfordert, um darauf aufbauend neue Softwarelösungen zu entwickeln.[150] Diesen Gedanken auf den Bereich der wissenschaftlichen Forschung übertragend, werden unter den Schlagwörtern „Creative Commons[151]" bzw. „Science Commons" weite Schranken zugunsten von Forschung und Lehre gefordert.[152] Der erlaubnisfreie Zugriff auf Wissen nach dem Credo „in dubio pro libertate"[153] und sein freigiebiges Angebot seien die Basis für die Generierung neuer Erkenntnisse.[154] Dieser Wissenszugang sei durch den stetigen Ausbau des Urheberrechts und durch den Einsatz technischer Schutzmaßnahmen zunehmend bedroht. Es komme zu einer wechselseitigen Beziehung von Recht und Technik, im Zuge derer das Recht die Technologie in Form von Digital Rights Management (DRM)-Systemen[155] schützen soll, welche ihrerseits wiederum der Wahrung des Urheberrechts zu dienen bestimmt ist.[156] In Deutschland fordern weite Teile der Wissenschaft mit der „Berliner Erklärung über offenen Zugang zu wissenschaftlichem Wissen" vom 22. Oktober 2003 einen freien Zugang der Wissenschaft zu einem möglichst weiten Informationsspektrum.[157] In einem von 25 Nobelpreisträgern unterzeichneten offenen Brief an den US-Kongress im August

149 *Peifer,* in: Forschung und Lehre im Informationszeitalter, S. 2.

150 *Peifer,* in: Forschung und Lehre im Informationszeitalter, S. 2.

151 htttp://www.creativecommons.org (Abruf vom 8. 7. 2006).

152 http://www.sciencecommons.org (Abruf vom 8. 7. 2006).

153 *Hoeren,* in: DRM, S. 585.

154 *Lessig,* The Future of Ideas, S. 48; *ders.*, Free Culture, S. 76; *Sieber,* in: UrheberR für Bildung und Wissenschaft, S. 21; *Pflüger/Ertmann,* ZUM 2004, S. 436.

155 Zur Funktionsweise von DRM-Systemen vgl. *Bechtold,* DRM; *Arlt,* Digital Rights Management Systeme; *Guggemos,* ZUM 2004, S. 184; *Grassmuck,* in: Digitales Urheberrecht, S. 55; *Pfennig,* ZUM 2004, S. 198ff.; *Rohleder,* ZUM 2004, S. 203f.

156 "Never in our history have fewer had a legal right to control more of the development of our culture than now [ ] The opportunity to create and transform becomes weakened in a world in which creation requires permission and creativity must check with a lawyer" *Lessig,* Free Culture, S. 173, *Klein,* No Logo, S. 194; *Kröger,* MMR 2002, S. 21.

157 http://www.mpg.de/pdf/openaccess/BerlinDeclaration_dt.pdf (Abruf vom 21. 7. 2006).

2004 erhoben auch weite Teile der amerikanischen Wissenschaft diese Forderung.[158]

1. § 52a UrhG als Schranke zugunsten von Unterricht und Forschung

Mit der Einführung des § 52a UrhG am 13. September 2003 im Rahmen des Gesetzes zur Regelung des Urheberrechts in der Informationsgesellschaft[159] stellte der Gesetzgeber sein Modell zur Berücksichtigung der Belange von Forschung und Lehre in einem digitalen Umfeld vor. Die Norm ist eine Schranke eines im Zuge des 1. Korbes der Urheberrechtsnovelle[160] neu eingeführten Ausschließlichkeitsrechts – des Rechts der öffentlichen Zugänglichmachung (§ 19a UrhG).

In § 19a UrhG wurde Urhebern[161] das ausschließliche Recht zugewiesen, Werke öffentlich zugänglich zu machen. Die Vorschrift setzt die Zugänglichmachung eines Werkes dergestalt voraus, dass es von Mitgliedern der Öffentlichkeit von Orten und zu Zeiten ihrer Wahl abrufbar ist. Der Regelungsgehalt der Vorschrift erschöpft sich in dem öffentlichen Angebot von Werken mittels netzwerkgestützter Abrufsysteme.[162] Die technische Konzeption der Verbindung zum Abrufenden (z.B. über LAN, WAN, WLAN) ist dabei unerheblich – die Vorschrift ist technologieneutral gefasst.[163]

Folge der Einführung dieses digitalen Bereitstellungsrechtes[164] ist, dass eine Vielzahl der oben beschriebenen On-demand-Anwendungen im Be-

---

158 "There's no question, open access truly expands shared knowledge across scientific fields – it is the best path for accelerating multi-disciciplinary breakthroughs in research"; vgl. http://www.heise.de/newsticker/meldung/50557 (Abruf vom 20. 6. 2006).

159 BGBl. I 2003, S. 1774.

160 Gesetz zur Regelung des Urheberrechts in der Informationsgesellschaft vom 10. 9. 2003, BGBl. I 2003, S. 1774.

161 In den §§ 78 Abs. 1 Nr.1, 85 Abs. 1, 87 Abs. 1 Nr. 1, 94 Abs. 1 S. 1 UrhG wird das Recht der öffentlichen Zugänglichmachung ebenfalls den Inhabern bestimmter verwandter Schutzrechte eingeräumt.

162 Erwägungsgründe 10–13 der RL 2001/29/EG; *Dreier*, in: Dreier/Schulze, UrhG, § 19a Rn. 8; *v. Bernuth*, ZUM 2003, S. 439; *Bullinger*, in: Wandtke/Bullinger, UrhR, § 19a Rn. 3.

163 *Bullinger*, in: Wandtke/Bullinger, UrhR, § 19a Rn. 5.

164 *Dreyer*, in: HK-UrhG, § 19a Rn. 3.

reich des E-Learnings und der E-Science einem urheberrechtlichen Ausschließlichkeitsrecht unterfallen. Der Lehrer, der im Rahmen des Projektes „Deutsch digital“ *(siehe oben A. II. 1. a)* ohne Lizenz Auszüge des Romans „Das Parfüm“ von Patrick Süskind (Sprachwerk, § 2 Abs. 1 Nr. 1 UrhG) zur Unterrichtsvorbereitung auf dem allen Schülern zugänglichen Server eines Gymnasiums zum On-demand Abruf bereithält, greift ein in das Recht auf öffentliche Zugänglichmachung. Dem Verlag, dem der Autor regelmäßig umfassende Nutzungsrechte eingeräumt hat, stünde in diesem Fall ein Anspruch auf Unterlassung und Schadensersatz aus § 97 Abs. 1 UrhG zur Seite. Ähnlich verhält es sich bei dem On-demand Angebot von Bildmaterial im Rahmen des elektronischen Archivs „prometheus“ *(siehe oben A. II. 1. b)*. Die Zugänglichmachung einer Fotographie von Helmut Newton (Lichtbildwerk, § 2 Abs. 1 Nr. 5 UrhG) ohne Lizenz über das elektronische Archiv bedeutet einen Eingriff in das Ausschließlichkeitsrecht des Künstlers aus § 19a UrhG. Auch im Bereich der E-Science steht der Nutzung netzbasierter Abrufsysteme oftmals das Recht zur öffentlichen Zugänglichmachung entgegen. So tangiert das Angebot von Fachliteratur (Sprachwerk, § 2 Abs. 1 Nr. 1 UrhG) auf dem „Marktplatz des Wissens“ im LAN der BMW AG *(siehe oben A. II. 2. a)* oder das Angebot digitaler Fotos der Fahrzeuge der Wettbewerber (Lichtbildwerke, § 2 Abs. 1 Nr. 5 UrhG) in der „Aesthetic Information Database“ der Ford Corp. vielfach das Recht der Urheber aus § 19a UrhG.

Die Reichweite des neuen Verwertungsrechts wird durch § 52a UrhG zu Gunsten von Unterricht und Forschung beschränkt. Gesetzeszweck der Vorschrift ist es, die Nutzung urheberrechtlich geschützter Inhalte in elektronischen Abrufsystemen ohne Einwilligung des Rechteinhabers zu ermöglichen. Auf diesem Wege soll der Einsatz moderner Kommunikationsformen in Unterricht und Wissenschaft gefördert werden.[165]

Kaum eine Vorschrift der Novelle war jedoch so umstritten wie diese Schrankenregelung[166] – an ihr wurde der ideologische Unterschied beider Konzeptionen *(siehe oben A. III.)* zur Gestaltung des Rechtsrahmens für die Nutzung digitaler Informationen in Forschung und Lehre in besonderer Weise deutlich. Während die Vertreter des proprietären Ansatzes sich bereits in dem Entwurfstadium des § 52a UrhG gegen dessen Ein-

---

165 BT-Dr. 15/38, S. 20.

166 *Dreier*, in: Dreier/Schulze, UrhG, § 52a Rn. 2; *v. Bernuth*, ZUM 2003, S. 438.

führung[167] wehrten und teilweise von einer Enteignung durch den Gesetzgeber sprachen,[168], wurde die Norm von den Anhängern des freiheitlichen Modells nachdrücklich begrüßt.[169] Vereinzelt hielten sie sogar die in § 52a UrhG normierten Privilegien vor dem Hintergrund der Mög-

167 Beispielhaft der Brief des Verlegers Dr. h. c. *Georg Siebeck* an die Bundesministerin der Justiz, Frau Brigitte Zypries vom 24. 3. 2003, abrufbar unter: http://www.mohr.de/enteignung/brief_frau_zypries.htm (Abruf vom 21. 2. 2006); Stellungnahme des Bundesverbandes Audiovisuelle Medien e. V. (BVV) zu § 52 a RegE, abrufbar unter: www.bvv-medien.de/aktuell.html (Abruf vom 25. 3. 2006), Stellungnahme des Bundesverbandes Informationswirtschaft, Telekommunikation und neue Medien e.V. (BITKOM) zu § 52a Regierungsentwurf für ein Gesetz zur Regelung des Urheberrechts in der Informationsgesellschaft (Stand 30. 7. 2002), abrufbar unter: http://www.bitkom.org/de/politik/18219_7420.aspx (Abruf vom 21. 2. 2006); Stellungnahme des Forum der Rechteinhaber zum Referentenentwurf für ein Gesetz zur Regelung des Urheberrechts in der Informationsgesellschaft, abrufbar unter: http://www.urheberrecht.org/topic/Info-RiLi/st/Forum-RegEntw.pdf (Abruf vom 11. 4. 2006); Stellungnahme der Spitzenorganisation der Filmwirtschaft e. V. zum Entwurf eines Gesetzes zur Regelung des Urheberrechts in der Informationsgesellschaft, abrufbar unter: http://www.urheberrecht.org/topic/Info-RiLi/st/PolitStellungn.pdf (Abruf vom 24. 11. 2006); Stellungnahme des VdS Bildungsmedien e.V. vom 21. 8. 2002 zu § 52 a des Regierungsentwurfes hinsichtlich eines Gesetzes zur Regelung des Urheberrechts in der Informationsgesellschaft, abrufbar unter: http://www.urheberrecht.org/topic/Info-RiLi/st/StellungnahmeVdS_UrhG52a.pdf (Abruf vom 16. 3. 2006); einen Überblick über die Stellungnahmen einzelner Interessenverbände und Wissenschaftler zu der Einführung des § 52a UrhG erhält man unter: http://www.urheberrecht.org/topic/Info-RiLi/ (Abruf vom 11. 5. 2006); Stellungnahme des Deutschen Buchhandels vom 24. Januar 2003, Seite 4, abrufbar unter: http://www.urheberrecht.org/topic/Info-RiLi/st/Stellungnahme-Formulierungshilfe.pdf (Abruf vom 21. 11. 2006); Leitartikel der FAZ vom 8. April 2003, S. 1 und in der SZ vom 9. April 2003, S. 4; *Delp,* Recht des geistigen Schaffens, Rn. 200.

168 Stellungnahme des Deutschen Buchhandels vom 24. Januar 2003, Seite 4, abrufbar unter: http://www.urheberrecht.org/topic/Info-RiLi/st/Stellungnahme-Formulierungshilfe.pdf (Abruf vom 18. 8. 2006).

169 Stellungnahme der Bundesvereinigung Deutscher Bibliotheksverbände e. V. vom 1. 10. 2002 zum Entwurf eines Gesetzes zur Regelung des Urheberrechts in der Informationsgesellschaft; Stellungnahme des Institut für Rechtsfragen der freien und open source software (ifross) vom 11. 12. 2002 zum Regierungsentwurf für ein Gesetz zur Regelung des Urheberrechts in der Informationsgesellschaft; abrufbar in der Rubrik „Rechtspolitik“ unter: http://www.ifross.de (Abruf vom 6. 11. 2006).

lichkeit der Zugangskontrolle mittels DRM-Technologie für noch nicht ausreichend und reklamierten eine Ausweitung der Schranke.[170]

Die vorliegende Arbeit möchte einen Beitrag zu der Diskussion um die Ausgestaltung des Rechtsrahmens der Nutzung digitaler Medien in Forschung und Lehre leisten. Im Rahmen der Debatte um § 52a UrhG wurden Reichweite und praktische Auswirkungen der Norm teilweise überzeichnet, zum Teil auch verkürzt.[171] Dieses führt zu großer Rechtsunsicherheit über die eigentliche Reichweite der Schranke.[172] Welchen urheberrechtlichen Freiraum § 52a UrhG Forschenden und Lehrenden tatsächlich bei dem Angebot digitaler Informationen gewährt, ist Gegenstand dieser Untersuchung.

2. Schweden als Vergleichsrechtsordnung

Mit Hilfe eines Vergleichs zur Rechtslage in Schweden soll eine Beurteilung des § 52a UrhG auch im europäischen Kontext ermöglicht werden.

---

170 So fordert beispielsweise der Verband Deutscher Kunsthistoriker in seiner Stellungnahme zu § 52a UrhG vom 10. 10. 2002 „Angebot und Nachfrage von digitaler Information durch gesetzliche Reglementierungen nicht einzuengen, sondern den Zugriff auf der Wissenschaft dienlichen Informationen vielmehr zu erleichtern, damit Unterricht und Forschung in den Bildwissenschaften und damit die ganze kulturelle Bildung des Landes gefördert werden", abrufbar unter: http://www.urheberrecht.org/topic/Info-RiLi/st/Kunsthistoriker.pdf (Abruf vom 23. 10. 2006); siehe ebenso *Lutterbeck/Gehring*, Kritik aus der Sicht eines Hochschullehrers und Wissenschaftlers, den Gesetzentwurf der Bundesregierung zum UrhG und die Schrankenbestimmung für Unterricht und Forschung betreffend, S. 11, abrufbar unter: http://www.urheberrecht.org/topic/Info-RiLi/st/LutterbeckGehring-Stellungnahme.pdf (Abruf vom 22. 10. 2006); *Anderhub*, Forschung & Lehre 2003, S. 252; *Hoeren*, Stellungnahme zu § 52a des Entwurfes eines Gesetzes zur Regelung des Urheberrechts in der Informationsgesellschaft vom 2. 10. 2002, abrufbar unter: http://www.urheberrecht.org/topic/Info-RiLi/st/ITM_52a.pdf (Abruf vom 27. 11. 2006); Stellungnahme der Deutschen Initiative für Netzwerkinformation e.V. (DINI) zum Regierungsentwurf für ein Gesetz zum Urheberrecht in der Informationsgesellschaft vom 28. 10. 2002, abrufbar unter: http://www.urheberrecht.org/topic/Info-RiLi/st/DINI_UrhG-Novelle.pdf (Abruf vom 23. 6. 2006).

171 *Zypries*, NJW Editorial 16/2003; *dies.* KUR 2003, S. 57.

172 *Suttorp*, § 52a UrhG, S. 3.

Dabei bietet sich Schweden als Vergleichsrechtsordnung durch seine herausragende Position bei der Entwicklung und dem Einsatz von Informationstechnologie in Forschung und Lehre in besonderer Weise an. Im Rahmen einer seitens des schwedischen statistischen Zentralbüros *(Statistiska centralbyrån)* im Jahre 2002 durchgeführten Studie über die Nutzung des Computers und des Internet durch Privatpersonen,[173] zeigte sich, dass 73% der Bevölkerung zwischen 16 und 74 Jahren regelmäßig das Internet nutzen; 58% nutzen den E-Mail Dienst des Internet als Kommunikationsmedium. Dabei verfügten 40% der Internetnutzer im Jahre 2002 über Breitbandtechnologie. Diese Zahlen machen Schweden hinsichtlich der Nutzung von IuK-Technologie – vor Norwegen und der Schweiz – zu einem weltweiten Spitzenreiter.[174] Die Bundesrepublik Deutschland kam mit einer Nutzungsquote des Internets der 16–74-Jährigen im Jahre 2002 von unter 50% nicht einmal unter die ersten zehn Nationen.[175] Dies hat sich auch im Jahre 2005 nicht grundlegend geändert. Zwar sind die Nutzerzahlen insgesamt angestiegen, jedoch bleibt die Quote der Nutzer moderner Informationstechnologie in der Bundesrepublik weiter hinter derjenigen in Schweden zurück.[176]

Bei einem seitens der IBM Corp. im Jahre 2003 durchgeführten „E-Learning readiness ranking“ wurde deutlich, dass ein Großteil der Nutzung von IuK-Technologie in den Bereichen der universitären und schulischen Lehre erfolgt. Im Zuge dieser Untersuchung wurden sowohl die Rahmenbedingungen des E-Learnings sowie dessen Verbreitung in den 60 weltgrößten Volkswirtschaften basierend auf ca. 150 Kriterien beurteilt. Dabei errang Schweden wiederum die Spitzenposition – gefolgt von Kanada, den USA, Finnland, Süd Korea und Singapur.[177]

---

173 Privatpersoners användning av datorer och Internet 2002, abrufbar unter: www.scb.se (Abruf vom 6. 6. 2006).

174 www.oecdobserver.org (Abruf vom 28. 6. 2006); www.itsweden.com (Abruf vom 15. 5. 2006); „Sweden Nr.1 IT Nation in the world for the third year in a row“, abrufbar unter: http://www.worldpaper.com/2002/feb02/isi.jpg (Abruf vom 7. 6. 2006).

175 http://www.lfm-nrw.de/presse/index.php3?id=252 (Abruf vom 24. 1. 2007).

176 http://www.destatis.de/presse/deutsch/pm2005/p1200024.htm (Abruf vom 24. 1. 2007).

177 www.isa.se (Abruf vom 24. 6. 2006); *Marking*, in: Swedish Views, S. 9; “Sweden ranked as the world's leading information society”, Bericht des Außenministeriums *(Utrikesministerium)* vom 1. 3. 2002, abrufbar unter: http: www.sweden.gov.se/sb/d/696/a/5044 (Abruf vom 8. 6. 2006).

An dieser Entwicklung hatte das schwedische Urheberrecht einen bedeutenden Anteil. Umfassender Einsatz von IT in Forschung und Lehre bedingt einen Rechtsrahmen, der es erlaubt, Inhalte in einem digitalen Umfeld flexibel zum netzvermittelten Abruf anzubieten. Das schwedische Urheberrecht *(Lag om upphovsrätt till litterära och konstnärliga verk, SFS 1960:729)* beschrieb das urhebergesetzliche Ausschließlichkeitsrecht in seinem § 2 bislang als eine Befugnis, die einerseits das Recht umfasst, Vervielfältigungsstücke herzustellen, andererseits dem Urheber die Befugnis einräumt, das Werk öffentlich zugänglich zu machen.[178] Die öffentliche Zugänglichmachung kannte wiederum drei unterschiedliche Formen, die öffentliche Wiedergabe, die Verbreitung sowie die öffentliche Darstellung. Dabei umfasste das Recht der öffentlichen Zugänglichmachung in seiner Variante der öffentlichen Wiedergabe, § 2 Abs. 3, 1. Var. URL, allein das On-demand Angebot von Werken mit einem erzählerischen Ablauf *(„rörelse over tid")*, wie sie insbesondere Sprachwerke, § 1 Abs. 1 Nr. 1, 2. Alt. URL, Musikwerke, § 1 Abs. 1 Nr. 3, 1. Alt. URL und Filmwerke, § 1 Abs. 1 Nr. 4 URL, aufweisen. Das On-demand Angebot solcher Werke hingegen, die nach ihrer Übertragung in zweidimensionaler Form am Bildschirm des Nutzers abgebildet werden, wie beispielsweise Schriftwerke gem. § 1 Abs. 1 Nr. 1, 1. Alt. URL und Lichtbildwerke gem. § 1 Abs. 1 Nr. 5 URL, fiel hingegen gänzlich aus dem Schutzbereich des Rechts der öffentlichen Zugänglichmachung.[179] Hier war allein das Vervielfältigungsrecht des Urhebers aus § 2 Abs. 1, 1. Alt URL bei einer Speicherung des Werkes auf einem Server zu berücksichtigen.[180] Dieses wurde indes in § 14 URL für Zwecke des Unterrichts sowie in § 16 URL für Zwecke der Forschung beschränkt.

Eine Vielzahl von schwedischen Forschungseinrichtungen, Schulen und Universitäten nutzten diesen urheberrechtlichen Freiraum, um Wissenschaftlern, Schülern und Studenten den Abruf von Wissen über digitale Informationsnetzwerke zu ermöglichen.[181] Beispielsweise bildet das Karolinska Institut in Stockholm seine Medizinstudenten in weiten Teilen mittels virtueller Trainingsräume aus, welche es Studierenden ermöglichen, eine vollständige Anamnese inklusive Patientenbefragung und Un-

178 *Svensäter*, in: Swedish Law, S. 399.

179 *Rosén*, NIR 2001, S. 591.

180 *Koktvedgaard/Levin*, Immaterialrätt, S. 125.

181 htttp://www.sweden.se/templates/News_7895.asp (Abruf vom 16. 5. 2006); www.itsweden.com (Abruf vom 27. 5. 2006).

tersuchungen multimedial zu simulieren und über das WWW zeit- und ortsunabhängig abzurufen. Dabei stehen für jeden Patienten ca. 350 Röntgen- und CT-Aufnahmen zum Download zur Verfügung.[182] Die Universität Lund entwickelte eigens eine WWW-basierte E-Learning Plattform namens LUVIT, über die ca. 250 verschiedene Studiengänge, darunter Jura, Medizin und Maschinenbau, in weiten Teilen ohne Präsenzveranstaltungen absolviert werden können.[183]

Im Bereich des Einsatzes von IuK-Technologie in der industriellen Forschung zeichnet sich Schweden durch die hohe Qualität und die enorme Verbreitung von elektronischen Wissensmanagementsystemen aus. Sie ermöglichen nicht nur, weite Teile des im Unternehmen vorhandenen Know-hows zu indexieren, um externe Informationen (z.B. ausgewählte Fachaufsätze, Auszüge wissenschaftlicher Abhandlungen) zu ergänzen und anschließend zum On-demand Abruf anzubieten, sondern ebenfalls dessen monetären Wert zu bestimmen.[184] So war es schwedischen Unternehmen, wie z.B. dem größten schwedischen Mobilfunkbetreiber Telia-Sonera, als einem der ersten Unternehmen weltweit möglich, den Wert seines Wissenskapitals in einem Zusatz seiner Jahresbilanz auszuweisen. Die herausragende Bedeutung elektronischer Wissensmanagementsysteme in schwedischen Unternehmen als Garant eines effektiven Informationsflusses und damit als Motor von Innovation, stellte Leif Johansson, Vorstandsvorsitzender von AB VOLVO, in seiner Rede zum Thema „Industrielle IT“ auf der COMDEX Nord-Europa, neben der CeBIT die wohl bedeutendste Messe für IT und Telekommunikation, im Januar 2002 in den Mittelpunkt seiner Ausführungen.[185] Eine Studie des Deutschen Instituts für Wirtschaftsforschung (DIW) aus dem Jahre 2006, welche die Innovationsfähigkeit der 17 bedeutendsten Industrienationen untersuchte, bestätigte den von Johansson beschrieben Einfluss elektronischer Wissensangebote auf die Innovationsfähigkeit von Volkswirtschaften. So belegte Schweden in diesem Vergleich hinter den USA und Finnland den dritten Platz.[186] Die Bundesrepublik Deutschland belegte mit deutli-

---

182 www.it.kth.se/engelsk/education/index.htm (Abruf vom 8. 5. 2006); http://lime.ki.se/cul_cd_et_projects.htm (Abruf vom 12. 5. 2006); http://info.ki.se/education/2003/sscinenglish.html (Abruf vom 23. 6. 2006).

183 www.fov.lu.se (Abruf vom 24. 5. 2006).

184 *Lindberg/Bengtsson*, in: Swedish Views, S. 117.

185 *Schwedische Handelskammer*, Schweden Aktuell, 2002, S. 8.

186 Die Welt Nr. 218 vom 9. 11. 2006, S. 12.

chem Abstand den siebten Rang. Dabei wurde der Grund für das gute Innovationsklima Schwedens insbesondere in der herausragenden elektronischen Infrastruktur und dem netzwerkbasierten Angebot von Informationen in schwedischen Unternehmen gesehen.[187]

In Schweden wurde der Rechtsrahmen zum On-demand Angebot von Wissen zum 1. Juli 2005 durch das Gesetz zur Änderung des Urheberrechts[188] novelliert und damit die InfoSoc-RL in schwedisches Recht umgesetzt.[189] Kernstück der Novelle war eine Neuordnung der urheberrechtlichen Ausschließlichkeitsrechte.[190] So wurde im Zuge der Gesetzesänderung den drei bereits bekannten Varianten des Rechts der öffentlichen Zugänglichmachung – der öffentlichen Wiedergabe, des Verbreitens sowie der öffentlichen Darstellung – im neugefassten § 2 Abs. 3 Nr. 1 URL eine vierte Variante hinzugefügt, die Übertragung des Werkes an die Allgemeinheit *(överföring till allmänheten)*. Dieses Recht entspricht § 19a UrhG im deutschen Urheberrecht und umfasst die orts- und zeitungebundene Übertragung des Werkes über eine Distanz.[191] Eine Differenzierung nach der zeitlichen Dimension des Werkes soll ausweislich der Gesetzesbegründung nicht länger erfolgen.[192] Vielmehr sollen nunmehr sämtliche Werkarten in den Genuss dieses Übertragungsrechtes kommen.[193]

Im Ergebnis werden weite Teile des digitalen Wissensangebotes in Forschung und Lehre dem Recht der Übertragung an die Allgemeinheit zugewiesen.[194] Die Zukunft des digitalen Wissensangebotes in schwedischen Schulen, Universitäten und Forschungsunternehmen wird damit

187 *Belitz/Kirn/Werwatz*, Wochenbericht des DIW, S. 636.

188 Lag (SFS 2005:359) om ändring i lagen (SFS 1960:729) om upphovsrätt till litterära och konstnärliga verk.

189 Bericht des Justizministeriums (Justitiedepartment) vom 26. 10. 2004 über das schwedische Urheberrecht in der Informationsgesellschaft (Upphovsrätten i informationssamhället), abrufbar unter: http://www.regeringen.se/sb/d/1929/a/19328 (Abruf vom 8. 6. 2006) sowie darauf aufbauende Regierungsentwurf Prop. 2004:05:110 (Upphovsrätten i informationssamhället – genomförande av direktiv 2001/29/EG).

190 *Olsson*, Copyright, S. 113.

191 *Koktvedgaard/Levin*, Immaterialrätt, S. 130; *Olsson*, Copyright, S. 113.

192 Ds 2003:35 – Författningskommentar 2 §, S. 441.

193 Ds 2003:35 – Författningskommentar 2 §, S. 441.

194 *Rosén*, GRUR Int. 2002, S. 197; *Koktvedgaard/Levin*, Immaterialrätt, S. 130; *Nordin/Stattin*, Informationstillgång, S. 37; *Olsson*, Copyright, S. 113.

zukünftig in hohem Maße von den Einschränkungen dieses Rechts für Zwecke der Forschung und Lehre in den §§ 14ff. URL abhängig sein. Die Frage, inwiefern das novellierte schwedische Recht den bisherigen Freiraum noch vorsieht und wie sich daraufhin das digitale Wissensangebot in Forschung und Lehre nach der Implementierung des InfoSoc-RL gestaltet, ist Gegenstand des schwedischen Teils der Arbeit. Schließlich soll im Wege eines Vergleiches beider Rechtsordnungen die Frage beantwortet werden, inwiefern es zu einem Wettbewerb der Schranken für Zwecke der Forschung und Lehre zwischen Deutschland und Schweden kommen mag, dem sich der Bildungs- und Forschungsstandort „Deutschland" zukünftig stellen muss.

IV. Gang der Arbeit

Ausgangspunkt der Untersuchung sind die internationalen Vorgaben auf völkerrechtlicher und europarechtlicher Ebene. Mit der Revidierten Berner Übereinkunft (RBÜ), den WIPO-Verträgen sowie der InfoSoc-RL[195] wird der gemeinsame Ursprung des derzeitigen urheberrechtlichen Rechtsrahmens zum digitalen Wissensangebot in Deutschland und Schweden beleuchtet.

Der zweite Schritt der Untersuchung befasst sich mit der Rechtslage in Schweden. Nach einer kurzen Einführung in die Geschichte und Struktur des schwedischen Rechts im Allgemeinen und des schwedischen Urheberrechts im Besonderen wird der urheberrechtliche Freiraum zum On-demand Angebot urhebergesetzlich geschützter Inhalte vor *(SFS 1960:729)*[196] sowie nach Umsetzung der InfoSoc-RL beleuchtet *(SFS 2005:359)*.[197] Dabei steht die Frage, in welchem Umfang der bisherige Rechtsrahmen die Nutzung digitaler Abrufsysteme in Forschung und Lehre begünstigte und wie es um die Zukunft des digitalen Wissensange-

---

195 Vgl. Erwägungsgrund (15) der Richtlinie 2001/29/EG des Europäischen Parlaments und des Rates vom 22. Mai 2001 zur Harmonisierung bestimmter Aspekte des Urheberrechts und der verwandten Schutzrechte in der Informationsgesellschaft.

196 Lag om upphovsrätt till litterära och konstnärliga verk, SFS 1960:729.

197 Lag om ändring i lagen (SFS 1960:729) om upphovsrätt till litterära och konstnärliga verk.

botes nach Implementierung der InfoSoc-RL bestellt ist, im Mittelpunkt dieses Teils.

Im Anschluss wird der deutsche Rechtsrahmen beleuchtet. Nach einem Abriss der urhebergesetzlichen Beurteilung von On-demand Angeboten in Forschung und Lehre vor der Einführung der §§ 19a, 52a UrhG wird die Entstehungsgeschichte des § 52a UrhG untersucht. Den Kern des deutschen Teils bildet die darauf folgende Erörterung des Regelungsgehaltes der Schranke. Die Frage nach Inhalt und Grenzen der Schranke steht im Mittelpunkt dieser Untersuchung. In einem weiteren Schritt wird der Frage nachgegangen, inwiefern § 52a UrhG die an ihn gestellten internationalen Vorgaben des sog. Dreistufentests erfüllt. Die Problematik der Verfassungsmäßigkeit des § 52a UrhG bleibt bei dieser rein urheberrechtlichen Arbeit außer Betracht, da Untersuchungen zu dieser Fragestellung bereits vorliegen.[198]

Am Ende der Arbeit wird die deutsche und schwedische Rechtslage miteinander verglichen. Dabei soll die Frage beantwortet werden, welche Urheberechtsordnung Forschenden und Lehrenden größere Freiräume bei dem digitalen Angebot von Wissen gewährt.

---

198 Zu dieser Frage *Gounalakis*, § 52a UrhG; *ders*, JZ 2003, S. 1099ff.; *Harder*, UFITA 2004, S. 643ff.

B. Zweiter Teil: Internationale Vorgaben

Der derzeit geltende Rechtsrahmen zum On-demand Angebot urhebergesetzlich geschützter Inhalte in Forschung und Lehre wird sowohl in Deutschland als auch in Schweden maßgeblich durch internationale Vorgaben geprägt. So wurde § 52a UrhG im Rahmen des Gesetzes zur Regelung des Urheberrechts in der Informationsgesellschaft[1] in das deutsche Urhebergesetz eingefügt. Dieses Gesetz diente wiederum der Umsetzung der sog. InfoSoc-RL,[2] welche ihrerseits ausweislich ihrer Erwägungsgründe der Umsetzung der WIPO-Verträge diente.[3] In Schweden verhält es sich ähnlich – Zweck der zum 1. Juli 2005 in Kraft getretenen Urheberrechtsnovelle (*SFS 2005:359*)[4] war es, das schwedische Recht diesen völker- und europarechtlichen Vorgaben anzupassen.[5] Die internationalen Vorgaben sind auf der Ebene der Ausschließlichkeitsrechte regelmäßig sehr konkret formuliert, während den Mitgliedstaaten auf der Schrankenebene ein größerer Handlungsspielraum[6] eingeräumt wird. Sie bilden den gemeinsamen Ausgangspunkt für die Gestaltung der Urheberrechtsordnung sowohl in Deutschland als auch in Schweden und sollen im Folgenden mit besonderem Blick auf die Schrankenregelungen vorgestellt werden.

I. Die Revidierte Berner Übereinkunft (RBÜ)

Die Berner Übereinkunft vom 9. September 1886 zum Schutz von Werken der Literatur und Kunst ist der älteste, aber noch heute bedeutsame

1 BGBl. I 2003, S. 1774.

2 BT-Dr. 15/38, S. 1.

3 Vgl. Erwägungsgrund (15) der Richtlinie 2001/29/EG des Europäischen Parlaments und des Rates vom 22. Mai 2001 zur Harmonisierung bestimmter Aspekte des Urheberrechts und der verwandten Schutzrechte in der Informationsgesellschaft.

4 Lag om ändring i lagen (SFS 1960:729) om upphovsrätt till litterära och konstnärliga verk.

5 *Regeringskansliet*, Upphovsrätten i informationssamhället, S. 2.

6 Beispielweise enthält der Schrankenkatalog des Art. 5 der InfoSoc-RL die beachtliche Anzahl von 21 Schrankenregelungen von denen 20 fakultativ sind, ihre Umsetzung somit im Belieben der Mitgliedstaaten steht.

völkerrechtliche Vertrag auf dem Gebiet des Urheberrechts.[7] Ziel dieses Abkommen war es, durch ein multilaterales Vertragswerk ein umfassenderes internationales Schutzniveau zu gewährleisten, als dies durch bilaterale Abkommen möglich war.[8] In seinem damaligen Artikel 17 – dem heutigen Art. 27 RBÜ – sieht das Abkommen zur kontinuierlichen Verbesserung des Urheberrechtsschutzes Revisionskonferenzen vor. Seither ist die Übereinkunft mehrfach ergänzt und revidiert worden.[9] Der Konventionsschutz der aktuellen Pariser Fassung der RBÜ vom 24. Juli 1971, der sowohl die Bundesrepublik Deutschland als auch Schweden beitraten,[10] ruht wie bereits in der Vergangenheit auf zwei Säulen – dem Grundsatz der Inländerbehandlung in Art. 5 Abs. 1 RBÜ sowie den konventionseigenen Mindestrechten.[11] Der Grundsatz der Inländerbehandlung (*sog. Assimilationsprinzip)* ist ein fremdenrechtliches Schutzgebot, durch das ausländische Urheber für ihre durch die RBÜ geschützten Werke inländischen Urhebern des Schutzlandes gleichgestellt werden.[12] Die konventionseigenen Mindestrechte garantieren auch in anderen Staaten als dem Ursprungsland einen Mindestschutz. Zu ihnen zählen das Urheberpersönlichkeitsrecht in Art. 6bis RBÜ, das Übersetzungsrecht in Art. 8 RBÜ, das Vervielfältigungsrecht in Art. 9 RBÜ, das Aufführungs-, Sende- und Vortragsrecht in Art. 11–11ter RBÜ sowie das Bearbeitungsrecht in Art. 12, 14 RBÜ.

Diese Mindestrechte unterliegen auch konventionsrechtlich Beschränkungen. Einerseits sieht die RBÜ in den Art. 2bis Abs. 2, 10, 10bis, 11bis Abs. 2, 3 sowie in 13 Abs. 1 einen umfangreichen Katalog erlaubter nationaler Beschränkungen vor, andererseits bleibt es für das Vervielfältigungsrecht gem. Art. 9 Abs. 2 RBÜ den Mitgliedstaaten vorbehalten, Schranken in bestimmten Sonderfällen einzuräumen, durch die die normale Auswertung des Werkes nicht beeinträchtigt wird und welche die berechtigten Interessen des Urhebers nicht unzumutbar verletzen. Dieser

7 *Schack*, UrheberR, Rn. 834.

8 *Porter*, Beyond the Berne Convention, S. 3; *Schack* JZ 1986, S. 829; *ders.*, UrheberR, Rn. 834; *v. Lewinski*, in: Handbuch UrhR, § 57 Rn. 18.

9 Bislang haben sieben Revisionskonferenzen stattgefunden, 1896 in Paris, 1908 in Berlin, 1914 in Bern, 1928 in Rom, 1948 in Brüssel, 1967 in Stockholm und 1971 in Paris.

10 Ein Überblick der Vertragsstaaten findet sich in GRUR Int. 2004, S. 407 ff.

11 *Schack*, UrheberR, Rn. 834; *v. Lewinski*, in: Handbuch UrhR, § 57 Rn. 19.

12 *Rehbinder*, UrheberR, Rn. 479.

sog. „Dreistufentest“ hielt im Jahre 1967 im Rahmen der Stockholmer Konferenz zur Revision der Berner Übereinkunft für das Vervielfältigungsrecht als damals wichtigstes Verwertungsrecht Einzug in das internationale Urheberrecht. Im Zentrum der Stockholmer Konferenz stand die formale Anerkennung des Vervielfältigungsrechts sowie dessen Beschränkung zugunsten der Allgemeinheit.[13] Vor dem Hintergrund der rasanten Fortentwicklung und Ausbreitung reprographischer Kopierverfahren und der damit einhergehenden Gefahr der Aushöhlung des Vervielfältigungsrechts wurde der Vorschlag einer expliziten Privilegierung der Werknutzung zu Privat- Gerichts- und Verwaltungszwecken verworfen.[14] Einigkeit erzielte hingegen der Vorschlag der englischen Delegation, demzufolge die Einführung von Schrankenbestimmungen im Bereich des Vervielfältigungsrechts in einer offen formulierten Vorschrift in weiten Teilen in die Hände der Mitglieder der Berner Union gelegt werden sollte.[15] In Art. 9 Abs. 2 der RBÜ wurde schließlich der gefundene Kompromiss in Form eines Kataloges von drei Prüfkriterien, denen sich die mitgliedstaatlichen Schrankenregelungen stellen müssen, auf völkerrechtlicher Ebene verankert. Im Ergebnis wurden dadurch den nationalen Schrankenregelungen ihrerseits Beschränkungen auferlegt, um auf diesem Wege einer Aushöhlung der gewährten Mindestrechte durch ihre übermäßige Einschränkung entgegen zu wirken.

II. Die WIPO-Verträge

Zu Beginn der neunziger Jahre wurde rasch deutlich, dass das geltende internationale Urheberrecht den aufkommenden digitalen Nutzungsformen, wie insbesondere dem On-demand Angebot geschützter Inhalte via Netzwerke, nicht länger gewachsen war.[16] Da die für eine Revision der RBÜ gem. Art. 27 Abs. 3 RBÜ erforderliche Einstimmigkeit nicht erreichbar schien,[17] entschloss sich die WIPO im Jahre 1996 zur Ergänzung der RBÜ durch zwei selbstständige Übereinkommen. Am 20. Dezember

13 *Ricketson,* The Berne Convention, S. 375.

14 *Senftleben,* GRUR Int. 2004, S. 201; *ders.* Copyright, S. 43.

15 *Senftleben,* GRUR Int. 2004, S. 201; *ders.*, Copyright, S. 43.

16 *Reinbothe,* in: Electronic Business, Teil 4 Rn. 29; *Lewinski,* in: Hoeren/Sieber, Handbuch MultimediaR, Kap. 7.9; *dies.*, GRUR Int. 1997, S. 667; *Wandtke,* in: Wandtke/Bullinger, Einl. UrhG Rn. 74.

17 *Schack,* UrheberR, Rn. 885a.

1996 wurden der WIPO Copyright Treaty (WCT) und der WIPO Performances and Phonograms Treaty (WPPT) von den Mitgliedstaaten angenommen.

1. WIPO Copyright Treaty (WCT)

Als Sonderabkommen im Sinne des Art. 20 RBÜ zielt der WCT darauf ab, das Urheberschutzniveau der RBÜ im Hinblick auf digitale Werknutzungen zu erhöhen.[18] So erweitert der WCT den Katalog der durch die RBÜ geschützten Werkarten um den Schutz von Computerprogrammen, Art. 4 WCT, und Datenbanken, Art. 5 WCT. Im Mittelpunkt des Vertrages steht die Ergänzung der in der RBÜ normierten Mindestrechte.[19] Eine herausragende Stellung nimmt dabei das für Urheber aller Werkkategorien geltende Recht der öffentlichen Zugänglichmachung in Art. 8 WCT ein, welches den Urhebern eine Kontrolle der Nutzung ihrer Werke im Wege des elektronischen On-demand Angebotes ermöglicht.[20] Danach steht dem Urheber das ausschließliche Recht zu, die Zugänglichmachung seines Werkes in einer Weise zu erlauben, dass es Mitgliedern der Öffentlichkeit an Orten und zu Zeiten ihrer Wahl zugänglich ist. Flankiert wird dieses neue Recht durch Art. 11 WCT, welcher die Vertragsstaaten verpflichtet, die Umgehung technischer Schutzmaßnahmen durch den Erlass entsprechender Schutzvorschriften zu unterbieten.

Auf der Ebene der Schranken verzichtet der WCT auf konkrete Vorgaben. Vielmehr wurde in Art. 10 WCT die universelle Anwendbarkeit des bereits aus Art. 9 Abs. 2 RBÜ bekannten Dreistufentests festgeschrieben.[21] Damit ist die Frage, welche Zwecke durch die Einräumung von Beschränkungen der Ausschließlichkeitsrechte privilegiert werden sollten, den Vertragsstaaten überlassen. Die eingeräumten Schranken müssen sich allein an den in Art. 10 genannten Voraussetzungen messen lassen. Art. 10 Abs. 1 WCT bezieht sich dabei auf die im WCT selbst gewährten Rechte und lässt deren Beschränkung nur zu, wenn es sich um einen Sonderfall handelt, der die normale Werkverwertung nicht beeinträchtigt und die berechtigten Interessen der Urheber nicht unzumutbar ver-

---

18 *Schack*, UrheberR, Rn. 885b; *Rehbinder*, UrheberR, Rn. 482.

19 *v. Lewinski*, GRUR Int. 1997, S. 667.

20 *Reinbothe*, in: Electronic Business, Teil 4 Rn. 30.

21 *Senftleben*, GRUR Int. 2004, S. 202; *ders.*, Copyright, S. 96.

letzt. Art. 10 Abs. 2 WCT dehnt die Anwendung des Dreistufentests über den WCT hinaus auf die in der RBÜ gewährten Rechte aus.[22] Auch Beschränkungen und Ausnahmen von darin enthaltenen Rechten sollen dem Dreistufentest unterliegen. Die nachträgliche Eingrenzung bereits früher durch die RBÜ ermöglichter Schranken stieß auf heftige Kritik. So machte Singapur geltend, Art. 10 Abs. 2 WCT gefährde das Gleichgewicht im Urheberrecht, wenn von der Konferenz einmal gebilligte Beschränkungen und Ausnahmen eingeengt, der Schutzbereich des Urheberrechts aber vergrößert werde.[23] Derartigen Bedenken wurde durch eine gesonderte „vereinbarte Erklärung“[24] zu Art. 10 Abs. 2 WCT Rechnung getragen. Dieser Vereinbarung entsprechend, wird durch Art. 10 Abs. 2 WCT die Reichweite der nach der RBÜ zulässigen Beschränkungen und Ausnahmen weder eingeschränkt noch ausgeweitet.

2. WIPO Performances and Phonograms Treaty (WPPT)

Anders als der WCT ist der WPPT kein Sonderabkommen im Sinne des Art. 20 RBÜ, sondern eine gänzlich eigenständige Übereinkunft.[25] Er schafft innerhalb der Berner Union erstmals Rechte der ausübenden Künstler und Tonträgerhersteller in einem digitalen Umfeld und folgt dabei den Strukturen des WCT. Neben den Mindestrechten der Verbreitung (Art. 8, 12 WPPT), Vermietung, (Art. 9, 13 WPPT) und Vervielfältigung (Art. 7, 11 WPPT) der Darbietung wurde in Art. 10, 14 WPPT das neue Recht der öffentlichen Zugänglichmachung begründet. Art. 18 WPPT verpflichtet die Vertragsstaaten, entsprechend der Regelung in Art. 11 WCT, technische Maßnahmen zum Schutz vor Umgehungen zu Zwecken der widerrechtlichen Werknutzung vorzusehen.

Bezüglich der Beschränkungen der im WPPT vorgesehenen Mindestrechte gewährt Art. 16 Abs. 1 WPPT den Mitgliedstaaten die Möglichkeit, die bereits bestehenden Schranken des Urheberrechts an Werken der Literatur und Kunst auf den im WPPT geregelten Bereich der verwandten Schutzrechte zu übertragen. Grenze sämtlicher Beschränkung der im

22 *Senftleben*, GRUR Int. 2004, S. 202; *ders.*, Copyright, S. 96.
23 WIPO-Dokument CRNR/DC/102, § 492.
24 WIPO-Dokument CRNR/DC/96.
25 *Fiscor,* Copyright & Internet, S. 24.

WPPT gewährten Rechte ist – analog zum WCT – der in Art. 16 Abs. 2 WPPT normierte Dreistufenstest.

III. Die Richtlinie 2001/29/EG (InfoSoc)

Mit der Richtlinie 2001/29/EG des Europäischen Parlamentes und des Rates vom 22. Mai 2001 zur Harmonisierung bestimmter Aspekte des Urheberrechts und der verwandten Schutzrechte in der Informationsgesellschaft konkretisierte die Europäische Gemeinschaft die auf der WIPO-Ebene gesetzten Vorgaben.[26] Mit Beschluss des Ministerrates vom 16. März 2001 war die EG – neben ihren Mitgliedstaaten – den WIPO-Verträgen beigetreten und hatte damit eine selbständige völkerrechtliche Verpflichtung begründet.[27] Mit der Verabschiedung der InfoSoc-RL am 22. Mai 2001 wurde die EG ihrer Vertragspflicht gerecht und schuf die Grundlage für eine einheitliche Umsetzung von WCT und WPPT innerhalb der Gemeinschaft.[28]

Die InfoSoc-RL gliedert sich in vier Kapitel. Das erste Kapitel definiert das Ziel und den Anwendungsbereich der Richtlinie. In Art. 1 der Richtlinie werden die in ihren Erwägungsgründen 1 bis 15 niedergelegten Ziele dahingehend zusammengefasst, dass Gegenstand der Richtlinie der rechtliche Schutz des Urheberrechts und der verwandten Schutzrechte im Rahmen des Binnenmarktes, insbesondere in Bezug auf die Informationsgesellschaft ist.[29]

Das zweite Kapitel regelt die einzelnen Ausschließlichkeitsrechte sowie deren Ausnahmen und bildet damit das Kernelement der Richtlinie.[30] Bezüglich der harmonisierten Rechte umfasst das zweite Kapitel die Definition des Vervielfältigungs- und Verbreitungsrechts (Art. 2, 4) sowie des Rechts der öffentlichen Wiedergabe einschließlich des Rechts der öffentlichen Zugänglichmachung (Art. 3). Da letzteres für das On-demand Angebot urhebergesetzlich geschützter Inhalte in Unterricht und For-

26 *Bayreuther*, ZUM 2001, S. 828; *Czychowski*, NJW 2003, S. 2409.

27 *Flechsig*, ZUM 2002, S. 1; *Kröger*, Informationsfreiheit, S. 49; *Vivant*, in: eDirectives, S. 95; *Spindler*, GRUR 2002, S. 106; *Hoeren*, MMR 2000, S. 515.

28 *Reinbothe*, ZUM 2002, S. 45.

29 *Flechsig*, ZUM 2002, S. 3.

30 *Reinbothe*, ZUM 2002, S. 45.

schung von besonderer Bedeutung ist, soll sein Regelungsgehalt im Folgenden ausführlicher dargestellt werden:

1. Das Recht der öffentlichen Zugänglichmachung, Art. 3 InfoSoc-RL

Art. 3 Abs. 1 InfoSoc-RL gewährt Urhebern das Recht der öffentlichen Wiedergabe unter Einschluss des Rechts der öffentlichen Zugänglichmachung. Damit wird das Recht der öffentlichen Zugänglichmachung unter Anlehnung an die Vorgaben in Art. 8 WCT sowie in Art. 10, 14 WPPT für den urheberrechtlichen Bereich als Variante des Rechts der öffentlichen Wiedergabe normiert, während es für die Träger verwandter Schutzrechte in Art. 3 Abs. 2 der InfoSoc-RL als eigenes Verwertungsrecht ausgestaltet ist.[31] Art. 3 Abs. 1 InfoSoc-RL definiert das Recht der öffentlichen Zugänglichmachung als das Recht, Werke der Öffentlichkeit in einer Weise zugänglich zu machen, dass sie Mitgliedern der Öffentlichkeit von Orten und zu Zeiten ihrer Wahl zugänglich sind.

Wesensmerkmal des Rechts der öffentlichen Zugänglichmachung ist ausweislich der Erwägungsgründe 23 und 24 der InfoSoc-RL ein Übermittlungsvorgang unter Überbrückung einer Entfernung. Es erfasst alle Akte der öffentlichen Wiedergabe, bei denen, unabhängig von der verwendeten Technik, eine gewisse räumliche Distanz zwischen dem Ursprungsort und dem Empfangsort liegt.[32] Damit ist insbesondere die Wahrnehmbarmachung geschützter Werke und Leistungen vor Anwesenden vom Anwendungsbereich des Art. 3 InfoSoc-RL ausgeschlossen.[33] Überdies setzt das Recht der öffentlichen Zugänglichmachung voraus, dass Mitglieder der Öffentlichkeit auf das Werk zeit- und ortsunabhängig zugreifen können. Es umfasst damit allein Nutzungsakte, bei denen die Möglichkeit eines individuellen, interaktiven Zugriffs gewährt wird[34] und begründet somit ein „interaktives Anbieterrecht".[35] Hauptanwendungsfall des Rechts der öffentlichen Zugänglichmachung ist das Ondemand Angebot von Werken und Leistungen über das World Wide Web

31 *Suttorp*, § 52 a UrhG, S. 34; *Reinbothe*, ZUM 2002, S. 48.
32 *Dreier*, ZUM 2002, S. 30.
33 *Reinbothe*, GRUR Int. 2001, S. 736; *Dreier*, ZUM 2002, S. 30.
34 *Kröger*, CR 2001, S. 318.
35 *Reinbothe*, ZUM 2002, S. 48.

(WWW).[36] Nutzungsformen, bei denen Inhalte zu bestimmten Zeiten, beispielsweise im Rahmen des herkömmlichen Pay-TV oder Pay-per-view ohne On-demand-Funktion, zum Abruf angeboten werden, unterfallen indes nicht dem Recht der öffentlichen Zugänglichmachung, sondern allein dem Recht der öffentlichen Wiedergabe.[37] Ebenfalls außerhalb des Anwendungsbereichs des Rechts der öffentlichen Zugänglichmachung liegen sog. Push-Dienste, bei denen der Zugriff auf das Werk nicht auf individuellen Abruf geschieht, sondern der Anbieter den Zeitpunkt der Übertragung des Werkes bestimmt.[38] Im Einzelfall kann sich die Abgrenzung zwischen interaktiven Vorgängen des Zugänglichmachens und nicht interaktiven Vorgängen der allgemeinen öffentlichen Wiedergabe durchaus als problematisch erweisen. Grenzfälle sind beispielsweise sog. Near-On-demand Nutzungen, bei denen das Werk zwar in technischer Hinsicht nur zu einem von dem Anbieter vorgegebenen Zeitpunkt empfangen werden kann, der Werknutzer dies aber wegen der engen zeitlichen Staffelung der Bereitstellung des Werkes kaum bemerkt. Bietet beispielsweise das Medienzentrum der Universität Duisburg-Essen digitale Videodateien von Vorlesungen *(siehe oben A. II. 1. b)* nicht – wie der Zeit – zum On-demand Abruf an, sondern zeigt es die Datei in kurzen, wiederkehrenden Abständen auf seinem Internetportal, so stellt sich die Frage, ob diese Nutzung das Recht der öffentliche Zugänglichmachung tangieren kann. Die eingesetzte Technik dient dazu, dem Ziel einer jederzeitigen Verfügbarkeit des Werkes für den Konsumenten nahezukommen. Bei enger zeitlicher Staffelung der Abspielvorgänge hat der Nutzer durchaus den Eindruck, das Werk jederzeit abrufen zu können. Die überwiegende Ansicht in der Literatur lässt diesen bloßen subjektiven Eindruck der jederzeitigen Verfügbarkeit jedoch nicht genügen und erachtet Near-On-demand Dienste als bloße öffentliche Wiedergabe, nicht jedoch als öffentliche Zugänglichmachung im Sinne des Art. 3 Abs. 1, 2. Hs. InfoSoc-RL.[39] Dieser Sichtweise ist zuzustimmen. Sie wird durch den Erwägungsgrund 25 der InfoSoc-RL untermauert, der einen in technischer Hinsicht interaktiven Vorgang verlangt und damit subjektive

---

36 Begründung zum Richtlinienvorschlag, KOM (97) 628 endg. , S. 29; *Flechsig*, ZUM 2002, S. 5; *Vivant*, in: eDirectives, S. 112.

37 Begründung zum Richtlinienvorschlag, KOM (97) 628 endg., S. 29; *Dreier*, ZUM 2002, S. 30; *Kröger*, CR 2001, S. 318.

38 *Bechthold*, GRUR 1998, S. 26; *Dreier*, ZUM 2002, S. 30.

39 *Kröger*, CR 2001, S. 318; *Dreier*, ZUM 2002, S. 30; *Reinbothe*, GRUR Int. 2001, S. 733; *v. Lewinski*, MMR 1998, S. 116; a. A. *Flechsig*, ZUM 1998, S. 144.

Momente bei der Subsumtion von Nutzungshandlungen unter das Recht der öffentlichen Zugänglichmachung gerade ausklammert.

2. Die Schranke für Forschung und Lehre, Art. 5 Abs. 3 lit. a) InfoSoc-RL

Das zweite Kapitel der InfoSoc-RL regelt deren Schranken. Anders als in den WIPO-Verträgen verbleibt es nicht bei einer generalklauselartigen Vorgabe für mitgliedstaatliche Schrankenvorschriften. Vielmehr enthält die Richtlinie in Art. 5 Abs. 1–4 einen Katalog von insgesamt 21 Ausnahmen und Beschränkungen. Art. 5 Abs. 3 lit. a) dieses Schrankenkatalogs ermöglicht es den Mitgliedstaaten, das Recht der öffentlichen Zugänglichmachung für Zwecke des Unterrichts und der Forschung zu beschränken. Die Vorschrift soll Forschende und Lehrende privilegieren, indem sie es unter bestimmten Umständen gestattet, Werke und Leistungen über netzbasierte Abrufsysteme erlaubnisfrei abzurufen.[40] Sie soll im Folgenden näher betrachtet werden:

Art. 5 Abs. 3 lit. a) der InfoSoc-RL stellt eine fakultative Schranke des Vervielfältigungsrechts aus Art. 2 InfoSoc-RL sowie des Rechts der öffentlichen Wiedergabe einschließlich des Rechts der öffentlichen Zugänglichmachung aus Art. 3 InfoSoc-RL dar. In Anlehnung an Art. 10 Abs. 2 RBÜ sowie Art. 6 Abs. 2 lit. b) Datenbank-RL[41] räumt sie Mitgliedstaaten die Möglichkeit ein, Schranken für die ausschließliche Nutzung zur Veranschaulichung im Unterricht – einschließlich des Fernunterrichts[42] – oder für Zwecke des wissenschaftlichen Forschung vorzusehen, sofern – wenn dies möglich ist – die Quelle einschließlich des Namens des Urhebers angegeben wird und die Nutzung zur Verfolgung nicht kommerzieller Zwecke gerechtfertigt ist. Eine Vergütungspflicht sieht die Schranke nicht vor. Zwar hatte das Europäische Parlament, unterstützt von der Kommission, angeregt mit Blick auf die wirtschaftliche Bedeutung netzwerkgestützter Abrufsysteme in Forschung und Lehre eine Beschränkung des Rechts der öffentlichen Zugänglichmachung nur unter der Be-

40 Begründung zum Richtlinienvorschlag, KOM (97) 628 endg. , S. 36.

41 Richtlinie 96/9/EG des Europäischen Parlamentes und des Rates vom 11. März 1996 über den rechtlichen Schutz von Datenbanken.

42 Erwägungsgrund 42 der InfoSoc-RL.

dingung einer angemessenen Vergütung zuzulassen.[43] Jedoch lehnte dies der Rat unter Hinweis auf die immanente Begrenzung der Schranke auf nicht kommerzielle Zwecke sowie die gem. Erwägungsgrund 36 der InfoSoc-RL eröffnete Möglichkeit der Mitgliedstaaten, bei Bedarf eine entsprechende Ausgleichsbestimmung bei der Umsetzung vorzusehen, ab.[44] Zur Beurteilung der Frage, ob das Erfordernis des nicht kommerziellen Zwecks erfüllt ist, ist gem. Erwägungsgrund 42 der InfoSoc-RL allein auf den Charakter des mit der konkreten Unterrichts- und Forschungstätigkeit verfolgten Zwecks abzustellen. Die Art der Finanzierung der unterrichtenden oder forschenden Institution ist damit unerheblich. Hinsichtlich der Art der Schutzgegenstände, auf die Forschende und Lehrende erlaubnisfrei zugreifen können, sieht die Schranke keinerlei Grenzen vor. Bei den zum On-demand Abruf in Unterricht und Forschung bereitgestellten Inhalten kann es sich beispielsweise um Werke der Literatur, Lichtbildwerke oder auch um Leistungen von Tonträgerherstellern handeln, die der Zusammenstellung einer Anthologie dienen sollen.[45]

In Art. 5 Abs. 5 der Richtlinie finden sich die Kriterien des Dreistufentests *(siehe oben B. I.)*. Demnach dürfen die Mitgliedstaaten die in den Abs. 1–4 genannten Ausnahmen und Beschränkungen nur in bestimmten Sonderfällen anwenden, in denen die normale Verwertung des Werkes oder des sonstigen Schutzgegenstandes nicht beeinträchtigt wird und die berechtigten Interessen des Rechtsinhabers nicht ungebührlich verletzt werden.

Im dritten Kapitel werden die Vorgaben aus Art. 11 WCT und Art. 18 WPPT hinsichtlich technischer Schutzmaßnahmen in die Richtlinie übernommen. So haben gem. Art. 6 Abs. 1 InfoSoc-RL die Mitgliedstaaten einen angemessenen Rechtsschutz gegen die Umgehung wirksamer technischer Schutzmaßnahmen zu gewährleisten. Über Art. 6 Abs. 4 InfoSoc-RL wird sichergestellt, dass die durch den Schrankenkatalog des Art. 5 Abs. 2, 3 InfoSoc-RL Begünstigten die Mittel zur Nutzung der Schranken erhalten. Ihnen wird ein Anspruch gegen die Rechteinhaber zur Seite gestellt mit dem Ziel, eine effektive Wahrnehmung der einge-

---

43 Begründung zum Richtlinienvorschlag, KOM (97) 628 endg. , S. 36.

44 Begründung zum Richtlinienvorschlag, KOM (97) 628 endg. , S. 36; Gemeinsamer Standpunkt (EG) Nr. 48/2000, ABl. EG Nr. C 344 vom 1. 12. 2000, S. 18.

45 Begründung zum Richtlinienvorschlag, KOM (97) 628 endg. , S. 36; *Suttorp*, § 52 a UrhG, S. 36.

räumten Privilegien trotz des Einsatzes technischer Schutzmaßnahmen zu garantieren.[46]

Das vierte Kapitel der InfoSoc-RL enthält schließlich allgemeine Bestimmungen, wie etwa zum Rechtsschutz im Falle der Verletzung der gewährten Ausschließlichkeitsrechte (Art. 8), zur zeitlichen Anwendbarkeit der Richtlinie (Art. 10) und zur Umsetzungsfrist (Art. 13).

46 *Vivant*, in: eDirectives, S. 116.

C. Dritter Teil: Die Rechtslage in Schweden

I. Einführung in Struktur und Geschichte des schwedischen Rechts

Wesensmerkmal des schwedischen Rechts ist, dass sich eine Vielzahl kontinental-europäischer Rechtsinstitute unmittelbar neben nationalen Konzeptionen finden, die noch im Recht der Germanen wurzeln.[1] Darüber hinaus sind Elemente des common law erkennbar – so hat Schweden beispielsweise auf eine umfassende Kodifikation des Zivilrechts vergleichbar mit der des französischen Code Civil oder des deutschen Bürgerlichen Gesetzbuchs verzichtet.[2] Vor diesem Hintergrund gestaltet sich eine exakte Zuordnung der schwedischen Rechtsordnung zu einem Rechtssystem als schwierig. Überwiegend wird das schwedische Recht als eine – gemeinsam mit den Rechtsordnungen Dänemarks, Finnlands, Islands und Norwegens das „skandinavische Recht" formierende – Verästelung im System des romanisch-germanischen Rechts beschrieben.[3] Teilweise jedoch, wird die Verwandtschaft des schwedischen Rechts mit dem common law besonderes betont und die schwedische Rechtsordnung zwischen den Systemen des europäischen Kontinents und dem angloamerikanischen System angesiedelt.[4]

Der Grund für die unterschiedlichen Strukturen innerhalb des schwedischen Rechts liegt vornehmlich in dem späten Eintritt des schwedischen Königreiches in die kontinental-europäische Rechtsentwicklung. Insbesondere die im mittelalterlichen Europa fortschreitende Systematisierung des Rechts mittels römisch-rechtlicher Leitbilder durch an Universitäten ausgebildete Juristen sowie die zunehmende Kodifizierung des Rechts fand in Schweden bis zum Ende des 16. Jahrhunderts nur in Ansätzen statt. So wurden Anfang des 13. Jahrhunderts die das schwedische Recht dieser Zeit prägenden Provinzgesetze nur vereinzelt kodifiziert und vervollständigt. Im Jahre 1347 verkündete der schwedische König Magnus Eriksson die ersten kodifizierten Gesetze mit Geltung für das gesamte schwedische Königreich – zunächst das Landrecht *(Landslag)* und

1 *Svenska Institutet*, Das Rechtswesen, S.1.
2 *Strömholm*, in: Swedish Law, S. 39.
3 *Zweigert/Kötz*, Comparative Law, S. 276.
4 *Svenska Institutet*, Das Rechtswesen, S.1.

kurz darauf folgend das Stadtrecht *(Stadslag)*.[5] Mit Beginn des 17. Jahrhunderts setzte unter dem stetig wachsenden Einfluss romanischer Rechtsordnungen eine Reform dieser Gesetze ein. Diese Neugestaltung war in wesentlichen Zügen durch ein sehr stark ausgebildetes nationales Rechtsbewusstsein geprägt. Dieses fand seinen Ausdruck beispielsweise im Jahre 1620 in der Einrichtung eines Lehrstuhls für schwedisches Recht an der Universität Uppsala und damit in der Gründung der ersten Lehr- und Forschungsstätte für eine nationale Rechtsordnung in Europa.[6] So wurde das schwedische Recht im Zuge der Reform zwar um wesentliche Elemente des kontinental-europäischen Rechts erweitert, die Grundstrukturen der traditionellen schwedischen Provinzgesetze blieben jedoch, beispielsweise hinsichtlich des Grundeigentumserwerbs, weitgehend erhalten. Die Gesetzesreform gipfelte in einem novellierten Recht mit einheitlicher Geltung für Stadt und Land – dem schwedischen Gesetzbuch *(Sveriges Rikes Lag)* aus dem Jahre 1734.[7] In den Bereichen des Zivil- und Strafrechts haben die dort kodifizierten Gesetze offiziell noch immer Geltung. Jedoch kommen nur wenige Teile des wiederum aus neun einzelnen Büchern *(Balkar)* bestehenden schwedischen Gesetzbuches in ihrer ursprünglichen Fassung zur Anwendung.[8] Die Mehrheit der Bücher wurde im Laufe des 20. Jahrhunderts durch neue Gesetze in Teilen oder auch gänzlich[9] novelliert. Darüber hinaus ist eine umfassende Gesetzgebung zur Regelung unterschiedlichster Bereiche der Gesellschaft entstanden, wie beispielsweise das gesamte Verwaltungsrecht, das Handels- und Wirtschaftsrecht sowie der Bereich des gewerblichen Rechtsschutzes und des Urheberrechts. Letzteres soll nun Gegenstand einer näheren Betrachtung sein.

---

5 *Holmbeck/Wessén*, Landslag, XXXII, *Ring/Olsen-Ring*, Skandinavisches Recht, Rn. 69.

6 Die überwiegende Anzahl der juristischen Fakultäten europäischer Universitäten erachteten bis in das 19. Jahrhundert hinein das römische sowie das kanonische Recht als die einzige unterrichtenswerte Rechtsordnung, *Strömholm*, in: Swedish Law S. 42; *Wesel*, Geschichte des Rechts, Rn. 246 ff.

7 *Ring/Olsen-Ring*, Skandinavisches Recht, Rn. 70.

8 *Ring/Olsen-Ring*, Skandinavisches Recht, Rn. 70.

9 So sind unter anderem im Familien- (SFS 1987:230) und Erbrecht (SFS 1958:637), im Strafrecht (SFS 1962:700) sowie im Vollstreckungsrecht (SFS 1981:774) völlig neue Bücher in Kraft getreten.

II. Das schwedische Urhebergesetz (SFS 1960:729)

Die erste gesetzliche Regelung im Bereich des Urheberrechtes im Königreich Schweden war ein Erlass aus dem Jahre 1752, welcher die bisherigen Privilegien der Buchdrucker bündelte *(Kungliga reglement för boktryckerierna i riket 1752)*.[10] Das erste Gesetz, welches das Schaffen von Autoren selbst schützte, war das Gesetz über das Eigentum an der Schrift aus dem Jahre 1877 *(Lagen den 10 augusti 1877 om äganderätt till skrift)*. Ergänzt wurde der Urheberschutz im Jahre 1897 mit dem Gesetz über das Recht zur Nachbildung von Kunstwerken *(Lagen den 28 maj 1897 om rätt att efterbilda konstverk)*.[11] Im Jahre 1919 wurden die Autoren und Künstler bislang eingeräumten Rechte in einem gemeinsamen Privilegiensystem *(sog. Privilegieordningen)* zusammengetragen.[12] Im Gesetz vom 30. Mai 1919 über das Recht an literarischen und musikalischen Werken *(Lag om rätt till litterära och musikaliska verk)* und das Recht an bildender Kunst *(Lag om rätt till verk av bildande konst)* wurden erstmals unterschiedliche Werkkategorien in einem Regelungswerk unter Urheberschutz gestellt. Es bildete den Vorgänger des heutigen schwedischen Urheberrechts – das Gesetz über das Urheberrecht an literarischen und künstlerischen Werken *(Lag om upphovsrätt till litterära och konstnärliga verk; SFS 1960:729)*.[13]

Das schwedische Urhebergesetz *(SFS 1960:729)* ist das Resultat einer engen Zusammenarbeit der skandinavischen Staaten auf diesem Gebiet in der ersten Hälfte des zwanzigsten Jahrhunderts.[14] Die Ergebnisse dieser engen Kooperation der nordischen Staaten stellte die im Jahre 1938 eingesetzte Regierungskommission für Urheberrecht in einem Regierungsgutachten zum Recht der Autoren im Jahre 1956 zusammen *(SOU 1956:25)*. Auf Grundlage dieses Entwurfes verabschiedete der schwedische Reichstag im Jahre 1960 – 22 Jahre nach der Einberufung der Kommission für Urheberrecht – das erste Gesetz über das Urheberrecht an literarischen und künstlerischen Werken *(Lag om upphovsrätt till litterära och konstnärliga verk; SFS 1960:729)*.[15] Leitbild bei der Konzeption des ersten

---

10 *Koktvedgaard/Levin*, Immaterialrätt, S. 64; *Claesson*, Upphovsrätt, S. 3.

11 *Claesson*, Upphovsrätt, S. 3.

12 Betänkande 1914; S. 33 f.

13 *Lögdberg*, UFITA 63 (1972), S. 81; *Koktvedgaard/Levin*, Immaterialrätt, S. 64.

14 *Rosén*, in: Swedish Law – a survey, S. 338.

15 *Lögdberg*, UFITA 63 (1972), S. 81; *Strömberg*, Tryckfrihetsrätt, S. 4; *Bernitz*, SvJT 2000, S. 341.

schwedischen Urhebergesetzes war die RBÜ, der Schweden im Jahre 1904 beitrat, nach ihrer fünften Modifikation im Jahre 1948 in Brüssel.[16] Das Gesetz änderte die gesetzlichen Regelungen des Urheberechts aus dem Jahre 1919 in wesentlichen Bereichen. So wurde den urheberrechtlichen Ausschließlichkeitsrechten erstmalig ein Katalog von Schrankenregelungen gegenübergestellt. Der Grundinhalt des Gesetzes von 1919 blieb indes unverändert – die Gewährung eines Rechts des Urhebers an seinem Werk. Dieses Recht des Urhebers wurde im Jahre 1979 in § 19 des 2. Kapitels des Gesetzes über die Regierungsform *(Regeringsform, SFS 1974:152)* verfassungsrechtlich verankert und Autoren, Künstlern und Fotografen das Recht an ihren Werken gemäß den gesetzlichen Bestimmungen zugewiesen.[17] Seitdem wurde das schwedische Urhebergesetz, insbesondere nach dem EU-Beitritt[18] Schwedens im Jahre 1995, mehrfach evaluiert und novelliert.[19]

---

16 *Rosén,* in: Swedish Law – a survey, S. 337.

17 Das Gesetz über die Regierungsform (Regeringsform, SFS 1974:152) bildet zusammen mit dem Gesetz über die Pressefreiheit *(Tryckfrihetsförordningen, SFS 1949:105),* dem Gesetz über die freie Meinungsäußerung *(Yttrandefrihetsgrundlagen, SFS 1991:1469)* sowie dem Gesetz über die Thronfolge *(Successionsordningen, SFS 1810:926)* die Verfassung des Königreiches Schweden; vgl. auch *Nyman,* in: Introduction to Swedish Law, S. 46 ff.

18 Allein im Bereich des Urhebeberrechts wurden nach dem Beitritt zur EU in kurzer Zeit die Richtlinie über den Schutz von Computerprogrammen (91/250/EWG), die Richtlinie zum Vermietrecht (92/100/EWG), die Richtlinie hinsichtlich des Satellitenrundfunks und der Kabelweiterverbreitung (93/83/EWG), die Richtlinie zur Harmonisierung der Schutzdauer (93/98/ EWG) sowie die Datenbankrichtlinie (96/6/EG) in schwedisches Recht implementiert.

19 So führten insbesondere die Regierungsgutachten SOU 1978:69 hinsichtlich der Regelung des Fotokopierens für den Unterrichtsgebrauch *(Upphovsrätt I, Fotokopiering inom undervisningsverksamhet),* SOU 1983:65 bezüglich der verwandten Schutzrechte und des eigenen Gebrauchs *(Oversyn av upphovsrättslagstiftningen, närstående rättigheter och enskilt bruk),* SOU 1981:51 über das Urheberrecht und die Computertechnik *(Upphovsrätt och datorteknik),* SOU 1988:31 über die verwandten Schutzrechte *(Oversyn av upphovsrättslagstiftningen och enskilt bruk)* sowie schließlich SOU 1990:30 hinsichtlich der Integration der Rechte an Lichtbildern in das Urheberrecht und besonderer Fragen über Kunstwerke *(Oversyn av upphovsrättslagstift-ningen, fotografirättens integration och särskilda frågor om konstverk)* zur weitreichenden Änderungen der Ursprungsfassung (SFS 1960:729) des schwedischen Urheberrechts; vgl auch

III. Das On-demand Angebot urheberrechtlich geschützter Inhalte in Unterricht und Forschung vor Implementierung der Richtlinie 2001/29/EG in das schwedische Recht

Zur Beurteilung des vor der Umsetzung der internationalen Vorgaben *(siehe oben B.)* bestehenden rechtlichen Freiraums, urhebergesetzlich geschützte Inhalte in Forschung und Lehre zum On-demand Abruf anzubieten, ist zunächst festzustellen, ob diese Nutzungsform unter ein urhebergesetzliches Ausschließlichkeitsrecht zu subsumieren ist. Nur dann stellt sich die Frage, ob und in welchem Umfang Nutzungen zu Zwecken des Unterrichts und der Forschung auf der Ebene der Schranken *(2 Kap. Inskrängningar i upphovsrätten, SFS 1960:729)* privilegiert sind. Daher sollen zunächst in einem ersten Schritt die dem Urheber vor Änderung des Urhebergesetzes[20] zum 1. Juli 2005 zugewiesenen Verwertungsrechte vorgestellt und sodann in einem zweiten Schritt ihre Anwendbarkeit auf das Anbieten von Informationen zum Abruf über Netzwerke erörtert werden.

1. Grundlagen: Das urheberrechtliche Ausschließlichkeitsrecht, § 2 URL

Das schwedische Urheberrecht *(SFS 1960:729)* schützt den Schöpfer eines Werkes sowohl in seinen ideellen Interessen an seinem Werk, § 3 URL, als auch gem. § 2 in seinen wirtschaftlichen Interessen an einer umfassenden Verwertung seiner Schöpfung.[21] § 2 Abs. 1 URL weist dem Urheber eines Werkes ein umfassendes Verwertungsrecht zu. Dieses umfasst in seiner ersten Alternative das Recht, Vervielfältigungsstücke des Werkes herzustellen *(Framställa exemplar av verket)*, in seiner zweiten Alternative das Recht, das Werk der Öffentlichkeit zugänglich zu machen *(Göra verket tillgängligt för allmänheten)*, sei es in seiner ursprünglichen oder einer veränderten, übersetzten oder bearbeiteten Form, in einer anderen literarischen oder künstlerischen Art und Weise oder mittels technischer Hilfsmittel. Vor diesem Hintergrund des zweigliedrigen urheberrechtlichen Ausschließlichkeitsrechtes unterscheidet ein Großteil der akademischen

---

Algotsson, Sveriges författning, S. 4 ff.; *Nergelius*, in: Dealing with Integration, S. 165 ff.

20 Lag (SFS 2005:359) om ändring i lagen (SFS 1960:729) om upphovsrätt till litterära och konstnärliga verk.

21 *Karnell*, in: Svensk rätt, S. 328; *Regeringskansliet*, Upphovsrätt, S. 9.

Lehre einerseits die primäre Verwertung durch Vervielfältigung *(Primära utnyttjanden)* sowie andererseits die sekundäre im Wege der öffentlichen Zugänglichmachung *(Sekundära utnyttjanden)*.[22] Diese Aufteilung hat jedoch wenig Bezug zur Struktur des § 2 URL und ist nicht vollkommen widerspruchsfrei.[23] Insbesondere setzt die sekundäre Verwertung im Wege der öffentlichen Zugänglichmachung nicht zwangsläufig eine primäre Verwertung durch eine Vervielfältigungshandlung voraus. Durch die Unterscheidung soll allein zum Ausdruck kommen, dass die normale Verwertung des Werkes in zeitlicher Hinsicht regelmäßig mit einer Vervielfältigungshandlung beginnt, an welche sich eine öffentliche Zugänglichmachung des Werkes anschließen kann.[24]

a) Die primäre Verwertung durch Vervielfältigung, § 2 Abs. 1, 1. Alt i. V. m. Abs. 2 URL

Das Vervielfältigungsrecht weist die Herstellung von Werkexemplaren dem Urheber zu. Die schwedische Lehre spricht daher vielfach auch vom Exemplarrecht des Urhebers (*Exemplarrätten*[25]). Der Umfang des urheberrechtlichen Vervielfältigungsrechts wird in § 2 Abs. 2 URL konkretisiert.[26] So bestimmt die Vorschrift, dass das Vervielfältigungsrecht jede Übertragung des Werkes auf ein Trägermedium umfasst, welche in der Lage ist, dieses anschließend zu reproduzieren.[27] Eine Vervielfältigungshandlung liegt damit vor, wenn das Werk temporär oder permanent auf einem Speichermedium fixiert wird.[28] Damit werden sowohl konventionelle papierbasierte Kopien des Werkes als auch die digitale Speicherung auf einem Server, auf der Festplatte oder im Arbeitsspeicher eines PC, auf

---

22 *Bernitz/Karnell/Pehrson/Sandgren*, Immaterialrätt, S. 58; *Karnell*, in: Svensk rätt, S. 328; *Koktvedgaard/Levin*, Immaterialrätt, S. 125; *Olsson*, Copyright, S. 19.

23 *Holm*, Litterär stöld, S. 8.

24 *Koktvedgaard/Levin*, Immaterialrätt, S. 125.

25 *Koktvedgaard/Levin*, Immaterialrätt, S. 126; *Svensäter*, in: Swedish Law, S. 399; *Karnell*, in: Svensk rätt, S. 329; *Rosén*, in: Swedish Law – a survey, S. 339.

26 *Koktvedgaard/Levin*, Immaterialrätt, S. 126; *Claesson*, Upphovsrätt, S. 8.

27 *Koktvedgaard/Levin*, Immaterialrätt, S. 126; *Claesson*, Upphovsrätt, S. 8.

28 *Rosén*, in: Swedish Law – a survey, S. 339; *Koktvedgaard/Levin*, Immaterialrätt, S. 126.

einer CD, DVD oder im MP3-Player vom urheberrechtlichen Vervielfältigungsrecht aus § 2 Abs. 1, 1. Alt. URL umfasst.[29]

b) Die sekundäre Verwertung durch öffentliche Zugänglichmachung, § 2 Abs. 1, 2. Alt. i.V.m. Abs. 3 URL

Bei erster Betrachtung mutet der Rechtsbegriff der „öffentlichen Zugänglichmachung" sehr unbestimmt an.[30] Eine scharfe Konturierung von Inhalt und Grenzen des Rechts anhand seines Wortlauts erscheint nur schwer möglich. Das schwedische Urheberrecht versucht diesem Umstand in § 2 Abs. 3 URL abzuhelfen. Die Vorschrift konkretisiert den Inhalt des Rechts dergestalt, dass sie es in drei separate Verwertungsformen untergliedert, das Recht der öffentlichen Wiedergabe *(Offentligt framförande)*, der körperlichen Verbreitung des Werkes bzw. seiner Exemplare an die Allgemeinheit *(Spridning av exemplar)* sowie die öffentliche Darstellung *(Offentlig visning)*. Auch diese einzelnen Modi der öffentlichen Zugänglichmachung sind wiederum begrifflich weit. Diese Weite führte zu Rechtsunsicherheit hinsichtlich der Frage, welche Anforderungen in einem digitalen Umfeld an den Akt der öffentlichen Zugänglichmachung zu stellen sind – insbesondere, ob Handlungen, welche allein die öffentliche Zugänglichmachung eines Dritten unterstützen, ihrerseits von dem Ausschließlichkeitsrecht erfasst sein können.[31] Um den Anwendungsbereich des Rechts nicht dadurch ausufern zu lassen, dass dem eigentlichen Akt der öffentlichen Zugänglichmachung vorgelagerte Handlungen unter das Ausschließlichkeitsrecht fallen, entwickelte die Rechtsprechung in einem Grundsatzurteil mit dem Merkmal der „aktiven Handlung" eine gemeinsame Voraussetzung seiner drei Modalitäten.

aa) Die Entscheidung des Obersten Gerichtshofes NJA 1996, 79 – „BBS-Scandinavia"

Mit dem Urteil vom 22. Februar 1996 äußerte sich erstmals der Oberste Gerichtshof *(Högsta Domstolen)* zur Reichweite des Rechts der öffentlichen

29 NJA 1981, S. 331 ff; *Rosén*, in: Swedish Law – a survey, S. 339; *Svensäter*, in: Swedish Law, S. 399; *Bernitz/Karnell/Pehrson/Sandgren*, Immaterialrätt, S. 58; *Claesson*, Upphovsrätt, S. 8.

30 *Rosén*, GRUR Int. 2002, S. 198.

31 *Bernitz/Karnell/Pehrson/Sandgren*, Immaterialrätt, S. 58; *Koktvedgaard/Levin*, Immaterialrätt, S. 128; *Rosén*, SvJT 1996, S. 414; *Karnell*, NIR 1996, S. 310.

Zugänglichmachung im digitalen Umfeld.[32] In seiner Urteilsbegründung stellte das Gericht mit dem Kriterium der „aktiven Handlung“ (*„aktiv insats“*) eine grundlegende Voraussetzung des Rechts der öffentlichen Zugänglichmachung auf, welche nicht allein auf ein digitales Umfeld beschränkt ist und ohne deren Vorliegen eine Anwendung des Rechts der öffentlichen Zugänglichmachung von vornherein ausscheidet.

Das Urteil beendete einen Strafprozess, der erstinstanzlich am Stadtgericht Helsingborg geführt wurde. Der Angeklagte fungierte in den Jahren 1990–1992 als Betreiber eines elektronischen Bulletin-Board-Systems (BBS). Mit Hilfe eines Computers sowie eines Modems konnten Nutzer über das Telefonnetz eine Verbindung zum – unter dem Namen „Scandinavia“ betriebenen – System herstellen und dabei Computersoftware sowohl in das System übermitteln als auch aus diesem über ihre Internetverbindung abrufen. Der Zugriff auf das System war so konzipiert, dass die in diesem verfügbare Software zwar frei einsehbar, ihr Download jedoch nur gegen Zahlung einer Gebühr an den Angeklagten möglich war. In den Nutzungsbedingungen verwahrte sich der Angeklagte ausdrücklich gegen die Übertragung urheberrechtlich geschützter Computerprogramme in das System. Es sollte lediglich dem Austausch urheberrechtsfreier Programme dienen. Er selbst beschränkte sich auf die Rolle des Anbieters von sog. Share Ware und Public Domain Programmen und des Verwalters der elektronischen Plattform. Der Inhalt des Systems wurde regelmäßig vom Angeklagten auf urheberrechtlich geschützte Programme überprüft, welche von ihm aussortiert und einem gesonderten passwortgeschützten Bereich zugewiesen wurden. Dieser Bereich war gegen Zahlung eines höheren Nutzungsentgeltes nur einem ausgewählten Personenkreis – der dem Angeklagten zufolge ausschließlich aus seinen Freunden und Bekannten bestand – zugänglich. Das Stadtgericht Helsingborg stellte durch Urteil vom 10. Mai 1993 eine Urheberrechtsverletzung seitens des Angeklagten fest, da er ohne Zustimmung der Rechtsinhaber geschützte Programme der Öffentlichkeit dadurch zugänglich gemacht hat, dass er es der Allgemeinheit nach dem Aufbau einer Internetverbindung ermöglichte, eigene körperliche Vervielfältigungsstücke geschützter Programme herzustellen und sie dadurch verbreitete, § 2 Abs. 3, 2. Var. URL.[33]

---

32 Eine Übersetzung des Urteils NJA 1996, S. 79 findet sich in GRUR Int. 1997 S. 57ff.

33 NJA 1996, S. 80.

Das Berufungsgericht *(Hovrätten över Skåne och Blekinge)* sprach den Angeklagten in seinem Urteil vom 21. Dezember 1994 mit der Begründung frei, dass dieser urheberrechtlich geschützte Werke nicht öffentlich, sondern lediglich gegenüber einem abgegrenzten Kreis von Bekannten zugänglich gemacht habe.

Anders als das deutsche Urheberrecht in § 15 Abs. 3 S. 2 UrhG enthält das schwedische Urhebergesetz keine Legaldefinition des Öffentlichkeitsbegriffs. § 2 Abs. 3 S. 2 URL weitet zwar den Anwendungsbereich der öffentlichen Wiedergabe als Modalität des Rechts der öffentlichen Zugänglichmachung auf solche Wiedergabehandlungen aus, die gewerbsmäßig vor einem größeren geschlossenen Personenkreis *(„större sluten krets“)* veranstaltet werden, ohne jedoch die Anforderungen an die Öffentlichkeit der Wiedergabehandlung zu präzisieren. So war es vielmehr Rechtsprechung und Lehre überlassen, Inhalt und Grenzen des Öffentlichkeitsbegriffs näher zu bestimmen.[34] Der Oberste Gerichtshof *(Högsta Domstolen)* stellte in einer Reihe von Urteilen Kriterien auf, an denen er eine Abgrenzung öffentlicher von nicht-öffentlichen Wiedergabehandlungen vornahm.[35] Anknüpfungspunkt des Gerichts war dabei das in § 2 Abs. 3 S. 2 URL vorzufindende Merkmal des geschlossenen Personenkreises *(„sluten krets“)*. Sodann entwickelte es besondere Anforderungen an die Qualität dieses geschlossenen Kreises, die im Falle ihres Vorliegens die Öffentlichkeit der Wiedergabehandlung auszuschließen vermögen. So sei dazu zunächst eine Individualisierung des Kreises in dem Maße erforderlich, dass eine deutliche Abgrenzbarkeit nach *außen* möglich ist.[36] Darüber hinaus setze eine nicht-öffentliche Wiedergabehandlung eine nachweisbare Verbindung der Mitglieder *innerhalb* der Gruppe voraus.[37] Diese durch den Obersten Gerichtshof aufgestellten Anforderungen wurden durch die skandinavische Urheberrechtslehre weiter konkretisiert.[38] So stellen eine regelmäßig wechselnde Zusammensetzung der

---

34 *Olsson*, Copyright, S. 187.

35 NJA 1967, S. 150; NJA 1980, S. 123; NJA 1986 S. 702; NJA 1988, S. 715; NJA 1996, S. 79.

36 NJA 1988, S. 715. *Bernitz/Karnell/Pehrson/Sandgren*, Immaterialrätt, S. 60 f.

37 NJA 1967, S. 150; NJA 1980, S. 123; *Claesson*, Upphovsrätt – en genomgång, S. 16.

38 *Claesson*, Upphovsrätt – en genomgång, S. 16; *Olsson*, Copyright, S. 187; *Koktvedgaard/Levin*, Immaterialrätt, S. 142; *Bernitz/Karnell/Pehrson/Sandgren*, Immaterialrätt, S. 59.

Gruppe, ein leichter Zugang zur Gruppe sowie die Anzahl ihrer Mitglieder Indizien für die Öffentlichkeit der Zugänglichmachung dar.[39] Diese Kriterien zu Grunde legend, sah das Berufungsgericht die Zugänglichmachung allein gegenüber einem geschlossenen Personenkreis (*„sluten krets"*) von Bekannten erfolgt, nicht jedoch gegenüber der Öffentlichkeit. Durch den Passwortschutz bestünde vielmehr eine hinreichende äußere Abgrenzung von den übrigen Nutzern des Systems, die freundschaftliche Verbindung untereinander begründe zudem die innere Verbindung der Nutzergruppe.[40] Gegen das Urteil des Berufungsgerichts rief die Staatsanwaltschaft den Obersten Gerichtshof an.

Dieser sprach den Angeklagten in seinem Urteil frei. In seiner Urteilsbegründung stellte das Gericht deutlich heraus, dass das schwedische Urheberrecht keine Grundlage dafür enthält, den Angeklagten wegen eines Eingriffs in das dem Urheber in § 2 Abs. 1, 2. Alt. i.V.m. § 3 URL zugewiesene Recht der öffentlichen Zugänglichmachung zu verurteilen.[41] Dies ist insbesondere vor dem Hintergrund bemerkenswert, als die in Literatur und Rechtsprechung anerkannte, aus der Natur des Rechts der öffentlichen Zugänglichmachung als Vermögensrecht (*„Förmögenhetsrätt"*) entwickelte Voraussetzung einer „gewissen kommerziellen Bedeutung"[42] der Zugänglichmachung aufgrund der Kostenpflichtigkeit der Downloads in dem zu entscheidenden Fall gänzlich außer Frage stand. Das Gericht verneinte vielmehr bereits das Vorliegen der tatbestandlichen Voraussetzungen des Rechts der öffentlichen Zugänglichmachung aus § 2 Abs. 1, 2. Alt. i.V.m. Abs. 3 URL, ohne die ökonomische Relevanz der Handlung des Angeklagten auch nur zu erwähnen. So stellte der Oberste Gerichtshof in seiner Urteilsbegründung allein auf den Umstand ab, dass das bloße Bereitstellen eines Bulletin-Board-Systems keine „aktive Handlung" (*„aktiv insats"*) des Angeklagten darstelle.[43] Der Angeklagte selbst habe allein urheberrechtsfreie Share Ware und Public Domain Software auf den Server im Wege des Uploadings übertragen und anschließend zum On-demand Abruf angeboten. Die hier möglicherweise relevanten Urheberrechtsverletzungen in Form der Vervielfältigung sowie der öffentlichen Zugänglichmachung durch das Einspielen (Uploading) urhe-

---

39 *Claesson*, Upphovsrätt – en genomgång, S. 16.
40 NJA 1996, S. 79.
41 NJA 1996, S. 82; GRUR Int. 1997, S. 58.
42 *Rosén*, GRUR Int. 2002, S. 198; *Koktvedgaard/Levin*, Immaterialrätt, S. 130.
43 NJA 1996, S. 79; GRUR Int. 1997, S. 58.

berrechtlich geschützter Computerprogramme in das Bulletin-Board-System seien allein durch die Nutzer des Systems vorgenommen worden.[44] Damit fehle es an einer über die bloße Bereitstellung der Plattform hinausgehenden, speziellen „aktiven Handlung" des Systemverwalters.[45] Eine solche sei aber erforderlich für eine öffentliche Zugänglichmachung i.S.d. § 2 Abs. 1, 2. Alt. URL und damit gemeinsame Voraussetzung der in Abs. 3 genannten Varianten. Damit forderte das Gericht neben der zum Zeitpunkt der Entscheidung bereits anerkannten Voraussetzung der „gewissen kommerziellen Bedeutung" der öffentlichen Zugänglichmachung eine weitere – ein spezielles „aktives Tätigwerden" des öffentlich zugänglich Machenden. Dieser muss mithin in einer besonders qualifizierten Art und Weise aktiv Maßnahmen zu dem Zweck vornehmen, der Öffentlichkeit die Möglichkeit der Nutzung des Werkes zu verschaffen.[46] Das Gericht entwickelte diese zweite Grundvoraussetzung der öffentlichen Zugänglichmachung unter Berufung auf den Wortlaut des § 2 Abs. 1, 2. Alt. URL, der auf eine „spezielle aktive Handlung" hindeute sowie auf die Umschreibung der öffentlichen Zugänglichmachung in Abs. 3 URL, die diesen Eindruck verstärke.[47]

bb) Modi der öffentlichen Zugänglichmachung, § 2 Abs. 3 URL

Die Eröffnung des Anwendungsbereichs des Rechts der öffentlichen Zugänglichmachung aus § 2 Abs. 1, 2. Alt. URL verlangt mithin sowohl nach einer gewissen kommerziellen Bedeutung der Zugänglichmachung als auch eines aktiven Tätigwerdens seitens des Zugänglichmachenden. Lassen sich diese Voraussetzungen kumulativ feststellen, sind nach § 2 Abs. 3 URL unterschiedliche Varianten dieses Rechts zu unterscheiden.

(a) Das Recht der öffentlichen Wiedergabe, § 2 Abs. 3, 1. Var. URL

Gem. § 2 Abs. 3, 1. Var. URL hat der Urheber das Recht, das Werk im Wege der öffentlichen Wiedergabe *(Offentligt framförande)* der Allgemeinheit zugänglich zu machen. Dieses Recht umfasst die öffentliche Vorfüh-

---

44 NJA 1996, S. 82; GRUR Int. 1997, S. 59.

45 NJA 1996, S. 82; GRUR Int. 1997, S. 59.

46 *Rosén,* GRUR Int. 2002, S. 198; *ders.*, NIR 2001, S. 588.

47 NJA 1996, S. 82; GRUR Int. 1997, S. 58; *Rosén,* SvJT 1996, S. 425; *Karnell,* NIR 1996, S. 314.

rung eines Werkes vor einem anwesenden Publikum im Wege einer Live-Darbietung, die Wiedergabe über Medien wie beispielsweise CD und DVD sowie die Sendung des Werkes in Radio und TV.[48] Das Recht der öffentlichen Wiedergabe wird durch seinen erzählerischen Ablauf charakterisiert[49] – allein sog. „fließende (*„strömmande“*) Werke“ können daher diesem Recht unterfallen.[50] Zwar ist die Leitlinie bei der Bestimmung des Schutzumfanges aller in § 2 URL gewährten Ausschließlichkeitsrechte die grundsätzliche Zuweisung wirtschaftlich relevanter Verwertungsformen an den Urheber.[51] Ursprung dieser – durch die höchstrichterliche Rechtsprechung mehrfach betonten[52] – extensiven Auslegung des § 2 URL ist die Gesetzesbegründung zum schwedischen Urheberrecht *(Prop. 1960:17)*, der zufolge eine umfassende Zuweisung von in ökonomischer Hinsicht relevanten Werknutzungen an den Urheber erfolgen soll.[53] Dieses Auslegungsprinzip findet jedoch seine Grenze im natürlichen Wortsinn des Gesetzes.[54] Das Erfordernis einer zeitlichen Komponente (*„rörelse over tid“*) der öffentlichen Wiedergabe folgt bereits aus der Auslegung des Wortsinns der Norm.[55] So zielt der schwedische Begriff *„framförande“* auf eine Vorführung im Sinne einer Aufführung oder Darbietung ab, die durch ihren zeitlichen Ablauf charakterisiert wird.[56] Vor diesem Hintergrund ist der Regelungsgegenstand der öffentlichen Wiedergabe die Verwertung von Werken, deren Vermittlung durch einen gewissen zeitlichen Fortgang – wie insbesondere musikalische Werke, § 1 Abs. 1 Nr. 3, 1. Alt URL sowie Filmwerke, § 1 Abs. 1 Nr. 4 URL – geprägt sind.[57]

---

48 NJA 1980, S. 123; NJA 1986, S. 702; NJA 1988, S. 715; *Rosén*, in: Swedish Law – a survey, S. 339; *Bernitz/Karnell/Pehrson/Sandgren*, Immaterialrätt, S. 59.

49 *Rosén*, GRUR Int. 2002, S. 199; *Koktvedgaard/Levin*, Immaterialrätt, S. 129; *Rosén*, in: Swedish Law – a survey, S. 339; *Svensäter*, in: Swedish Law, S. 399.

50 *Rosén*, GRUR Int. 2002, S. 199; *ders.*, NIR 2001, S. 589.

51 *Bernitz/Karnell/Pehrson/Sandgren*, Immaterialrätt, S. 59; *Olsson*, Copyright, S. 10; *Koktvedgaard/Levin*, Immaterialrätt, S. 125; *Claesson*, Upphovsrätt, S. 8.

52 NJA 1986, S. 702; NJA 1980, S. 123; NJA 1988, S. 715.

53 Prop. 1960:17, S. 60 ; NJA II 1961, S. 33.

54 *Lehrberg*, Praktisk juridisk metod, S. 26. *Bernitz/Heuman/Leijonhufvud/Seipel/Warnling-Nerep/Victorin/Vogel*, Juristens källmaterial och arbetsmetoder, S. 23.

55 *Svensäter*, in: Swedish Law, S. 399.

56 *Berglund/Wiman*, Ordbok, Stichwörter: „framföra“, „framförande“.

57 *Bernitz/Karnell/Pehrson/Sandgren*, Immaterialrätt, S. 60; *Koktvedgaard/Levin*, Immaterialrätt, S. 125.

(b) Das Verbreitungsrecht, § 2 Abs. 3, 2. Var. URL

Das Recht zur Verbreitung von Werkexemplaren *(Spridning av exemplar)* an die Allgemeinheit ist dem Urheber gem. § 2 Abs. 3, 2. Var. URL zugewiesen. § 2 Abs. 3, 2. Hs. URL nennt als Regelbeispiele des Verbreitungsrechts den Verkauf *(försäljning)*, die Vermietung *(uthyrning)* sowie den Verleih *(utlåning)* von Werkstücken. Das Verbreitungsrecht ergänzt den durch das Exemplarrecht des § 2 Abs. 1, 1. Alt URL gewährten Urheberschutz.[58] Regelungsgegenstand ist allein die Verbreitung von Werkstücken in körperlicher Form.[59] Vor diesem Hintergrund sind insbesondere literarische Werke, § 1 Abs. 1 Nr. 1 URL, Computerprogramme, § 1 Abs. 1 Nr. 2 URL, Filmwerke, § 1 Abs. 1 Nr. 4 URL sowie Werke der Musikkunst, § 1 Abs. 1 Nr. 3 URL, welche regelmäßig mittels Trägermedien (Bücher, CDs, DVDs) verwertet werden, Gegenstand dieses Rechts. Als Ergänzung des Vervielfältigungsrechts aus § 2 Abs. 1, 1. Alt. URL hat das Verbreitungsrecht nur in Ausnahmefällen eine selbständige Bedeutung.[60]

(c) Das Recht zur öffentlichen Darstellung, § 2 Abs. 3, 3. Var. URL

Das Recht zur öffentlichen Darstellung *(Offentlig visning)*, § 2 Abs. 3, 3. Var. URL, umfasst das öffentliche Zeigen des Werkes.[61] Seine größte praktische Rolle spielt dieses Ausschließlichkeitsrecht bei der Verwertung von Werken der Bildkunst, § 1 Abs. 1 Nr. 5 URL.[62] Dabei muss das Werk im Wege einer sog. „direkten Wahrnehmbarmachung" *(„Direkt iakttas")* zugänglich gemacht werden. Regelungsgegenstand sind daher allein solche Situationen, in denen das menschliche Auge ein konkretes physisches Werk betrachtet. Eine bloße indirekte Zugänglichmachung im Wege einer Abbildung des Werkes z.B. auf einer Fotographie, stellt zwar eine Vervielfältigung gem. § 2 Abs. 1, 1. Alt URL dar, jedoch keine öffentliche Darstellung i.S.d. § 2 Abs. 3, 3. Var. URL.[63] Eine Abbildung eines Werkes, der eine Vervielfältigungshandlung vorausgeht, ist mithin niemals als öffentliche Darstellung i.S.d. § 2 Abs. 3, 3. Var. URL zu begrei-

58 NJA 2000, S. 293; GRUR Int. 2001, S. 266.
59 *Koktvedgaard/Levin*, Immaterialrätt, S. 129; *Carlén-Wendels*, Nätjuridik, S. 152.
60 *Bernitz/Karnell/Pehrson/Sandgren*, Immaterialrätt, S. 62.
61 In dem Aufsatz von *Rosén*, GRUR Int. 2002, S. 195 ff. übersetzt *Kur* „offentlig visning" mit „öffentlichem Zeigen".
62 *Bernitz/Karnell/Pehrson/Sandgren*, Immaterialrätt, S. 60.
63 *Koktvedgaard/Levin*, Immaterialrätt, S. 130; *Olsson*, Copyright, S. 16.

fen.[64] Gleiches gilt für die Darstellung eines Werkes auf dem Bildschirm eines PC. Hier geht der Wahrnehmbarmachung des Werkes eine Umwandlung im Arbeitsspeicher des Rechners in ein digitales Format voraus. Die Betrachtung urhebergesetzlich geschützter Inhalte nach erfolgter Umwandlung in ein mit dem menschlichen Auge nicht mehr wahrnehmbares Format genügt jedoch nicht der für einen Fall der öffentlichen Darstellung zwingend erforderlichen direkten Wahrnehmung (*„Direkt iakttas"*) des Werkes.[65] Abzugrenzen ist das Recht zur öffentlichen Darstellung von dem Recht der öffentlichen Wiedergabe in Abs. 3, 1. Alt. URL.[66] Entscheidendes Kriterium ist dabei, dass Nutzungsformen, welche durch eine fließende Komponente geprägt sind, unter das Wiedergaberecht fallen.[67] Vor diesem Hintergrund berührt etwa die öffentliche Vorführung eines Filmwerkes, § 1 Abs. 1 Nr. 4 URL, nicht das Recht zur öffentlichen Darstellung, sondern allein das Recht zur öffentlichen Wiedergabe aus § 2 Abs. 3, 1. Alt. URL.[68]

2. Das On-demand Angebot urheberrechtlich geschützter Inhalte in Unterricht und Forschung als Bestandteil des Verwertungsrechtes aus § 2 URL

Mit fortschreitender Nutzung digitaler On-demand Angebote in Unterricht und Forschung drängte sich Forschern und Lehrern die Frage auf, inwieweit die orts- und zeitunabhängige Transmission urheberrechtlich geschützter Inhalte an Schüler, Studenten und Forscherteams von der Systematik des urheberrechtlichen Verwertungsrechts umfasst wird.[69] Das Urteil des Obersten Gerichtshofes aus dem Jahre 1996 (*„BBS-*

64 *Koktvedgaard/Levin*, Immaterialrätt, S. 130; *Rosén*, NIR 2001, S. 589.

65 *Rosén*, in: Swedish Law – a survey, S. 339; *Bernitz/Karnell/Pehrson/Sandgren*, Immaterialrätt, S. 60; *Claesson*, Upphovsrätt, S. 8; *Koktvedgaard/Levin*, Immaterialrätt, S. 129.

66 *Bernitz/Karnell/Pehrson/Sandgren*, Immaterialrätt, S. 60.

67 *Karnell*, in: Svensk rätt, S. 329; *Bernitz/Karnell/Pehrson/Sandgren*, Immaterialrätt, S. 60.

68 *Karnell*, in: Svensk rätt, S. 329; *Bernitz/Karnell/Pehrson/Sandgren*, Immaterialrätt, S. 60.

69 *Stenlund*, Biblioteksbladet 2003, S. 13; *Wolk*, NIR 2003, S. 415 ff.; *Widmark*, Upphovsrätten och de nya medierna, S. 25; *Herler*, Upphovsrätt för lärare, S. 6.

Scandinavia“ NJA 1996, 79, siehe oben C. III. 1. b) aa) brachte diesbezüglich wenig Klarheit. Es stellte zwar heraus, dass das Recht zur öffentlichen Zugänglichmachung aus § 2 Abs. 1, 2. Alt. URL nur dann tangiert sein kann, wenn eine aktive Handlung (*„aktiv insats“*) des Zugänglichmachenden vorliegt. Inwieweit jedoch im Falle des Vorliegens einer solchen aktiven Handlung die Rechte des Urhebers aus § 2 durch On-demand-Anwendungen letztlich tangiert sind, blieb offen.[70]

Regelmäßig erschöpft sich die Rolle des Anbieters einer digitalen Wissensplattform im Bereich von Forschung und Lehre – anders als im Fall BBS-Scandinavia – nicht in der des bloßen Systemadministrators, der Schülern, Studenten und Forscherkollegen allein die elektronische Plattform bereitstellt, damit diese wiederum selbstständig Inhalte zeit- und ortsunabhängig abrufbar machen können. Vielmehr steht bei einer Vielzahl der On-demand-Anwendungen in Forschung und Lehre *(siehe oben A. II)* gerade das Angebot selektierter Informationen durch die Forschenden und Lehrenden selbst im Mittelpunkt. So geht es beispielsweise bei dem Projekt „LUVIT“ der Universität Lund *(siehe oben A. III. 2.)* nicht darum, den Studierenden eine elektronische Plattform zum selbstständigen Angebot von Lehrninhalten zum anschließenden Down- load zur Verfügung zu stellen, sondern ihnen den On-demand Zugriff auf bereits vorhandene, digitale Studienmaterialen zu eröffnen. Eine aktive Handlung, das Uploading urheberrechtlich geschützter Inhalte, liegt mithin im Bereich der Forschung und Lehre regelmäßig vor.

Bei der Beantwortung der Frage, inwieweit On-demand Angebote in Forschung und Lehre die Rechte des Urhebers aus § 2 URL tangieren, herrschte bezüglich der Einordnung des dem On-demand Abruf vorausgehenden Uploadings Einigkeit im skandinavischen Schrifttum. Die digitale Speicherung des Werkexemplars auf dem Server der Schule, Hochschule oder des Forschungszentrums ist eine Vervielfältigungshandlung im Sinne des § 2 Abs. 1, 1. Alt URL.[71]

Probleme bereitete die urheberrechtliche Erfassung des Übertragungsvorgangs bei On-demand Angeboten. In Betracht kommt allein die Subsumtion dieser Nutzung unter das urheberrechtliche Verwertungsrecht der öffentlichen Zugänglichmachung aus § 2 Abs. 1, 2. Alt. i.V.m. Abs. 3

[70] *Rosén,* SvJT 1996, S. 425; *Karnell,* NIR 1996, S. 314.

[71] *Koktvedgaard/Levin,* Immaterialrätt, S. 127; *Claesson,* Upphovsrätt, S. 8; *Carlén-Wendels,* Nätjuridik, S. 152; *Olsson,* Copyright, S. 90; *Bing,* NIR 1995, 597.

URL,[72] welches für die Inhaber verwandter Schutzrechte (5. *Kap. Vissa upphovsrätten närstående rättigheter)* über eine Verweisung in den §§ 45 Abs. 1 Nr. 2, 2. Alt., Abs. 2, 46 Abs. 1, 48 Abs. 1, Nr. 2, 49 Abs. 1, 49a Abs. 1 URL Anwendung findet. Hier stellt sich die Frage, inwieweit die in § 2 Abs. 3 URL genannten Varianten des Rechts der öffentlichen Zugänglichmachung – die öffentliche Wiedergabe, die Verbreitung sowie die öffentliche Darstellung – geeignet sind, eine Übertragung eines Werkes an ein abwesendes Publikum zu erfassen, das Ort und Zeitpunkt der Nutzung selbst wählt.[73]

a) On-demand Applikationen als öffentliche Darstellung, § 2 Abs. 3, 3. Var. URL

Vereinzelt wird in der schwedischen Literatur die Frage aufgeworfen, ob die Variante der öffentlichen Darstellung gem. § 2 Abs. 3, 3. Var. URL des Rechts der öffentlichen Zugänglichmachung in der Lage ist, das Angebot urheberrechtlich geschützter Inhalte zum elektronischen Abruf zu erfassen.[74] Dies wird jedoch sowohl von der Rechtsprechung[75] als auch in der Literatur[76] mit dem Hinweis abgelehnt, dass das Recht der öffentlichen Darstellung in der skandinavischen Rechtstradition zu den sog. Exemplarrechten *(„exemplarrättigheterna“)* zählt und daher die Betrachtung eines physischen, unmittelbar sinnlich wahrnehmbaren Exemplars voraussetzt. Es sei insbesondere nicht in der Lage, den die On-demand Nutzung gerade charakterisierende Übertragungsvorgang zu erfassen.[77]

b) On-demand Applikationen als Verbreitung, § 2 Abs. 3, 2. Var. URL

Im Hinblick auf die Subsumtion von On-demand-Anwendungen unter die Variante der Verbreitung, betonte insbesondere die höchstrichterliche

72 *Rosén*, GRUR Int. 2002, S. 198.
73 *Rosén*, GRUR Int. 2002, S. 198; *ders.* NIR 2001, S. 590.
74 *Claesson*, Upphovsrätt, S. 10; *Bernitz/Karnell/Pehrson/Sandgren*, Immaterialrätt, S. 60; *Rosén*, NIR 2001, S. 590.
75 NJA 2000, S. 292; GRUR Int. 2001, S. 265.
76 *Rosén*, NIR 2001, S. 590 ; *ders.* GRUR Int. 2002, S. 198; *Claesson*, Upphovsrätt, S. 10; *Bernitz/Karnell/Pehrson/Sandgren*, Immaterialrätt, S. 60; *Koktvedgaard/Levin*, Immaterialrätt, S. 127.
77 *Rosén*, NIR 2001, S. 590.

Rechtsprechung die Nähe dieser Modalität zum Vervielfältigungsrecht aus § 2 Abs. 1, 1. Alt. URL.[78] Das Recht zur Verbreitung von Vervielfältigungsstücken sei in erster Linie als Ergänzung des Rechts zur Vervielfältigung des Werkes anzusehen, so dass das Verbreitungsrecht nur in Ausnahmefällen eine selbstständige Bedeutung besitze.[79] In jedem Falle sei jedoch bei einer Verbreitungshandlung i.S.d. § 2 Abs. 3, 2. Var. URL ausschließlich die Verbreitung physischer Vervielfältigungsstücke umfasst – an eben diesen mangele es im Falle der digitalen Transmission von Dateien.[80] Zur Begründung berief sich das Gericht auf eine europarechtskonforme Auslegung der Norm. So sei, dem damaligen Entwurf der InfoSoc-RL entsprechend, das Verbreitungsrecht allein auf physisch unmittelbar wahrnehmbare Gegenstände beschränkt und erfasse nicht die digitale Übertragung von Werkexemplaren im Rahmen von On-demand Angeboten.[81] Vor diesem Hintergrund betonten sowohl Rechtsprechung als auch Literatur, dass die Antwort auf die Frage, ob On-demand Angebote das Recht des Urhebers zur öffentlichen Zugänglichmachung aus § 2 Abs. 1, 2. Alt. URL tangieren, allein das Recht der öffentlichen Wiedergabe, geben könne.[82]

c) On-demand Applikationen als öffentliche Wiedergabe, § 2 Abs. 3, 1. Var. URL

Das Recht zur öffentlichen Wiedergabe hat sich in der schwedischen Rechtspraxis bereits in der Vergangenheit oftmals als äußerst flexibel erwiesen.[83] Rechtsprechung und Literatur verstehen es als Auffangrecht im Rahmen der öffentlichen Zugänglichmachung.[84] So sei es gerade Aufgabe dieser Variante neuartige, durch stetig fortschreitende technologische Innovationen erst möglich gewordene, Verwertungsformen zu erfassen

78 NJA 2000, S. 293; GRUR Int. 2001, S. 266.

79 NJA 2000, S. 293; GRUR Int. 2001, S. 266.

80 NJA 2000, S. 293; GRUR Int. 2001, S. 266.

81 NJA 2000, S. 293; GRUR Int. 2001, S. 266; *Rosén*, NIR 2001, S. 590; *ders.* SvJT 2000, S. 805; *Bernitz/Karnell/Pehrson/Sandgren*, Immaterialrätt, S. 60; *Koktvedgaard/Levin*, Immaterialrätt, S. 125.

82 *Rosén*, NIR 2001, S. 590; *Claesson*, Upphovsrätt, S. 10; NJA 2000, S. 293; GRUR Int. 2001, S. 266.

83 NJA 1980, S. 123; NJA 1986, S. 702; NJA 1988, S. 715.

84 *Bernitz/Karnell/Pehrson/Sandgren*, Immaterialrätt, S. 60; *Koktvedgaard/Levin*, Immaterialrätt, S. 125; *Claesson*, Upphovsrätt, S. 8.

und durch eine weite Auslegung unter das Recht zur öffentlichen Zugänglichmachung subsumierbar zu machen.[85] In seinem Urteil vom 15. Juni 2000, in welchem der Oberste Gerichtshof *(Högsta Domstolen)* über die Frage der Urheberrechtsverletzung durch das On-demand Angebot von Musikdateien im MP3-Format zu entscheiden hatte,[86] erklärte das Gericht das Recht zur öffentlichen Wiedergabe zu dem elementaren Verwertungsrecht in einem digitalen Umfeld.[87] Dabei verstand das Gericht in der MP3-Entscheidung das Recht der öffentlichen Wiedergabe als ein einheitliches On-demand Recht, welches sowohl die zeit- und ortsunabhängige Transmission des Werkes als auch seine im Rahmen des Uploadings erfolgende Vervielfältigung durch die digitale Speicherung des Werkexemplars auf dem Server des Anbieters umfasst.[88]

Diese durch das Gericht vorgenommene Auslegung des Begriffs der öffentlichen Wiedergabe findet eine Stütze in Wortsinn, Systematik sowie Teleologie der Vorschrift. So ist der Begriff der öffentlichen Wiedergabe im Schwedischen als *„Offentligt framförande"* sehr weit gefasst und umfasst jedwede Form einer Aufführung oder Darbietung – sei es in unmittelbarer oder mittelbarer Art und Weise.[89] Auch aus der Systematik des § 2 Abs. 3 URL lässt sich sein Charakter als flexibler Auffangtatbestand neuer Formen der öffentlichen Zugänglichmachung herleiten. § 2 Abs. 3 URL nennt die öffentliche Wiedergabe an erster Stelle im Katalog der einzelnen Modalitäten der öffentlichen Zugänglichmachung und stellt damit ihren weit auszulegenden Regelfall voran. Dieser weit zu verstehende Grundfall wird im Weiteren schließlich durch speziellere Modalitäten wie die Verbreitung, § 2 Abs. 3, 2. Var. URL *(Spridning av exemplar)* und die öffentliche Darstellung, § 2 Abs. 3, 3. Var. URL *(Offentlig visning)* ergänzt.[90] Das wohl stärkste Argument für eine extensive Auslegung der öffentlichen Wiedergabe lässt sich aus der Teleologie der Vorschrift in

---

85 NJA 1980, S. 123; NJA 1986, S. 702; *Rosén*, NIR 2001, S. 590; *Olsson*, Copyright, S. 114.

86 NJA 2000, S. 292; GRUR Int. 2001, S. 266; Anmerkung *Karnell* zum Urteil NJA 2000, S. 292 in GRUR Int. 2001, S. 268.

87 Anmerkung *Karnell* zum Urteil NJA 2000, S. 292 in GRUR Int. 2001, S. 268.

88 NJA 2000, S. 293; GRUR Int. 2001, S. 266.

89 *Berglund/Wiman*, Ordbok, Stichworte: „framföra", „framförande".

90 *Bernitz/Karnell/Pehrson/Sandgren*, Immaterialrätt, S. 59; Anmerkung *Karnell* zum Urteil NJA 2000, S. 292 in GRUR Int. 2001, S. 268; *Rosén*, SvJT 2000, S. 806.

Verbindung mit ihrer Historie herleiten. So findet sich in der Gesetzesbegründung[91] zum schwedischen Urhebergesetz der gesetzgeberische Wille der Zuweisung der wesentlichen ökonomisch relevanten Verwertungshandlungen an den Urheber im Wege einer möglichst zukunftsoffenen, eine Vielzahl unterschiedlicher Nutzungsformen umfassenden Auslegung des Begriffs der öffentlichen Wiedergabe *(siehe oben C. III. 1. b) bb) (a)*.

Doch selbst bei einem derart weiten Verständnis des Rechts der öffentlichen Wiedergabe als On-demand Recht durch den Obersten Gerichtshof erscheint zweifelhaft, ob das Recht der öffentliche Wiedergabe eine ausreichende Grundlage dafür bietet, sämtlichen Werkarten Schutz gegen ihre Bereitstellung zum zeit- und ortsunabhängigen Abruf in Netzwerken zu gewähren.[92] Besondere Beachtung verdient nämlich, dass Gegenstand des On-demand Angebotes im MP3-Fall[93] ein Musikwerk gem. § 1 Abs. 1 Nr. 3, 1. Alt. URL war und damit ein Werk, welches durch einen gewissen „fließenden" *(„strömmande")*[94] Charakter geprägt ist. Das Wiedergaberecht aus § 2 Abs. 3, 1. Var. URL setzt nach Auffassung der Rechtsprechung und Literatur gerade solche Werkarten voraus, die in ihrem Ablauf durch eine gewissen erzählerischen Ablauf *(„rörelse över tid")* geprägt sind.[95] Dieses Erfordernis folgt bereits aus dem schwedischen Wortsinn *(„framförande")* des Rechts der öffentlichen Wiedergabe, der auf eine Vorführung im Sinne einer Aufführung oder Darbietung hindeutet *(siehe oben C. III. 1. b) bb) (a)*. Eine Ausweitung des Anwendungsbereiches des Rechts der öffentlichen Wiedergabe auf Werkarten, denen es an einem derartigen „fließenden Charakter" mangelt, sollte durch das Urteil indes nicht erfolgen.[96] Vielmehr wurde durch das Urteil des Obersten Gerichtshof vom 15. Juni 2000 allein für solche Werk- und Leistungsarten das Recht der öffentlichen Wiedergabe auf On-demand Situationen ausgeweitet, die auch dem Anwendungsbereich dieses Rechts unterfallen

---

91 NJA II 1961, S. 38; Prop. 1960:17, S. 60.

92 *Rosén*, GRUR Int. 2002, S. 199; *ders.*, NIR 2001, S. 590; *ders.* SvJT 2000, S. 806; Anmerkung *Karnell* zum Urteil NJA 2000, S. 292 in GRUR Int. 2001, S. 268.

93 NJA 2000, S. 292.

94 *Rosén*, NIR 2001, S. 591.

95 NJA 2000, S. 293; NJA 1967, S. 150; NJA 1980, S. 123; NJA 1986 S. 702; *Rosén*, NIR 2001, S. 591; *Koktvedgaard/Levin*, Immaterialrätt, S. 125; *Claesson*, Upphovsrätt, S. 10.

96 *Rosén*, SvJT 2001, S. 807.

können.[97] Dies sind ausschließlich solche Werke und Leistungen, die durch einen kontinuierlichen Erzählablauf geprägt sind und somit prinzipiell dem Wiedergaberecht des § 2 Abs. 3, 1. Var. URL zugänglich sind.[98] Dazu gehören beispielsweise Sprachwerke, § 1 Abs. 1 Nr. 1, 2. Alt. URL, musikalische Werke, § 1 Abs. 1 Nr. 3, 1. Alt URL, Filmwerke gem. § 1 Abs. 1 Nr. 4 URL oder auch die Leistungen des Tonträgerherstellers, § 46 URL, wie in der hier beleuchteten Entscheidung des Obersten Gerichtshofs.[99]

Im Ergebnis führt dies dazu, dass Werk- und Leistungsarten, die durch einen kontinuierlichen zeitlichen Fortgang geprägt sind und daher einen „fließenden Charakter" aufweisen, in den Genuss eines On-demand Rechtes aus § 2 Abs. 3, 1. Var. kommen können. Solche Werk- und Leistungsarten hingegen, denen es an einem kontinuierlichen Erzählablauf fehlt und die damit im Rahmen eines On-demand Angebotes in statischer Form auf dem Bildschirm des Abrufenden erscheinen, wie etwa Schriftwerke gem. § 1 Abs. 1 Nr. 1, 1. Var. URL, Lichtbildwerke gem. § 1 Abs. 1 Nr. 5, 1. Alt. URL und Lichtbilder gem. § 49 a URL, sind einer öffentlichen Wiedergabe im Sinne des § 2 Abs. 3, 1. Var. URL unzugänglich.[100] Ein aus dem Recht der öffentlichen Wiedergabe abgeleitetes On-demand Recht kann ihnen nicht zukommen. Damit liegt das On-demand Angebot sämtlicher Werke und Leistungen außerhalb des Urheberschutzes, die in zweidimensionaler Form auf dem Bildschirm des Rezipienten erscheinen.[101] In diesem Umstand ist in der skandinavischen Literatur vereinzelt eine für Urheber und Leistungsschutzberechtigte nicht hinnehmbare Schutzlücke gesehen worden.[102]

aa) 1. Ansicht: Die analoge Anwendung des § 2 Abs. 3, 1. Var. URL

Bing erachtet die in § 2 Abs. 3 URL verwandte Terminologie zur Beschreibung der einzelnen Modalitäten des Rechts zur öffentlichen Zugäng-

---

97 *Rosén*, NIR 2001, S. 591; *ders.* SvJT 2001, S. 809; Anmerkung *Karnell* zum Urteil NJA 2000, S. 292 in GRUR Int. 2001, S. 268; *Claesson*, Upphovsrätt, S. 10.

98 *Rosén*, GRUR Int. 2002, S. 199.

99 *Rosén*, NIR 2001, S. 591.

100 *Rosén*, NIR 2001, S. 591; *ders.* GRUR Int. 2002, S. 199; *Claesson*, Upphovsrätt, S. 10.

101 *Rosén*, NIR 2001, S. 591; *ders.* SvJT 2001, S. 807.

102 *Bing*, NIR 1995, S. 595; *Lundberg/Ström/Svensson*, Praktisk informationsrätt, S. 133.

lichmachung aus § 2 Abs. 1, 2. Alt. URL als den neuartigen elektronischen Verwertungsformen nicht gerecht werdend.[103] Insbesondere sei ein Verständnis des Wiedergaberechts aus § 2 Abs. 3. 1. Var. URL dahingehend, dass allein Werke umfasst seien, die in ihrem Ablauf einen gewissen zeitlichen Fortgang (*„rörelse över tid“*) aufweisen, wie Sprache, Musik, Tanz oder auch Film, zu restriktiv und in einem digitalen Umfeld nicht länger praktikabel.[104] Vielmehr sei eine einheitliche Behandlung des Angebots urhebergesetzlich geschützter Werke und Leistungen in elektronischen Abrufsystemen erforderlich – unabhängig von der Frage, ob es sich dabei um Werke handelt, die beim Abrufenden in zweidimensionaler Form am Bildschirm erscheinen, wie etwa Text- und Bilddateien, oder aber beim Abruf einen fließenden Charakter aufweisen, wie z. B. Sprach-, Film- und Musikdateien.[105] Dieser Auffassung zufolge soll sich daher die Modalität der öffentlichen Wiedergabe – im Wege ihrer analogen Anwendung – auf das On-demand Angebot sämtlicher Werkarten erstrecken und ihnen damit umfassend den Schutz des Rechts der öffentlichen Zugänglichmachung aus § 2 Abs. 1, 2. Var. URL zu Teil werden lassen.[106]

bb) 2. Ansicht: Ablehnung einer Analogie des § 2 Abs. 3, 1. Var. URL

Ein Teil der schwedischen Literatur gesteht dem Ansatz von *Bing* zwar zu, dass die einheitliche Behandlung von On-demand Angeboten der Novellierung des Urheberrechts durch die InfoSoc-RL[107] zuvor komme und zu einem verbesserten Schutz der Verwertungsinteressen von Urhebern und Leistungsschutzberechtigten in einem digitalen Umfeld beitragen würde, dies jedoch de lege lata mit der bislang in einem analogen und digitalen Umfeld von Rechtsprechung und Lehre einheitlich verwandten skandinavischen Terminologie nicht zu vereinbaren sei.[108] Dazu gehöre es,

---

103 *Bing*, NIR 1995, S. 599.

104 *Bing*, NIR 1995, S. 595; zustimmend *Lundberg/Ström/Svensson*, Praktisk informationsrätt, S. 133.

105 *Bing*, NIR 1995, S. 615.

106 *Bing*, NIR 1995, S. 615; zustimmed *Bernitz/Karnell/Pehrson/Sandgren*, Immaterialrätt, S. 60.

107 Richtlinie 2001/29/EG des Europäischen Parlamentes und des Rates vom 22. Mai 2001 zur Harmonisierung bestimmter Aspekte des Urheberrechts und der verwandten Schutzrechte in der Informationsgesellschaft.

108 *Koktvedgaard/Levin*, Immaterialrätt, S. 130; NJA 1988, S. 715.

das Wiedergaberecht aus § 2 Abs. 3, 1. Var. URL sowohl in einem analogen als auch in einem digitalen Umfeld einheitlich als Darbietungs- und Aufführungsrecht zu begreifen, welches allein Werke und Leistungen erfasst, die sich durch ihren „fließenden" (*„strömmande"*) Charakter auszeichnen.[109] Gefordert sei hier vielmehr der Gesetzgeber, dem es freistehe, de lege ferenda per definitionem dem Wiedergaberecht des § 2 Abs. 3, 1. Var. URL eine neue Bedeutung zuzuweisen. Diese neue Definition könne dann das Wiedergaberecht ebenfalls auf das On-demand Angebot von Werken erstrecken, die keinen erzählerischen Ablauf (*„rörelse över tid"*) aufweisen, sondern auf dem Bildschirm des Abrufenden in statischer Form erscheinen.[110]

cc) Stellungnahme

Für die einheitliche Behandlung des Angebotes urhebergesetzlich geschützter Werke und Leistungen in Abrufsystemen, unabhängig vom Charakter des jeweils zur Übertragung bereitgestellten Inhaltes, sprechen allein pragmatische Erwägungen. Sie führt jedoch zu einer Spaltung der bislang im gesamten skandinavischen Rechtskreis einheitlich verwandten Terminologie und steht im Widerspruch zur gerichtlichen Praxis.[111] So betrachtet die ständige höchstrichterliche schwedische Rechtsprechung den fließenden Charakter des Werkes als der öffentlichen Wiedergabe i.S.d. § 2 Abs. 3, 1. Var. URL immanent und nimmt anhand dieser Voraussetzung die Abgrenzung zur öffentlichen Darstellung, § 2 Abs. 3, 3. Var. URL vor.[112] Darüber hinaus erscheint fraglich, ob die Voraussetzungen einer Analogie des § 2 Abs. 3, 1. Var. URL vorliegen. Eine solche erfordert – auch im schwedischen Recht – zunächst eine planwidrige Regelungslücke.[113] Der Gesetzesbegründung zum schwedischen Urheberrecht ist zwar zu entnehmen, dass bei der Auslegung des § 2 Abs. 3, 1. Var. URL die fortlaufende technische Entwicklung in der Weise zu berücksichtigen ist, dass eine Aushöhlung des Urheberrechtsschutzes verhindert wird.[114] Hier ist jedoch zweifelhaft, ob ohne die analoge An-

---

109 *Still*, NIR 2003, S. 46.

110 *Rosén*, NIR 2001, S. 591.

111 *Rosén*, NIR 2001, S. 591; *ders.*, GRUR Int. 2002, S. 199.

112 NJA 2000, S. 293, NJA 1980, S. 123; NJA 1986, S. 702; NJA 1988, S. 715.

113 *Bernitz/Heuman/Leijonhufvud/Seipel/Warnling-Nerep/Victorin/Vogel*, Juristens källmaterial och arbetsmetoder, S. 23, *Lehrberg*, Praktisk juridisk metod, S. 26.

114 NJA II 1961, S. 38; Prop. 1960:17, S. 60.

wendung des § 2 Abs. 3, 1. Var. URL auf Werke und Leistungen, die beim online-Abruf in zweidimensionaler Form am Bildschirm des Nutzers abgebildet werden, tatsächlich eine „Aushöhlung des Urheberrechtsschutzes" zu befürchten ist.

Die rechtliche Situation bei dem Angebot urhebergesetzlich geschützter Inhalte über Abrufsysteme stellt sich nach den bisherigen Ausführungen so dar, dass das Wiedergaberecht On-demand Angebote solcher Werke umfasst, die beim Rezipienten durch einen kontinuierlichen Fortgang geprägt sind. Dies sind vornehmlich die in ökonomischer Hinsicht in besonderer Weise für den Urheber relevanten Kategorien der musikalischen Werke, § 1 Abs. 1 Nr. 3, 1. Alt URL, und Filmwerke, § 1 Abs. 1 Nr. 4 URL. Eine analoge Anwendung des § 2 Abs. 3, 1. Var. URL in Fällen des On-demand Angebots von Werken, die in zweidimensionaler Form auf dem Bildschirm des Abrufenden erscheinen, zielt allein auf eine lückenlose Erfassung des elektronischen Angebotes sämtlicher Werkformen des § 1 URL vom Recht der öffentlichen Zugänglichmachung aus § 2 Abs. 1, 2. Alt. URL ab. Ein solcher lückenloser Rechtschutz des Urhebers ist jedoch, wie bereits die umfassenden Einschränkungen des Ausschließlichkeitsrechtes im 2. Kapitel des schwedischen Urhebergesetzes zum Ausdruck bringen, vom Gesetzgeber keineswegs intendiert.[115] Ziel des Gesetzgebers war ausweislich der Gesetzesbegründung zum schwedischen Urheberrecht *(Prop. 1960:17)* allein die Zuweisung der *wesentlichen* kommerziell relevanten Verwertungsformen an den Urheber, nicht jedoch die Zuweisung *aller* ökonomisch relevanten Verwertungsformen an ihn.[116] Diese Sicherung der *wesentlichen* ökonomischen Werkverwertung im Wege des On-demand Angebotes ist durch die dynamische Auslegung des Wiedergaberechts seitens des Obersten Gerichtshofs in seinem Urteil vom 15. Juni 2000 und die Gewährung eines On-demand Rechts für „fließende Werke" erfolgt. Damit scheitert die analoge Anwendung des § 2 Abs. 3, 1. Var. URL auf Werke und Leistungen, die in zweidimensionaler Form auf dem Bildschirm des Nutzers erscheinen, bereits an der notwendigen Regelungslücke.[117]

115 *Koktvedgaard/Levin*, Immaterialrätt, S. 62; *Rosén*, in: Swedish Law – a survey, S. 341; *Svensäter*, in: Swedish Law, S. 399.

116 Prop. 1960:17, S. 60.

117 *Still*, NIR 2003, S. 46; *Rosén*, NIR 2001, S. 591.

d) Zwischenergebnis zu 2.

Vor der Implementierung der InfoSoc-RL[118] in das schwedische Urheberrecht stellte sich die Rechtslage hinsichtlich des Angebotes urhebergesetzlich geschützter Werke und Leistungen zum On-demand Abruf uneinheitlich dar. Zu differenzieren ist einerseits zwischen dem Angebot von „fließenden" Werken und Leistungen, wie z. B. von musikalischen Werken, § 1 Abs. 1 Nr. 3, 1. Alt URL, sowie von Filmwerken, § 1 Abs. 1 Nr. 4 URL, und andererseits von solchen, die einen derartigen Charakter nicht aufweisen können und nach erfolgter Transmission in statischer Form am Bildschirm des Abrufenden abgebildet werden, wie etwa Schriftwerke gem. § 1 Abs. 1 Nr. 1, 1. Var. URL und Lichtbildwerke gem. § 1 Abs. 1 Nr. 5, 1. Alt. URL. Nur der ersten Gruppe von Werken wird Rechtsschutz gegen ihr Angebot zur orts- und zeitunabhängigen Übertragung über Netzwerke durch das Recht der öffentlichen Wiedergabe aus § 2 Abs. 3, 1. Var. URL gewährt, während sich die zweite Werkgruppe nicht auf ein On-demand Recht berufen kann.[119] Vor diesem Hintergrund kommt es bei der Beurteilung der urheberrechtlichen Zulässigkeit von On-demand-Anwendungen in Unterricht und Forschung entscheidend auf die Frage an, welche Inhalte Schülern, Studenten und Forscherkollegen über das Netzwerk angeboten werden.

aa) Statische Werke

Handelt es sich bei dem On-demand Angebot um Werke oder Leistungen, die nach ihrer elektronischen Übertragung in statischer Form auf dem Bildschirm des Nutzers erscheinen, liegt darin keine Wiedergabehandlung i. S. d. § 2 Abs. 3, 1. Var. URL. Urheber und Leistungsschutzberechtigte können sich in derartigen Fällen allein auf ihr Vervielfältigungsrecht aus § 2 Abs. 1, 1. Alt. URL bzw. §§ 45 Abs. 1 Nr. 1 URL, 46 Abs. 1, 48 Abs. 1 Nr. 1, 49, 49 a Abs. 1 URL berufen, welches bei On-demand Angeboten durch die der Transmission zwingend vorgelagerte digitale Speicherung auf dem Server des Anbieters tangiert wird.[120] Forschende und Lehrende verfügen damit über einen großen urhebergesetzlichen Freiraum hinsichtlich des

---

118 Richtlinie 2001/29/EG des Europäischen Parlamentes und des Rates vom 22. Mai 2001 zur Harmonisierung bestimmter Aspekte des Urheberrechts und der verwandten Schutzrechte in der Informationsgesellschaft.

119 *Rosén,* NIR 2001, S. 591.

120 *Koktvedgaard/Levin,* Immaterialrätt, S. 126.

Angebotes zweidimensionaler Inhalte in elektronischen Abrufsystemen. Dem Angebot zur zeit- und ortsunabhängigen Übertragung steht kein urhebergesetzliches Ausschließlichkeitsrecht in Form eines On-demand Rechtes entgegen; hinsichtlich der durch das Uploading der Inhalte erfolgenden digitalen Speicherung auf dem Server der Schule, der Universität oder des Forschungszentrums können sich Forschende und Lehrende auf die Einschränkungen des Vervielfältigungsrechts in § 13 Abs. 1 URL für Zwecke des Unterrichts sowie in § 16 URL für solche der Wissenschaft und Forschung berufen. Forschende und Lehrende finden damit vor der Novellierung des schwedischen Urheberrechtes hinsichtlich des Online-Angebotes von Wissen einen Rechtsrahmen vor, der es ihnen erlaubt, die gesamte Bandbreite solcher Inhalte zum On-demand Abruf anzubieten, die in zweidimensionaler Form auf dem Bildschirm des Nutzers abgebildet werden. Dieser Rechtsrahmen ermöglicht es in Schweden Forschenden und Lehrenden zeit- und ortsunabhängige Zugangsmöglichkeiten zu einem Informationspool von Texten, Notenschriften, Fotographien oder Schaubildern zu schaffen, welcher exakt auf die Bedürfnisse der jeweiligen Nutzergruppe zugeschnitten ist. Beispielhaft für diese Nutzung des urheberrechtlichen Freiraums sind die Text- und Bildmaterial kombinierenden Studienmaterialen im Rahmen der Magisterprogramme der juristischen Fakultät der Universität Stockholm.[121]

Der Bedarf schwedischer Forschender und Lehrender, von diesem Freiraum auch Gebrauch zu machen, ist immens. Allein aufgrund der im Verhältnis zur Größe des Landes (449.964 km^2) verhältnismäßig geringen Einwohnerzahl[122] (9,077 Mio.) und der daraus resultierenden geringen Bevölkerungsdichte von 20 Einwohnern[123] pro km^2 besteht eine Notwendigkeit, auch denjenigen Bevölkerungsteilen die Teilnahme an universitärer Forschung und Lehre zu ermöglichen, die nicht in unmittelbarer Nähe zu den Universitätsstädten Schwedens, wie Stockholm, Göteborg, Malmö, Lund oder Uppsala, wohnen.[124] Um dieses Ziel zu errei-

121 http://www.juridicum.su.se/jurweb/utbildning/master_programmes.asp?lang=eng, (Abruf vom 27. 8. 2006).

122 Statische Daten über Schweden sind abrufbar unter: http://www.scb.se (Abruf vom 3. 8. 2006).

123 Die Bundesrepublik Deutschland hat eine Bevölkerungsdichte von 231 Einwohnern pro km^2, vgl. http://www.destatis.de (Abruf vom 28. 7. 2006).

124 *Eliasson/Höglund*, Vuxenutbildning i Sverige, S. 54; *Dalin*, Utbildning, S. 14; *Willén*, Distance Education at Swedish universities, S. 42.

chen, schlossen sich – mit hoher finanzieller Unterstützung der schwedischen Regierung – am 1. März 2002 insgesamt 35 Hochschulen des Landes zu einer gemeinsamen virtuellen Hochschule, der Netzuniversität *(Net Universitätet)* zusammen, die ca. 2.700 Kurse ausschließlich im Wege der elektronischen Distanzausbildung anbietet und bezüglich ihres Kursangebotes zu den größten virtuellen Hochschulen Europas zählt.[125] Bereits im Jahre 1998 beschäftigte sich die schwedische Regierung mit der Suche nach den optimalen Rahmenbedingungen des Einsatzes moderner Informationstechnologie in Unterricht und Forschung. Sie beauftragte eine, u.a. aus Pädagogen, Forschern und Juristen bestehende Kommission zur Frage der Förderung der IT-basierten Distanzausbildung.[126] Noch im selben Jahr legte die Kommission *(„Distansutbildningskommittén, DUKOM")* ihre beiden Abschlussberichte vor – das Regierungsgutachten „zur Distanzausbildung – Ausbildung, Unterricht und Lehre – kosteneffiziente Distanzausbildung" *(„På Distans – Utbildning, undervisning och lärande, Kostnadseffektiv distansutbildning, SOU 1998:83")* sowie das Gutachten zur flexiblen Distanzausbildung *(„Flexibel utbildning på distans, SOU 1998:84")*. In ihren Gutachten unterstrich die Kommission die Bedeutung der Inhalte in elektronischen Abrufsystemen und maß dem Urheberrecht bei der Förderung des Einsatzes moderner Informationstechnologie im Unterricht eine Schlüsselfunktion zu.[127] So sei das im schwedischen Urheberrecht festgelegte Verhältnis von Ausschließlichkeitsrechten und Nutzungsfreiheiten von elementarer Bedeutung für eine erfolgreiche Implementierung von On-demand Systemen im schwedischen Bildungssystem.[128] Eine Förderung der Distanzausbildung erfordere es, den bestehenden urheberrechtlichen Freiraum auf der Inhaltsebene zu bewahren und Rechtsunsicherheiten hinsichtlich der Nutzung geschützter Inhalte in elektronischen Abrufsystemen durch eine gesetzgeberische Klarstellung zu beseitigen.[129]

Im Ergebnis ist damit festzuhalten, dass die herausragende Position Schwedens im Bereich des E-Learnings sowie der E-Science *(siehe oben A. III. 2.)* keineswegs zufällig ist. Sie ist vielmehr das Resultat einer gezielten Förderung von On-demand-Systemen in Forschung und Lehre, verbun-

---

125 http://www.netuniversity.se; http://www.nshu.se (Abrufe vom 27. 8. 2006).
126 SOU 1998:83, S. 37; SOU 1998:84, S. 20.
127 SOU 1998:83, S. 58; SOU 1998:84, S. 81.
128 SOU 1998:84, S. 81; SOU 1998:84, S. 157.
129 SOU 1998:84, S. 81.

den mit einem Rechtsrahmen, der diesem Umstand Rechnung trägt und On-demand Nutzungen auf der Ebene der Inhalte im Bereich des Angebotes zweidimensionaler Abbildungen, wie Text, Bild oder Foto, für die genannten Zweck urheberrechtsfrei stellt.[130]

bb) Audiovisuelle Werke

Nahezu spiegelbildlich gestaltet sich die Rechtslage bei dem On-demand Angebot von Werken und Leistungen mit einer erzählerischen Dimension, mithin bei solchen Inhalten, die am Rechner des Abrufenden akustisch oder visuell wahrnehmbar sind. Ein ausschließliches Recht zum On-demand Angebot derartiger Inhalte ist dem Urheber über das Recht der öffentlichen Zugänglichmachung in seiner Variante der öffentlichen Wiedergabe gem. § 2 Abs. 1, 2. Alt. URL i.V.m. Abs. 3, 1. Var. URL zugewiesen. Den Inhabern bestimmter verwandter Schutzrechte wird in den §§ 45 Abs. 1 Nr. 2, 2. Alt., Abs. 2, 46 Abs. 1, 48 Abs. 1 Nr. 2, 49 Abs. 1, 49a Abs. 1 URL im Wege einer Verweisung das Recht zur öffentlichen Zugänglichmachung i.S.d. § 2 Abs. 1, 2. Alt. i.V.m. Abs. 3 URL gewährt. Mit seinem Urteil vom 15. Juni 2000 erklärte der Oberste Gerichtshof das Recht der öffentlichen Zugänglichmachung in Form der öffentlichen Wiedergabe zu dem zentralen Verwertungsrecht von Werken und Leistungen mit „fließendem Charakter" in einem digitalen Umfeld.[131]

Vor dem Hintergrund dieser höchstrichterlichen Judikatur sehen sich Forschende und Lehrende im Bereich des netzvermittelten Angebotes „fließender Werke"[132] einem umfassenden On-demand Recht von Urhebern und Leistungsschutzberechtigten ausgesetzt. Das Online-Angebot von audiovisuellen Werken und Leistungen über elektronische Abrufsysteme – wie etwa von Sprachtonwerken gem. § 1 Abs. 1 Nr. 1, 2. Alt. URL, wie z.B. Reden oder Erzählungen, Musikwerken, § 1 Abs. 1 Nr. 3, 1. Alt. URL, Filmwerken, § 1 Abs. 1 Nr. 4 URL, von Leistungen der ausübenden Künstler gem. § 45 URL, der Hersteller entsprechender Bild- und Tonträger, § 46 URL, oder von Sendeunternehmen, § 48 URL – ist erlaubnisfrei allein durch die Wahrnehmung von Privilegien auf der Schrankenebene

130 *Wolk*, NIR 5/2003, S. 425; *Sohlman*, Framtidens utbildning, S. 33; *Widmark*, Upphovsrätten och de nya medierna, S. 25; *Herler*, Upphovsrätt för lärare, S. 6.

131 NJA 2000, 292; GRUR Int. 2001 S. 264.

132 *Rosén*, GRUR Int. 2002, S. 199, *ders.* NIR 2001, S. 591.

(*„2. Kap. Inskrängningar i upphovsrätten, SFS 1960:729“*) des schwedischen Urheberrechts möglich. Ob und in welchem Umfang das schwedische Urheberrecht vor seiner Änderung im Zuge der Umsetzung der InfoSoc-RL[133] derartige Begrenzungen des Rechts der öffentlichen Wiedergabe aus § 2 Abs. 1, 2. Alt. URL i.V.m. Abs. 3, 1. Var. URL für Zwecke des Unterrichts und Forschung gewährte, soll nun in einem nächsten Schritt untersucht werden.

3. Schranken des Rechts der öffentlichen Wiedergabe

Das schwedische Urheberrecht sieht in seinem 2. Kapitel (§§ 11–26i URL) Einschränkungen der in § 2 URL gewährten Rechte zur Verwertung des Werkes vor. Über eine Verweisung finden einzelne dieser Beschränkungen ebenfalls auf Leistungen von ausübenden Künstlern, § 45 Abs. 3 URL, von Herstellern von Ton- und Filmaufnahmen, § 46 Abs. 2 URL, Sendeunternehmen, § 48 Abs. 3 URL, Datenbankherstellern, § 49 Abs. 3 URL, sowie auf Leistungen von Lichtbildnern, § 49a Abs. 4 URL, Anwendung. Aus dem Schrankenkatalog der §§ 11ff. URL zielt § 21 URL auf die Einschränkung des urheberrechtlichen Ausschließlichkeitsrechts der öffentlichen Wiedergabe aus § 2 Abs. 1, 2. Alt. i.V.m. Abs. 3, 1. Var. URL ab.

a) Die Schranke des Wiedergaberechts für nichtkommerzielle Zwecke, Unterricht und Gottesdienst (§ 21)

§ 21 URL begründet die zentrale Einschränkung des Rechts zur öffentlichen Werkwiedergabe.[134] In § 21 Abs. 1 S. 1 URL gewährt die Norm jedermann (*„Var och en“*) die Erlaubnis zur öffentlichen Wiedergabe. Gem. § 21 Abs. 2, 1. Hs. URL findet die Schrankenregelung keine Anwendung auf Werke der Bühnenkunst, § 1 Abs. 1 Nr. 3, 2. Alt. URL, sowie auf Filmwerke, § 1 Abs. 1 Nr. 4 URL. Darüber hinaus begründet die Norm gem. § 21 Abs. 2, 2. Hs. URL kein Recht zur Sendung des Werkes über Radio und Fernsehen. In Abs. 1 der Vorschrift werden in sachlicher Hin-

133 Richtlinie 2001/29/EG des Europäischen Parlamentes und des Rates vom 22. Mai 2001 zur Harmonisierung bestimmter Aspekte des Urheberrechts und der verwandten Schutzrechte in der Informationsgesellschaft.

134 *Koktvedgaard/Levin*, Immaterialrätt, S. 189; *Karnell*, in: Svensk rätt, S. 330; *Rosén*, GRUR Int. 2002, S. 199.

sicht Einschränkungen vorgenommen. Gem. § 21 Abs. 1 Nr. 1 URL ist die öffentliche Werkwiedergabe privilegiert, welche im Zuge der Verfolgung nicht kommerzieller Zwecke[135] stattfindet. Dabei darf die öffentliche Wiedergabe weder den Mittelpunkt der Veranstaltung darstellen, noch darf der Zutritt zu der Veranstaltung entgeltpflichtig sein, § 21 Abs. 1 Nr. 1, 2. Hs. URL. Dazu gehören insbesondere sämtliche öffentliche Wiedergaben, die im Zuge der Verfolgung wohltätiger Zwecke *(„välgörenhetsarrangemang")* stattfinden.[136] Darüber hinaus erstreckt sich das Privileg der erlaubnisfreien öffentlichen Wiedergabe auf die Werknutzung im Rahmen des Gottesdienstes, § 21 Abs. 1 Nr. 2, 2. Alt. URL. Das sowohl bezüglich der Anzahl der Inanspruchnahmen als auch in Hinblick auf gesellschaftliche Informationsinteressen bedeutendste Privileg im Rahmen des § 21 URL jedoch ist das in Abs. 1 Nr. 2, 1. Alt. URL gewährte Recht zur öffentlichen Werkwiedergabe für Zwecke des Unterrichts.[137]

aa) Die öffentliche Wiedergabe für Zwecke des Unterrichts, § 21 Abs. 1 Nr. 2, 1. Alt. URL

§ 21 Abs. 1 Nr. 2, 1. Alt. URL privilegiert die öffentliche Wiedergabe urheberrechtlich geschützter Werke für Zwecke des Unterrichts. Im Unterschied zur Vervielfältigung von Werken für Zwecke des Unterrichts gem. § 13 i.V.m. § 26i URL löst die schrankengestützte öffentliche Wiedergabe für Zwecke des Unterrichts keine Vergütungspflicht aus.[138] Damit ermöglicht das schwedische Urheberrecht in § 21 Abs. 1 Nr. 2, 1. Alt. URL die erlaubnis- und kostenfreie öffentliche Wiedergabe für Zwecke des Unterrichts durch jedermann *(„Var och en")*.[139] Ausgenommen von diesem Unterrichtsprivileg[140] ist gem. § 21 Abs. 3 URL – neben den in § 21 Abs. 2 URL benannten Begrenzungen der Schranke *(siehe oben B. III. 3. a)* – die Erwerbszwecke verfolgende öffentliche Wiedergabe von Zusammenstellungen *(„sammanställningar")* im Rahmen des Unterrichts. Damit ist insbesondere das kostenpflichtige Angebot urhebergesetzlich geschützter Werke aus Datenbanken, in analoger sowie in digitaler Form, dem Unter-

135 *Koktvedgaard/Levin*, Immaterialrätt, S. 190; *Olsson*, Copyright, S. 188.
136 *Koktvedgaard/Levin*, Immaterialrätt, S. 190.
137 *Koktvedgaard/Levin*, Immaterialrätt, S. 189.
138 *Claesson*, Upphovsrätt – en genomgång, S. 31.
139 *Claesson*, Upphovsrätt – en genomgång, S. 31.
140 *Bernitz/Karnell/Pehrson/Sandgren*, Immaterialrätt, S. 77.

richtsprivileg entzogen.[141] Diese Begrenzung des Unterrichtsprivilegs steht in engem Zusammenhang mit § 49 URL. Gem. § 49 Abs. 1 S. 1 URL genießt jedermann, der einen Katalog, eine Tabelle oder ein ähnliches Produkt, in welchem eine große Menge an Informationen zusammengestellt wurden, hergestellt hat oder welches das Resultat einer wesentlichen Investition darstellt, das ausschließliche Recht zur Vervielfältigung sowie zur öffentlichen Wiedergabe. Die Vorschrift wurde im Jahre 1997 an die Vorgaben der Datenbankrichtlinie[142] angepasst und begründet seither einen sui-generis Schutz für Datenbanken.[143]

Aufgrund der tatbestandlichen Weite der Schrankenregelung des § 21 Abs. 1 Nr. 2, 1. Alt. URL stellt sich die Bestimmung des Lehrenden und Lernenden gewährten Freiraums als schwierig dar.[144] Im Mittelpunkt stehen dabei Inhalt und Grenzen des Begriffs „Unterricht".

bb) Regelungsinhalt des Begriffs „Unterricht"

Schwierigkeiten bereitet die Bestimmung des Regelungsgehaltes des Unterrichtsprivilegs sowohl in zeitlicher als auch in sachlicher Hinsicht. Das schwedische Urheberrecht privilegiert in § 21 Abs. 1 Nr. 2, 1. Alt. die öffentliche Wiedergabe „beim Unterricht" (*„vid undervisning"*). Damit ist jedoch der Anwendungsbereich der Schranke nicht allein auf Wiedergabehandlungen begrenzt, die unmittelbar während der Unterrichtseinheit stattfinden – vielmehr soll durch diese sprachliche Weite ein den gesamten Unterrichtsbereich umfassendes Privileg geschaffen werden.[145] In zeitlicher Hinsicht sind somit sämtliche dem Unterrichtszweck dienenden öffentlichen Wiedergabehandlungen erfasst, sei es, dass sie vor, während oder nach der Unterrichtseinheit erfolgen. Damit fällt beispielsweise das Angebot eines Musikwerkes, § 1 Abs. 1 Nr. 3, 1. Alt. URL, sowohl zur Vor- als auch zur Nachbereitung des Musikunterrichts unter die Schranke des § 21 Abs. 1 Nr. 2, 1. Alt. URL. In sachlicher Hinsicht stellt sich die Frage nach den durch die Schranke begünstigten Unterrichtsformen. Der Wortsinn der Vorschrift, die ohne jedwede nähere Präzisie-

141 *Koktvedgaard/Levin*, Immaterialrätt, S. 189; *Olsson*, Copyright, S. 188.
142 Richtlinie 96/6/EG.
143 Prop. 1996/97:111, S. 39; *Karnell* NIR 1999, S. 58; *Lorentzen*, NIR 2004, S. 118.
144 *Bernitz/Karnell/Pehrson/Sandgren*, Immaterialrätt, S. 77.
145 *Koktvedgaard/Levin*, Immaterialrätt, S. 189; *Olsson*, Copyright, S. 188.

rung von „Unterricht“[146] spricht, bietet bei der Bestimmung des Regelungsgehaltes wenig Anhaltspunkte. Eine erste Leitlinie bietet die Entstehungsgeschichte der Norm, wie sie in ihren Vorarbeiten dokumentiert ist. Aus diesen ergibt sich der Wille des Gesetzgebers, dem umfassenden Ausschließlichkeitsrecht des § 2 URL eine dem gesellschaftlichen Informationsinteresse in angemessener Form Rechung tragende Beschränkung gegenüberzustellen:[147]

Das weite, neuen technischen Entwicklungen gegenüber offene Verständnis der Ausschließlichkeitsrechte des § 2 URL findet demnach seine Entsprechung bei der Auslegung seiner Schranken.[148] Auf diesem Wege wird der durch den Urheberrechtsgesetzgeber einmal gefundene Interessenausgleich zwischen den Verwertungsinteressen des Urhebers einerseits und den gesellschaftlichen Informationsinteressen andererseits – unabhängig von neuen technischen Möglichkeiten der Werknutzung – bewahrt.[149] Vor diesem Hintergrund sind auch neue Unterrichtsformen von der Schranke des § 21 Abs. 1 Nr. 2, 1. Alt. URL erfasst, bei denen eine räumliche Distanz mittels IuK-Technologie überwunden wird.[150] Alleinige Begrenzung bei der Auslegung der Schranke ist § 21 Abs. 2, 2. Hs. URL, der ihre Anwendung auf Sendevorgänge und damit auf das zeitgleiche Angebot in Radio und Fernsehen ausschließt (*siehe oben C. III. 3. a*).[151] Die Vorschrift bleibt damit auf solche Nutzungshandlungen anwendbar, bei denen Lehrer und Schüler audiovisuelle Werke für Zwecke des Unterrichts in der Weise zum Abruf anbieten, dass Ort und Zeitpunkt des Zugriffs im Belieben der Nutzer liegen.[152]

Hinsichtlich der durch die Schranke privilegierten Anbieter des Unterrichts, gilt ebenfalls ein weiter Unterrichtsbegriff.[153] So umfasst § 21 Abs. 1 Nr. 2, 1. Alt. URL sowohl die schulische als auch die universitäre Ausbildung, darüber hinaus werden ebenfalls Sonderformen, wie Musik- und Volkshochschulen sowie sonstige Einrichtungen der Erwachsenen-

---

146 *Berglund/Wiman*, Ordbok, Stichwort „undervisning“.
147 NJA II 1961, S. 53, *Rosén*, Swedish Law – a survey, S. 342.
148 NJA II 1961, S. 53; Prop. 1960:17, S. 60.
149 NJA II 1961, S. 53 ; Prop. 1960:17, S. 60.
150 *Rosén*, NIR 2001, S. 592; *ders.* GRUR Int. 2002, S. 199.
151 *Claesson*, Upphovsrätt – en genomgång, S. 31.
152 *Rosén*, NIR 2001, S. 592.
153 Prop. 1996/97:111 (kap. 9).

bildung, umfasst.[154] Ferner umfasst die Norm die öffentliche Wiedergabe im Rahmen des Unterrichts unter unmittelbarer und mittelbarer Verfolgung von Erwerbszwecken. Daher sind ebenfalls On-demand Angebote durch einen kommerziellen E-Learning Anbieter oder auch die im Zuge einer firmeninternen Schulung bereitgestellten elektronischen Informationsangebote von der Einschränkung des urheberrechtlichen Ausschließlichkeitsrechts erfasst.[155] § 21 Abs. 3 URL nimmt allein die kommerzielle öffentliche Wiedergabe von Zusammenstellungen, insbesondere von Datenbanken, aus dem Anwendungsbereich des Unterrichtsprivilegs, § 21 Abs. 1 Nr. 2, 1. Alt. URL, heraus *(siehe oben)*.[156] Somit ist beispielsweise das entgeltpflichtige On-demand Angebot einer Anthologie von digitalisierten Kurzgeschichten auf der Homepage einer literaturwissenschaftlichen Fakultät nicht von dem Unterrichtsprivileg erfasst.[157]

Der Schwerpunkt des praktischen Anwendungsbereichs des Unterrichtsprivilegs in einem elektronischen Umfeld liegt – bedingt durch den Ausschluss von Filmwerken in Abs. 2, 2. Alt. URL – in dem Angebot von Werken der Musik gem. § 1 Abs. 1 Nr. 3, 1. Alt. URL sowie von Sprachtonwerken gem. § 1 Abs. 1 Nr. 1, 2. Alt. URL. Professoren, Lehrer, Schüler und Studenten nutzten in der Vergangenheit in vielfältiger Form den rechtlichen Freiraum zum Angebot von Reden, Erzählungen und Musikwerken über elektronische Abrufsysteme für Zwecke des Unterrichts. So bietet beispielsweise die Königliche Musikhochschule in Stockholm (*„Kungliga Musikhögskolan i Stockholm“*) ihren Studierenden in der Classic Music Library ein eigens zusammengestelltes Repertoire unterschiedlicher Musikwerke zum kostenfreien On-demand Abruf an.[158] Vor diesem Hintergrund ist bedeutsam, dass das Unterrichtsprivileg des § 21 Abs. 1 Nr. 2, 1. Alt. URL über eine Verweisung in den §§ 45 Abs. 3, 46 Abs. 2 sowie 48 Abs. 3 URL auch auf die Leistungen der ausübenden Künstler, der Tonträgerhersteller sowie der Sendeunternehmen anwendbar ist. Anders als im Falle der öffentliche Wiedergabe im Rahmen des eigenen Gebrauchs gem. §§ 45 Abs. 3, 46 Abs. 2 i.V.m. § 12 URL, ist dabei eine öf-

154 Stellungnahme der Verwertungsgesellschaft Bonus Presskopia, abrufbar unter: http://www.b-pk.se/texter/read.php?mid=328 (Abruf vom 3. 8. 2006).

155 Prop. 1996/97:111 (kap. 9).

156 *Koktvedgaard/Levin*, Immaterialrätt, S. 189.

157 Prop. 1996/97:111 (kap. 9).

158 http://www.kmh.se (Abruf vom 31. 7. 2006).

fentliche Wiedergabe zum Zwecke des Unterrichts gem. § 47 Abs. 3 URL von dem Tonträgerherstellern sowie ausübenden Künstlern in § 47 Abs. 1, 2 URL gewährten Vergütungsanspruch ausgenommen.

b) Zwischenergebnis

Das urheberrechtliche Ausschließlichkeitsrecht aus § 2 Abs. 1, 2 Alt. i.V.m. Abs. 3, 1. Var. URL zur öffentlichen Wiedergabe erfasste bislang das On-demand Angebot audiovisueller Werke und Leistungen.[159] In § 21 Abs. 1 Nr. 2, 1. Alt. URL fand es eine umfassende Beschränkung für Zwecke des Unterrichts. Diese Schranke ermöglichte es Lehrenden und Lernenden, Urheberrechtsschutz genießende Inhalte – im Rahmen der in § 21 Abs. 2, 3 URL normierten Bereichsausnahmen – zum On-demand Abruf anzubieten. Von besonderer Bedeutung war dabei die Grenze des § 21 Abs. 3 URL, der die gewerbliche Zwecke verfolgende öffentliche Wiedergabe von Zusammenstellungen aus dem von § 21 Abs. 1 Nr. 2, 1. Alt. URL privilegierten Bereich ausklammerte. Vor diesem Hintergrund ergab sich vor der Änderung des schwedischen Urheberrechts im Rahmen der Implementierung der InfoSoc-RL[160] ein differenziertes Bild hinsichtlich des Angebotes von Informationen zum netzvermittelten Abruf in Unterricht und Forschung:

aa) Rechtliche Grenzen des On-demand Angebotes im Unterricht

Lehrenden und Lernenden waren hinsichtlich des On-demand Angebotes solcher Werke und Leistungen, die in statischer Form am Bildschirm des Abrufenden erscheinen, keinerlei urhebergesetzliche Grenzen gesetzt. Das Angebot solcher statischen Bildschirmabbildungen, wie beispielsweise Texte, Bilder, Fotographien und Notenschriften, zur elektronischen Transmission war weder vom Recht der öffentliche Wiedergabe aus § 2 Abs. 1, 2. Alt. i.V.m. Abs. 3, 1. Var. URL noch vom Recht der öffentliche Darstellung aus § 2 Abs. 1, 2. Alt. i.V.m. Abs. 3, 3. Var. URL umfasst.

---

159 Über eine Verweisung in den §§ 45 Abs. 1 Nr. 2 2. Alt., Abs. 2, 46 Abs. 1, 48 Abs. 1 Nr. 2, 49 Abs. 1, 49a Abs. 1 URL findet dieses Ausschließlichkeitsrecht ebenfalls auf bestimmte Leistungen Anwendungen.

160 Richtlinie 2001/29/EG des Europäischen Parlamentes und des Rates vom 22. Mai 2001 zur Harmonisierung bestimmter Aspekte des Urheberrechts und der verwandten Schutzrechte in der Informationsgesellschaft.

Hinsichtlich des Angebotes von audiovisuellen Werken und Leistungen konnten sich Lehrende und Lernende auf die Schranke des § 21 Abs. 1 Nr. 2, 1. Alt. URL berufen. Zwar ermöglichte dieser gem. § 21 Abs. 2 URL nicht das On-demand Angebot von Filmwerken, § 1 Abs. 1 Nr. 4 URL, und schloss in § 21 Abs. 3 URL die gewerbsmäßige öffentliche Wiedergabe von Zusammenstellungen vom Unterrichtsprivileg aus, jedoch umfasste diese Schranke durch einen weiten Unterrichtsbegriff jedwede Form des Unterrichts – sei er kommerzieller Natur oder unentgeltlich, in privater Form oder an staatlichen Bildungsstätten, im Wege von Präsenzveranstaltungen oder der E-Learning gestützten Fernlehre.

bb) Rechtliche Grenzen des On-demand Angebotes in der Forschung

Der rechtliche Freiraum Forschender zum elektronischen On-demand Angebot statischer Bildschirmabbildungen entsprach dem Lehrender und Lernender. Auch Forschende genossen einen weiten Freiraum zum elektronischen Angebot von Fachaufsätzen, Grafiken, Diagrammen und Bildern zum netzbasierten Abruf. Anders stellte sich ihr urheberrechtlicher Freiraum hingegen hinsichtlich des On-demand Angebotes von audiovisuellen Werken und Leistungen dar, wie beispielsweise von digitalisierten Fachvorträgen im Intranet eines Forschungsunternehmens. Das schwedische Urheberrecht enthält keinerlei Beschränkungen des urheberrechtlichen Ausschließlichkeitsrechts zur öffentlichen Wiedergabe aus § 2 Abs. 1, 2. Alt. i.V.m. Abs. 3, 1. Var. URL für Zwecke der Forschung.[161] Vielmehr sind Forschende – wollen sie ein Online-Angebot „fließender“ Werke und Leistungen ermöglichen – auf den Erwerb der Rechte über den Abschluss von Lizenzierungsverträgen gem. §§ 27 ff. URL beschränkt.

161 Im Unterschied zum Vervielfältigungsrecht aus § 2 Abs. 1, 1. Alt. URL, welches in § 16 Abs. 1 Nr. 1, 3. Var. URL zugunsten der Forschung eingeschränkt wird.

cc) Die Begrenzung des On-demand Angebotes auf abgegrenzte Nutzergruppen

Schließlich bestand sowohl für Forschende als auch für Lehrende und Lernende die Möglichkeit, ihr elektronisches Angebot urhebergesetzlich geschützter audiovisueller Werke und Leistungen zum On-demand Abruf auf bestimmte Nutzergruppen einzugrenzen. Folge einer solchen Eingrenzung wäre, dass eine *öffentliche* Wiedergabe ausscheidet. Die bloße, nicht an eine Öffentlichkeit gerichtete Wiedergabe von Werken und Leistungen genießt keinen Schutz durch das schwedische Urhebergesetz.[162] Problematisch ist indes, welche Anforderungen das schwedische Urhebergesetz an eine nicht-öffentliche Wiedergabe stellt.

Anders als das deutsche Urheberrecht in § 15 Abs. 3 UrhG enthält das schwedische Urhebergesetz keine Legaldefinition der Öffentlichkeit einer Wiedergabehandlung *(siehe oben C. III. 1. b) aa)*. Den Ausgangspunkt der Abgrenzung der öffentlichen von einer nicht öffentlichen Wiedergabe sieht die schwedische Rechtsprechung in § 2 Abs. 3 S. 2 URL, der den Anwendungsbereich des Rechts der öffentlichen Wiedergabe auf solche Wiedergabehandlungen ausweitet, die gewerbsmäßig vor einem größeren geschlossenen Personenkreis *(„större sluten krets")* veranstaltet werden *(siehe oben C. III. 1. b) aa)*. In einer Vielzahl von Entscheidungen stellte der Oberste Gerichtshof *(Högsta Domstolen)* mit der „Abgrenzbarkeit der Gruppe nach außen" *(„avgränsad enhet")* sowie der „nachweisbaren Verbindung der Mitglieder innerhalb der Gruppe" *(„påvisbart samband")* Merkmale eines geschlossenen Personenkreises *(„sluten krets")* auf, die im Falle ihres Vorliegens die Öffentlichkeit der Wiedergabehandlung ausschließen.[163] Vor diesem Hintergrund ist eine pauschale Antwort auf die Frage, in welchen Fällen eine *öffentliche* Wiedergabe urhebergesetzlich geschützter Werke und Leistungen im Rahmen des elektronischen Informationsangebotes in Forschung und Lehre ausscheidet, kaum möglich.[164]

---

162 *Claesson*, Upphovsrätt – en genomgång, S. 16.

163 NJA 1958 S. 80; NJA 1967, S. 150; NJA 1980, S. 123; NJA 1986 S. 702; NJA 1988, S. 715; NJA 1996, S. 79.

164 Für den Bereich der Öffentlichkeit der Wiedergabehandlung im Rahmen des Unterrichts, *Olsson*, Copyright, S. 188.

Vielmehr ist eine Einzelfallbetrachtung erforderlich, die sowohl die Art und Weise der Zugangsbeschränkung als auch die Qualität der Gruppe berücksichtigen muss, an welche das On-demand Angebot gerichtet ist.[165]

Einigkeit besteht in Rechtsprechung und Lehre, dass eine wechselnde Zusammensetzung der Gruppe, ein leichter Zugang zur Gruppe sowie die Anzahl ihrer Mitglieder Indizien für die Öffentlichkeit der Wiedergabehandlung darstellen.[166] Vor diesem Hintergrund ist das elektronische Angebot urhebergesetzlich geschützter Inhalte zum Abruf durch eine gesamte Schule, ein gesamtes Universitätssemester oder sämtliche Hörer einer universitären Vorlesung regelmäßig als öffentliche Wiedergabe einzuordnen.[167] On-demand Angebote, die sich an eine bestimmte Schulklasse oder an die Teilnehmer eines bestimmten universitären Seminars richten und durch einen wirksamen, in regelmäßigen Abständen wechselnden Passwortschutz vor dem Zugriff externer Nutzer gesichert sind, können hingegen nicht vom Recht der *öffentlichen* Wiedergabe aus § 2 Abs. 1, 2. Alt. i.V.m. Abs. 3, 1. Var. URL erfasst sein.[168]

Im Rahmen der netzbasierten kommerziellen E-Learning Angebote ist die Erweiterung des Rechts der öffentlichen Wiedergabe in § 2 Abs. 3 S. 2 URL auf das gewerbsmäßige Angebot für einen größeren geschlossenen Personenkreis von Bedeutung. Derartige entgeltpflichtige Angebote geschützter Werke und Leistungen richten sich regelmäßig an einen großen geschlossenen Nutzerkreis und sind damit vom urheberrechtlichen Ausschließlichkeitsrecht umfasst. Mithin besteht im Rahmen des kommerziellen Angebots von E-Learning Modulen – beispielsweise in Form von Online-Sprachkursen – keine Möglichkeit, die Öffentlichkeit der Wiedergabehandlung auszuschließen. Ihren Anbietern bleibt allein die Möglichkeit, sich auf das Unterrichtsprivileg des § 21 Abs. 1 Nr. 2, 1. Alt. URL zu berufen bzw., insbesondere im Falle des Angebotes eines Filmwerkes i.S.d. § 1 Abs. 1 Nr. 4 URL, Lizenzverträge abzuschließen.

---

165 *Bernitz/Karnell/Pehrson/Sandgren*, Immaterialrätt, S. 61.

166 *Claesson*, Upphovsrätt – en genomgång, S. 16; *Olsson*, Copyright, S. 187; *Koktvedgaard/Levin*, Immaterialrätt, S. 142; *Bernitz/Karnell/Pehrson/Sandgren*, Immaterialrätt, S. 59; NJA 1958 S. 80; NJA 1967, S. 150; NJA 1980, S. 123; NJA 1986 S. 702; NJA 1988, S. 715.

167 *Olsson*, Copyright, S. 188.

168 *Claesson*, Upphovsrätt – en genomgång, S. 16.

Ähnliche Probleme sehen sich Forschende bei dem Versuch ausgesetzt, die Öffentlichkeit der Wiedergabehandlung durch eine Beschränkung auf Nutzergruppen auszuschließen. Hier erfolgt das Angebot geschützter Werke und Leistungen zum On-demand Abruf zumindest in der industriellen Forschung vielfach über firmeneigene LAN *(siehe oben A. II. 2.)*. Werden Inhalte exklusiv einer bestimmten Forschergruppe, beispielsweise Mitgliedern eines an einem gemeinsamen Projekt arbeitenden Forscherteams zum passwortgeschützten On-demand Abruf angeboten, so liegt darin keine *öffentliche* Wiedergabehandlung.[169] Die enge Verbindung der Mitglieder der Gruppe ergibt sich hier bereits aus dem gemeinsamen Forschungsziel, das die Gruppe überdies deutlich nach außen von den übrigen Mitarbeitern abgrenzt. Zudem erfolgt die Besetzung eines solchen Teams regelmäßig für eine gewisse Projektdauer, so dass eine Fluktuation unter den Teammitgliedern ausscheidet. Anders ist hingegen ein On-demand Angebot zu beurteilen, auf das ein an unterschiedlichsten Projekten arbeitender heterogener Mitarbeiterstab Zugriff hat. Eine solche Gruppe ist – über die bloße gemeinsame Zugehörigkeit zu einer Institution hinaus – nicht durch eine übergeordnete gemeinsame Zielsetzung verbunden und überdies zu unbestimmt, um nach außen abgrenzbar zu sein.[170] Im Unterschied zu einem Universitätsseminar, bei dem alle Teilnehmer über das gemeinsame Thema der Veranstaltung sowie über das gemeinsame Ziel des Erwerbes eines bestimmten Leistungsnachweises verbunden sind, scheitert in derartigen Fällen ein Ausschluss der Öffentlichkeit der Wiedergabehandlung bereits an der fehlenden Einheit der Gruppe.[171]

169 *Claesson*, Upphovsrätt – en genomgång, S. 16.

170 NJA 1988, S. 715.

171 *Bernitz/Karnell/Pehrson/Sandgren*, Immaterialrätt, S. 61; *Koktvedgaard/Levin*, Immaterialrätt, S. 142; *Olsson*, Copyright, S. 188.

IV. Das On-demand Angebot urheberrechtlich geschützter Inhalte in Unterricht und Forschung nach Implementierung der Richtlinie 2001/29/EG in das schwedische Recht

1. Die Entstehungsgeschichte der Neuregelung in § 2 Abs. 3 Nr. 1 URL

a) Das Memorandum des Justizministeriums

Die schwedische Regierung beabsichtigte die durch die Umsetzung der InfoSoc-RL erforderlich gewordene Anpassung des Urhebergesetzes zum Anlass seiner umfassenden Novellierung zu nehmen.[172] Bereits das die Urheberrechtsnovelle vorbereitende 512-seitige Memorandum[173] des Justizministeriums aus dem Jahre 2003 *(Förslag till lag om ändring i lagen (1960:729) om upphovsrätt till litterära och konstnärliga verk, Promemoria Ds 2003:35)* stellte einleitend heraus, dass die anstehende Implementierung der Richtlinie Gelegenheit biete – vornehmlich durch eine grundlegende Neuordnung des Systems der Ausschließlichkeitsrechte und seiner Schranken – das schwedische Urheberrecht den neuartigen Anforderungen digitaler Werknutzungen anzupassen.[174] So sah der im Juni 2003 veröffentlichte Entwurf neben den drei bereits bekannten Modalitäten der öffentlichen Zugänglichmachung in Gestalt der öffentlichen Wiedergabe, des Verbreitens an die Allgemeinheit sowie der öffentlichen Darstellung nun in § 2 Abs. 3 Nr. 1 URL-Prom eine vierte – dem schwedischen Urhebergesetz bislang gänzlich unbekannte[175] – Form der Übertragung des Werkes an die Allgemeinheit *(överföring till allmänheten)* vor. Dem Memorandum entsprechend, sollte der Wortlaut des neuen Rechtes der Folgende sein:

---

172 Ds 2003:35, S. 1.

173 Der Ministerialentwurf zur Umsetzung der Richtlinie 2001/29/EG in schwedisches Recht *(Ds 2003:35 Upphovsrätten i informationssamhället – Genomförande av direktiv 2001/29/EG)* ist abrufbar unter: http://justitie.regeringen.se/propositionermm/ds/index.htm (Abruf vom 12. 1. 2005), den Entwurf fasst *Nordell* zusammen, abrufbar unter: http://www.nir.nu/aktuellt.asp?ID=95 (Abruf vom 19. 2. 2006).

174 Ds 2003:35, S. 2.

175 *Levin*, Upphovsrätt – Supplement, S. 82.

§ 2
(Übersetzung des Verfassers)

(...)

(3) *Das Werk wird in den folgenden Fällen öffentlich zugänglich gemacht:*

1. *Durch Übertragung des Werkes an die Allgemeinheit, wobei jedwede Zugänglichmachung des Werkes für die Allgemeinheit über eine Distanz umfasst ist.*

   Die Zugänglichmachung erfolgt über eine Distanz, wenn das Werk auf einem drahtgebundenen oder drahtlosen Weg der Allgemeinheit von einem anderen Ort zugänglich gemacht wird, als dem, an welchem die Allgemeinheit auf das Werk zugreifen kann. Die Übertragung an die Allgemeinheit umfasst ebenfalls Übertragungen in einer Weise, dass einzelne Mitglieder der Allgemeinheit den Zugang zum Werk an einem Ort und zu einem Zeitpunkt ihrer Wahl herstellen können.

2. *Durch öffentliche Wiedergabe (...)*

Das neue Verwertungsrecht aus § 2 Abs. 3 Nr. 1 URL-Prom steht an der Spitze der einzelnen Modalitäten des Rechts zur öffentlichen Zugänglichmachung aus § 2 Abs. 1, 2. Alt URL-Prom, gefolgt von den bereits vertrauten Formen der öffentlichen Wiedergabe in § 2 Abs. 3 Nr. 2 URL-Prom, der öffentlichen Darstellung in Abs. 3 Nr. 3 URL-Prom sowie der Verbreitung an die Allgemeinheit gem. Abs. 3 Nr. 4 URL-Prom. Mit Beschluss vom 20. Januar 2005 entschied sich die schwedische Regierung vor Verabschiedung der Urheberrechtsnovelle das Urteil eines unabhängigen Gremiums einzuholen und übergab den Ministerialentwurf mit Bitte um Stellungnahme an den Rechtsrat *(Lagrådet)*.[176] Aufgabe dieses aus Richtern des Obersten Gerichtshofes *(Högsta Domstolen)* sowie des Obersten Verwaltungsgerichts *(Regeringsrätten)* bestehenden Gremiums ist es, die seitens der jeweiligen Fachministerien eingereichten Gesetzesentwürfe auf ihre Vereinbarkeit mit der Verfassung und der übrigen Rechtsordnung zu überprüfen sowie die Schlüssigkeit der Entwürfe insgesamt, speziell das systematische Verhältnis der einzelnen Vorschriften zueinander, zu beleuchten.[177] Seine gesetzliche Grundlage findet der Rechtsrat einerseits in

176 Lagrådsremiss – Upphovsrätten i informationssamhället – genomförande av direktiv 2001/29/EG, S. 8.

177 *Vogel*, in: Swedish Law, S. 58; 8. Kap. § 18 Regeringsformen *(SFS 1974:152)*.

§ 18 des 8. Kapitels des Gesetz über die Regierungsform *(Regeringsform, SFS 1974:152)*. Dort wird insbesondere Aufgabenbereich und Prüfungsmaßstab des Rechtsrates verfassungsrechtlich normiert. Seine Organisation, wie Zusammensetzung, Wahlperiode und Geschäftsverteilung, ist darüber hinaus im Gesetz über den Rechtsrat *(SFS 2003:333, Lag om Lagrådet)* gesetzlich geregelt. Die Anrufung des Rechtsrates durch das Fachministerium ist im Gesetzgebungsverfahren weder obligatorisch noch ist dessen Gutachten für das Ministerium bindend[178] – es ermöglichte hier jedoch der Regierung, das Gesetz bereits in dessen Entwurfstadium durch obergerichtliche Richter umfänglich überprüfen zu lassen.[179]

b) Die Stellungnahme des Rechtsrates

Am 8. Februar 2005 trat der Rechtsrat zusammen, um über das eingereichte Memorandum zur Novellierung des Urheberrechts zu beraten. In seiner Stellungnahme[180] *(Lagrådets yttrande – Upphovsrätten i informationssamhället)* setzte sich der Rat mit der Novellierung des Urheberrechts in der seitens des Justizministeriums vorgeschlagenen Form auseinander. Dabei brachte er bereits in der Einleitung seiner Stellungnahme – noch vor der Kommentierung der im Einzelnen seitens des Justizministeriums vorgeschlagenen Fassungen der Paragraphen – seine ablehnende Grundhaltung zum Ausdruck.[181] Diese Haltung des Rechtsrates bezog sich auf die Unübersichtlichkeit des Entwurfs sowie die übertriebene Komplexität der vorgeschlagenen Regelungen.[182] So kritisierte der Rat insbesondere einen immensen Detailreichtum der Vorschriften und die fehlende Lesbarkeit der Novelle.[183] Nach Auffassung des Rechtsrates sei es grundsätzlich wünschenswert, anstatt des „hier vorgeschlagenen Stückwerks eine umfassende redaktionelle Überarbeitung des gesamten Urhebergesetzes zu verabschieden." Jedoch sei eine solche umfassende Überarbeitung aufgrund der bereits deutlich überschrittenen Umsetzungsfrist[184]

---

178 *Vogel*, in: Swedish Law, S. 58.

179 Lagrådsremiss – Upphovsrätten i informationssamhället – genomförande av direktiv 2001/29/EG, S. 1.

180 Lagrådets yttrande, Prop. 2004/05:110 Bilaga 8, S. 557–565.

181 Prop. 2004/05:110 Bilaga 8, S. 558.

182 Prop. 2004/05:110 Bilaga 8, S. 558.

183 Prop. 2004/05:110 Bilaga 8, S. 558.

184 Artikel 13 Abs. 1 der RL sieht eine Umsetzung durch die Mitgliedstaaten bis zum 22. 12. 2002 vor.

der Richtlinie 2001/29/EG und des vor diesem Hintergrund verständlichen Anliegens der schwedischen Regierung, die Umsetzung der Richtlinie nun schnellstmöglich voranzutreiben, kaum möglich.[185] Daher nehme der Rechtsrat auch von einer inhaltlichen Kritik des vorgelegten Entwurfes weitgehend Abstand.[186] Er sei vielmehr bereit, den Ministerialentwurf aufgrund des Umsetzungsdrucks „als ein Provisorium gelten zu lassen".[187]

Vor diesem Hintergrund konzentrierten sich die vorgeschlagenen Änderungen allein auf solche, deren kurzfristige Einarbeitung möglich war. Die in der nun folgenden Kommentierung der einzelnen Vorschriften des Entwurfes unterbreiteten Änderungsvorschläge waren damit auf Maßnahmen beschränkt, die – ohne eine grundlegende inhaltliche und damit langwierige Neukonzeption des Gesamtwerks zu erfordern – eine Korrektur der nach Ansicht des Rates eklatanten redaktionellen Missstände ermöglichten.[188] Vornehmlich ging es darum, der Komplexität der Vorschriften entgegenzutreten und die Lesbarkeit des Entwurfes zu verbessern.[189] Hinsichtlich der in § 2 des Entwurfes vorgeschlagenen Neukonzeption der urheberrechtlichen Ausschließlichkeitsrechte bedeutete dies sprachliche Vereinfachungen. So empfahl der Rechtsrat bezüglich des in § 2 Abs. 3 Nr. 1 URL-Prom vorgeschlagenen neuen Rechts der Übertragung an die Allgemeinheit (*„Överföring till allmänheten"*) folgendenden leicht modifizierten Wortlaut der Norm:[190]

§ 2
(Übersetzung des Verfassers)

(...)

(3) Das Werk wird in den folgenden Fällen öffentlich zugänglich gemacht:

1. *Wenn das Werk an die Allgemeinheit übertragen wird. Dies geschieht, wenn das Werk auf einem drahtgebundenen oder drahtlosen Weg der Allgemeinheit von einem anderen Ort zugänglich gemacht wird, als dem, an*

---

185 Prop. 2004/05:110 Bilaga 8, S. 558.

186 Prop. 2004/05:110 Bilaga 8, S. 558.

187 "Lagrådet är alltså berett att i princip godta det remitterade lagförslaget som ett provisorium", Prop. 2004/05:110 Bilaga 8, S. 558.

188 Prop. 2004/05:110 Bilaga 8, S. 558.

189 Prop. 2004/05:110 Bilaga 8, S. 558.

190 Prop. 2004/05:110 Bilaga 8, S. 558.

welchem die Allgemeinheit auf das Werk zugreifen kann. Die Übertragung an die Allgemeinheit schließt Übertragungen in einer Weise mit ein, dass einzelne Mitglieder der Allgemeinheit den Zugang zum Werk an einem Ort und zu einem Zeitpunkt ihrer Wahl herstellen können.

2. *Wenn das Werk öffentlich wiedergegeben wird. (...)*

c) Der Gesetzesvorschlag

Unmittelbar nach Veröffentlichung der Stellungnahme des Rechtsrates begann das Justizministerium mit der Überarbeitung seines vorgelegten Memorandums. Bereits am 22. März 2005 – lediglich sechs Wochen nachdem sich der Rechtsrat zum Entwurf äußerte – legte die schwedische Regierung einen Gesetzesvorschlag zur Änderung des Urheberrechts vor *(Regeringsproposition 2004/05:110 Upphovsrätten i informationssamhället – genomförande av direktiv 2001/29/EG)*. Dieser Vorschlag wurde unmittelbar an den Reichstag weitergeleitet und durch diesen am 25. Mai 2005 verabschiedet. Dem Vorschlag folgend trat die Novelle des Urhebergesetzes durch das Gesetz *(SFS 2005:359)* zur Änderung des Urhebergesetzes *(SFS 1960:729)* zum 1. Juli 2005 in Kraft.[191] Die durch das Justizministerium vorgenommen Änderungen seines Memorandums[192] beschränkten sich nahezu vollständig von wenigen rein sprachlichen Abweichungen abgesehen, auf die Umsetzung der durch den Rechtsrat geäußerten Empfehlungen.[193] Hinsichtlich des neuen urheberrechtlichen Ausschließlichkeitsrechts der Übertragung an die Allgemeinheit hielt sich die schwedische Regierung gänzlich an die Empfehlungen des Rechtsrates und übernahm in § 2 Abs. 3 Nr. 1 URL *(SFS 2005:359)* den durch den Rat vorgeschlagenen Wortlaut.[194]

2. Der Regelungsinhalt des Rechts zur Übertragung an die Allgemeinheit, § 2 Abs. 3 Nr. 1 URL

Mit der Einführung des Rechts zur Übertragung an die Allgemeinheit in § 2 Abs. 3 Nr. 1 URL *(SFS 2005:359)* zum 1. Juli 2005 begründet der Ge-

191 Prop. 2004/05:110, S. 3.

192 *Förslag till lag om ändring i lagen (1960:729) om upphovsrätt till litterära och konstnärliga verk, Promemoria Ds 2003:35.*

193 Prop. 2004/05:110, S. 37.

194 Prop. 2004/05:110, S. 10.

setzgeber eine neue Unterkategorie des Rechts zur öffentlichen Zugänglichmachung aus § 2 Abs. 1, 2. Alt. URL.[195] Mit der – die Vorgaben des Art. 3 der InfoSoc-RL in schwedisches Recht umsetzenden[196] – Neuregelung geht eine vollkommene Umstrukturierung der urheberrechtlichen Ausschließlichkeitsrechte einher.[197] Das neue System der einzelnen Ausschließlichkeitsrechte soll im Folgendenden näher betrachtet werden:

Das Recht zur Übertragung an die Allgemeinheit in § 2 Abs. 3 Nr. 1 URL steht an der Spitze der einzelnen Modalitäten des Rechts zur öffentlichen Zugänglichmachung, gefolgt von dem Recht zur öffentlichen Wiedergabe, § 2 Abs. 3 Nr. 2 URL, dem Recht zur öffentlichen Darstellung, § 2 Abs. 3 Nr. 3 URL sowie dem Recht zur Verbreitung, § 2 Abs. 3 Nr. 4 URL. Wesensmerkmal des neuen Rechts zur Übertragung an die Allgemeinheit ist die im Zuge der Transmission erfolgende Überbrückung einer räumlichen Distanz.[198] Das neue Recht umfasst sämtliche Formen der Übertragung des Werkes an eine Öffentlichkeit, die nicht an dem Ort anwesend ist, vom welchem aus die Wiedergabehandlung ihren Ursprung nimmt.[199] Jede Form der Wiedergabe des Werkes vor einem anwesenden Publikum, z. B. in Gestalt von Live-Darbietungen, ist hingegen vom Regelungsgehalt des Rechts ausgenommen.[200] Die zur Übertragung gewählte Technik – sei es, dass die Übertragung auf konventionellem Wege über Datenkabel oder aber über Funkfrequenzen erfolgt – lässt die Frage der Anwendbarkeit des Rechts gem. § 2 Abs. 3 Nr. 1 S. 2 URL unberührt.[201] Die Vorschrift wurde bewusst techniknneutral gefasst, um in der Lage zu sein, auch neue Übertragungsformen zu erfassen.[202] Die primäre Folge dieser Neuregelung ist, dass nunmehr eine Vielzahl von Nut-

195 *Koktvedgaard/Levin*, Immaterialrätt, S. 130; *Nordin/Stattin*, Informationstillgång, S. 37.

196 Ds 2003:35 – Författningskommentar 2 §, S. 441.

197 *Levin*, Upphovsrätt – Supplement, S. 82; *Olsson*, Copyright, S. 113.

198 Ds 2003:35 – Författningskommentar 2 §, S. 443; *Olsson*, Copyright, S. 114.; *Levin*, Upphovsrätt – Supplement, S. 82.

199 *Rosén*, GRUR Int. 2002, S. 197 unter Hinweis auf den die Regelung des Art. 3 erläuternden Erwägungsgrund 23 der Richtlinie 2001/29/EG; *ders.*, NIR 2001, S. 588.

200 Ds 2003:35 – Författningskommentar 2 §, S. 441; *Levin*, Upphovsrätt – Supplement, S. 82.

201 Ds 2003:35 – Författningskommentar 2 §, S. 441; *Olsson*, Copyright, S. 115.

202 Ds 2003:35 – Författningskommentar 2 §, S. 441; *Olsson*, Copyright, S. 115.

zungshandlungen, die bislang als öffentliche Wiedergabe im Sinne des § 2 Abs. 3, 1. Var. URL a.F. *(siehe oben C. III. 1. b) bb) (a)* begriffen wurden, unter das neue Recht der Übertragung an die Allgemeinheit zu subsumieren sind. Dies gilt beispielsweise für die öffentliche Zugänglichmachung via Radio- und Fernsehwellen.[203]

In der schwedischen Literatur wird vereinzelt die Frage aufgeworfen, wie diejenigen Nutzungsformen zu erfassen seien, bei denen ein Teil der Öffentlichkeit das Werk am Ort der Zugänglichmachung konsumiert, während einem anderen Teil das Werk zeitgleich über eine Distanz hinweg zugänglich gemacht wird, wie beispielsweise im Zuge des Einsatzes von Live-Streaming-Technologien zur synchronen Übertragung einer universitären Vorlesung in einen weiteren Hörsaal.[204] Es stelle sich die grundsätzliche Frage, ob eine einheitliche Zuordnung von Werknutzungen, bei denen ein Teil der Öffentlichkeit vom Werk am Ort der Zugänglichmachung Kenntnis nehmen kann, während einem anderem Teil das Werk über eine Distanz zugänglich gemacht wird, unter das neue Recht der Übertragung an die Allgemeinheit aus § 2 Abs. 3 Nr. 1 URL geboten sei.[205] Die Begründung des Memorandums des Justizministeriums *(Promemoria Ds 2003:35)* zum neuen § 2 Abs. 3 Nr. 1 URL spricht sich deutlich gegen eine solche einheitliche Zuordnung aus. So sei alleiniges Kriterium für die Einordnung der Nutzungshandlung in den neu gestalteten Katalog der Ausschließlichkeitsrechte des § 2 URL auch in derartigen Situationen die Überbrückung einer räumlichen Distanz – für eine einheitliche Behandlung dieser Werknutzungen fehle vielmehr jede Notwendigkeit.[206] Somit wird die Zugänglichmachung des Werkes im Rahmen einer Präsenzveranstaltung für das dort anwesende Publikum vom Recht der öffentlichen Wiedergabe gem. § 2 Abs. 3 Nr. 2 URL erfasst, die Zugänglichmachung für ein abwesendes Publikum, welchem das Werk unter Überbrückung einer räumlichen Distanz zugänglich gemacht wird, hingegen vom neuen Recht der Übertragung an die Allgemeinheit aus § 2 Abs. 3 Nr. 1 URL.[207]

---

203 Ds 2003:35 – Författningskommentar 2 §, S. 442.

204 *Nordin/Stattin*, Informationstillgång, S. 38; *Koktvedgaard/Levin*, Immaterialrätt, S. 130; *Carlén-Wendels*, Nätjuridik, S. 66.

205 *Nordin/Stattin*, Informationstillgång, S. 38.

206 Ds 2003:35 – Författningskommentar 2 §, S. 442.

207 *Olsson*, Copyright, S. 115; *Levin*, Upphovsrätt – Supplement, S. 82; Ds 2003:35 – Författningskommentar 2 §, S. 442.

Darüber hinaus zielt die Vorschrift speziell auf die Regelung der Übermittlung urheberrechtlich geschützter Werke mittels interaktiver Abrufsysteme – wie insbesondere des Internet – ab.[208] Gem. § 2 Abs. 3 Nr. 1 S. 3 URL umfasst das Recht ebenfalls solche Formen der Übertragung an die Allgemeinheit, bei denen der Einzelne den Zugang zum Werk von Orten und zu Zeiten seiner Wahl herstellen kann. Damit werden nunmehr On-demand Angebote urhebergesetzlich geschützter Werke dem neuen Recht der Übertragung an die Allgemeinheit zugewiesen.[209] Es umfasst das elektronische Angebot zum zeit- und ortsunabhängigen Abruf sämtlicher geschützter Werke und Leistungen – völlig unabhängig von ihrer Erscheinungsform.[210] Eine bislang erforderliche Differenzierung zwischen Werkarten, welche aufgrund ihres fließenden Charakters in den Genuss eines Übertragungsrechts kommen und jenen, die in zweidimensionaler Form auf dem Bildschirm des Abrufenden erscheinen und denen daher ein solches Recht versagt bleibt *(siehe oben C. III.)*, ist nunmehr obsolet.[211] Folglich greifen Forschende und Lehrende nach neuer Rechtslage auch dann in ein urhebergesetzliches Ausschließlichkeitsrecht ein, wenn sie im Rahmen ihres elektronischen Wissensangebotes solche Werke zur elektronischen Distanzübertragung anbieten, die auf dem Bildschirm des Nutzers in zweidimensionaler Form abgebildet werden. Damit ist etwa das On-demand Angebot von Universitäten und Schulen, die ihren Nutzern Unterrichtsmaterialen in Form von Texten, Bildern und Fotos zum elektronischen Abruf anbieten *(siehe oben A. III. 2.)* seit dem 1. Juli 2005 von einem urheberrechtlichen Ausschließlichkeitsrecht, dem neuen Recht zur Übertragung an die Allgemeinheit, umfasst.

Die Einführung dieses umfassenden Rechts zur Distanzübertragung[212] *(„Distansöverföringar")* hat unmittelbare Auswirkungen auf die weiteren Modalitäten des Rechts der öffentlichen Zugänglichmachung aus § 2 Abs. 1, 2. Alt. URL. In besonderer Weise betroffen sind die Rechte der öf-

208 Ds 2003:35 – Författningskommentar 2 §, S. 441.

209 *Nordin/Stattin*, Informationstillgång, S. 37.

210 Ds 2003:35 – Författningskommentar 2 §, S. 441 führt beispielhaft für das neue Recht der Übertragung an die Allgemeinheit das On-demand Angebot fließender Werke wie etwa musikalischer Werke und Filmwerke aber auch zweidimensionaler Werke wie Schriftwerke und Lichtbildwerke auf; *Koktvedgaard/Levin*, Immaterialrätt, S. 130; *Olsson*, Copyright, S. 115.

211 Copyright, S. 115; Ds 2003:35 – Författningskommentar 2 §, S. 444.

212 Ds 2003:35 – Författningskommentar 2 §, S. 441; *Olsson*, Copyright, S. 114.

fentlichen Wiedergabe sowie der öffentlichen Darstellung. Vor allem die Frage des Verhältnisses des neuen Rechts zur Übertragung an die Allgemeinheit aus § 2 Abs. 3 Nr. 1 URL zu diesen nunmehr in § 2 Abs. 3 Nr. 2 URL sowie in Nr. 3 URL normierten Rechten ist in einzelnen Punkten klärungsbedürftig.

a) Abgrenzung zum Recht der öffentlichen Wiedergabe, § 2 Abs. 3 Nr. 2 URL

Dem Recht zur öffentlichen Wiedergabe wurde durch die Novelle ein vollkommen neuer Regelungsgehalt zugewiesen.[213] Seinem gänzlich neu gefassten Wortlaut entsprechend, umfasst es nunmehr ausschließlich solche Fälle einer öffentlichen Zugänglichmachung, in denen das Werk – sei es mit oder ohne Einsatz technischer Hilfsmittel – an einem Ort der Allgemeinheit zugänglich gemacht wird, an welchem die Allgemeinheit von dem Werk Kenntnis nehmen kann.[214] Folge dieses geänderten Regelungsinhaltes ist, dass sämtliche Nutzungshandlungen, bei denen das Werk eine räumliche Distanz zwischen dem Zugänglichmachenden und der Allgemeinheit zu überwinden hat, nicht länger vom Zuweisungsgehalt des Recht der öffentlichen Wiedergabe umfasst sind.[215]

Damit unterfällt beispielsweise das On-demand Angebot von Musikwerken der Königlichen Musikhochschule in Stockholm (*„Kungliga Musikhögskolan i Stockholm“*) nicht länger dem Recht der öffentlichen Wiedergabe, sondern nunmehr dem Recht zur Übertragung an die Allgemeinheit als umfassendes Recht zur Distanzübertragung (*„distansöverföringar“*). Der Regelungsbereich des Rechts zur öffentlichen Wiedergabe erschöpft sich demnach nun auf Formen der Werknutzung, bei denen der Ort der Zugänglichmachung des Werkes und der Ort der sinnlichen Werkwahrnehmung identisch sind.[216] Es umfasst mithin allein die öffentliche Zugänglichmachung des Werkes an eine „anwesende Öffentlichkeit“ (*„närvarande publik“*).[217] In Forschung und Lehre ist dies regelmäßig im Rahmen von universitären Präsenzveranstaltungen, d.h. von Vorträgen und Vorführungen der Fall. So fällt beispielsweise die Projektion eines

---

213 Ds 2003:35 – Författningskommentar 2 §, S. 441.

214 *Levin*, Upphovsrätt – Supplement, S. 94.

215 *Olsson*, Copyright, S. 114.

216 Ds 2003:35 – Författningskommentar 2 §, S. 442.

217 *Olsson*, Copyright, S. 114; *Levin*, Upphovsrätt – Supplement, S. 94.

Diabildes im Rahmen einer kunsthistorischen Vorlesung oder die Projektion von Auszügen eines Romans mittels eines Beamers im Rahmen eines literaturwissenschaftlichen Vortrages unter das Recht zur öffentlichen Wiedergabe. Außerhalb von Forschung und Lehre spielt das Recht der öffentlichen Wiedergabe nach seiner Neufassung beispielsweise bei der öffentlichen Zugänglichmachung in Diskotheken, Restaurants oder in Einkaufszentren eine Rolle, in denen Musikwerke vor Ort für die dort anwesenden Gäste wiedergegeben werden.[218] Dabei ist sowohl die Zugänglichmachung mittels technischer Hilfsmittel, wie etwa CD und MP3, als auch im Wege von Live-Darbietungen, z.B. in einem Theater, vom Recht der öffentlichen Wiedergabe umfasst.[219]

b) Abgrenzung zum Recht der öffentlichen Darstellung, § 2 Abs. 3 Nr. 3 URL

Die Neufassung des bislang in § 2 Abs. 3, 3. Var. URL a.F. normierten Rechts zur öffentlichen Darstellung komplettiert die Umstrukturierung des Systems der Ausschließlichkeitsrechte in § 2 URL. Der Wortlaut der Vorschrift wurde in § 2 Abs. 3 Nr. 3 URL gänzlich neu gefasst. Die Norm bezieht sich gem. § 2 Abs. 3 Nr. 3 S. 2 URL allein auf Fälle, in denen ein Werk der Allgemeinheit ohne Einsatz technischer Hilfsmittel an dem Ort zugänglich gemacht wird, an welchem die Allgemeinheit das Werk wahrnehmen kann. Die Zugänglichmachung des Werkes im Wege seiner Distanzübertragung liegt damit außerhalb des Anwendungsbereiches des Rechts der öffentlichen Darstellung – sie wird allein vom Recht der Übertragung an die Allgemeinheit aus § 2 Abs. 3 Nr. 1 URL umfasst.[220] Der neu eingeführte § 2 Abs. 3 Nr. 3 S. 3 URL stellt weiter klar, dass die Zugänglichmachung eines Werkexemplares an ein anwesendes Publikum unter Einsatz technischer Hilfsmittel eine öffentliche Wiedergabe gem. § 2 Abs. 3 Nr. 2 URL darstellt. Der Anwendungsbereich des Rechts zur öffentlichen Darstellung erschöpft sich damit sowohl vor als auch nach der Neufassung auf die Darstellung im Sinne eines Zeigens des Werkes im Wege einer direkten Betrachtung.[221] Allein das Zeigen eines physischen, unmittelbar sinnlich wahrnehmbaren Werkes, wie z.B. die

218 Ds 2003:35 – Författningskommentar 2 §, S. 442.
219 Ds 2003:35 – Författningskommentar 2 §, S. 442.
220 Ds 2003:35 – Författningskommentar 2 §, S. 443; *Olsson*, Copyright, S. 115.
221 *Bernitz/Karnell/Pehrson/Sandgren*, Immaterialrätt, S. 60.

Präsentation einer Skulptur oder die Auslage eines Buches in einer Bibliothek, ist damit vom Darstellungsrecht des § 2 Abs. 3 Nr. 3 URL erfasst.[222] Im Rahmen der Novelle wurde allein durch die Einführung der Begrenzung auf eine am Ort der Wiedergabehandlung anwesende Öffentlichkeit sowie den Ausschluss technischer Hilfsmittel aus dem Anwendungsbereich der Vorschrift das bislang ungeschriebene Tatbestandsmerkmal der unmittelbaren Wahrnehmbarkeit *(„Direkt iakttas")* *(siehe oben C. III. 1. b) bb) (c)* gesetzlich kodifiziert.[223] Die Änderung des Schutzumfangs des Darstellungsrechts durch die Novelle ist daher gering.[224] Im Vergleich zur bisherigen Rechtslage ist allein in denjenigen Konstellationen eine neue rechtliche Würdigung geboten, in denen ein Werkexemplar mittels eines technischen Hilfsmittels einer anwesenden Öffentlichkeit zugänglich gemacht wurde, ohne das jedoch eine digitale Zwischenspeicherung vorgenommen und somit das Unmittelbarkeitserfordernis *(„Direkt iakttas")* gewahrt wurde.[225] Dies ist regelmäßig der Fall, wenn das Werk durch bloße Spiegelungstechniken auf eine Leinwand projiziert und auf diesem Wege einer Öffentlichkeit zugänglich gemacht wird.[226] Eine digitale Umwandlung im Arbeitsspeicher eines Computers in etwas, das mit den menschlichen Sinnen nicht mehr wahrnehmbar ist, findet bei einer solchen Projektion gerade nicht statt. Im Unterschied zur früheren Rechtslage ist eine solche Werknutzung nicht länger als öffentliche Darstellung, sondern als öffentliche Wiedergabe zu begreifen.[227] So fällt beispielsweise die Darstellung einer Fotographie (Lichtbildwerk gem. § 1 Abs. 1 Nr. 5, 1. Alt. URL) mittels eines Dia-Projektors im Rahmen einer Vorlesung im Studienfach Fotodesign nicht länger unter das Recht zur öffentlichen Darstellung, sondern ist nunmehr gem. § 2 Abs. 3 Nr. 3 S. 3 URL vom Recht der öffentlichen Wiedergabe umfasst.[228]

---

222 Ds 2003:35 – Författningskommentar 2 §, S. 443; *Rosén*, NIR 2001, S. 589.

223 *Olsson*, Copyright, S. 128; *Koktvedgaard/Levin*, Immaterialrätt, S. 130.

224 *Levin*, Upphovsrätt – Supplement, S. 95.

225 *Koktvedgaard/Levin*, Immaterialrätt, S. 130.

226 *Koktvedgaard/Levin*, Immaterialrätt, S. 130.

227 Ds 2003:35 – Författningskommentar 2 §, S. 443; *Koktvedgaard/Levin*, Immaterialrätt, S. 130; *Olsson*, Copyright, S. 114.

228 Ds 2003:35 – Författningskommentar 2 §, S. 443.

3. Freiräume für Forschung und Lehre – die Schranken des § 2 Abs. 3 Nr. 1 URL

Mit der Novellierung der urheberrechtlichen Ausschließlichkeitsrechte und der damit einhergehenden Herauslösung von Distanzübertragungen aus dem Recht der öffentlichen Wiedergabe und der gleichzeitigen Zuweisung dieser Nutzungsform unter das neue Recht zur Übertragung an die Allgemeinheit aus § 2 Abs. 3 Nr. 1 URL ist eine grundlegende Neuordnung des Rechtsrahmens Forschender und Lehrender verbunden. Der zukünftige urheberrechtliche Freiraum, Wissen in digitaler Form zum elektronischen Abruf anzubieten, wird maßgeblich von der Frage bestimmt, inwieweit dieses neue Recht Einschränkungen unterliegt.

Bei der Analyse der Schranken des Rechts zur Distanzübertragung wird deutlich, dass bisherige, mittels Einschränkungen des Wiedergaberechts zugunsten Lehrender und Lernender gewährte Freiräume zum On-demand Angebot nach der Novellierung des Urheberrechts keinen Bestand haben werden. Das zum 1. Juli 2005 in Kraft getretene novellierte schwedische Urheberrecht sieht eine Umsetzung des Art. 5 Abs. 3 lit. a) der InfoSoc-RL und damit die Schaffung einer Einschränkung des Rechts zur Übertragung an die Allgemeinheit zugunsten von Unterricht und Forschung nicht vor.[229] Lediglich den in § 16 Abs. 3 URL benannten Bibliotheken und Archiven wird in § 16 Abs. 2 URL i.V.m. § 42d URL die Möglichkeit eröffnet, durch eine Kollektivvertragslizenz auf vereinfachtem Wege einzelne Artikel und kurze Ausschnitte eines Werkes mit Ausnahme von Computerprogrammen zur Übertragung an die Allgemeinheit anzubieten. Ein Angebot zur Übertragung eines vollständigen Exemplars ist gem. § 42d Abs. 1 Nr. 1 URL ausschließlich in Fällen gestattet, in denen ein Verleih des Originals aus Sicherheitsgründen, z.B. aufgrund seines hohen Wertes, nicht möglich ist. Gem. § 42d Abs. 2 URL steht es dem Urheber frei, die Übertragung seines Werkes an die Allgemeinheit zu untersagen. Zudem gewährt § 17 Abs. 2 Nr. 1 URL Bibliotheken sowie bestimmten Organisationen das Recht, Exemplare der in § 17 Abs. 1 URL benannten Werke an behinderte Menschen zu übertragen, welche sonst nicht in der Lage wären, in den Genuss des Werkes zu kommen. Die rechtliche Situation zum On-demand Angebot urheberge-

229 *Olsson*, Copyright, S. 122.

setzlich geschützter Inhalte in Forschung und Lehre hat sich mithin durch die Urheberrechtsnovelle gleich auf zwei Ebenen verschoben:

Auf der Ebene des Ausschließlichkeitsrechts werden nunmehr sämtliche On-demand Angebote, seien es schutzfähige Bilder, Texte, Musik oder Filme, vom Anwendungsbereich des neuen Rechts zur Übertragung an die Allgemeinheit aus § 2 Abs. 3 Nr. 1 URL umfasst. Im Unterschied zur bisherigen Rechtslage wird damit die Reichweite der von einem „On-demand-Recht[230]" umfassten Werkkategorien deutlich erweitert. Zukünftig verletzen Forschende und Lehrende auch dann ein urhebergesetzliches Ausschließlichkeitsrecht, wenn sie Inhalte, die in statischer Form auf dem Bildschirm des Rezipienten erscheinen zum Abruf über Netzwerke anbieten.[231]

Zudem verändert sich durch die Schaffung des neuen Rechts zur Übertragung an die Allgemeinheit der bisherige Freiraum Lehrender und Lernender zum On-demand Angebot auf der Schrankenebene. Diese Ebene war bislang lediglich im Zuge des On-demand Angebotes audiovisueller Werke im Rahmen des Unterrichts von Bedeutung. Mit der Zuweisung des On-demand Angebotes sämtlicher Werktypen[232] an das Recht der Übertragung an die Allgemeinheit aus § 2 Abs. 3 Nr. 1 URL läuft die bislang zu Gunsten von Lehrenden und Lernenden eingreifende Schranke des Rechts der öffentlichen Wiedergabe aus § 21 Abs. 1 Nr. 2, 1. Alt URL nunmehr ins Leere. Ausweislich der Gesetzesbegründung findet die Schranke des Wiedergaberechts aus § 21 URL auf Distanzübertragungen und damit auf On-demand Situationen nach der Novelle nicht länger Anwendung.[233] Durch die Neuordnung des Wiedergaberechts seien vielmehr jegliche Distanzübertragungen aus seinem Anwendungsbereich ausgenommen; konsequenterweise müsse das ebenfalls für die Schranken des Wiedergaberechts gelten.[234] Damit erweist sich die Schranke des § 21 URL nach einheitlicher Ansicht der schwedischen Literatur nicht als derart flexibel, Lehrenden und Lernenden ihren bisherigen Freiraum zum elektronischen Angebot von Wissen über Netzwerke

230 *Rosén*, GRUR Int. 2002, S. 199; *ders.*, NIR 2001, S. 589.
231 Ds 2003:35 – Författningskommentar 2 §, S. 444.
232 Ds 2003:35 – Författningskommentar 2 §, S. 444; *Olsson*, Copyright, S. 115.
233 Ds 2003:35 – Författningskommentar 2 §, S. 463.
234 Ds 2003:35 – Författningskommentar 2 §, S. 463; *Levin*, Upphovsrätt – Supplement, S. 84.

auch zukünftig zu sichern.[235] Zur Privilegierung der On-demand Nutzung in Unterricht und Forschung bedarf es vielmehr einer ausdrücklichen Schranke des neuen Rechts zur Übertragung an die Allgemeinheit für diese Zwecke.[236] Eine solche enthält das novellierte schwedische Urheberrecht indes nicht mehr *(siehe oben)*.

Im Ergebnis führt die Novellierung des schwedischen Urhebergesetzes daher zur einer doppelten Verschärfung des Urheberrechtsschutzes bei On-demand Angeboten: Die Reichweite des urheberrechtlichen Verwertungsrechts zum On-demand Angebot wird auf die komplette Bandbreite der urhebergesetzlich geschützten Werkarten erstreckt und umfasst nunmehr ebenfalls das On-demand Angebot von Werken, die in zweidimensionaler Form auf dem Bildschirm des Abrufenden erscheinen. Gleichzeitig werden die bislang durch § 21 URL geschaffenen Freiräume zum On-demand Angebot audiovisueller Werke im Unterricht geschlossen.[237]

Das schwedische Urheberrecht versucht diesen im Vergleich zur früheren Rechtslage deutlich verschärften Schutz der Distanzübertragung zumindest teilweise durch eine Ausweitung der Schranke zur öffentlichen Wiedergabe zu kompensieren.[238] So wurde § 21 URL durch Einführung eines neuen Abs. 2 dahingehend ergänzt, dass es dem Reichstag sowie staatlichen und kommunalen Einrichtungen gestattet wird, auch Filmwerke und Werke der Bühnenkunst über externe Netzwerke in ihren Räumlichkeiten wiederzugeben. Jedoch darf die Werkwiedergabe nicht den Mittelpunkt der Veranstaltung bilden, der Zugang zu ihr muss entgeltfrei möglich sein und sie darf keine kommerziellen Zwecke verfolgen. Darüber hinaus muss gem. § 21 Abs. 2 S. 2 2. Hs. URL n.F. die öffentliche Wiedergabe zur Befriedigung eines öffentlichen Informationsinteresses gerechtfertigt sein. Durch die Ausweitung des § 21 URL sollen insbesondere Bibliotheken in die Lage versetzt werden, eine große Bandbreite urheberrechtlich geschützter Inhalte in ihren Räumlichkeiten an netzba-

---

235 Ds 2003:35 – Författningskommentar 2 §, S. 464; *Koktvedgaard/Levin*, Immaterialrätt, S. 189; *Bernitz/Karnell/Pehrson/Sandgren*, Immaterialrätt, S. 77; *Olsson*, Copyright, S. 118.

236 *Häggström*, DIK-forum 2005, S. 13.

237 *Olsson*, Copyright, S. 115; *Levin*, Upphovsrätt – Supplement, S. 84; *Still*, NIR 2003, S. 56.

238 *Levin*, Upphovsrätt – Supplement, S. 101; *Olsson*, Copyright, S. 288; *Häggström*, DIK-forum 2005, S. 13; *Lindmark*, DIK-forum 2005, S. 11.

sierten elektronischen Leseplätzen öffentlich zugänglich zu machen.[239] Dabei umfasst § 21 Abs. 2 URL n.F. allein das Angebot urheberrechtlich geschützter Inhalte an eine anwesende Öffentlichkeit über externe Netzwerke, wie insbesondere das Word Wide Web.[240] Die Gesetzesbegründung unterstreicht ausdrücklich, dass sich die Ausweitung des § 21 URL nicht auf Distanzübertragungen digitaler Werke – insbesondere auf Angebote von digitalen Inhalten auf dem Server einer Schule oder Bibliothek zum netzbasierten, zeit- und ortsunabhängigen Abruf – bezieht.[241] Vielmehr bleiben jegliche Distanzübertragungen vom Regelungsgehalt des durch die Reform neu gefassten Wiedergaberechts sowie seiner Schranken ausgenommen.[242] Ausweislich der Gesetzesbegründung erschöpft sich der Regelungsgehalt des § 21 Abs. 2 URL n.F. allein darin, öffentliche Einrichtungen, wie z.B. Schul- und Universitätsbibliotheken, in die Lage zu versetzen, Nutzern in ihren Räumlichkeiten Computerarbeitsplätze mit Internetanschluss zur Verfügung zu stellen *(„Tillhandahålla datorer med Internetuppkoppling till allmänheten“)*.[243] Mittels dieser Online-Arbeitsplätze soll es Bibliotheksnutzern möglich sein, vor Ort auf eine weite Bandbreite urhebergesetzlich geschützter digitaler Inhalte, einschließlich Filmwerke und Werke der Bühnenkunst, zuzugreifen.[244]

Die deutliche Verschärfung des Urheberrechtsschutzes im Bereich des netzbasierten E-Learnings und der E-Science führte zu einer in weiten Teilen der schwedischen Gesellschaft geführten Diskussion über die Zukunft der schwedischen Wissensordnung. Bereits kurz nach Veröffentlichung des Memorandums des Justizministeriums zur Änderung des schwedischen Urheberrechts *(Förslag till lag om ändring i lagen (1960:729) om upphovsrätt till litterära och konstnärliga verk, Promemoria Ds 2003:35)* im Juni 2003 gingen eine Vielzahl von Briefen und E-Mails von Bürgern und Organisationen aus den unterschiedlichsten Teilen der Gesellschaft beim Justizministerium ein.[245] Einen Teil dieser Reaktionen bildeten die über 130 schriftlichen Stellungnahmen von Interessenverbänden, Unternehmen und Professoren. In diesen Stellungnahmen ging es im Kern um die

---

239 *Levin*, Upphovsrätt – Supplement, S. 101; *Olsson*, Copyright, S. 288.
240 *Levin*, Upphovsrätt – Supplement, S. 101.
241 Ds 2003:35 – Författningskommentar 2 §, S. 463.
242 *Olsson*, Copyright, S. 114.; Ds 2003:35 – Författningskommentar 2 §, S. 464.
243 Ds 2003:35 – Författningskommentar 2 §, S. 464.
244 Ds 2003:35 – Författningskommentar 2 §, S. 464.
245 http://www.regeringen.se/sb/d/3254#19329 (Abruf vom 11. 1. 2006).

bereits oben aufgeworfene Frage *(siehe oben A. III.)*, welche Bedingungen das Urheberrecht schaffen muss, damit neues Wissen optimal generiert werden kann:[246]

Die führenden schwedischen Verwertungsgesellschaften ALIS, BONUS, BUS, COPYSWEDE, IFPI, SAMI und STIM sowie eine Vielzahl der einzelnen Interessenverbände von Künstlern und Autoren begrüßten ausdrücklich die zum 1. Juli 2005 in Kraft getretenen Änderungen des Urheberrechts. Sie betonten die Dringlichkeit dieser strukturellen Novellierung des schwedischen Urheberrechts durch die Ausweitung der urheberrechtlichen Ausschließlichkeitsrechte, verbunden mit einem Schutz dieser Rechte durch technische Schutzmaßnahmen.[247] Allein auf diesem Wege könnten auch in einem digitalen Informationsumfeld die notwendigen monetären Anreize zur Schaffung neuer Werke gesichert werden.[248] Die schrankenlose Zuweisung des On-demand Angebots geschützter Werke an den Urheber durch das neue Recht der Übertragung an die Allgemeinheit, abgesichert durch den Schutz dieses Rechts durch den Einsatz technischer Schutzmaßnahmen durch die neu eingeführten §§ 52bff. URL n.F. (*„6 a kap. Skydd för tekniska åtgärder“*) stehe dabei im Mittelpunkt der neuen digitalen Wissensordnung.[249] Zudem würden die öffentlichen Interessen zum Einsatz von Netzwerktechnologie im Unterricht durch die Ausweitung des § 21 URL als Schranke des Wiedergaberechts und die damit eröffnete Möglichkeit zur Errichtung von Compu-

---

246 Eine Übersicht sämtlicher zum Memorandum abgegebener Stellungnahmen findet sich in Prop. 2004/05:110 Bilaga 6, S. 529.

247 *Westman*, NIR 2002, S. 250.

248 Siehe insbesondere die gemeinsame Stellungnahme von KLYS und COPYSWEDE zum Gesetzesentwurf Ds 2003:35, abrufbar unter: http://www.klys.se/2003/remiss-upphovsratten-i-informationssamhallet.htm sowie die Stellungnahme der ALIS, abrufbar unter: http://www.alis.org/pdf/remissvar.pdf (Abruf vom 11. 1. 2006), des Schwedischen Verbandes der Lehrmittelautoren SLFF, abrufbar unter: www.slff.se/Ds2003_35.SLFF.pdf (Abruf vom 12. 1. 2006) und des Verbandes der Schwedischen Wirtschaft „Föreningen Svenskt Näringsliv“ – abrufbar unter: http://www.svensktnaringsliv.se/Index.asp?PN=1117792&ID=761049 (Abruf vom 21. 10. 2006).

249 Stellungnahme des Verbandes der Schwedischen Wirtschaft „Föreningen Svenskt Näringsliv“, abrufbar unter: http://www.svensktnaringsliv.se/Index.asp?PN=1117792&ID=761049, (Abruf vom 21. 10. 2006).

terpools mit Internetanschluss an Schulen und Universitäten hinreichend gewahrt.[250]

Gegen diesen proprietären Ansatz der Verwerterseite formiert sich von Seiten der akademischen Lehre sowie einzelner Gruppen und Verbänden aus dem Bereich der Forschung und des Schulwesens zunehmend Widerstand.[251] Unter Hinweis auf eine Bedrohung des freien Zugangs zu digitalen Informationen als Basis für Innovation *(siehe oben A. I.)* sprachen sie vereinzelt von einer durch das Europarecht ausgelösten „kulturellen Revolution“,[252] im Zuge derer es zum Bruch mit der schwedischen Urheberechtstradition kommt. Zur dieser Tradition gehöre es, den offenen Zugang zu Wissen an Schulen und Universitäten auch im digitalen Informationszeitalter zu sichern.[253] Vor dem Hintergrund des vielfältigen Einsatzes von Informationstechnologie in Unterricht und Wissenschaft *(siehe oben B. III. 2.)*, befürchten Teile der schwedischen Forschung und Lehre eine massive Einschränkung ihrer Freiheit, Wissen in digitaler Form zum Abruf über Netzwerke anzubieten.[254] So forderte der Verband „Dokumentation Information & Kultur“ *(„DIK-förbundet“)* – als mit 20.000 Mitgliedern größter Einzelverband des insgesamt 26 Mitglieder umfassenden Dachverbandes der Akademiker in Schweden SACO – in seiner Stellungnahme die Einführung einer Schrankenregelungen des Rechts zur Übertragung an die Allgemeinheit aus § 2 Abs. 3 Nr. 1 URL zugunsten von Forschung und Lehre. Allein auf diesem Wege könne der vor der Novelle vorhandene informationelle und kommunikative Freiraum auch in Zukunft bewahrt werden.[255]

---

250 Stellungnahme der ALIS, abrufbar unter: http://www.alis.org/pdf/remissvar.pdf (Abruf vom 11. 1. 2006).

251 *Stenlund*, Biblioteksbladet 2003, S. 13; *Nordin/Stattin*, Informationstillgång, S. 39; *Jenslin*, Digital upphovsrätt och informationsteknik – ett dilemma?, S. 53, Stellungnahme des schwedischen Bibliotheksverbandes zum Gesetzesentwurf *(Svensk biblioteksförening remissyttrande angående Ds 2003:35)*, abrufbar unter: http://www.biblioteksforeningen.org/organisation/dokument/pdf/upphovsrattsyttrande2003.pdf (Abruf vom 21. 2. 2006).

252 *Nergelius*, in: Swedish Law, S. 84.

253 *Häggström*, DIK-forum 2005, S. 13.

254 *Wolk*, NIR 2003, S. 415 ff.; *Widmark*, Upphovsrätten och de nya medierna, S. 25; *Herler, Upphovsrätt* för lärare, S. 6; *Still*, NIR 2003, S. 56.

255 Synpunkter på direktiv om upphovsrätten i informationssamhället, abrufbar unter: http://www.dik.se (Abruf vom 5. 7. 2006).

Einigkeit zwischen beiden Lagern besteht allein bezüglich der unmittelbaren Auswirkungen des geänderten Urheberrechts auf die in Schweden Lehrenden und Forschenden. Das elektronische Angebot von urhebergesetzlich geschützten Inhalten in Forschung und Lehre zum On-demand Abruf setzt seit dem 1. Juli 2005 zwingend den Erwerb einer Lizenz voraus. Ein kostenfreies Angebot geschützter Inhalte zum zeit- und ortsunabhängigen Abruf über Netzwerke wird es nach der Reform des schwedischen Urheberrechts in breitem Umfang nicht länger geben.[256] Die Vertreter des proprietären Ansatzes sehen darin die Schließung einer Schutzlücke im digitalen Wissensumfeld und die Schaffung monetärer Anreize zu neuen geistigen Schöpfungen als Ausgangspunkt daran anknüpfender Innovationen.[257] Hingegen bedeutet diese Entwicklung für die Anhänger der freiheitlichen Konzeption eine massive Beschränkung des Zugangs zu Informationen und damit zur Grundlage jeglicher neuer Schöpfungen.[258]

Im Ergebnis ist festzuhalten, dass der frühere urheberrechtliche Freiraum im Bereich des netzbasierten E-Learnings und der E-Science einer Erlaubniskultur weicht.[259] Die Kosten elektronischer Wissensangebote über Netzwerke in Forschung und Lehre werden künftig rapide ansteigen.[260] Diese Entwicklung macht die Zukunft vieler On-demand Angebote in Forschung und Lehre ungewiss.[261] Insbesondere im Bereich der öffentlichen Schulen und Universitäten sind vor dem Hintergrund enger finanzieller Spielräume bereits Tendenzen zu erkennen, digitale Inhalte nicht länger zum zeit- und ortsunabhängigen Abruf vom eigenen Server anzubieten. Vielmehr beschränken sich Schulen und Universitäten zukünftig darauf, ihren Nutzern – gestützt auf die nunmehr ausgeweitete

256 *Häggström*, DIK-forum 2005, S. 13; *Lindmark*, DIK-forum 2005, S. 11; *Still*, NIR 2003, S. 56; Stellungnahme des Verbandes der Schwedischen Wirtschaft „Föreningen Svenskt Näringsliv", abrufbar unter: http://www.svensktnaringsliv.se/Index.asp?PN=1117792&ID=761049 (Abruf vom 21. 10. 2006); Stellungnahme von KLYS zum Gesetzesentwurf Ds 2003: 35, abrufbar unter: http://www.klys.se/2003/remiss-upphovsratten-i-informationssamhallet.htm (Abruf vom 12. 8. 2006).

257 *Westman*, NIR 2002, S. 250.

258 *Björkenfeldt*, NIR 2002, S. 251; *Still*, NIR 2003, S. 55; *Bernitz*, SvJT 2000, S. 342; *Kadesjö*, En analys av debatten i Sverige 1995–2000, S. 15.

259 *Häggström*, DIK-forum 2005, S. 13.

260 *Rosén*, NIR 2005, S. 568.

261 Gespräch mit Prof. Dr. Jan *Rosén*, Universität Stockholm, vom 30. 5. 2006.

Schranke des § 21 URL n.F. – Online-Arbeitsplätze in ihren Räumlichkeiten zur Verfügung zu stellen, mittels derer sie Lernmaterialien im World Wide Web recherchieren können.[262] Es kommt mithin verstärkt zu einer Verlagerung elektronischer Wissensangebote in Forschung und Lehre weg von der Distanzübertragung und dem Recht zur Übertragung an die Allgemeinheit in Richtung von elektronischen Präsenzangeboten im Wege der schrankengestützten öffentlichen Wiedergabe.[263]

Ein solcher Urheberrechtsrahmen, der jedes elektronische On-demand Angebot urhebergesetzlich geschützter Inhalte an das Einverständnis des Rechteinhabers knüpft, behindert einerseits den Einsatz fortschrittlicher Informationstechnologie in Forschung und Lehre und ist damit innovationsfeindlich.[264] Darüber hinaus steht er in krassem Widerspruch zu den Empfehlungen der Regierungskommission zur Frage der Förderung der IT-basierten Distanzausbildung *(„Distansutbildningskommittén, DUKOM“)*. In ihren Gutachten[265] stellte sie deutlich heraus, dass die im schwedischen Urheberrecht angelegten Freiräume zur netzvermittelten Übertragung die Basis eines umfassenden Einsatzes netzbasierter Abrufsysteme in Forschung und Lehre bilden *(siehe oben C. III. 3. a) aa)*.[266] Mit der Novelle des Urheberrechts wurden diese Freiräume zum 1. Juli 2005 mit der schrankenlosen Zuweisung des Rechts zum elektronischen Wissensangebot an die Urheber vollständig geschlossen.[267] Vor diesem Hintergrund eines derart starken Ausschließlichkeitsrechts der Urheber im Bereich der Online-Nutzung von Werken erscheint es als äußerst zweifelhaft, dass Schweden auch in Zukunft seine weltweite Spitzenposition im Bereich der On-demand-Anwendungen in Forschung und Lehre *(siehe oben A. III. 2.)* wird behaupten können.[268]

---

262 *Häggström*, DIK-forum 2005, S. 13.

263 Gespräch mit Prof. Dr. Jan *Rosén*, Universität Stockholm, vom 30. 5. 2006.

264 *Still*, NIR 2003, S. 55; *Häggström*, DIK-forum 2005, S. 13; *Björkenfeldt*, NIR 2002, S. 251; *Widmark*, Upphovsrätten och de nya medierna, S. 25; “The building of a permission culture, rather than a free culture [ ] will burden innovation”, *Lessig*, Free Culture, S. 192.

265 SOU 1998:83; SOU 1998:84.

266 SOU 1998:84, S. 81; SOU 1998:84, S. 157.

267 *Häggström*, DIK-forum 2005, S. 13; *Björkenfeldt*, NIR 2002, S. 251; *Salokannel*, NIR 2003, S. 358.

268 *Salokannel*, NIR 2003, S. 358; Gespräch mit Prof. Dr. Jan *Rosén*, Universität Stockholm, vom 30. 5. 2006.

In Schweden scheint man diese Gefahr erkannt zu haben. So äußerte sich der damalige schwedische Justizminister Thomas Bodström noch vor dem Inkrafttreten des novellierten schwedischen Urhebergesetzes skeptisch dahingehend, ob die Informationsinteressen der Allgemeinheit durch die vorgesehenen Beschränkungen auch in einem digitalen Umfeld hinreichend gewahrt werden können. In einem von ihm am 19. Mai 2005 veröffentlichten Artikel zur Novellierung des Urheberrechts führte er aus, dass wenn man die Rechte des Urhebers in einem digitalen Umfeld derart ausweite und durch technische Schutzmaßnahmen sichere, „es umso wichtiger ist, damit einhergehend nicht die Freiheiten zur erlaubnisfreien Nutzung geschützter Inhalte ungebührlich einzuschränken“.[269] Vor diesem Hintergrund seien gesetzgeberische Nachbesserungen – wie die Ausweitung der Schrankenebene – durchaus denkbar.[270] Die Frage, ob es – insbesondere vor dem Hintergrund des im Juli 2006 erfolgten Regierungswechsels – zukünftig tatsächlich zu einer solchen Ausweitung kommen wird und in welchem Umfang dabei die Interessen von Unterricht und Forschung an dem erlaubnisfreien Angebot urhebergesetzlich geschützter Inhalte über Netzwerke berücksichtigt werden, gehört dabei zu den wohl bedeutendsten im schwedischen Urheberrecht.[271]

V. Zusammenfassung des dritten Teils

In Schweden Lehrende, Lernende und Forschende mussten sich nach dem Inkrafttreten der Urheberrechtsnovelle zum 1. Juli 2005 bei dem Ondemand Angebot urhebergesetzlich geschützter Inhalte auf einen grund-

269 http:www.aftonbladet.se/vss/nyheter/story/0,2789,647278,00.html (Abruf vom 22. 6. 2006).

270 Svenska Dagbladet vom 19. 5. 2005, S. 3, Aftonbladet vom 19. 5. 2005, S. 9 abrufbar unter http:www.aftonbladet.se/vss/nyheter/story/0,2789,647278,00.html (Abruf vom 22. 6. 2006) sowie den Leitartikel des Svenska Dagbladet in der Rubrik Kultur vom 26. 5. 2005 „Neues Urheberrecht ist schon überholt“, abrufbar unter: http:www.svd.se/dynamiskt/kultur/did/_9812473.asp (Abruf vom 27. 6. 2006).

271 Vgl. auch den Leitartikel in der Rubrik Kultur des Svenska Dagbladet vom 11. 2. 2005 „Upphovsrättslag får kritik“ (*„Urheberrecht in der Kritik“*), S. 4; abrufbar unter: http://www.svd.se/dynamiskt/kultur/did_9113365.asp (Abruf vom 22. 5. 2006).

legend veränderten Rechtsrahmen einstellen. Bisherige Freiräume, Wissen in digitaler Form zum orts- und zeitunabhängigen Abruf anzubieten, wurden mit der Implementierung der InfoSoc-RL in das schwedische Urheberrecht geschlossen. Das volle Ausmaß dieser Veränderung wird in besonderer Klarheit durch den direkten Vergleich beider Rechtsrahmen deutlich:

1. On-demand Angebote nach früherer Rechtslage

Vor seiner Novellierung erfasste das schwedische Urhebergesetz (SFS 1960:729) über das Recht der öffentlichen Wiedergabe aus § 2 Abs. 3, 1. Var. URL allein das On-demand Angebot fließender Werke und Leistungen, wie insbesondere Musik und Film. Hingegen war das On-demand Angebot von geschützten Inhalten, die in zweidimensionaler Form auf dem Bildschirm des Abrufenden erscheinen, weder vom Recht der öffentlichen Wiedergabe aus § 2 Abs. 3, 1. Var. URL noch vom Recht der öffentlichen Darstellung gem. § 2 Abs. 3, 3. Var. URL erfasst. Damit lag etwa das On-demand Angebot von Texten, Bildern und Fotos gänzlich außerhalb des Urheberrechtsschutzes *(siehe oben C. III. 2. d)*. Von essentieller Bedeutung bei dem Angebot digitaler Informationen zum interaktiven Abruf war mithin bislang die Frage der zeitlichen Dimension der bereitgestellten Inhalte.

Wurde diese bejaht und damit durch das On-demand Angebot das Ausschließlichkeitsrecht der öffentlichen Wiedergabe berührt, stellte sich die Situation für Forschende und Lehrende auf der Schrankenebene unterschiedlich dar *(siehe oben C. III. 3. b)*:

Das schwedische Urhebergesetz enthält keine Schranke des Rechts zur öffentlichen Wiedergabe aus § 2 Abs. 3, 1. Var. URL für Zwecke der Forschung. Somit blieb Forschenden zur Verwirklichung eines Online-Angebotes audiovisueller Werke und Leistungen an eine Öffentlichkeit allein der Rechteerwerb im Wege der Lizenzierung. Lehrende und Lernende hingegen konnten sich bisher beim öffentlichen On-demand Angebot fließender Werke auf das Unterrichtsprivileg des § 21 Abs. 1 Nr. 2, 1. Alt. URL berufen. Gem. § 21 Abs. 2 URL a.F. waren jedoch Filmwerke i.S.d. § 1 Abs. 1 Nr. 4 URL von diesem Privileg ausgenommen – auch hier blieb allein der Rechteerwerb im Wege der Lizenzierung *(siehe oben C. III. 3. b) aa)*.

2. On-demand Angebote nach aktueller Rechtslage

Das zum 1. Juli 2005 in Kraft getretene novellierte schwedische Urheberrecht *(SFS 2005:359)* knüpft die Anwendbarkeit urhebergesetzlicher Ausschließlichkeitsrechte in Fällen des öffentlichen On-demand Angebotes geschützter Inhalte nicht länger an den Charakter der zum Abruf angebotenen Werke und Leistungen.

Es weist nunmehr diese Nutzungshandlung unabhängig von der Frage, ob der zum elektronischen Abruf angebotene Werktyp einen erzählerischen Ablauf aufweist einem neuen Ausschließlichkeitsrecht zu – dem Recht zur Übertragung an die Allgemeinheit aus § 2 Abs. 3 Nr. 1 URL. Dieses Recht umfasst sämtliche Formen der Distanzübertragung, unabhängig davon, ob sie auf drahtlosem oder drahtgebundenem Wege erfolgt. Für die Anwendbarkeit des Rechts unbedeutend ist insbesondere die Frage, ob ein vom Nutzer gewählter Zugriffszeitpunkt auf die übertragenen Inhalte erfolgen kann – wie beim On-demand Angebot geschützter Inhalte zum Download – oder aber, ob der Zeitpunkt der Übertragung vom Nutzer nicht wählbar ist, wie regelmäßig im Rahmen der Übertragung eines TV- und Radioprogramms im Wege des Sendens.[272]

Das neue Recht zur Distanzübertragung erfährt auf der Schrankenebene keine Einschränkungen zugunsten von Unterricht und Forschung. Eine Umsetzung des Art. 5 Abs. 3 lit. a) der InfoSoc-RL in schwedisches Recht ist nicht erfolgt. Zudem erweist sich nach der Reform die Schranke des Wiedergaberechts aus § 21 URL nicht als derart beweglich, auch Distanzübertragungen zu erfassen. Sie findet auf das neue Recht zur Übertragung an die Allgemeinheit keine Anwendung. Damit wurde zum 1. Juli 2005 das On-demand Angebot geschützter Inhalte in Unterricht und Forschung schrankenlos unter das Urheberrecht gestellt und setzt mithin stets den Rechteerwerb durch den Anbietenden voraus.

---

272 Ds 2003:35 – Författningskommentar 2 §, S. 441.

D. Vierter Teil: Die Rechtslage in Deutschland

I. Das On-demand Angebot urheberrechtlich geschützter Inhalte in Unterricht und Forschung vor Implementierung der Richtlinie 2001/29/EG in das deutsche Recht

Die neuartige Form des digitalen Anbietens von Wissen durch Schulen, Universitäten und private Forschungszentren *(siehe oben A. II.)* zum netzbasierten Abruf erfassten die auf ein printbasiertes Umfeld zugeschnittenen Vorschriften des Urhebergesetzes vor seiner Novellierung im September 2003 nur unscharf. Es stellte sich die Frage, inwieweit das Anbieten urhebergesetzlich geschützter Inhalte in einem elektronischen Abrufsystem – abgesehen von den im Rahmen des Uploadings erfolgenden Vervielfältigungshandlungen auf dem Server des Anbieters[1] – von einem Ausschließlichkeitsrecht erfasst wurde. So war beispielsweise beim Start der Initiative „Schulen ans Netz“[2] im Jahre 1996 *(siehe oben A. II. 1. a)* in urheberrechtlicher Hinsicht völlig unklar, ob Lehrer beim On-demand Angebot urhebergesetzlich geschützter Werke und Leistungen neben dem Vervielfältigungsrecht aus § 16 UrhG noch weitere Rechte des Urhebers verletzen. Dabei bereitete die Einordnung des Einstellens urhebergesetzlich geschützter Inhalte in das System der Ausschließlichkeitsrechte gleich in mehrerlei Hinsicht Schwierigkeiten.[3] Zunächst stellte sich das grundsätzliche Problem, inwieweit das Anbieten von Werken über Netzwerke zum zeit- und ortsunabhängigen Abruf eher dem Recht der körperlichen oder aber dem der unkörperlichen Verwertung zuzuordnen ist.[4]

---

1 *Rehbinder,* UrheberR, Rn. 218; *Ahrens,* ZUM 2000, S. 1032; *Schulze,* ZUM 2000, S. 439.

2 http://www.schulen-ans-netz.de (Abruf vom 22. 6. 2006).

3 *Schricker,* Urheberrecht auf dem Weg zur Informationsgesellschaft, S. 117.

4 *Schricker,* Urheberrecht auf dem Weg zur Informationsgesellschaft, S. 126; *Völker,* in: Handbuch UrheberR, S. 177.

1. Die Einordnung des On-demand Angebotes in das System der Ausschließlichkeitsrechte

a) Das Verbreitungsrecht, § 17 UrhG

Das Verbreitungsrecht umfasst gem. § 17 Abs. 1 UrhG das Recht, körperliche Werkexemplare der Öffentlichkeit anzubieten oder in Verkehr zu bringen.[5] Zweifellos unterliegt damit das Anbieten und Inverkehrbringen von Exemplaren körperlicher offline-Medien dem Verbreitungsrecht gem. § 17 Abs. 1 UrhG.[6] Digitalisiert beispielsweise ein Hochschullehrer urhebergesetzlich geschützte Studienliteratur und brennt diese anschließend zur Weitergabe an seine Studenten auf CD-ROM, so verletzt er u.a. das Recht des Urhebers aus § 17 Abs. 1 UrhG. Dagegen werden beim Online-Angebot von Schulen, Universitäten und Forschungszentren gerade keine körperlichen Vervielfältigungsstücke an die Nutzer ausgehändigt. Die Daten des geschützten Werkes werden im Wege der netzbasierten Übertragung, d.h. auf unkörperliche Weise übermittelt und durch den Nutzer auf dessen Bildschirm, mittels Lautsprecher oder im Wege eines Ausdrucks als Werk wieder wahrnehmbar gemacht.[7] Jedoch geht dieser unkörperlichen Übermittlung regelmäßig die Herstellung eines körperlichen Vervielfältigungsstückes auf dem Server des On-demand Anbieters voraus. Da bereits das Anbieten eines Vervielfältigungsstückes an die Öffentlichkeit vom Verbreitungsrechts erfasst ist, lässt ein Teil der Literatur das Angebot des körperlichen Vervielfältigungsstückes auf dem Server des Online-Anbieters für eine Anwendung des § 17 UrhG auf On-demand Angebote ausreichen.[8] Dieser Ansicht ist entgegenzuhalten, dass § 17 Abs. 1 UrhG das Anbieten als eine die Verbreitung vorbereitende Handlung versteht. Folglich setzt das Verbreitungsrecht voraus, dass das angebotene Werkexemplar selbst zur Zirkulation bestimmt ist.[9] Dies ist jedoch beim Angebot geschützter Werke zur elektronischen Übertragung

---

5 *Schulze*, in: Dreier/Schulze, UrhG, § 17 Rn. 4.

6 *Schricker*, Urheberrecht auf dem Weg zur Informationsgesellschaft, S. 128.

7 *Schricker*, Urheberrecht auf dem Weg zur Informationsgesellschaft, S. 128.

8 *Ahrens*, ZUM 2000, S. 1033; *Koch*, GRUR 1997, S. 426; *Hoeren*, CR 1996, S. 518.

9 *Heerma*, in: Wandtke/Bullinger, UrhR, § 17 Rn. 5; *Schricker*, Urheberrecht auf dem Weg zur Informationsgesellschaft, S. 128; *Ernst*, GRUR, 1997, S. 594; *Schack*, JZ 1998, S. 757; BGH, GRUR 1991, S. 316 – Einzelangebot; BGH GRUR 2003, S. 538 – Paperboy.

über Netzwerke nicht der Fall. Mithin scheidet eine Anwendung des § 17 UrhG auf On-demand Angebote aus.

b) Das Recht der öffentlichen Wiedergabe, § 15 Abs. 2 UrhG a.F.

Näher lag es daher, das On-demand Angebot geschützter Werke als einen Eingriff in das Recht der unkörperlichen Werknutzung zu qualifizieren. Hier stellte sich die Frage, in welches der in § 15 Abs. 2 UrhG a.F. beispielhaft aufgezählten Verwertungsrechte konkret eingegriffen wird.[10] Dabei drängt sich insbesondere das Senderecht aus § 20 UrhG auf.[11]

aa) Das Senderecht, § 20 UrhG

Das Senderecht stellt gem. § 20 UrhG darauf ab, ob Werke einer Öffentlichkeit zugänglich gemacht werden. Urheberrechtlich bedeutsam ist allein der als einseitige Mitteilung verstandene Vorgang des Sendens.[12] Dabei kommt es von vornherein nicht darauf an, ob diejenigen, denen ein Werk zugänglich gemacht wird, am selben Ort versammelt sind, noch darauf, ob sie das Werk tatsächlich wahrnehmen.[13] Auch die zum Sendevorgang eingesetzte Technik, ob analog oder digital, drahtgebunden oder über Funknetze ist unerheblich.[14] In technischer Hinsicht besteht zwischen der herkömmlichen Sendung und einem Online-Angebot somit kein Unterschied;[15] das Senderecht aus § 20 UrhG ist mit Blick auf die dort beschriebene Technik durchaus geeignet, On-demand Angebote zu erfassen.

Jedoch ist zweifelhaft, ob im Rahmen eines On-demand Angebotes inhaltlich von einer Sendung im Sinne des § 20 UrhG gesprochen werden kann. Eine solche liegt nur vor, wenn sich die Wiedergabe gleichzeitig an eine Vielzahl von Empfängern richtet.[16] Der Sendende legt als Anbieter die zeitliche Abfolge der übermittelten Werke fest. Beim On-demand Angebot ist es indes der Abrufende, der darüber entscheidet, welches Werk

---

10 *Völker,* in: Handbuch UrheberR, S. 177.
11 *Flechsig,* UFITA 99 (1985), S. 297.
12 *v. Ungern-Sternberg,* in: Schricker, UrheberR, § 20 Rn. 10.
13 *Schricker,* Urheberrecht auf dem Weg zur Informationsgesellschaft, S. 131.
14 *Ehrhardt,* in: Wandtke/Bullinger, UrhR, §§ 20, 20a, 20b Rn. 10.
15 *Schricker,* Urheberrecht auf dem Weg zur Informationsgesellschaft, S. 131.
16 *Ehrhardt,* in: Wandtke/Bullinger, UrhR, §§ 20, 20a, 20b Rn. 10.

er zu welchem Zeitpunkt konsumiert.[17] Bei On-demand Diensten handelt es sich daher regelmäßig um Individualkommunikation, während sich als Massenkommunikationsinstrument die Sendung typischerweise an einen wesentlich weiteren Empfängerkreis richtet.[18] Dieser Wesensunterschied zwischen Sendung einerseits und On-demand Angebot andererseits verbietet es daher, das elektronische Angebot urhebergesetzlich geschützter Inhalte zum elektronischen Abruf unter das Senderecht aus § 20 UrhG zu subsumieren.[19]

bb) On-demand Dienste als Innominatfall des § 15 Abs. 2 UrhG a.F.

Vor diesem Hintergrund ordnete die überwiegende Ansicht in Rechtsprechung und Literatur das Recht, ein Werk online zum Abruf anzubieten, als unbenanntes, unmittelbar von § 15 Abs. 2 UrhG a.F. erfasstes Recht der öffentlichen Wiedergabe ein.[20] Dabei sollten von diesem Recht zur elektronischen Wiedergabe[21] ebenfalls sämtliche Vervielfältigungsvorgänge von der Speicherung auf dem Server bis zur Wahrnehmung am Bildschirm erfasst sein.[22] Hauptanwendungsfall dieser ungeschriebenen Fallgruppe ist das Bereithalten von Werken zum elektronischen Abruf über WAN, wie insbesondere das Internet, sowie über LAN,[23] wie bei-

17 *Ernst*, GRUR 1997, S. 595; *Nordemann*, in: Fromm/Nordemann § 15 Rn. 2.

18 *Ernst*, GRUR 1997, S. 595.

19 *Wandtke/Schäfer*, GRUR Int. 2000, S. 190; *Ernst*, GRUR 1997, S. 595; *Schricker*, Urheberrecht auf dem Weg zur Informationsgesellschaft, S. 131; *v. Ungern-Sternberg*, in: Schricker, UrheberR, § 15 a.F. Rn. 27ff.; *Nordemann*, in: Fromm/Nordemann § 15 Rn. 2.

20 *Schricker*, Urheberrecht auf dem Weg zur Informationsgesellschaft, S. 133; *Schack*, JZ 1998, S. 757; *Ernst*, GRUR, 1997, S. 594; *Schwarz*, GRUR 1996, S. 836; *Dreier*, in: Dreier/Schulze, UrhG, § 19a Rn. 3, *Rehbinder*, UrheberR, Rn. 218; *v. Ungern-Sternberg*, in: Schricker, UrheberR, § 15 a.F. Rn. 27ff.; *Wandtke/Schäfer*, GRUR Int. 2000, S. 190; LG München I ZUM 2000, S. 418; BGH GRUR 2003, S. 538 – Paperboy.

21 Die Bezeichnung des Rechts war äußerst umstritten: Vorgeschlagen wurde unter anderem „Übertragungsrecht"; "Recht, Werke auf dem Bildschirm abrufbar zu machen", „Recht der Übermittlung an die Öffentlichkeit" oder „Interaktives Anbieterrecht", vgl. die Übersicht in der Kommentierung zu § 15 UrhG a.F. von *Heerma*, in: Wandtke/Bullinger, UrhR, § 15 a.F. Rn. 15.

22 *Schack*, JZ 1998, S. 757.

23 *Heerma*, in: Wandtke/Bullinger, UrhR, § 15 a.F. Rn. 17.

spielsweise das On-demand Angebot urhebergesetzlich geschützter Inhalte im konzerneigenen Intranet der Metro AG *(siehe oben A. II. 1. c)*.

c) Der Begriff der „Öffentlichkeit“ im Sinne des § 15 Abs. 3 UrhG a. F.

Das On-demand Angebot geschützter Inhalte in Forschung und Lehre unterfällt § 15 Abs. 2 UrhG a. F. jedoch nur, wenn es öffentlich i. S. d. § 15 Abs. 3 UrhG a. F. ist. Prägend für das elektronische Angebot von Inhalten über Netzwerke ist, dass diese regelmäßig nicht von einer Mehrzahl von Personen gleichzeitig abgerufen, sondern vielmehr sukzessive vom einzelnen Nutzer zu Zeiten und an Orten seiner Wahl nachgefragt werden.[24] So ist es gerade kennzeichnend für Projekte wie das der Virtuellen Berufsoberschule Bayern (VIBOS) *(siehe oben A. II. 1. a)* oder auch „prometheus“ *(siehe oben A. II. 1. b)*, dass die Nutzer zeit- und ortsunabhängig auf die angebotenen Inhalte zugreifen können. Inwiefern der Öffentlichkeitsbegriff des § 15 Abs. 3 UrhG a. F. ebenfalls die Wiedergabe an eine sog. „sukzessive Öffentlichkeit“[25] erfasst, ist zweifelhaft.

Einer Ansicht entsprechend soll eine öffentliche Wiedergabe nur vorliegen, wenn ein Werk gegenüber einer Mehrzahl von Personen gleichzeitig wiedergegeben wird.[26] Demnach wäre das Angebot von Inhalten über elektronische Abrufsysteme nicht vom Begriff der „öffentlichen“ Wiedergabe i. S. d. § 15 Abs. 3 UrhG a. F. erfasst.

Diese Ansicht hat sich nicht durchgesetzt. § 15 Abs. 3 UrhG a. F. stellte lediglich darauf ab, dass die Wiedergabe für eine Mehrzahl von Personen bestimmt ist. Dem Wortsinn der Norm konnte nichts dahingehend entnommen werden, dass die Mitglieder der Öffentlichkeit das Werk jeweils zur gleichen Zeit wahrnehmen müssen.[27] Zwar mag die öffentliche Wiedergabe traditionell zeitgleich erfolgen, weil dies den bislang vorhandenen technischen Mitteln entsprach. Dies schloß es jedoch nicht aus, auch die Wiedergabe an einzelne Mitglieder der Öffentlichkeit im Rahmen von

---

24 *Schwarz/Reber*, in: Handbuch UrhR, § 21 Rn. 79.

25 *Schricker*, Urheberrecht auf dem Weg zur Informationsgesellschaft, S. 135.

26 *Hoeren*, CR 1996, S. 518; *v. Ungern-Sternberg*, in: Schricker, UrheberR, § 15 a. F. Rn. 59; obiter dictum: BGHZ 113, 159, 161 – Einzelangebot.

27 *Schricker*, Urheberrecht auf dem Weg zur Informationsgesellschaft, S. 135; *Heerma*, in: Wandtke/Bullinger, UrhR, § 15 a. F. Rn. 21; *Nordemann*, in: Fromm/Nordemann, UrheberR-Komm., § 15 Rn. 4.

On-demand Angeboten als „öffentliche" Wiedergabe i.S.d. § 15 Abs. 3 UrhG a.F. zu begreifen.[28]

2. Schranken für Zwecke des Unterrichts und der Forschung

Das Problem der Einordnung des elektronischen Angebots geschützter Inhalte über Netzwerke in den Rechtekanon des § 15 UrhG Abs. 1, 2 UrhG a.F. findet seine Entsprechung bei der Frage nach den Schranken dieses neuen elektronischen Verwertungsrechts. Die Schrankenbestimmungen in den § 45ff. UrhG a.F. sind auf die benannten Verwertungsrechte bezogen; bei Annahme eines unbenannten Verwertungsrechts muss demgemäß jeweils geprüft werden, welche Schranken für das neue Verwertungsrecht gelten.[29] Das On-demand Angebot geschützter Inhalte in Unterricht und Forschung wurde von der überwiegenden Ansicht in Rechtsprechung und Literatur als eine ungeschriebene Fallgruppe des § 15 Abs. 2 UrhG a.F. und damit als ein Fall der unkörperlichen Wiedergabe qualifiziert *(siehe oben D. I. b) bb)*. Vor diesem Hintergrund erscheint es durchaus konsequent, damit auch die Schranken des Urheberrechts anzuwenden, die sich auf die unkörperliche Wiedergabe beziehen.[30] Insbesondere drängt sich die Frage auf, ob und inwieweit sich Forschende und Lehrende vor der Novellierung des Urhebergesetzes bei ihrem On-demand Angebot auf die Beschränkung des Wiedergaberechts in § 52 UrhG a.F. berufen konnten.

§ 52 UrhG a.F. hebt im Interesse der Allgemeinheit für bestimmte privilegierte Zwecke das ausschließliche Recht zur öffentlichen Wiedergabe aus § 15 Abs. 2 UrhG a.F. teils ganz auf (Abs. 1 S. 3), teils schwächt er es durch eine gesetzliche Lizenz ab (Abs. 1 S. 1, 2 und 4, Abs. 2).[31] Gem. § 52 Abs. 1 S. 1 UrhG a.F. ist die öffentlichen Wiedergabe eines erschienenen Werkes zulässig, wenn die Wiedergabe keinem Erwerbszweck des Veran-

---

[28] *Ernst*, GRUR 1997, S. 594; *Zscherpe*, MMR 1998, S. 407; *Leupold/Demisch*, ZUM 2000, S. 382; *Melichar*, CR 1995, S. 758; *Waldenberger*, ZUM 1997, S. 178.

[29] *v. Ungern-Sternberg*, in: Schricker, UrheberR, § 15 a.F. Rn. 59; *Schulze*, in: Dreier/Schulze, § 15 Rn. 12.

[30] *Heerma*, in: Wandtke/Bullinger, UrhR, § 15 a.F. Rn. 18; *Ahrens*, ZUM 2000, S. 1031.

[31] *v. Ungern-Sternberg*, in: Schricker, UrheberR, § 52 a.F. Rn. 1.

stalters dient, die Teilnehmer ohne Entgelt zugelassen werden und im Fall des Vortrages oder der Aufführung des Werkes keiner der ausübenden Künstler eine Vergütung erhält. Diese Voraussetzungen werden bei dem On-demand Angebot von öffentlichen Schulen und Universitäten regelmäßig vorliegen. So werden beispielsweise den Schülern des Clavus-Gymnasiums in Bamberg geschützte Inhalte im Rahmen des Projekts „Deutsch digital" *(siehe oben A. II. 1. a)* zum kostenlosen Download angeboten. Ob die Schranke des § 52 Abs. 1 UrhG a.F. jedoch überhaupt auf On-demand Nutzungen anwendbar ist, ist äußerst umstritten.

Einer Ansicht entsprechend ist § 52 UrhG a.F. auf On-demand Situation generell unanwendbar.[32] So sei bei der Schaffung der Norm diese Nutzungsart dem Gesetzgeber gänzlich unbekannt gewesen. Der Ausnahmecharakter des § 52 UrhG a.F. verbiete jedoch seine Anwendung auf solche Nutzungsmöglichkeiten, die der Gesetzgeber zum Zeitpunkt der Schaffung der Schranke nicht kannte.[33] Ein On-demand Angebot in Forschung und Lehre gestützt auf § 52 Abs. 1 UrhG a.F. scheidet nach dieser Ansicht mithin aus.

Die Gegenauffassung lässt On-demand Angebote erschienener Werke als unbenannte Form der öffentlichen Wiedergabe gestützt auf § 52 UrhG a.F. grundsätzlich zu.[34] Solange die Wiedergabe nicht einem Erwerbszweck des Veranstalters diene und die Teilnehmer ohne Entgelt zugelassen werden, habe der Urheber hinsichtlich des On-demand Angebots seines Werkes kein Verbotsrecht.[35] Er könne allein seinen Vergütungsanspruch aus § 52 Abs. 1 S. 2 UrhG a.F. geltend machen, solange kein Fall des § 52 Abs. 1 S. 3 UrhG a.F. vorliege.[36] Jedoch betont diese Ansicht, dass ein umfassendes schrankengestütztes On-demand Angebot regelmäßig an § 53 Abs. 6 UrhG a.F. scheitere, welcher die Schranke des § 52 UrhG a.F. wiederum begrenze.[37] Gem. § 53 Abs. 6 UrhG a.F. dürfen Vervielfältigungsstücke, die gem. Abs. 1 bis 3 zulässigerweise erstellt worden sind, danach nicht zu öffentlichen Wiedergaben verwandt werden. Das On-demand Angebot geschützter Inhalte setzt jedoch zwangsläufig ein

32 *Nordemann*, in: Fromm/Nordemann, UrheberR-Komm., § 52 Rn. 4.
33 *Nordemann*, in: Fromm/Nordemann, UrheberR-Komm., § 52 Rn. 4.
34 *Heerma*, in: Wandtke/Bullinger, UrhR, § 15 a.F. Rn. 18; *Ahrens*, ZUM 2000, S. 1031.
35 *Hoeren*, in: Cyberlaw, S. 104; *Kreutzer*, GRUR 2001, S. 199.
36 *Heerma*, in: Wandtke/Bullinger, UrhR, § 15 a.F. Rn. 18.
37 *v. Bernuth*, ZUM 2003, S. 442.

Uploading dieser Inhalte auf dem Server des Anbieters und damit eine Vervielfältigungshandlung voraus.[38] Diese Vervielfältigung darf indes gem. § 53 Abs. 6 UrhG a.F. nicht mehr zur öffentlichen Wiedergabe benutzt werden, auch nicht in Form des Bereithaltens zum elektronischen Abruf.[39]

Eine Entscheidung dieses Streits kann damit dahin gestellt bleiben. Im Ergebnis besteht zwischen beiden Ansichten kein Unterschied. Die erstgenannte Ansicht verneint bereits die Anwendbarkeit des § 52 UrhG a.F. auf On-demand Dienste. Es fehlt nach dieser Ansicht bereits an einer Privilegierung, auf die sich Forschende und Lehrende im Rahmen ihres elektronischen Wissensangebotes berufen könnten. Die letztgenannte Ansicht hält § 52 UrhG a.F. auch auf On-demand Angebote für anwendbar, betont indes die Einschränkung der Schranke über § 53 Abs. 6 UrhG a.F. Danach könnten zwar Forschende, gestützt auf § 53 Abs. 2 Nr. 1 UrhG a.F., und Lehrende, gestützt auf § 53 Abs. 3 Nr.1, 2 UrhG a.F., Werke im Rahmen des Uploadings vervielfältigen, jedoch dürfen sie diese gem. § 53 Abs. 6 UrhG a.F. nicht öffentlich wiedergeben. Nach dieser Ansicht scheitern schrankengestützte elektronische Wissensangebote in Unterricht und Forschung damit regelmäßig an der Begrenzung der Schranke zur öffentlichen Wiedergabe über § 53 Abs. 6 UrhG a.F.

Ein schrankengestütztes Angebot digitaler Inhalte über Netzwerke für Zwecke des Unterrichts und der Forschung war folglich vor der Novellierung des Urheberrechts kaum möglich. Ob und in welchem Umfang sich dies durch die Umsetzung der internationalen Vorgaben *(siehe oben B.)* änderte, ist Gegenstand des nun folgenden Teils der Arbeit.

---

38 *Ahrens*, ZUM 2000, S. 1031; *v. Bernuth*, ZUM 2003, S. 442.

39 *Ahrens*, ZUM 2000, S. 1031; *Heerma*, in: Wandtke/Bullinger, UrhR, § 15 a.F. Rn. 18.

II. Das On-demand Angebot urheberrechtlich geschützter Inhalte in Unterricht und Forschung nach Implementierung der Richtlinie 2001/29/EG in das deutsche Recht

1. Die Entstehungsgeschichte des § 52a UrhG

Mit dem Inkrafttreten des Gesetzes zur Regelung des Urheberrechts in der Informationsgesellschaft[40] am 13. September 2003 wurde der Rechtsrahmen zum On-demand Angebot digitaler Inhalte in Forschung und Lehre erstmalig ausdrücklich urhebergesetzlich geregelt.[41] Mit der Einführung des § 52a UrhG als Begrenzung des neuen urheberrechtlichen Ausschließlichkeitsrechts der öffentlichen Zugänglichmachung aus § 19a UrhG sollte die „schrankengestützte Nutzung moderner Kommunikationsformen“[42] den Bereichen des Unterrichts und der Wissenschaft nicht länger verwehrt sein. Dabei war der Weg dieser Schranke von ihren völker- und europarechtlichen Grundlagen in das deutsche Urhebergesetz äußerst schwierig.[43]

Ziel des Gesetzes zur Regelung des Urheberrechts in der Informationsgesellschaft war es, das deutsche Urheberrecht durch die Umsetzung der Vorgaben aus InfoSoc-RL und den WIPO-Verträgen *(siehe oben B.)* der Entwicklung im Bereich der digitalen Informations- und Kommunikationstechnologie anzupassen.[44] Dabei sollte einerseits der Schutz der Rechteinhaber im digitalen Umfeld gewährleistet, zum anderen auch den Nutzern ein Rechtsrahmen vorgegeben werden, der einen effizienten Einsatz der neuen Technologien zulassen und die Entwicklung der Informationsgesellschaft fördern sollte.[45] Die Arbeiten zur Anpassung des Urheberrechts an den zunehmenden Einsatz moderner Informations-

---

40 BGBl. I 2003, S. 1774–1788.

41 *Dreier*, in: Dreier/Schulze, UrhG, § 52a Rn. 1.

42 Erläuterung des Gesetzesentwurfes der Bundesregierung zur Regelung des Urheberrechts in der Informationsgesellschaft, BT-Dr. 15/38, S. 22.

43 *Haupt*, ZUM 2004, S. 107; *v. Bernuth*, ZUM 2003 S. 438; *v. Olenhusen*, ZRP 2003, S. 234; *Ensthaler*, K&R 2003, S. 209; *Schippan* ZUM 2003, S. 381; *Lauber/Schwipps*, GRUR 2004, S. 296.

44 BT-Dr. 15/38, S. 1, 14.

45 BT-Dr. 15/38, S. 14.

technologie in weiten Teilen der Gesellschaft begannen dabei bereits deutlich vor Verabschiedung der InfoSoc-RL am 22. Mai 2001.

Den ersten Schritt dazu, der wachsenden Bedeutung digitaler Informationstechnologie durch eine Anpassung des Urheberrechtsrahmens Rechnung zu tragen, unternahm der Bundestag am 5. Dezember 1995, als er durch Beschluss die Enquête-Kommission zur „Zukunft der Medien in Wirtschaft und Gesellschaft – Deutschlands Weg in die Informationsgesellschaft" einsetzte.[46] In ihrem zweiten Zwischenbericht[47] vom 30. Juni 1997 unterstrich die Kommission deutlich die Notwendigkeit der Anpassung des Urheberrechts an ein digitales Informationsumfeld. Darüber hinaus gab das Bundesministerium der Justiz (BMJ) im Juli 1996 beim Max-Planck-Institut für ausländisches und internationales Patent-, Urheber- und Wettbewerbsrecht eine Untersuchung zur Anpassung des geltenden deutschen Urheberrechts im Hinblick auf die technologische Entwicklung zur Informationsgesellschaft in Auftrag.[48]

Ein erstes Ergebnis legte das Ministerium mit einem „Referentenentwurf für ein Gesetz zur Regelung des Urheberrechts in der Informationsgesellschaft"[49] am 18. März 2002 vor. Inhalt dieses Entwurfes war u.a. die Gewährung des Ausschließlichkeitsrechts der öffentlichen Zugänglichmachung in § 19a UrhG-E als eine Form des Rechts der öffentlichen Wiedergabe gem. § 15 Abs. 2 Nr. 2 UrhG-E. Damit wurde das Recht zum Werkangebot in interaktiven Abrufsystemen nunmehr explizit dem Urheber zugewiesen. Die Annahme eines unbenannten Rechts der öffentlichen Wiedergabe gem. § 15 Abs. 2 UrhG a.F. zur Erfassung von On-demand Diensten *(siehe oben D. I. 1. b) bb)* sollte dadurch zukünftig nicht länger erforderlich sein.[50] Eine Einschränkung des Rechts der öffentlichen Zugänglichmachung für Zwecke des Unterrichts und der Forschung enthielt der Referentenentwurf indes nicht. Erst der am 16. August 2002 vom BMJ vorgestellte Gesetzesentwurf sah in einem neu einzuführenden § 52a UrhG-E eine auf Art. 5 Abs. 3 lit. a) InfoSoc-RL gestützte Ein-

---

46 BT-Dr. 13/3219, S. 3.

47 Vgl. den Bericht „ Neue Medien und Urheberrecht", BT-Dr. 13/8110.

48 Vgl. *Schricker,* Urheberrecht auf dem Weg zur Informationsgesellschaft.

49 Referentenentwurf des BMJ, UFITA 2004/I, S. 143 ff.

50 Referentenentwurf des BMJ, UFITA 2004/I, S. 164.

schränkung des Rechts der öffentlichen Zugänglichmachung für Zwecke von Unterricht und Forschung vor.[51]

a) Der Regierungsentwurf vom 16. August 2002

Nach einer Anhörung am 22. April 2002 und einem Beschluss des Kabinetts am 31. Juli 2002 legte das BMJ am 16. August 2002 einen zweiten, geänderten Entwurf eines Gesetzes zur Regelung des Urheberrechts in der Informationsgesellschaft vor.[52] Dieser geänderte Entwurf enthielt nun erstmalig den Vorschlag, um „berechtigten Interessen aus den Bereichen Unterricht und Wissenschaft" an einer „schrankengestützten Nutzung moderner Kommunikationsformen" Rechnung zu tragen[53], das Recht der öffentlichen Zugänglichmachung aus § 19a UrhG-E für Zwecke des Unterrichts und der Forschung durch Einführung einer Schranke wie folgt zu begrenzen:

§ 52a UrhG-E
Öffentliche Zugänglichmachung für Unterricht und Forschung

(1) Zulässig ist, veröffentlichte Werke

1. zur Veranschaulichung im Unterricht ausschließlich für den bestimmt abgegrenzten Kreis von Unterrichtsteilnehmern oder

2. ausschließlich für einen bestimmt abgegrenzten Kreis von Personen für deren eigene wissenschaftliche Forschung

öffentlich zugänglich zu machen, soweit die Zugänglichmachung zu dem jeweiligen Zweck geboten und zur Verfolgung nicht kommerzieller Zwecke gerechtfertigt ist.

(2) Zulässig sind in den Fällen des Absatzes 1 auch die mit der öffentlichen Zugänglichmachung im Zusammenhang stehenden Vervielfältigungen, soweit die Vervielfältigungen zu dem jeweiligen Zweck geboten sind.

(3) Für die öffentliche Zugänglichmachung nach Absatz 1 Nr. 2 ist eine angemessene Vergütung zu zahlen. Dies gilt auch für die mit einer öffentlichen Zugänglichmachung nach Absatz 1 Nr. 2 im Zusammenhang stehenden Vervielfältigungen nach Absatz 2. Der Anspruch kann nur durch eine Verwertungsgesellschaft geltend gemacht werden.

---

51 BT-Dr. 684/02, S. 6.

52 BT-Dr. 684/02, S. 2.

53 BT-Dr. 684/02, S. 44.

Dem Entwurf zur Umsetzung der fakultativen Schrankenregelung des Art. 5 Abs. 3 lit. a) InfoSoc-RL in das deutsche Urheberrecht folgte ein Sturm der Entrüstung seitens des Verlagswesens sowie einzelner Interessenverbände *(siehe oben A. III. 1.)* So sah die gemeinsame Stellungnahme von Börsenverein des Deutschen Buchhandels und VdS Bildungsmedien in § 52a UrhG-E einen existenzgefährdenden Eingriff in die berechtigten Interessen der Schulbuch-, Fach- und Wissenschaftsverlage durch weitreichende schrankengestützte On-demand Angebote in Unterricht und Forschung und damit einen Verstoß sowohl gegen Art. 14 Abs. 1 GG als auch gegen Art. 5 Abs. 5 InfoSoc-RL.[54] Die Interessengemeinschaft Filmproduktion (Film 20) sowie die Spitzenorganisation der Filmwirtschaft (SPIO) forderten die sofortige Streichung des § 52a aus dem Regierungsentwurf.[55] Die durch die Schranke privilegierte vergütungsfreie öffentliche Zugänglichmachung ganzer Werke für Zwecke des Unterrichts über elektronische Abrufsysteme komme de facto einer Enteignung gleich.[56]

b) Die Stellungnahme des Bundesrates vom 27. September 2002

Am 27. September 2002 nahm der Bundesrat zu dem seitens der Regierung am 16. August 2002 vorgelegten Entwurf zur Implementierung der InfoSoc-RL in das deutsche Urheberrecht Stellung.[57] Hinsichtlich des

---

54 *Sprang/Baer*, Gemeinsame Stellungnahme des Börsenvereins des deutschen Buchhandels und des VdS Bildungsmedien e. V. zum Regierungsentwurf für ein Gesetz zur Regelung des Urheberrechts in der Informationsgesellschaft, abrufbar unter: http://www.urheberrecht.org/topic/Info-RiLi/st/StellungnahmeBvRegE03.rtf (Abruf vom 25. 8. 2006).

55 *Evers/Schwarz*, Stellungnahme der SPIO und Film 20 zu dem Regierungsentwurf Urheberrecht in der Informationsgesellschaft, abrufbar unter: http://www.urheberrecht.org/topic/Info-RiLi/st/st_film_regentw_28_08_02.pdf (Abruf vom 25. 8. 2006).

56 *Evers/Schwarz*, Stellungnahme der SPIO und Film 20 zu dem Regierungsentwurf Urheberrecht in der Informationsgesellschaft, abrufbar unter: http://www.urheberrecht.org/topic/Info-RiLi/st/st_film_regentw_28_08_02.pdf (Abruf vom 25. 8. 2006); zustimmend: *Baer*, Stellungnahme Vds Bildungsmedien zu § 52a des Regierungsentwurfes hinsichtlich des Gesetzes zur Regelung des Urheberrechts in der Informationsgesellschaft, abrufbar unter: http://www.urheberrecht.org/topic/Info-RiLi/st/StellungnahmeVds_UrhG52a.pdf (Abruf vom 25. 8. 2006).

57 BR-Dr. 684/02; BT-Dr. 15/38 S. 35.

§ 52a UrhG-E mahnte der Bundesrat zunächst die fehlende äußere Systematik der Vorschrift an – insbesondere entstehe eine Schieflage im Verhältnis zu § 53 Abs. 3 Nr. 1 UrhG-E.[58] Es sei – so der Bundesrat – nicht einzusehen, aus welchem Grunde § 52a Abs. 1 Nr. 1 UrhG-E eine vergütungsfreie schrankengestützte öffentliche Zugänglichmachung kompletter Werke für Zwecke des Unterrichts gestatte, während § 53 Abs. 3 Nr. 1 UrhG-E lediglich eine gem. § 54a UrhG vergütungspflichtige Vervielfältigung von kleinen Teilen eines Werkes oder von einzelnen Beiträgen aus Zeitungen oder Zeitschriften erlaube. In besonderer Weise werde das zwischen beiden Vorschriften bestehende Missverhältnis durch eine nähere Betrachtung des § 52a Abs. 2 UrhG-E deutlich. Dieser erlaube – ebenso wie der § 53 Abs. 3 Nr. 1 UrhG-E – einen Eingriff in das Vervielfältigungsrecht aus § 16 UrhG-E, z.B. im Wege des Einscannens des Werkes seitens des Zugänglichmachenden.[59] Eine Begrenzung des Werkumfanges sowie eine Vergütungspflicht sei in § 52a Abs. 2, 3 UrhG-E bei der öffentlichen Zugänglichmachung für Zwecke des Unterrichts indes nicht vorgesehen. Eine derart unterschiedliche Reichweite des durch die Schranke des § 52a Abs. 2 UrhG-E einerseits sowie des § 53 Abs. 3 Nr. 1 UrhG-E andererseits legitimierten Eingriffs in das gleiche Ausschließlichkeitsrecht entbehre jeder Grundlage, zumal beide Vorschriften das einheitliche Ziel verfolgten, den Interessen der Ausbildung Rechnung zu tragen.[60] Der Bundesrat befürchtete vor diesem Hintergrund in der Praxis eine Umgehung der Beschränkung des Vervielfältigens nach § 53 Abs. 3 Nr. 1 UrhG-E sowie der Vergütungspflicht des § 54a UrhG durch eine der Vervielfältigung vorgeschaltete öffentliche Zugänglichmachung nach § 52a Abs. 1 Nr. 1, Abs. 2 UrhG-E.[61]

Über diese Punkte hinaus bemängelte der Bundesrat in seiner Stellungnahme die Unbestimmtheit des Wortlauts der Schranke. So lasse die aus Art. 5 Abs. 3 lit. a) der InfoSoc-RL übernommene Formulierung in Abs. 1 Nr. 1 des Entwurfes „zur Veranschaulichung im Unterricht" eine weite Interpretation der durch die Norm privilegierten Zwecke zu und berge damit die Gefahr eines vollständigen Einscannens kompletter Werke auf Vorrat.[62] Ein solches Vorgehen könne im Extremfall zu einem digitalen

---

58 BT-Dr. 15/38, S. 35; *Haupt*, ZUM 2004, S. 107.
59 BT-Dr. 15/38, S. 35.
60 BT-Dr. 15/38, S. 36; *Haupt*, ZUM 2004, S. 107.
61 BT-Dr. 15/38, S. 36.
62 BT-Dr. 15/38, S. 36.

„Ausschlachten"[63] von Werken dergestalt führen, dass jede Schule von jeder Neuauflage eines Werkes lediglich ein Exemplar zur Einspeisung in ein digitales Abrufsystem anschafft und Schulbuchverlage durch eine solche Praxis ihren Primärmarkt verlieren.[64] Vor diesem Hintergrund der weitreichenden Wirkung der Schranke, so der Bundesrat abschließend, müsse sich der § 52a UrhG-E sowohl an dem in Art. 5 Abs. 5 der InfoSoc-RL normierten Dreistufentest als auch an Art. 14 Abs. 1 des GG messen lassen.

Die Kritik des Bundesrates an § 52a UrhG-E, die auf eine die Reichweite der Schranke begrenzende Korrektur hindeutete,[65] führte zu heftigen Reaktionen der Vertreter einer freiheitlichen Konzeption des neuen Urheberrechts *(siehe oben A. III.)*. Vertreter der Hochschulen, Wissenschaftler und Bibliotheken plädierten für den Bestand der Vorschrift in der Fassung des Regierungsentwurfes.[66] So betonte die gemeinsame Stellungnahme der Bundesvereinigung Deutscher Bibliotheksverbände (BDB) und der Deutschen Gesellschaft für Informationswissenschaft und Informationspraxis (DGI), dass eine weitergehende Einschränkung die ohnehin eng gefasste Vorschrift ad absurdum führen und nachhaltig den Bildungs- und Wissenschaftsstandort Deutschland gefährden werde.[67]

Teilweise forderten die Vertreter des freiheitlichen Ansatzes sogar eine Ausweitung der Schranke dahingehend, dass der „free flow of information"[68] auch für wissenschaftliche Zwecke von der Schranke umfasst sein müsse. Die im Regierungsentwurf vorgesehene Vergütungspflicht für

63 BT-Dr. 15/38, S. 36.

64 BT-Dr. 15/38, S. 36; *Haupt*, ZUM 2004, S. 107; *v. Bernuth*, ZUM 2003 S. 438.

65 *Suttorp*, § 52a UrhG, S. 48.

66 Vgl. die Pressemitteilung Bibliotheken und informationswissenschaftliche Verbände für faires Urheberrecht, abrufbar unter: http://www.bibliotheksverband.dbv/pressemitteilungen/presse26032003 (Abruf vom 16. 9. 2006); *Suttorp*, § 52a UrhG, S. 48.

67 Stellungnahme der BDB und der DGI zum Entwurf eines Gesetzes zur Regelung des Urheberrechts in der Informationsgesellschaft, abrufbar unter: http:www.urheberrecht.org/topic/Info-RiLi/st/schreiben_beger.pdf (Abruf vom 27. 10. 2006).

68 Stellungnahme des Verbandes deutscher Kunsthistoriker e. V., abrufbar unter: http:www.urheberrecht.org/topic/Info-RiLi/st/Kunsthistoriker.pdf (Abruf vom 27. 10. 2006).

Zwecke der Forschung hingegen schränke die Freiheit der Wissenschaft ein oder verhindere sie gänzlich.[69]

Angesichts der Gegensätzlichkeit der vorgetragenen Positionen, kündigte die Bundesregierung an, eine Anhörung der beteiligten Kreise am 15. Oktober 2002 im Presse- und Informationsamt der Bundesregierung ausschließlich zu § 52a UrhG-E durchzuführen.[70] Diese Anhörung verdeutlichte indes allein die enormen Differenzen bei der Gestaltung der digitalen Wissensordnung zwischen den Vertretern des proprietären Ansatzes einerseits und den Verfechtern einer zugangsoffenen Konzeption andererseits.[71]

In ihrer Gegenäußerung zur Stellungnahme des Bundesrates signalisierte jedoch die Bundesregierung gegenüber den Kritikpunkten des Bundesrates Kompromissbereitschaft.[72] Sie erklärte sich bereit, den Anwendungsbereich des § 52a UrhG-E auf die öffentliche Zugänglichmachung von kleinen Teilen eines Werkes, Werke geringen Umfanges sowie von einzelnen Beiträgen aus Zeitungen oder Zeitschriften zu begrenzen.[73] Gleichzeitig schlug sie vor, die Regelung auch auf den Unterricht an Hochschulen auszuweiten und die Vergütungspflicht auf Werknutzungen im Unterrichtsbereich auszudehnen.[74] Zudem sei erwägenswert, so die Bundesregierung im Abschluss ihrer Gegenäußerung, die öffentliche Zugänglichmachung von Filmwerken nach dem Vorbild des bisherigen § 52 Abs. 3 UrhG an die Einwilligung des Rechteinhabers zu koppeln.[75]

c) Der Gesetzesentwurf der Bundesregierung vom 6. November 2002

Der von der Bundesregierung am 6. November 2002 vorgelegte Gesetzesentwurf zur Regelung des Urheberrechts in der Informationsgesellschaft blieb von diesen Zugeständnissen an die Verwerterinteressen unberührt

69 Stellungnahme des Verbandes deutscher Kunsthistoriker e. V., abrufbar unter: http:www.urheberrecht.org/topic/Info-RiLi/st/Kunsthistoriker.pdf (Abruf vom 27. 10. 2006).

70 BT-Dr. 15/38, S. 40; *Haupt*, ZUM 2004, S. 107; *v. Bernuth*, ZUM 2003 S. 438.

71 *Suttorp*, § 52a UrhG, S. 48.

72 *Suttorp*, § 52a UrhG, S. 49.

73 BT-Dr. 15/38, S. 40.

74 BT-Dr. 15/38, S. 40; *Haupt*, ZUM 2004, S. 107; *v. Bernuth*, ZUM 2003 S. 438.

75 BT-Dr. 15/38, S. 40.

und enthielt eine – im Vergleich zum Regierungsentwurf vom 16. August 2002 – unveränderte Fassung des § 52a UrhG-E.[76] Die Bundesregierung begründete dies mit der bereits abgelaufenen Umsetzungsfrist der Info-Soc-RL. Vor diesem Hintergrund käme es nun zunächst darauf an, das Gesetz zügig zu verabschieden und einzelne Änderungen nachträglich einzuarbeiten.[77] So betonte sie im Rahmen der ersten Lesung im Bundestag am 14. November 2002 ausdrücklich die geplante Eingrenzung des § 52a UrhG-E.[78]

Ungeachtet dieser Absicht der Bundesregierung formierten sich im Laufe des Gesetzgebungsverfahrens neue Allianzen auf Verwerterseite.[79] So forderte der Börsenverein des deutschen Buchhandels, der Bundesverband Informationswirtschaft, Telekommunikation und neue Medien (BITKOM), der Bundesverband der Deutschen Industrie (BDI), der Verband deutscher Zeitschriftenverleger (VDZ), der Bundesverband deutscher Zeitungsverleger (BDZV) und Vds Bildungsmedien in ihrer gemeinsamen Stellungnahme vom 16. Dezember 2002 die vollständige Streichung des § 52a UrhG-E. Überdies sei die seitens der Bundesregierung vorgeschlagene Eingrenzung der Schranke auf die Nutzung kleiner Teile von Werken praxisfremd und nicht durchsetzbar.[80] Allein durch die ersatzlose Streichung des § 52a UrhG-E könne Schaden vom Forschungs- und Bildungsstandort Deutschland abgewendet werden.[81]

Um genau dieses Ziel der Schadensabwendung zu erreichen, forderten hingegen die Vertreter des freiheitlichen Ansatzes *(siehe oben A. III.)* weiterhin die Einführung des § 52a UrhG-E in seiner ursprünglichen Fassung, d.h. ohne die seitens der Bundesregierung vorgeschlagene Redu-

76 *Suttorp*, § 52a UrhG, S. 49.

77 BT-Dr. 15/38, S. 40.

78 Plenarprotokoll des Bundestages, 15/10, S. 631.

79 *Suttorp*, § 52a UrhG, S. 49.

80 Stellungnahme der BITKOM zu § 52a Regierungsentwurf für ein Gesetz zur Regelung des Urheberrechts in der Informationsgesellschaft, abrufbar unter: http:www.urheberrecht.org/topic/Info-RiLi/st/BITKOM-Stellungn-11-10-02.pdf (Abruf vom 27. 10. 2006).

81 Stellungnahme der BITKOM zu § 52a Regierungsentwurf für ein Gesetz zur Regelung des Urheberrechts in der Informationsgesellschaft, abrufbar unter: http:www.urheberrecht.org/topic/Info-RiLi/st/BITKOM-Stellungn-11-10-02.pdf (Abruf vom 27. 10. 2006).

zierung des Nutzungsumfangs auf kleine Teile.[82] Die Schranke bilde ein notwendiges Korrektiv, um das gem. Art. 14 Abs. 2 GG erforderliche Interessengleichgewicht angesichts der Expansion der Schutzrechte zu erhalten.[83]

Die Bundesregierung unternahm am 29. Januar 2003 einen weiteren Versuch mit dem Ziel einer Annäherung beider Ansätze zur Konzeption der digitalen Urheberrechtsordnung und beraumte eine Sachverständigenanhörung vor dem Rechtsauschuss des Deutschen Bundestages an. Im Rahmen dieser öffentlichen Anhörung führten die Gegner des § 52a UrhG- E insbesondere verfassungs- sowie europarechtliche Bedenken gegen eine Verabschiedung ins Feld. So bezweifelten sie die Vereinbarkeit der Schranke sowohl mit ihren Vorgaben aus Art. 14 Abs. 1 GG als auch aus Art. 5 Abs. 5 der InfoSoc-RL. Überdies verwiesen sie auf ausreichende bestehende Möglichkeiten, z.B. mittels der Landesmedienzentren,[84] digitale Inhalte für Zwecke des Unterrichts zu beschaffen.[85] Von Seiten der Wissenschaft wurde zur Legitimation des § 52a UrhG-E angeführt, dass Wissen auch in einem digitalen Umfeld – mit seinen neuen Formen der Informationsverteilung und neuen Möglichkeiten der Steuerung des Informationszugangs – für Forschende beschaffbar bleiben müsse.[86]

Während die einzelnen Stellungnahmen der unterschiedlichen Interessenverbände allein darauf gerichtet waren, den gesetzgeberischen Entscheidungsprozess bei der Ausgestaltung des § 52a UrhG-E zu beeinflussen, reagierte die Arbeitsgemeinschaft wissenschaftlicher Verleger – unterstützt vom Börsenverein des deutschen Buchhandels – auf den Gesetzesentwurf der Bundesregierung vom 6. November 2002 auf gänzlich

---

82 *Suttorp*, § 52a UrhG, S. 50.

83 Stellungnahme des Instituts für Rechtsfragen der Freien und Open Source Software (IFROSS) zum Regierungsentwurf für ein Gesetz zur Regelung des Urheberrechts in der Informationsgesellschaft, abrufbar unter: http:www.urheberrecht.org/topic/Info-RiLi/st/ifross/art25.pdf (Abruf vom 11. 11. 2006).

84 Zur Bereitstellung von Bildungsmedien über die Landesmedienzentren vgl. http://www.landesmedienzentren.de (Abruf vom 30. 8. 2006).

85 *Haupt*, ZUM 2004, S. 107; *v. Bernuth*, ZUM 2003 S. 438.

86 Stellungnahme der Deutschen Initiative für Netzwerkinformation e.V. (DINI), abrufbar unter: http:www.urheberrecht.org/topic/Info-RiLi/st/DINI_UrhG-Novelle.pdf (Abruf vom 11. 10. 2006).

andere Weise.[87] Mit ihrer Initiative „Verlage und Wissenschaftler für ein faires Urheberrecht“ versuchte sie mit großflächigen Anzeigen auf Plakatwänden, in Tageszeitungen, Nachrichtenmagazinen und Illustrierten sowie einer eigens eingerichteten Website, die Öffentlichkeit für die vollständige Streichung des § 52a UrhG-E zu gewinnen.[88]

Abbildung 1: Die Printkampagne der Initiative „Verlage und Wissenschaftler für ein faires Urheberrecht“

Der geplante §52a des Urheberrechtsgesetzes gefährdet die Zukunft von Wissenschaft, Forschung und Verlagen in Deutschland.

VERLAGE UND WISSENSCHAFTLER FÜR EIN FAIRES URHEBERRECHT

Universitäten und Schulen müssen sparen. Darum dürfen sie in Zukunft Bücher und Zeitschriften klauen.

VERLAGE UND WISSENSCHAFTLER FÜR EIN FAIRES URHEBERRECHT

Stellen Sie sich vor, Sie schreiben ein Buch und der Staat nimmt es Ihnen einfach weg.

VERLAGE UND WISSENSCHAFTLER FÜR EIN FAIRES URHEBERRECHT

Die Kampagne stieß – neben den Befürwortern des § 52a UrhG-E – insbesondere beim BMJ auf heftige Ablehnung.[89] So kritisierte das BMJ die seitens der Initiative getroffenen Aussagen zur Reichweite der Schranke und bezeichnete sie als falsch und Verwirrung stiftend.[90] Allein durch eine Rückkehr zur Sachlichkeit sei eine weitere Diskussion über die zukünftige Ausgestaltung der neuen Urheberrechtsordnung möglich.[91]

---

87 *Suttorp*, § 52a UrhG, S. 51.

88 Z. B. die Leitartikel der FAZ vom 8. April 2003, S. 1 und in der SZ vom 9. April 2003, S. 4; Anzeigen der Initiative „Verlage und Wissenschaftler für ein faires Urheberrecht“ wurden z.B. geschaltet im Handelsblatt vom 25. März 2003, S. 7 sowie in der SZ vom 26. März 2003, S. 8.

89 *Zypries*, NJW-Editorial 16/2003.

90 BMJ, Pressemitteilung Nr. 22/03 vom 28. März 2003 – Das neue Urheberrecht – ein fairer Kompromiss zwischen geistigem Eigentum und Wissensgesellschaft, abrufbar unter: http://bmj.de (Abruf vom 29. 8. 2006).

91 *Zypries*, NJW-Editorial 16/2003.

d) Der Antrag der Berichterstatter vom 14. März 2003

Am 14. März 2003 lagen die Anträge der Berichterstatter der Koalitionsfraktionen zur Änderung des Gesetzesentwurfes vor.[92] Diese sahen einen, im Vergleich zu den identischen Fassungen vom 16. August 2002 und vom 6. November 2002, veränderten Wortlaut des § 52a UrhG-E vor. Die Änderungen entsprachen dabei weitgehend den Ankündigungen der Gegenäußerung der Bundesregierung. So wurde der durch die Schrankenregelung privilegierte Bereich in Anlehnung an den bisherigen § 53 Abs. 3 UrhG weiter und die zulässigen Nutzungshandlungen im Vergleich zu den ursprünglichen Entwürfen mit einer Beschränkung auf Teile von Werken nunmehr enger gefasst.[93] Zudem wurde durch die Schaffung von Bereichsausnahmen die Interessen der Schulbuchverlage, der wissenschaftlichen Verlage und der Filmindustrie stärker im Gesetzesentwurf berücksichtigt.[94] Darüber hinaus sollte allein die für die öffentliche Zugänglichmachung erforderliche Vervielfältigung zulässig und sowohl die Nutzung für Zwecke des Unterrichts als auch der Forschung vergütungspflichtig sein. Der Nr. 14 des Antrags der Berichterstatter der Koalitionsfraktionen entsprechend[95], sollte der Wortlaut des § 52a UrhG-E wie folgt gefasst werden:

§ 52a
Öffentliche Zugänglichmachung für Unterricht und Forschung

(1) Zulässig ist,

1. veröffentlichte kleine Teile eines Werkes, Werke geringen Umfangs sowie einzelne Beiträge aus Zeitungen oder Zeitschriften zur Veranschaulichung im Unterricht an Schulen, Hochschulen, nichtgewerblichen Einrichtungen der Aus- und Weiterbildung sowie an Einrichtungen der Berufsbildung ausschließlich für den bestimmt abgegrenzten Kreis von Unterrichtsteilnehmern oder

---

92 Der Antrag der Berichterstatter der Koalitionsfraktionen ist abrufbar unter: http://www.urheberrecht.org/topic/Info-RiLi/ent/Antrag-Berichterst.pdf (Abruf vom 12. 5. 2006).

93 *v. Bernuth*, ZUM 2003 S. 439.

94 Vgl. Punkt 1 des Vorblattes des Antrages der Berichterstatter der Koalitionsfraktionen; abrufbar unter: http://www.urheberrecht.org/topic/Info-RiLi/ent/FormulBMJ-Vorblatt.pdf (Abruf vom 12. 5. 2006).

95 http://www.urheberrecht.org/topic/Info-RiLi/ent/Antrag-Berichterst.pdf (Abruf vom 12. 5. 2006).

2. *veröffentlichte Teile eines Werkes, Werke geringen Umfangs sowie einzelne Beiträge aus Zeitungen oder Zeitschriften ausschließlich für einen bestimmt abgegrenzten Kreis von Personen für deren eigene wissenschaftliche Forschung*

öffentlich zugänglich zu machen, soweit dies zu dem jeweiligen Zweck geboten und zur Verfolgung nicht kommerzieller Zwecke gerechtfertigt ist.

(2) Die öffentliche Zugänglichmachung eines für den Unterrichtsgebrauch an Schulen bestimmten Werkes ist stets nur mit Einwilligung des Berechtigten zulässig. Die öffentliche Zugänglichmachung eines Filmwerkes ist vor Ablauf von zwei Jahren nach Beginn der üblichen regulären Auswertung in Filmtheatern im Geltungsbereich dieses Gesetzes stets nur mit Einwilligung des Berechtigten zulässig.

(3) Zulässig sind in den Fällen des Absatzes 1 auch die zur öffentlichen Zugänglichmachung erforderlichen Vervielfältigungen.

(4) Für die öffentliche Zugänglichmachung nach Absatz 1 ist eine angemessene Vergütung zu zahlen. Der Anspruch kann nur durch eine Verwertungsgesellschaft geltend gemacht werden.

e) Die Beschlussempfehlung des Rechtsausschusses vom 9. April 2003

Der Rechtsausschuss folgte in seiner Beschlussempfehlung[96] vom 9. April 2003 der im Antrag der Berichterstatter der Koalitionsfraktionen vom 14. März 2003 vorgeschlagenen Fassung des § 52a UrhG-E. Jedoch äußerte sowohl die CDU/CSU-Fraktion als auch die FDP-Fraktion trotz der bereits vorgenommenen einschränkenden Änderungen der Entwurfsfassung Bedenken hinsichtlich der Vereinbarkeit des § 52a UrhG-E mit seinen Vorgaben aus Art. 14 Abs. 1 GG und Art. 5 Abs. 5 InfoSoc-RL.[97] Um die Bedenken der Oppositionsfraktionen zu zerstreuen, entschied man sich für eine ungewöhnliche Maßnahme.[98] In einer im deutschen Urheberrecht bislang einmaligen sog. „sunset-provision“[99] wurde die Geltungsdauer der Schranke in § 137k UrhG-E bis zum 31. 12. 2006 befristet. Darüber hinaus einigte man sich darauf, dass BMJ aufzufordern, die Auswirkung des § 52a UrhG-E auf die Primärmärkte von Schul- und Wis-

96 BT-Dr. 15/837.
97 BT-Dr. 15/837, S. 27.
98 *Haupt,* ZUM 2004, S. 109.
99 *Dreier,* in: Dreier/Schulze, UrhG, § 52a Rn. 3.

senschaftsverlagen sorgfältig zu evaluieren.[100] Im Falle von wesentlichen Missbräuchen oder Beeinträchtigungen sei unverzüglich ein Vorschlag zum korrigierenden Eingreifen des Gesetzgebers durch die Bundesregierung vorzulegen.[101]

In den Reaktionen der Tagespresse, die den Beschluss des Rechtsausschusses begleiteten, spiegelten sich die beiden Meinungsspektren zur Gestaltung des neuen Urheberrechts wider.[102] Während einerseits davon die Rede war, dass die Neuregelung die Rechteinhaber ins Mark treffe,[103] wurde andererseits die Anpassung der urheberrechtlichen Schranken an die moderne Informationstechnologie[104] ausdrücklich begrüßt.

f) Inkrafttreten des § 52a UrhG am 13. September 2003

In seiner 41. Sitzung am 11. April 2003 nahm der Deutsche Bundestag den von der Bundesregierung eingebrachten Entwurf eines Gesetzes zur Regelung des Urheberrechts in der Informationsgesellschaft – BT-Drucksache 15/38 – in der durch den Rechtsausschuss in seinem Bericht vom 9. April 2003 empfohlenen Fassung[105] an. Am 23. Mai 2003 beschloss der Bundesrat, das am 11. April 2003 vom Deutschen Bundestag verabschiedete Gesetz dem Vermittlungsausschuss vorzulegen, wobei der Bundesrat in seiner Unterrichtung[106] nicht auf Fragen des § 52a UrhG einging. In seiner 56. Sitzung am 3. Juli 2003 nahm der Deutsche Bundestag die Beschlussempfehlung des Vermittlungsausschusses zu dem Gesetz zur Regelung des Urheberrechts in der Informationsgesellschaft[107] an. Am 11. Juli 2003 zog der Bundesrat seinen Einspruch zurück. Das Gesetz zur Regelung des Urheberrechts in der Informationsgesellschaft trat daraufhin einen Tag nach seiner Verkündung im Bundesgesetzblatt, am 13. September 2003, in Kraft.[108]

---

100 BT-Dr. 15/837, S. 27.

101 BT-Dr. 15/837, S. 33; vgl. auch Bundesjustizministerin *Zypries* in ihrer Rede im Deutschen Bundestag, BT-Plenarprotokoll 15/41, S. 3375.

102 *Suttorp*, § 52a UrhG, S. 53.

103 Leitartikel der FAZ vom 12. April 2003, S.1.

104 *Hoeren*, in: FAZ vom 30. April 2003, S. 39; Leitartikel der SZ vom 9. April 2003, S. 4.

105 BR-Dr. 271/03.

106 BT-Dr. 15/1066.

107 Sitzungsprotokoll der 56. Sitzung, BT-Dr. 15/056 S. 4648 Zusatzpunkt 8.

108 BGBl. I 2003, S. 1774.

g) Aktuelle Reformvorhaben

Auch nach Aufnahme des § 52a UrhG in das geltende Urheberrecht hat die Debatte um die neue Schranke noch keinen Abschluss gefunden.[109] Die Vertreter starker urheberrechtlicher Ausschließlichkeitsrechte fordern weiterhin vehement die ersatzlose Streichung des § 52a UrhG. So unterstreicht der Börsenverein des Deutschen Buchhandels gleich zu Beginn seiner Stellungnahme zu § 52a UrhG vom 3. Juni 2005, dass sich an seiner „grundsätzlichen Einstellung gegenüber der Norm seit den Diskussionen um deren Inkrafttreten nichts geändert habe.[110]“ Neben der mangelnden Vereinbarkeit der Schranke mit ihren Vorgaben aus Art. 14 Abs. 1 GG sowie Art. 5 Abs. 5 InfoSoc-RL steht insbesondere das Fehlen einer Vergütungsvereinbarung zwischen der Kultusministerkonferenz (KMK) und den Verwertungsgesellschaften im Mittelpunkt seiner Kritik. So müssten seit dem Inkrafttreten der Norm Autoren und Verlage „nicht nur gravierende Beschränkungen im Kernbereich der Nutzung ihrer Werke ertragen, sondern können aufgrund des Verhaltens der Wissenschafts- und Kultusbürokratie dafür faktisch auch nicht angemessen entschädigt werden[111]“.

Die Anhänger der zugangsoffenen Konzeption des Urheberrechts hingegen, betonen weiterhin die Notwendigkeit der Einschränkung des Rechts der öffentlichen Zugänglichmachung für Zwecke des Unterrichts und der Forschung. Vor diesem Hintergrund zielt ihre Kritik zunächst auf die starre Verfallsklausel in § 137k UrhG. So sei die Befristung willkürlich gewählt und eine gehaltvolle Evaluierung des § 52a UrhG bis zum ursprünglichen Ablaufdatum am 31. 12. 2006 kaum möglich.[112] Hinsicht-

109 *Suttorp*, § 52a UrhG, S. 55.

110 Stellungnahme des Börsenvereins des Deutschen Buchhandels vom 3. Juni 2005; abrufbar unter: http://www.urheberrecht.org/topic/Korb-2/st/refentw/Stellungnahme-zu-52a.pdf (Abruf vom 30. 8. 2006).

111 Stellungnahme des Börsenvereins des Deutschen Buchhandels vom 3. Juni 2005, abrufbar unter: http://www.urheberrecht.org/topic/Korb-2/st/refentw/Stellungnahme-zu-52a.pdf (Abruf vom 30. 8. 2006).

112 Stellungnahme vom 28. April 2005 "Urheberrecht für Bildung und Wissenschaft – Zentrale Forderungen der Allianz der Wissenschaftsorganisationen an das Zweite Gesetz zur Regelung des Urheberrechts in der Informationsgesellschaft", abrufbar unter: http://www.urheberrecht.org/topic/Korb-2/st/refentw/Allianz_Position_Urheberrecht.pdf (Abruf vom 31. 8. 2006); *Sieber*, in: UrheberR für Bildung und Wissenschaft, S. 65.

lich seiner Reichweite betonte das u.a. aus Wissenschaftsorganisationen, Bibliotheksverbänden und Forschungsinstitutionen formierte „Aktionsbündnis für Bildung und Wissenschaft"[113] die Notwendigkeit einer Ausweitung der privilegierten Nutzungshandlungen auf die öffentliche Zugänglichmachung ganzer Werke für Zwecke der Forschung sowie die Streichung der Bereichsausnahme für Filmwerke.[114]

Der Gesetzgeber zeigte sich bei seinen Vorarbeiten bezüglich des Zweiten Gesetzes zur Regelung des Urheberrechts in der Informationsgesellschaft (sog. „2. Korb") hinsichtlich einer Modifikation der Schranke zunächst äußerst zurückhaltend. So enthielten weder die Referentenentwürfe[115] noch der Gesetzesentwurf der Bundesregierung[116] vom 22. März 2006 eine Änderung des § 52a UrhG oder seiner Verfallsklausel in § 137k UrhG. Erst der am 22. Mai 2006 vorgelegte Evaluierungsbericht des BMJ zu den praktischen Auswirkungen des § 52a UrhG forderte eine Verlängerung der Befristung der Schranke.[117] Demnach sei eine abschließende Bewertung der praktischen Auswirkungen des § 52a UrhG aufgrund fehlender Gesamtverträge mit den Verwertungsgesellschaften zum gegenwärtigen Zeitpunkt nicht möglich. Erst mit dem bevorstehenden Vertragsschluss werde die Rechtsunsicherheit, die bislang bei der Anwendung der Schranke bestehe, weitgehend behoben und eine hinreichende Grundlage für die Erfassung der tatsächlichen Nutzung geschaffen. Mithin seien erst nach erfolgtem Abschluss der Gesamtverträge zur Vergü-

---

113 http://www.urheberrechtsbündnis.de (Abruf vom 31. 8. 2006).

114 Stellungnahme Aktionsbündnis für Bildung und Wissenschaft vom 26. November 2004, abrufbar unter (Abruf vom 31. 8. 2006): http://www.urheberrecht.org/topic/Korb-2/st/refentw/AB_Urheberrecht_BuW_261104_CC.pdf; vgl. auch die Stellungnahme der dem Bündnis angehörigen DINI, abrufbar unter: http://www.urheberrecht.org/topic/Korb-2/st/refentw/DINI-UrhG-K2-121104.pdf.

115 Erster Referentenentwurf für ein Zweites Gesetz zur Regelung des Urheberrechts in der Informationsgesellschaft vom 27. September 2004, abrufbar unter: http:bmj.bund.de/media/archive/760.pdf; Zweiter Referentenentwurf für ein Zweites Gesetz zur Regelung des Urheberrechts in der Informationsgesellschaft vom 26. Januar 2006, abrufbar unter: http://www.urheberrecht.org/topic/Korb-2/bmj/2006-01-03-Gesetzesentwurf.pdf.

116 Gesetzesentwurf der Bundesregierung vom 22. März 2006, abrufbar unter: http://www.urheberrecht.org/topic/Korb-2/bmj/1174.pdf (Abruf vom 31. 8. 2006); das Zweite Gesetz zur Regelung des Urheberrechts in der Informationsgesellschaft wurde am 5. Juli 2007 vom Bundestag verabschiedet.

117 Ausschussdrucksache 16(6)33.

tung von Ansprüchen nach § 52a UrhG die Nutzungen der Schranke und damit ihre Auswirkungen auf die Primärmärkte von Schul- und Wissenschaftsverlagen genauer feststellbar.[118] In seiner Beschlussempfehlung vom 28. Juni 2006 zu dem Gesetzesentwurf der Bundesregierung[119] zur Implementierung der Folgerechtsrichtlinie[120] griff der Rechtsausschuss die Forderung des BMJ nach einer Verlängerung der Befristung des § 52a UrhG auf und empfahl dem Bundestag „in § 137k [...] die Angabe 31. Dezember 2006 durch die Angabe 31. Dezember 2008“ zu ersetzen. Dabei sollte die Verlängerung der Frist des § 137k UrhG im Rahmen der Umsetzung der Folgerechtsrichtlinie erfolgen, um zu gewährleisten, dass die Verlängerung im Rahmen eines Gesetzgebungsverfahrens erfolgt, welches – anders als das Verfahren zum Zweiten Gesetz zur Regelung des Urheberrechts in der Informationsgesellschaft – noch vor Ablauf des 31. Dezember 2006 abgeschlossen sein wird.[121] So trat die in Art. 1 Nr. 2 des Fünften Gesetzes zur Änderung des Urheberrechts[122] geregelte Verlängerung der Frist des § 137k UrhG bis zum 31. Dezember 2008 am 16. November 2006 in Kraft.

2. Der Regelungsinhalt des § 52a UrhG

a) Die privilegierte Nutzungshandlung

Mit der Einführung der gesetzlichen Lizenz des § 52a UrhG wird das urheberrechtliche Verwertungsrecht zur öffentlichen Zugänglichmachung aus § 19a UrhG für Zwecke des Unterrichts (Abs. 1 Nr. 1) und der Forschung (Abs. 1 Nr. 2) begrenzt. Zur Bestimmung des Regelungsinhalts der Schranke ist daher zunächst zu beleuchten, welche Nutzungshandlungen das durch sie eingeschränkte Ausschließlichkeitsrecht aus § 19a UrhG umfasst.

---

118 BT-Dr. 16/2019.

119 BT-Dr. 16/1107; 16/1173.

120 Richtlinie 2001/84/EG des Europäischen Parlaments und des Rates vom 27. September 2001 über das Folgerecht des Urhebers des Originals eines Kunstwerkes.

121 Gegenäußerung der Bundesregierung zur Stellungnahme des Bundesrates zum Entwurf eines Zweiten Gesetzes zur Regelung des Urheberrechts in der Informationsgesellschaft, BT-Dr. 257/06 – Beschluss, zu Nummer 21.

122 Gesetz über das Folgerecht des Urhebers, BGBl. I 2006, 2587.

aa) Zugänglichmachung

Gegenstand des Rechts der öffentlichen Zugänglichmachung gem. § 19a UrhG ist das Bereitstellen von Werken zum On-demand Abruf.[123] Dies folgt bereits aus der Entstehungsgeschichte der Norm.[124] So stellen sowohl der WCT[125] als auch die nationalen Gesetzesmaterialien[126] in ihren Begründungen jeweils klar, dass schon das Bereithalten geschützter Inhalte zum Abruf unter das Verwertungsrecht der öffentlichen Zugänglichmachung fallen soll. Eine Zugänglichmachung i.S.d. § 19a UrhG setzt damit lediglich voraus, dass Dritten der Zugriff auf das jeweilige Werk eröffnet wird.[127] Dabei erfolgt der Zugriff auf das Werk über Netzwerke.[128] Das Gesetz umschreibt dies mit der technischen Besonderheit des Mediums, bei dem das geschützte Werk zeit- und ortsunabhängig abrufbar ist und sich die Zugänglichmachung damit von einer Wahrnehmbarmachung gem. §§ 19, 21, 22 UrhG sowie von einer Sendung gem. § 20 UrhG unterscheidet. Wesensmerkmal des Ondemand Rechts ist mithin, dass die Entscheidung, wann und wo auf ein Werk oder einen Schutzgegenstand Zugriff genommen wird, nicht beim Anbieter der geschützten Inhalte, sondern beim Nutzer liegt (sog. Pull-Dienste).[129] Daher sind Dienste wie E-Mail und sog. Push-Media Anwendungen, bei denen allein der Anbieter den Zeitpunkt der Übermittlung festlegt, nicht von § 19a UrhG erfasst.[130] Dem entsprechend handelt es sich beispielsweise bei einem durch ein universitäres Institut mittels E-Mail an interessierte Studierende versandten elektronischen Newsletter nicht um eine „Zugänglichmachung" i.S.d. § 19a UrhG.

Die zur Zugänglichmachung des Werkes angewandte Technik ist ohne Belang[131] – so kann die Übermittlung drahtgebunden oder drahtlos, analog oder digital, mittels elektromagnetischer Wellen oder optischer Im-

123 *Bullinger*, in: Wandtke/Bullinger, UrhR, § 19a Rn. 10.
124 *Suttorp*, § 52a UrhG, S. 60.
125 WIPO-Doc. CRNR/DC/4, 10.10 S. 44.
126 BT-Dr. 15/38, S. 17.
127 *Schippan*, ZUM 2003, S. 379.
128 *Dreier*, in: Dreier/Schulze, UrhG, § 19a Rn. 6; *Schmid/Wirth*, UrhG, § 19a Rn. 2.
129 Dreyer, in: HK-UrhG, § 19a Rn. 18.
130 *Bullinger*, in: Wandtke/Bullinger, UrhR, § 19a Rn. 30; *Hoeren*, in: Handbuch UrhR, § 21 Rn. 63.
131 BT-Dr. 15/38, S. 17; *v. Ungern-Sternberg*, in: Schricker, UrheberR, § 19a Rn. 43.

pulse via Glasfaserkabel, in WAN, wie insbesondere dem WWW, oder in LAN erfolgen.[132] Jedoch muss die Technik geeignet sein, eine Öffentlichkeit zu erreichen.

Uneinigkeit herrscht jedoch bezüglich der Frage, ob sich das neue Verwertungsrecht auch auf den auf die Bereithaltung folgenden Übertragungsakt erstreckt.

Der Wortsinn des unbestimmten Rechtsbegriffs der „öffentlichen Zugänglichmachung" impliziert, dass es sich um einen Vorgang handelt, der der Öffentlichkeit die Möglichkeit einräumen soll, auf die geschützten Inhalte zuzugreifen. Eine solche Möglichkeit besteht jedoch nicht schon dann, wenn Inhalte auf einem Server bereitgehalten werden, auf den öffentlich zugegriffen werden kann.[133] Erst durch die sich anschließende Datenübertragung auf Rechner von Mitgliedern der Öffentlichkeit erhalten diese die tatsächliche Möglichkeit, auf geschützte Inhalte zuzugreifen.[134] Mithin liegt es ausgehend vom Wortsinn des § 19a UrhG zunächst nahe, nicht allein das Bereithalten geschützter Inhalte zum Abruf unter die Norm zu fassen, sondern auch den sich anschließenden Übertragungsakt.[135]

Eine Ansicht lehnt indes die Einbeziehung des Übertragungsaktes in das Recht aus § 19a UrhG ab. Vielmehr beziehe sich der in § 19a UrhG verwandte Rechtsbegriff des Zugänglichmachens nur auf bestimmte urheberrechtliche Nutzungshandlungen und sei damit in verschiedener Hinsicht enger als sein Wortsinn.[136] Das in § 19a UrhG geregelte Recht der öffentlichen Zugänglichmachung umfasse mithin allein das Bereithalten des Werkes für eine Öffentlichkeit, denn der Übertragungsakt mache ein Werk stets nur einem einzelnen Nutzer, niemals aber einer Öffentlichkeit zugänglich.[137] Darüber hinaus führen die Vertreter dieser Ansicht an, dass bereits im Gesetzgebungsverfahren ein Antrag, im Wortlaut des § 19a UrhG deutlich zu machen, dass die Norm auch den sich anschlie-

132 BT-Dr. 685/2002, S. 45; *Reinbothe/v. Lewinski*, WIPO Treaties, Art. 8 WCT Rn. 4.

133 *Suttorp*, § 52a UrhG, S. 61.

134 *Dreier*, in: Dreier/Schulze, UrhG, § 19a Rn. 6.

135 *Hoeren*, in: Handbuch UrhR, § 21 Rn. 52; *Wandtke*, KUR 2003, S. 110.

136 *v. Ungern-Sternberg*, in: Schricker, UrheberR, § 19a Rn. 42.

137 *Chen*, Nutzung von Werken auf Individualabruf, S. 28.

ßenden Übertragungsakt erfasse, gescheitert sei.[138] Im Ergebnis könne daher ein Ausschließlichkeitsrecht bezüglich des Übermittlungsaktes allein als unbenanntes Verwertungsrecht über § 15 Abs. 2 UrhG hergeleitet werden.[139]

Eine solche, den Übertragungsakt vollständig aus dem Anwendungsbereich des § 19a UrhG ausklammernde Auslegung, lässt sich indes kaum mit der Entstehungsgeschichte seiner internationalen Vorgaben *(siehe oben B.)* vereinbaren.[140] Bereits aus der Historie der WIPO-Verträge folgt, dass ebenfalls der sich an das Bereithalten der geschützten Inhalte anschließende Übertragungsakt dem neuen Recht zur digitalen netzwerkgestützten Verwertung unterliegen soll.[141] Dieses umfassende – das Bereithalten sowie den Übertragungsakt einschließende – Verständnis des neuen On-demand Rechts greift ebenfalls die InfoSoc-Richtlinie auf. So ist sowohl in den „Initiativen zum Grünbuch über Urheberrecht und verwandte Schutzrechte in der Informationsgesellschaft" als auch in den Erwägungsgründen der Richtlinie bezüglich des Umfangs des Rechts der öffentlichen Zugänglichmachung von „Übertragungen auf Abruf"[142] bzw. von einer „netzvermittelnden Übertragung"[143] die Rede.[144] Allein ein solches umfassendes Verständnis des Rechts der öffentlichen Zugänglichmachung wird damit den Zielen von WCT, WPPT und InfoSoc-RL gerecht, die allesamt im Hinblick auf die tief greifenden Auswirkungen moderner Informations- und Kommunikationstechnologien auf die Schutzgegenstände des Urheberrechts und der verwandten Schutzrechte ein hohes Schutzniveau und erhöhte Rechtssicherheit zu gewähren versuchen.[145]

Im Ergebnis umfasst das Recht der öffentlichen Zugänglichmachung damit sowohl das Bereithalten geschützter Inhalte, beispielsweise auf dem Server einer Hochschule, als auch den sich anschließenden Über-

138 BT-Dr. 15/837, S. 29; *v. Ungern-Sternberg,* in: Schricker, UrheberR, § 19a Rn. 42.

139 *v. Ungern-Sternberg,* in: Schricker, UrheberR, § 19a Rn. 42.

140 *Suttorp,* § 52a UrhG, S. 62; *Gerlach,* ZUM 1999, S. 281.

141 *Reinbothe/v. Lewinski,* WIPO Treaties, Art. 8 WCT Rn. 2.

142 *EG-Kommission,* Grünbuch, S. 14.

143 Erwägungsgrund 25 der InfoSoc-RL.

144 *Suttorp,* § 52a UrhG, S. 63.

145 Präambeln des WCT sowie WPPT; Erwägungsgründe 5 und 6 der InfoSoc-RL.

mittlungsakt an die Nutzer.[146] Folglich greift in das Recht aus § 19a UrhG grundsätzlich auch derjenige ein, der zwar nicht am Prozess des Uploadings geschützter Inhalte beteiligt ist, jedoch bezüglich der Übermittlung des zugänglich gemachten Werkes tätig wird.

In der Literatur ist umstritten, ob das Recht aus § 19a UrhG bereits durch das Setzen eines Hyperlinks tangiert sein kann. Hyperlinks ermöglichen es dem Nutzer, durch Betätigung des Links von einer aufgerufenen Website auf eine andere Seite zu gelangen.[147] Dabei enthält der Hyperlink eine elektronische Verknüpfung zu der Datei, die das geschützte Werk enthält.[148]

Teilweise wird bereits das Setzen von Hyperlinks als Akt der öffentlichen Zugänglichmachung qualifiziert. So werde dem Nutzer mittels des Links Zugang zu der verlinkten Seite gewährt. Dadurch trete ein eigenständiger zweiter Akt der Zugänglichmachung neben das Uploading als originärer Akt der öffentlichen Zugänglichmachung.[149] Besonders deutlich werde dies beim sog. Inline-Linking, bei welchem die Inhalte der verlinkten Seite dergestalt in die Website des Linksetzenden integriert sind, dass der Nutzer nicht erkennen kann, dass er auf Inhalte Zugriff nimmt, die durch einen Dritten zugänglich gemacht wurden.[150]

Diese Ansicht verkennt jedoch, dass durch das Setzen eines Hyperlinks keine Inhalte ins Netz gestellt werden, sondern allein eine Verbindung zu bereits vorhandenen Inhalten hergestellt wird.[151] Wer auf eine fremde Internetseite, auf der rechtswidrig ein Werk öffentlich zugänglich gemacht wird, mittels eines Hyperlinks verweist, macht weder das Werk selbst öffentlich zugänglich noch leistet er dazu Beihilfe.[152] Das Werk

---

146 *Hoeren*, in: Handbuch UrhR, § 21 Rn. 52; *Wandtke*, KUR 2003, S. 110; *Kloth*, Schutz der ausübenden Künstler, S. 215; *Dreier*, in: Dreier/Schulze, UrhG, § 19a Rn. 6.

147 *Suttorp*, § 52a UrhG, S. 63.

148 *v. Ungern-Sternberg*, in: Schricker, UrheberR, § 19a Rn. 46.

149 *Chen*, Nutzung von Werken auf Individualabruf, S. 39; *Fallenböck/Nitzl*, medien und recht 2003, S. 104; *Marwitz*, K&R 1998, S. 372.

150 *Schack*, MMR 2001, S. 14; *Chen*, Nutzung von Werken auf Individualabruf, S. 39.

151 *Suttorp*, § 52a UrhG, S. 65.

152 BGHZ 156, 1 – Paperboy; *Bullinger*, in: Wandtke/Bullinger, UrhR, § 19a Rn. 29; *Nolte*, ZUM 2003, S. 540; *v. Ungern-Sternberg*, in: Schricker, UrheberR, § 19a Rn. 46.

wird bereits durch den, der es zuvor zum Abruf bereitgestellt hat, zugänglich gemacht. Dies kann nur einmal geschehen und ist einheitlich zu beurteilen. Überdies impliziert bereits der Begriff der Zugänglichmachung die Existenz einer gewissen Kontrolle seitens des Zugänglichmachenden.[153] Dieser muss in der Lage sein, das On-demand Angebot nach seinem Belieben andauern zu lassen oder zu beenden.[154] Der den Link Setzende hat jedoch regelmäßig keine Kontrolle über das weitere Bereithalten des Werkes.[155] Entfernt der Betreiber der verlinkten Seite das Werk von seinem Server, geht der hierauf verweisende Link ins Leere, ohne dass der den Link Setzende darauf Einfluss nehmen könnte.[156] Auch bei speziellen Ausformungen des Linking, wie etwas des Deep-Linking, Inline-Linking und Framing,[157] ergibt sich keine unterschiedliche Beurteilung – auch hier fehlt es an der Kontrollmöglichkeit des den Link Setzenden über das weitere Bereithalten des Werkes zum elektronischen Abruf.[158]

Damit ist die bloße Erleichterung des Zugangs zu urhebergesetzlich geschützten Inhalten, welche ein Dritter bereits zum On-demand Abruf bereitgestellt hat, durch das Setzen eines Hyperlinks keine öffentliche Zugänglichmachung i.S.d. § 19a UrhG.[159]

bb) Öffentlichkeit

Die §§ 19a, 52a UrhG setzen weiter voraus, dass ein geschütztes Werk der Öffentlichkeit zugänglich gemacht wird. Damit fällt jede Zugänglichmachung geschützter Werke und Leistungen, welche sich nicht an eine Öffentlichkeit richtet, aus dem Schutzbereich des dem Urheber in § 19a

153 *v. Ungern-Sternberg*, in: Schricker, UrheberR, § 19a Rn. 46.
154 *Ott*, ZUM 2004, S. 364.
155 *v. Ungern-Sternberg*, in: Schricker, UrheberR, § 19a Rn. 46.
156 BGHZ 156, 1 – Paperboy.
157 Beim Deep-Linking wird der Nutzer nicht zunächst auf die Homepage einer Internetpräsenz verwiesen, sondern unmittelbar auf eine bestimmte Unterseite einer Website. Beim Framing werden die zugänglich gemachten Inhalte automatisch mit dem Rahmen-Layout der Internetpräsenz des Linksetzenden versehen, vgl. *Ott*, Linking und Framing, S. 24ff.
158 *Suttorp*, § 52a UrhG, S. 66.
159 *v. Ungern-Sternberg*, in: Schricker, UrheberR, § 19a Rn. 46; *Spindler*, JZ 2004 S. 152; *Bullinger*, in: Wandtke/Bullinger, UrhR, § 19a Rn. 29; *Ott*, ZUM 2004, S. 365.

UrhG zugewiesenen Verbotsrechts. Ausgangspunkt für den Öffentlichkeitsbegriff ist die Legaldefinition des § 15 Abs. 3 UrhG.[160]

(a) Legaldefinition des § 15 Abs. 3 UrhG

Gemäß § 15 Abs. 3 UrhG ist eine Werkwiedergabe bereits dann öffentlich, wenn sie für eine Mehrzahl von Mitgliedern der Öffentlichkeit bestimmt ist, wobei zur Öffentlichkeit jeder gehört, der nicht mit demjenigen, der das Werk zugänglich macht, oder mit den anderen Personen, denen das Werk zugänglich gemacht wird, durch persönliche Beziehungen verbunden ist.

(aa) Mehrzahl von Personen

Öffentlichkeit im Sinne des § 15 Abs. 3 UrhG setzt zunächst eine Mehrzahl von Personen voraus. Die überwiegende Ansicht in der Literatur lässt bereits zwei Personen ausreichen.[161] Der Adressatenkreis der Zugänglichmachung ist nach objektiven Kriterien zu beurteilen.[162] Insbesondere kann sich derjenige, der ein Werk einer Mehrheit von Personen zum On-demand Abruf bereitstellt, nicht darauf berufen, die Zugänglichmachung sei nicht an eine Personenmehrheit gerichtet gewesen.[163] Ob das zugänglich gemachte Werk tatsächlich von einer Mehrzahl von Personen abgerufen wird, ist für die Beurteilung der Öffentlichkeit der Zugänglichmachung unerheblich. Über das Merkmal „bestimmt" wird schließlich klargestellt, dass die Zugänglichmachung nicht als öffentlich zu betrachten ist, wenn sich Öffentlichkeit nur zufällig herstellt.[164]

---

160 *Loewenheim,* in: Schricker, UrheberR, § 52a Rn. 3.

161 *v. Ungern-Sternberg,* in: Schricker, UrheberR, § 15 Rn. 67; *Heerma,* in: Wandtke/Bullinger, UrhR, § 15 Abs. 15; *Dreier,* in: Dreier/Schulze, UrhG, § 19a Rn. 40; offengelassen vom BGH in GRUR 1996, 875 – Zweitbettzimmer im Krankenhaus zu § 15 Abs. 3 UrhG a.F.

162 *Heerma,* in: Wandtke/Bullinger, UrhR, § 15 Abs. 15.

163 *Hoeren,* in: Handbuch UrhR, § 21 Rn. 22.

164 BT-Dr. 15/38, S. 17; *Suttorp,* § 52a UrhG, S. 69.

(bb) Fehlende persönliche Verbundenheit

Selbst wenn sich die Zugänglichmachung an mehrere Personen richtet, ist sie gem. § 15 Abs. 3 S. 2 UrhG nicht öffentlich, wenn der Kreis der Personen entweder untereinander oder durch denjenigen, der das Werk verwertet, persönlich verbunden ist.[165] Hinsichtlich der eine Öffentlichkeit ausschließenden persönlichen Verbundenheit ist nicht allein auf familiäre oder freundschaftliche Beziehungen abzustellen, sondern vielmehr auf die Frage, ob ein enger gegenseitiger Kontakt besteht, der bei den Beteiligten das Bewusstsein hervorruft, persönlich untereinander verbunden zu sein.[166] Dabei fehlt es an der Verbindung nicht bereits dann, wenn die persönlichen Beziehungen zwischen den Adressaten und dem Zugänglichmachenden nicht mehr privater Art sind. Intention des Öffentlichkeitsbegriffs des § 15 Abs. 3 UrhG ist es nicht, lediglich den privaten Gebrauch freizustellen. Vielmehr genügt bereits ein Verbundensein durch persönliche Beziehungen, wie es auch außerhalb des privaten Kreises gegeben sein kann.[167] Allein ein solches Verständnis trägt der Entstehungsgeschichte des § 15 Abs. 3 UrhG Rechung. So soll ausweislich der Begründung des Regierungsentwurfes das Merkmal der Verbundenheit durch persönliche Beziehungen der Rechtsanwendung genügend Flexibilität bieten, „um angesichts des einerseits gebotenen Urheberschutzes und angesichts der andererseits berechtigten Interessen in der Informationsgesellschaft zu angemessenen Ergebnissen zu gelangen".[168] Demnach sind in gewissem Umfang auch Zugänglichmachungen außerhalb des privaten Kreises nicht öffentlich i.S.d. § 15 Abs. 3 UrhG.[169] Dem entsprechend, fand ein im Rechtsausschuss des Deutschen Bundestages gestellter Änderungsantrag, nach dem die Öffentlichkeit der Wiedergabe nur bei „persönlichen und privaten Beziehungen" ausgeschlossen sein sollte, keine Mehrheit.[170] Mithin erfordert die Verbundenheit durch persönliche Beziehungen nicht einen vertrauten persönlichen Kontakt, ein inneres persönliches Band oder enge persönliche Beziehungen.[171] Unzureichend sind indes gleichgerichtete sachbezogene Interessen eines

---

165 *v. Ungern-Sternberg*, in: Schricker, UrheberR, § 15 Rn. 73.
166 *Schmid/Wirth*, UrhG, § 15 Rn. 6; *Dreier*, in: Dreier/Schulze, UrhG, § 15 Rn. 43.
167 *v. Ungern-Sternberg*, in: Schricker, UrheberR, § 15 Rn. 74.
168 BT-Dr. 15/38, S. 17.
169 *v. Ungern-Sternberg*, in: Schricker, UrheberR, § 15 Rn. 74.
170 BT-Dr. 15/837, S. 29.
171 *v. Ungern-Sternberg*, in: Schricker, UrheberR, § 15 Rn. 74.

Personenkreises, wie etwa beruflicher oder sportlicher Art[172] oder bloße vertragliche Beziehungen.[173] Eine Verbundenheit durch persönliche Beziehungen wird jedoch in der Arbeitsgemeinschaft eines kleinen Betriebes oder Vereins regelmäßig gegeben sein.[174]

Eine gewisse Indizwirkung hinsichtlich einer persönlichen Verbundenheit unter den Adressaten der Zugänglichmachung kommt der Größe des Personenkreises zu: Je größer der Adressatenkreis der Zugänglichmachung ist, desto größer die Wahrscheinlichkeit, dass zwischen ihnen keine Verbundenheit durch persönliche Beziehungen herrscht.[175] Absolute zahlenmäßige Höchstgrenzen gibt es indes nicht,[176] entscheidend ist vielmehr die konkrete Art der Beziehungen.[177] Mit dem Anbieter eines On-demand Angebotes sind die Rezipienten persönlich verbunden, wenn die Beziehungen zu ihm stark genug sind, um das Bewusstsein der persönlichen Verbundenheit zu begründen.[178] Handelt es sich bei dem Zugänglichmachenden um eine juristische Person, kann unter den Adressaten eine persönliche Verbundenheit durch ihre Beziehung zu den für die juristische Person handelnden Personen zustande kommen.[179]

(b) Anwendbarkeit des § 15 Abs. 3 UrhG im Rahmen des § 52a UrhG

Problematisch erscheint, ob die Legaldefinition des Öffentlichkeitsbegriffs in § 15 Abs. 3 UrhG auch im Rahmen des § 52a Abs. 1 UrhG Geltung beanspruchen kann. Dies hätte zur Folge, dass der Anwendungsbereich der Schranke drastisch reduziert wäre, da eine Öffentlichkeit i. S. d. § 15 Abs. 3 UrhG im Rahmen der Zugänglichmachung in Unterricht (Abs. 1 Nr. 1) und Forschung (Abs. 1 Nr. 2) vielfach nicht vorliegt. Damit wäre die Schranke weitgehend obsolet.[180] Insbesondere der Schulunter-

172 *v. Ungern-Sternberg*, in: Schricker, UrheberR, § 15 Rn. 76.
173 OLG Frankfurt NJW-RR 1986, S. 1056 (1057).
174 *v. Ungern-Sternberg*, in: Schricker, UrheberR, § 15 Rn. 76.
175 *Heerma*, in: Wandtke/Bullinger, UrhR, § 15 Abs. 21; *Suttorp*, § 52a UrhG, S. 71.
176 *Dreier*, in: Dreier/Schulze, UrhG, § 15 Rn. 43.
177 *Hoeren*, in: Handbuch UrhR, § 21 Rn. 24.
178 *Dreier*, in: Dreier/Schulze, UrhG, § 15 Rn. 43.
179 BGH GRUR 1975, S. 33 (34) – Alterswohnheim.
180 *Loewenheim*, in: Schricker, UrheberR, § 52a Rn. 4.

richt sowie Kursangebote der Aus-, Weiter- und Berufsbildung (Abs. 1 Nr. 1) sind durch eine enge persönliche Verbundenheit in Klassen- und Kursverbänden geprägt, die einer Öffentlichkeit i.S.d. § 15 Abs. 3 UrhG gerade entgegensteht. Schüler und Lehrer stellen bei diesen Unterrichtsformen vielmehr einen abgeschlossenen Personenkreis dar, innerhalb dessen die Schüler durch gegenseitige Beziehungen miteinander verbunden sind.[181] Allein im Rahmen des Unterrichts an Hochschulen, bei dem regelmäßig bereits der weite Teilnehmerkreis einer persönlichen Verbindung regelmäßig entgegensteht,[182] sowie bei besonderen Schulformen, deren Lehrgänge auf eine begrenzte Zeit angelegt und mit einer Vielzahl von Teilnehmern durchgeführt werden,[183] könnte mithin eine Zugänglichmachung für Zwecke des Unterrichts als öffentlich i.S.d. § 15 Abs. 3 UrhG und damit als vom Unterrichtsprivileg des § 52a Abs. 1 Nr. 1 UrhG erfasst begriffen werden.

Ähnlich umfassende Einschränkungen erfährt die Privilegierung der Zugänglichmachung für Zwecke der wissenschaftlichen Forschung in § 52a Abs. 1 Nr. 2 UrhG im Falle einer Anwendung des Öffentlichkeitsbegriffs aus § 15 Abs. 3 UrhG. Ausweislich der Gesetzesbegründung zielte der Gesetzgeber bei dieser Schranke speziell auf kleine Forschungsteams ab.[184] Solche Teams zeichnen sich durch eine geringe Mitgliederzahl aus, sind hochspezialisiert und werden regelmäßig über einen längeren Zeitraum hinweg fortgeführt.[185] In vielen Fällen ist daher von einer persönlichen Verbindung unter den Teammitgliedern auszugehen, dementsprechend eine Öffentlichkeit i.S.d. Legaldefinition des § 15 Abs. 3 UrhG zu verneinen.[186]

Im Ergebnis liefe damit durch die Anwendung der Legaldefinition des § 15 Abs. 3 UrhG auf den Öffentlichkeitsbegriff des § 52a Abs. 1 UrhG die Schranke in ihren Kernbereichen – dem Unterricht in Schulklassen sowie der wissenschaftlichen Forschung und Hochschullehre – weitgehend

181 *Neumann*, Urheberrecht und Schulgebrauch, S. 92; *Dreier*, in: Dreier/Schulze, UrhG, § 15 Rn. 45; BT-Dr. 10/3360, S. 19.
182 *Suttorp*, § 52a UrhG, S. 75.
183 BGH NJW 1984, S. 1108 – Zoll und Finanzschulen.
184 BT-Dr. 15/837, S. 34.
185 *Dreyer*, in: HK-UrhG, § 52a Rn. 32.
186 *Loewenheim*, in: Schricker, UrheberR, § 52a Rn. 4.

leer. Sie wäre mangels der Erfüllung des Tatbestandsmerkmals „öffentlich“ im Regelfall unanwendbar.[187]

Entscheidend ist somit, ob im Rahmen der Schranke zwingend die durch § 15 Abs. 3 UrhG vorgegebene Definition des Öffentlichkeitsbegriffs Anwendung findet, oder nicht vielmehr zur Erhaltung ihres Anwendungsbereiches eine Differenzierung der Begrifflichkeiten in § 52a Abs. 1 UrhG einerseits und § 15 Abs. 3 UrhG andererseits geboten erscheint.

Grundsätzlich gilt der Öffentlichkeitsbegriff des § 15 Abs. 3 UrhG für die Verwertung in körperlicher (§ 15 Abs. 1 UrhG) sowie in unkörperlicher Form (§ 15 Abs. 2 UrhG).[188] In allen anderen Fällen, in denen im Urheberrechtsgesetz der Begriff der Öffentlichkeit verwandt wird, ist er hingegen durch Auslegung der jeweiligen Norm zu ermitteln.[189] Auch durch die Neufassung des § 15 Abs. 3 UrhG durch das Gesetz zur Regelung des Urheberrechts in der Informationsgesellschaft[190] ergibt sich diesbezüglich nichts anderes.[191] Der Gesetzgeber wollte ausweislich der Gesetzesbegründung keine allgemeine Definition des Öffentlichkeitsbegriffs,[192] sondern lediglich „eine klarere Formulierung ohne inhaltliche Änderung“[193] vornehmen.

§ 52a Abs. 1 Nr. 1 UrhG privilegiert die öffentliche Zugänglichmachung zur Veranschaulichung für den bestimmt abgegrenzten Bereich von Unterrichtsteilnehmern an Schulen, Hochschulen sowie an nicht gewerblichen Einrichtungen der Aus-, Weiter- und Berufsbildung. Mithin enthält bereits die Schranke selbst präzise Angaben darüber, wie weit der durch sie privilegierte Personenkreis zu ziehen ist.[194] Ähnlich verhält es sich im Rahmen des § 52a Abs. 1 Nr. 2 UrhG. Die Norm gestattet die erlaubnisfreie öffentliche Zugänglichmachung für einen „bestimmt abgegrenzten Kreis von Personen“ für deren eigene wissenschaftliche Forschung. Damit legt bereits der Wortlaut der Norm ihren Adressatenkreis fest. Über-

---

187 *Loewenheim*, in: Schricker, UrheberR, § 52a Rn. 4.

188 BT-Dr. 15/38, S. 17.

189 BGHZ, 135, 1 – Betreibervergütung; *Loewenheim*, in: Schricker, UrheberR, § 52a Rn. 3.

190 BGBl. I 2003, S. 1774–1788.

191 *Loewenheim*, in: Schricker, UrheberR, § 52a Rn. 3.

192 So aber *Dreier*, in: Dreier/Schulze, UrhG, § 15 Rn. 38.

193 BT-Dr. 15/38, S. 17.

194 *Suttorp*, § 52a UrhG, S. 77.

dies wollte der Gesetzgeber mit dieser Schranke speziell die Zugänglichmachung für „kleine Forschungsteams“[195] erlaubnisfrei stellen. Im Falle eines der Legaldefinition des § 15 Abs. 3 UrhG entsprechenden Verständnisses des Öffentlichkeitsbegriffs im Rahmen des § 52a Abs. 1 UrhG wäre die Anwendung der Schranke jedoch bereits dadurch ausgeschlossen, dass man „kleine Forschungsteams“ aufgrund der engen Verbindung unter den Teammitgliedern nicht als eine Öffentlichkeit i.S.d. § 15 Abs. 3 UrhG begreifen könnte.[196] Damit liefe im Ergebnis die Übertragung des Öffentlichkeitsbegriffs des § 15 Abs. 3 UrhG auf § 52a Abs. 1 UrhG dem Willen des Gesetzgebers zuwider.

Der Gesetzgeber sah für die in § 52a Abs. 1 UrhG privilegierten Zwecke die Notwendigkeit einer eigenen Schrankenregelung. Einer derartigen Freistellung hätte es jedoch gar nicht bedurft, wenn derartige Nutzungen mangels einer „öffentlichen“ Zugänglichmachung nicht dem urheberrechtlichen Ausschließlichkeitsrecht aus § 19a UrhG unterfielen. Mithin sprechen im Ergebnis insbesondere teleologische Erwägungen dafür, die Frage, wann es sich im Rahmen des § 52a Abs. 1 UrhG um eine „öffentliche“ Zugänglichmachung handelt, nicht durch einen Rückgriff auf die Legaldefinition des § 15 Abs. 3 UrhG, sondern vielmehr allein unter Heranziehung der in der Schranke selbst umschriebenen Fallkonstellationen zu beantworten.[197]

b) Die privilegierten Nutzungszwecke

§ 52a UrhG privilegiert die öffentliche Zugänglichmachung zu zwei unterschiedlichen Zwecken: einerseits zur Veranschaulichung im Unterricht an den in Abs. 1 Nr. 1 genannten Bildungseinrichtungen andererseits gem. Abs. 1 Nr. 2 zum Zweck der eigenen wissenschaftlichen Forschung. Gemeinsame Voraussetzung dieser beiden privilegierten Fälle ist gem. Abs. 1 2. Hs., dass die öffentliche Zugänglichmachung zu dem jeweiligen Zweck geboten und zur Verfolgung nicht kommerzieller Zwecke gerechtfertigt ist. Zudem sind in beiden Fällen gem. Abs. 3 auch die zur öffentlichen Zugänglichmachung erforderlichen Vervielfältigungen

---

195 BT-Dr. 15/837, S. 34.

196 *Loewenheim*, in: Schricker, UrheberR, § 52a Rn. 4.

197 *Loewenheim*, in: Schricker, UrheberR, § 52a Rn. 4; *ders.*, in FS Schricker, S. 423; *Suttorp*, § 52a UrhG, S. 80; a.A. *Poeppel*, Die Neuordnung der urheberrechtlichen Schranken im digitalen Umfeld, S. 195.

von der Schranke umfasst. § 52a Abs. 4 UrhG konstituiert schließlich eine sich auf beide Zwecke erstreckende Vergütungspflicht.

aa) Die Veranschaulichung im Unterricht, § 52a Abs. 1 Nr. 1 UrhG

§ 52a Abs. 1 Nr. 1 UrhG privilegiert die öffentliche Zugänglichmachung veröffentlichter kleiner Teile eines Werkes, Werke geringen Umfangs sowie einzelner Beiträge aus Zeitungen oder Zeitschriften zur Veranschaulichung im Unterricht an Schulen, Hochschulen, nichtgewerblichen Einrichtungen der Aus- und Weiterbildung sowie an Einrichtungen der Berufsbildung ausschließlich für den bestimmt abgegrenzten Kreis von Unterrichtsteilnehmern.

Die durch den Gesetzgeber in Abs. 1 Nr. 1 gewählte Formulierung der Veranschaulichung *„im"* Unterricht mag zwar einer weiten Interpretation zugänglich sein,[198] jedoch ist sie zumindest missverständlich.[199] Insbesondere wirft sie die Frage auf, ob ein Online-Zugriff seitens der Unterrichtsteilnehmer nur während der Unterrichtszeit und innerhalb der Schule ermöglicht werden darf.[200] Folge eines derart engen Verständnisses wäre, dass die Bereitstellung digital aufbereiteter Lerninhalte zur Vor- und Nachbereitung des Unterrichts und somit der gesamte Bereich des netzbasierten E-Learnings außerhalb des Anwendungsbereichs der Schranke läge.[201]

Gegen ein derart enges Verständnis des § 52a Abs. 1 Nr. 1 UrhG sprechen insbesondere rechtssystematische Überlegungen. So ist das elektronische Angebot geschützter Inhalte zum Abruf während der Unterrichtszeit nicht vom Anwendungsbereich des Rechts aus § 19a UrhG erfasst – die Möglichkeit der Nutzer „von Orten und zu Zeiten ihrer Wahl" auf die Inhalte zuzugreifen, ist bei einem derartigen Online-Angebot gerade nicht gegeben. Vielmehr handelt es sich bei einer auf die reine Unterrichtszeit begrenzten Online-Nutzung systematisch um eine öffentliche Wiedergabe gem. § 22 UrhG. Da § 52a UrhG jedoch allein das Recht der öffentlichen Zugänglichmachung aus § 19a UrhG einschränkt, liefe die

---

198 So der Bundesrat in BR-Dr. 684/1/02, S. 4.

199 *v. Bernuth*, ZUM 2003, S. 440.

200 Zu dieser Frage *Sieber*, in: Urheberrecht für Bildung und Wissenschaft, S. 57.

201 *Sieber*, in: Urheberrecht für Bildung und Wissenschaft, S. 58; *Dreier*, in: Dreier/Schulze, UrhG, § 52a Rn. 6; *v. Bernuth*, ZUM 2003, S. 440.

Schranke bei diesem Verständnis weitestgehend leer.[202] Somit ist § 52a Abs. 1 Nr. 1 UrhG dahingehend auszulegen, dass die Schranke die öffentliche Zugänglichmachung *„für"* den Unterrichtsgebrauch gestattet.[203] Eine Stütze findet ein weites Verständnis des § 52a Abs. 1 Nr. 1 UrhG überdies in seinen europarechtlichen Vorgaben *(siehe oben B. III. 2.)* So macht bereits der Wortlaut der englischen[204] sowie der französischen Fassung[205] des Art. 5 Abs. 3 lit. a) der InfoSoc-RL sehr deutlich, dass vom Richtliniengeber keinesfalls eine Beschränkung auf die Zugänglichmachung während der Unterrichtszeit gewollt war, sondern vielmehr lediglich eine Beschränkung auf Unterrichtszwecke erfolgen sollte.[206]

Darüber hinaus lässt sich die Formulierung „zur Veranschaulichung im Unterricht" allein auf den durch die Schranke privilegierten Zweck beziehen, so dass die Präposition *„im"* folglich nicht den Zeitpunkt der öffentlichen Zugänglichmachung festlegt.[207] Damit muss nicht schon die Bereitstellung geschützter Inhalte i. S. d. Uploadings auf den Schulserver im Unterricht erfolgen, sondern lediglich die Veranschaulichung des Lehrstoffes mittels der zum On-demand Abruf bereitgehaltenen Inhalte.[208]

Schließlich gestattet § 52a Abs. 1 Nr. 1 UrhG die öffentliche Zugänglichmachung allein zum Zwecke der Veranschaulichung. Damit ist eine Verknüpfung zwischen dem Unterrichtsstoff und den öffentlich zugänglich gemachten Inhalten erforderlich. Zur Herstellung einer solchen Verknüpfung reicht es aus, wenn es im Rahmen der öffentlichen Zugänglichmachung darum geht, den Lernstoff plastischer oder leichter verständlich erscheinen zu lassen.[209] Ein den Präsenzunterricht unter-

---

202 *Dreier*, in: Dreier/Schulze, UrhG, § 52a Rn. 6; *Dreyer*, in: HK-UrhG, § 52a Rn. 15; *Sieber*, in: Urheberrecht für Bildung und Wissenschaft, S. 58; *v. Bernuth*, ZUM 2003, S. 440.

203 *v. Bernuth*, ZUM 2003, S. 440.

204 Der englische Wortlaut des Art. 5 Abs. 3 lit. a) lautet: *„[ ] use for the sole purpose of illustration for teaching [ ]".*

205 Der französiche Wortlaut des Art. 5 Abs. 3 lit. a) lautet: *„ [ ] lorsqu'il s'agit d' une utilisation à des fins exclusives d'illustration dans le cadre de l'enseignement [ ]".*

206 *Sieber*, in: Urheberrecht für Bildung und Wissenschaft, S. 60.

207 *Suttorp*, § 52a UrhG, S. 118.

208 *Dreyer*, in: HK-UrhG, § 52a Rn. 15.

209 *Dreyer*, in: HK-UrhG, § 52a Rn. 15; *Dreier*, in: Dreier/Schulze, UrhG, § 52a Rn. 6.

stützendes On-demand Angebot – wie etwa im Rahmen des „Blended Learning“ *(siehe oben A. II. 1. a)* – ist bereits ausreichend.[210] Die Grenze der Veranschaulichung ist erst erreicht, wenn die öffentliche Zugänglichmachung allein unterhaltende (z.B. zur Überbrückung einer Freistunde) oder dekorative Zwecke verfolgt, selbst wenn sie dazu dient, die Aufmerksamkeit der Schüler zu gewinnen.[211] Die Entscheidung darüber, inwiefern das zum elektronischen Abruf bereitgestellte Material tatsächlich zur Veranschaulichung des Unterrichts geeignet ist, ist in das fachliche Ermessen des Unterrichtenden gestellt.[212] Allein in Fällen, in denen eine inhaltliche Verbindung zwischen bereitgestelltem Material und Unterrichtsthema ausgeschlossen erscheint, scheidet eine Veranschaulichung i.S.d. § 52a Abs. 1 Nr. 1 UrhG aus.[213] Dabei setzt die Schranke nicht voraus, dass die öffentliche Zugänglichmachung zwingend durch den Lehrkörper selbst erfolgt. Insbesondere im Rahmen von Seminarveranstaltungen wird oftmals die Wissensvermittlung nicht durch den Leiter der Veranstaltungen selbst, sondern durch die vortragenden Teilnehmer vorgenommen. Im Rahmen dieser Veranstaltungen gibt der Lehrende die Leitung des Unterrichts indes nicht aus der Hand, sondern bedient sich vielmehr einer besonderen didaktischen Form der Wissensvermittlung. Mithin sind ebenfalls die in Seminarveranstaltungen oder im Rahmen von Referatvorträgen erfolgenden On-demand Angebote der Lernenden von der Schranke des § 52a Abs. 1 Nr. 1 UrhG erfasst.[214]

(a) Die Nutzungsgegenstände

Der Nutzungsgegenstand der durch § 52a Abs. 1 Nr. 1 UrhG gestatteten öffentlichen Zugänglichmachung ist stets ein veröffentlichtes Werk. Der Begriff der Veröffentlichung entspricht demjenigen des § 6 Abs. 1 UrhG.[215] Dabei ist der Umfang des Werkes, welches auf der Grundlage des § 52a UrhG zur Veranschaulichung des Unterrichts zustimmungsfrei öffentlich zugänglich gemacht werden kann, auf kleine Teile, Werke von

210 *Dreyer*, in: HK-UrhG, § 52a Rn. 15.

211 *Suttorp*, § 52a UrhG, S. 126.

212 *Loewenheim*, in: Handbuch UrhR, § 31 Rn. 60; *Dreyer*, in: HK-UrhG, § 52a Rn. 15.

213 *Loewenheim*, in: Handbuch UrhR, § 31 Rn. 60.

214 *Suttorp*, § 52a UrhG, S. 124.

215 *Dreier*, in: Dreier/Schulze, UrhG, § 52a Rn. 5; *Haupt*, ZUM 2004, S. 110; *Thum*, K&R 2005, S. 495.

geringem Umfang oder einzelne Beiträge aus Zeitungen oder Zeitschriften begrenzt.

(aa) Kleine Teile eines Werkes

Die in § 52a Abs. 1 Nr. 1 UrhG normierte Beschränkung der zustimmungsfreien öffentlichen Zugänglichmachung auf kleine Teile erfolgte in Anlehnung an die Formulierung in § 53 Abs. 3 UrhG.[216] Maßstab für die Beurteilung, ob es sich bei einem öffentlich zugänglich gemachten Werkteil noch um einen „kleinen Teil" i.S.d. Abs. 1 Nr. 1 handelt, ist dessen Relation zum Gesamtwerk.[217] Unter Zugrundelegung der Rechtsprechung und Literatur zu § 53 Abs. 3 UrhG wird eine Obergrenze zumeist bei 10%[218] bis 20%[219] des Gesamtwerks angesetzt. Jedoch können diese Werte lediglich eine Orientierungshilfe darstellen. Es verbietet sich eine rein formale, an einem starren Grenzwert orientierte Sichtweise.[220] Vielmehr sind auch normative Erwägungen zur Bestimmung des „kleinen Teils" von Bedeutung. So ist ein „kleiner Teil" als Obergrenze der nach § 52a Abs. 1 Nr. 1 UrhG privilegierten öffentlichen Zugänglichmachung auch dann überschritten, wenn der öffentlich zugänglich gemachte Teil praktisch den gesamten Inhalt des Werkes wiedergibt.[221] In Kombination der quantitativen Maßstäbe einerseits sowie der wertenden Gesichtpunkte anderseits kann im Ergebnis bei Auslegung des Tatbestandsmerkmals des „kleinen Teils eines Werkes" i.S.d. § 52a Abs. 1 Nr. 1 UrhG von folgender Grundregel ausgegangen werden: Oberhalb der Grenze von 20% des Gesamtwerkes scheidet eine schrankengestützte öffentliche Zugänglichmachung aus. Wird ein geringerer Prozentsatz des Gesamtwerkes öffentlich zugänglich gemacht, so kann das schrankengestützte

216 BT-Dr. 15/837, S. 34.

217 *Gounalakis*, § 52a UrhG, S. 34, *Loewenheim*, in: Schricker, UrheberR, § 53 a.F. Rn. 31.

218 OLG Karlsruhe, GRUR 1987, S. 820; *Loewenheim*, in: Schricker, UrheberR, § 53 Rn. 31.

219 *Lüft*, in: Wantke/Bullinger, § 52a Rn. 5; *Nordemann*, in: Fromm/Nordemann, UrheberR-Komm., § 53 Rn. 9; *Dreyer*, in: HK-UrhG, § 52a Rn. 9; *Decker*, in: Möhring/Nicolini, UrheberG, § 53 Rn. 28.

220 *Haupt*, ZUM 2004, S. 110; *Decker*, in: Möhring/Nicolini, UrheberG, § 53 Rn. 28.

221 *Haupt*, ZUM 2004, S. 110.

On-demand Angebot dennoch unzulässig sein, wenn der zugänglich gemachte Teil geeignet ist, den Erwerb des gesamten Werkes zu ersetzen.[222]

Einige Autoren befürchten, dass die tatbestandliche Begrenzung der Schranke auf kleine Teile eines Werkes durch ein zeitlich nacheinander erfolgendes On-demand Angebot vieler Werkteile, die in ihrer Summe die Grenze eines kleinen Teils überschreiten, umgangen werden könnte.[223] Durch eine solche sukzessive öffentliche Zugänglichmachung sei im Ergebnis ein Online-Angebot vollständiger Werke zum elektronischen Abruf möglich.[224] Diese Ansicht verkennt jedoch, dass zur Ermittlung des zulässigen Umfangs einer schrankengestützten öffentlichen Zugänglichmachung nicht auf die Personen des Zugänglichmachenden, sondern allein auf die Nutzergruppe abzustellen ist.[225] Sofern daher einem bestimmten Personenkreis sukzessiv kleine Teile geschützter Inhalte zu einem bestimmten Zweck, beispielsweise einem Klassenverband Auszüge eines Romans zur Diskussion im Rahmen des Deutschunterrichts *(siehe oben A. II. 1. a)*, zugänglich gemacht werden und das Gesamtvolumen des zum On-demand Abruf angebotenen Materials nunmehr nicht länger als kleiner Teil des Gesamtwerkes zu qualifizieren ist, ist diese Nutzung nicht durch § 52 Abs. 1 Nr. 1 UrhG privilegiert.[226] Folglich ist bei der Begutachtung, inwiefern im Rahmen einer öffentlichen Zugänglichmachung die Begrenzung des Nutzungsgegenstandes auf einen kleinen Teil eines Werkes beachtet wurde, auf die Gesamtheit aller der für den jewei-

---

222 *Suttorp*, § 52a UrhG, S. 97; vgl. auch **§ 2 Abs. 1 a) des Entwurfes eines Gesamtvertrages zur Vergütung von Ansprüchen nach § 52a UrhG** für die Bereiche Hochschulen und Schulen zwischen der Kultusministerkonferenz und der VG Musikedition, der GEMA, VG Bild-Kunst, GVL, VFF, VGF und GWFF, demzufolge als kleine Teile eines Werkes maximal 15% eines Werkes, bei Filmen jedoch nicht mehr als 5 Minuten Länge gelten.

223 *Gounalakis*, § 52a UrhG, S. 34; *Schippan*, ZUM 2003, S. 382; Punkt 6. der gemeinsamen Charta der Bibliotheksverbände, der Arbeitsgemeinschaft wissenschaftlicher Verleger und des Börsenvereins des Deutschen Buchhandels zum Verständnis des § 52a UrhG, abrufbar unter: http://www.bibliotheksverband.de/dbv/rechtsgrundlagen/Charta-UrhG.pdf (Abruf vom 14. 11. 2006); *v. Olenhusen*, ZRP 2003, S. 234.

224 *Schippan*, ZUM 2003, S. 382.

225 BT-Dr. 15/837, S. 34.

226 *Suttorp*, § 52a UrhG, S. 95.

ligen Kreis von Unterrichtsteilnehmen zugänglich gemachten Teile eines Werkes abzustellen.[227]

(bb) Werke geringen Umfangs

Darüber hinaus gestattet § 52a Abs. 1 Nr. 1 UrhG die öffentliche Zugänglichmachung vollständiger Werke unter der Voraussetzung, dass sie geringen Umfangs sind. Ausweislich der Gesetzesmaterialen hat sich der Gesetzgeber auch bei diesem Begriff an § 53 Abs. 3 UrhG orientiert,[228] der wiederum an § 46 Abs. 1 S. 1 UrhG angelehnt ist.[229]

Kennzeichnend für diesen Begriff ist ein komparatives Element. So kann sich der geringe Umfang eines Werkes allein aus einer Gegenüberstellung mit anderen Werken derselben Kategorie ergeben, die einen deutlich größeren Umfang aufweisen.[230] Werke geringen Umfangs sind mithin Werke, die auf einer nach Größenverhältnissen gegliederten Skala aller denkbaren Werke eher im unteren Bereich rangieren.[231] Dazu zählen beispielsweise kürzere Gedichte, Lieder einschließlich ihrer Texte, Aufsätze, kurze Erzählungen und Novellen.[232] Verwunderlich erscheint, dass nach der Gesetzesbegründung sogar Monographien als Werke geringen Umfangs angesehen werden sollen.[233] So widerspricht es bereits dem Wortsinn, umfassende Habilitationsschriften von einigen hundert Seiten noch als Werke geringen Umfangs aufzufassen.[234] Überdies widerspricht dies der Aussage des Gesetzgebers *(siehe oben Fn. 745)*, der Begriff der „Werke geringen Umfangs" lehne sich an die in § 46 Abs. 1 S. 1 UrhG verwandte Formulierung an. Vielmehr werden von dem Begriff i.S.d. § 46 UrhG allenfalls einzelne Aufsätze, nicht jedoch umfassende Monographien erfasst.[235]

---

227 *Loewenheim*, in: Schricker, UrheberR, § 53 Rn. 31.
228 BT-Dr. 15/837, S. 34.
229 BT-Dr. 15/38, S. 21.
230 *Suttorp*, § 52a UrhG, S. 95.
231 *Dreyer*, in: HK-UrhG, § 52a Rn. 11.
232 *Lüft*, in: Wantke/Bullinger, § 52a Rn. 6; *Dreier*, in: Dreier/Schulze, UrhG, § 46 Rn. 5; *Dreyer*, in: HK-UrhG, § 52a Rn. 11; *Loewenheim*, Handbuch UrhR, § 31 Rn. 159; *v. Bernuth*, ZUM 2003, S. 440.
233 BT-Dr. 15/837, S. 34.
234 *Loewenheim*, in: Schricker, UrheberR, § 52a Rn. 7; *Dreyer*, in: HK-UrhG, § 52a Rn. 11.
235 *Lüft*, in: Wantke/Bullinger, § 46 Rn. 11.

Im Ergebnis hätte die Einbeziehunge sämtlicher Monographien in den Kreis der Werke geringen Umfangs i.S.d. § 52a Abs. 1 Nr. 1 UrhG zur Folge, dass praktisch kaum noch Werke übrig blieben, die einen normalen oder großen Umfang haben.[236] Eine effektive Eingrenzungsfunktion der Werknutzung käme dem Begriff der „Werke geringen Umfangs" damit nicht zu. Vor diesem Hintergrund ist zur Erhaltung der eingrenzenden Wirkung des Begriffs auch bei der Frage, ob Monographien als Werke geringen Umfangs betrachtet werden können, auf das diesem Begriff innewohnende komparative Element zurückzugreifen.[237] Somit ist eine Monographie allein dann als ein „Werk geringen Umfangs" i.S.d. § 52a Abs. 1 Nr. 1 UrhG zu begreifen, wenn sie im Vergleich zu der üblichen Stärke der jeweiligen Monographieart einen unterdurchschnittlichen Umfang aufweist.[238]

Überdies erscheint fraglich, inwiefern ebenfalls Werke, die nicht in Textform, sondern als Lichtbild (§ 2 Abs. 1 Nr. 5 UrhG), Skizze, Zeichnung oder Tabelle (Darstellung wissenschaftlicher oder technischer Art, § 2 Abs. 1 Nr. 7 UrhG) zum On-demand Abruf angeboten werden, „Werke geringen Umfangs" i.S.d. § 52a UrhG Abs. 1 Nr. 1 darstellen können. Auf ein solches nicht textbasierte Inhalte einschließendes Verständnis deutet einerseits der Wortsinn der Formulierung hin. So bezieht sich die Formulierung „Werke geringen Umfangs" nicht etwa auf den mit der Werkschöpfung verbundenen Arbeitsaufwand, sondern stellt allein eine quantitative Beschränkung der privilegierten Werknutzung dar.[239] Die im Unterricht zum elektronischen Abruf verwandten Darstellungen nehmen regelmäßig, wie beispielsweise im Rahmen des Projektes „prometheus" *(siehe oben A. II. 1. b)*, nicht mehr Raum als eine DIN A4-Seite ein und lassen sich daher durchaus als „Werke geringen Umfangs" i.S.d. § 52a Abs. 1 Nr. 1 UrhG begreifen.

Darüber hinaus sprechen teleologische Erwägungen dafür, ebenfalls nicht textbasierte Werke als „Werke geringen Umfangs" i.S.d. § 52a UrhG Abs. 1 Nr. 1 zu verstehen. So ist es gerade Intention der Schranke,

---

236 *Dreyer*, in: HK-UrhG, § 52a Rn. 11.

237 *Dreyer*, in: HK-UrhG, § 52a Rn. 11; *Loewenheim*, in: Schricker, UrheberR, § 52a Rn. 7.

238 Vgl. *Suttorp*, § 52a UrhG, S. 101, wonach eine Monographie allein dann ein „Werk geringen Umfangs" darstellt, wenn sie maximal 40% des durchschnittlichen Umfangs der jeweiligen Monographieart aufweisen kann.

239 *Nicolini*, in: Möhring/Nicolini, UrheberG, § 46 Rn. 11.

die Nutzung moderner Kommunikationsformen im Bereich des Unterrichts zu fördern.[240] Der Einsatz moderner Informations- und Kommunikationstechnologien im Unterricht scheidet jedoch in vielen Fachbereichen von vornherein aus, wenn nicht auch Materialien zum Abruf angeboten werden können, die bestimmte Themenkomplexe unter Verwendung von Bildern, Tabellen und Graphiken verdeutlichen.[241] So ist im Rahmen des Medizinstudiums beispielsweise der Rückgriff auf bildhafte Darstellungen der menschlichen Anatomie, im Chemieunterricht auf mehrdimensionale Abbildungen von Molekülen und in der Archäologie auf umfassendes Bildmaterial bedeutender Ausgrabungen unverzichtbar. Vor diesem Hintergrund sind nach Sinn und Zweck der Schranke auch nicht textbasierte Werke, wie insbesondere Lichtbilder, Skizzen und Tabellen „Werke geringen Umgangs" i.S.d. § 52a Abs. 1 Nr. 1 UrhG.[242]

(cc) Einzelne Beiträge aus Zeitungen oder Zeitschriften

Klärungsbedürftig erscheint, aus welchem Grunde – neben der Begrenzung auf Werke geringen Umfangs – ausdrücklich eine Beschränkung des Nutzungsgegenstandes auf einzelne Beiträge aus Zeitungen oder Zeitschriften erfolgte. Letztere werden regelmäßig bereits „Werke geringen Umfanges" darstellen. Die Begrenzung der öffentlichen Zugänglichmachung auf Werke geringen Umfanges lässt jedoch durchaus die öffentliche Zugänglichmachung verhältnismäßig umfangreicher Werke zu, wie beispielsweise vollständiger Lichtbildwerke *(siehe oben Fn. 758)*. Intention des Gesetzgebers war es daher, durch die explizite Be-

240 BT-Dr. 15/38, S. 20.

241 *Suttorp*, § 52a UrhG, S. 104.

242 Punkt 7. der gemeinsamen Charta der Bibliotheksverbände, der Arbeitsgemeinschaft wissenschaftlicher Verleger und des Börsenvereins des Deutschen Buchhandels zum Verständnis des § 52a UrhG, abrufbar unter: http://www.bibliotheksverband.de/dbv/rechtsgrundlagen/Charta-UrhG.pdf (Abruf vom 14. 11. 2006); vgl. **auch § 2 Abs. 1 c) des Entwurfes eines Gesamtvertrages zur Vergütung von Ansprüchen nach § 52a UrhG** für die Bereiche Hochschulen und Schulen zwischen der Kultusministerkonferenz und der VG Musikedition, der GEMA, VG Bild-Kunst, GVL, VFF, VGF sowie GWFF demzufolge als Werke geringen Umfangs ein Druckwerk mit maximal 25 Seiten, bei Musikeditionen maximal 6 Seiten; ein Film von maximal 5 Minuten Länge, maximal 5 Minuten eines Musikstücks, sowie alle vollständigen Bilder, Fotos und sonstige Abbildungen gelten.

grenzung der öffentlichen Zugänglichmachung auf einzelne Beiträge aus Zeitungen oder Zeitschriften, diese Verlagserzeugnisse in einer besonderen – über die Beschränkung auf Werke geringen Umfangs hinausgehenden – Weise zu schützen. Mit der Einführung der Begrenzung des Anwendungsbereichs der Schranke auf einzelne Beiträge aus Zeitungen oder Zeitschriften stellt der Gesetzgeber somit klar, dass, obwohl Zeitungen oder Zeitschriften im Einzelfall Werke geringen Umfanges darstellen mögen, deren vollständige öffentliche Zugänglichmachung außerhalb der von § 52a Abs. 1 Nr. 1 UrhG privilegierten Nutzung liegt.[243] In diesem besonderen Schutz des für die Verwerterseite in herausragender Weise relevanten Marktes der Periodika,[244] erschöpft sich der Regelungsgehalt dieser letzten Begrenzung des Nutzungsgegenstandes.[245] Hinsichtlich des Umfangs des einzelnen aus einer Zeitschrift oder einer Zeitung zur öffentlichen Zugänglichmachung entnommenen Artikels, sehen sich Lehrende und Lernende daher keinen weiteren Begrenzungen ihres Privilegs zum On-demand Angebot ausgesetzt.

Der Begriff der „Zeitungen oder Zeitschriften“ entspricht der Formulierung in § 53 Abs. 3 UrhG,[246] die wiederum an diejenige in § 53 Abs. 2 Nr. 4a UrhG angelehnt ist.[247] Danach sind Zeitungen alle periodischen Sammlungen, die Tagesneuigkeiten, wie etwa politische, kulturelle, wirtschaftliche sowie sportliche Ereignisse, übermitteln.[248] Dabei ist zwar ein Erscheinen in relativ kurzer, vielfach täglicher Periodizität charakteristisch, jedoch sind ebenfalls Wochenzeitungen vom Zeitungsbegriff erfasst.[249] Teilweise haben sie nur eine regionale oder lokale Verbreitung.

Demgegenüber sind Zeitschriften nicht unmittelbar von Tagesereignissen abhängig, da sie in ihren Beiträgen vorwiegend Fragen von bleiben-

243 *v. Bernuth*, ZUM 2003, S. 440; *Dreyer*, in: HK-UrhG, § 52a Rn. 11.

244 Der Umsatz der Fachpresse in Deutschland betrug laut „Fachpresse-Statistik“ im Jahr 2005 1,838 Mrd. Die Statistik ist abrufbar unter: http://www.deutsche-fachpresse.de/mediabase/documents/39_Statistik_2005.pdf (Abruf vom 15. 11. 2006).

245 *v. Bernuth*, ZUM 2003, S. 440; *Suttorp*, § 52a UrhG, S. 105.

246 BT-Dr. 15/837, S. 34.

247 *Loewenheim*, in: Schricker, UrheberR, § 52a Rn. 7.

248 *Schricker*, in: Schricker, UrheberR, § 38 Rn. 13.

249 *Schricker*, in: Schricker, UrheberR, § 38 Rn. 13.

dem Interesse behandeln.[250] Sie sind vielfach spartenbezogen und dienen der Pflege eines fest umrissenen, meist wissenschaftlichen, wirtschaftlichen, kulturellen oder gesellschaftlichen Tätigkeitsgebietes oder der Unterhaltung.[251] Sie haben regelmäßig einen auf bundesweite, teilweise internationale Verbreitung abzielenden Zuschnitt.

Schließlich muss weder die Zeitung noch die Zeitschrift zwingend in Printform erscheinen. Entscheidend für die Einordnung als Zeitung oder Zeitschrift ist nicht das Medium der Fixierung der Inhalte, sondern allein die Frage, ob die entsprechenden Merkmale erfüllt sind.[252] Somit sind auch elektronisch vertriebene Exemplare einer Zeitung bzw. Zeitschrift von § 52a Abs. 1 Nr. 1 UrhG erfasst.[253]

(b) Die erfassten Bildungseinrichtungen

§ 52a Abs. 1 Nr. 1 UrhG gestattet die erlaubnisfreie öffentliche Zugänglichmachung zur Veranschaulichung des Unterrichts allein an Schulen, Hochschulen, nichtgewerblichen Einrichtungen der Aus- und Weiterbildung sowie Einrichtungen der Berufsbildung. Dabei stimmt dieser Katalog der von der Schranke umfassten Bildungseinrichtungen, mit Ausnahme des Hochschulprivilegs, mit dem des § 53 Abs. 3 UrhG überein.[254]

(aa) Schulen

Für die Auslegung des Schulbegriffs in § 52a Abs. 1 Nr. 1 UrhG kann auf die Gesetzesmaterialen zu § 53 UrhG zurückgegriffen werden.[255] Unter den Begriff der Schulen fallen daher alle öffentlich zugänglichen Schulen.[256] Dies sind sowohl öffentliche als auch öffentlich zugängliche Privatschulen und daher insbesondere sämtliche Grund-, Haupt- und

---

250 *Lüft*, in: Wandtke/Bullinger, UrhR, § 48 Rn. 4.
251 *Schricker*, in: Schricker, UrheberR, § 38 Rn. 14.
252 *Loewenheim*, in: Schricker, UrheberR, § 53 Rn. 38.
253 BT-Dr. 15/38, S. 21; *Suttorp*, § 52a UrhG, S. 106.
254 *Dreier*, in: Dreier/Schulze, UrhG, § 52a Rn. 7; *Schmid/Wirth*, UrhG, § 52a UrhG Rn. 7.
255 *Gounalakis*, § 52a UrhG, S. 30; *Loewenheim*, in: Schricker, UrheberR, § 52a Rn. 8.
256 BT-Dr. 10/837, S. 16.

Realschulen, Gymnasien, Abendschulen, Sonderschulen sowie die Berufsschulen.[257] Auf kürzere Zeit angelegte Unterrichtsmodelle, wie etwa einzelne Lehrgänge und Kurse, Veranstaltungen von Volkshochschulen sowie Arbeitskreise und Arbeitsgemeinschaften fallen indes nicht unter den Begriff der Schule i.S.d. § 52a Abs. 1 Nr. 1 UrhG.[258] Überdies setzt der Schulunterricht i.S.d. § 52a Abs. 1 Nr. 1 UrhG eine fächerübergreifende Wissensvermittlung voraus.[259] Vor diesem Hintergrund ist der Unterricht in Repetitorien, Fahr-, Tanz- oder Musikschulen kein Schulunterricht i.S.d. § 52a Abs. 1 Nr. 1 UrhG.[260]

Zweifelhaft erscheint jedoch, ob der Schulbegriff des § 53 UrhG auch insoweit auf den des § 52a Abs. 1 Nr. 1 UrhG Anwendung findet, als nach überwiegender Ansicht der Fernunterricht nicht umfasst sein soll.[261] Begründet wird dies damit, dass es sich bei dieser Unterrichtsform regelmäßig um ein auf kürzere Zeit angelegtes Unterrichtsmodell handele.[262] Ein solches Verständnis wird jedoch weder den fortschreitenden Möglichkeiten moderner Informations- und Kommunikationstechnologie noch der gesetzgeberischen Intention bei der Verabschiedung des § 52a Abs. 1 Nr. 1 UrhG gerecht. So kam es dem Gesetzgeber gerade darauf an, die Nutzung moderner Kommunikationsformen im Bereich der Schule zu fördern.[263] Darüber hinaus zeigen Beispiele, wie die Virtuelle Berufsoberschule Bayern (VIBOS), an der Schüler im Wege der Fernlehre u.a. die allgemeine Hochschulreife erlangen können *(siehe oben A. II. 1. a)*, dass unter Einsatz netzbasierter Informationstechnologie Präsenzveranstaltungen dauerhaft ersetzende Schulformen möglich werden. Mithin erstreckt sich der Schulbegriff des § 52a Abs. 1 Nr. 1 UrhG ebenfalls auf den Fern-

---

257 *Loewenheim*, in: Schricker, UrheberR, § 53 Rn. 37.

258 *Loewenheim*, in: Schricker, UrheberR, § 53 Rn. 37.

259 *Neumann*, Urheberrecht und Schulgebrauch, S. 61.

260 *Decker*, in: Möhring/Nicolini, UrheberG, § 53 Rn. 36; *Loewenheim*, in: Schricker, UrheberR, § 53 Rn. 37; *Suttorp*, § 52a UrhG, S. 112; *Dreier*, in: Dreier/Schulze, UrhG, § 53 Rn. 39.

261 *Loewenheim*, in: Schricker, UrheberR, § 53 Rn. 37; *Lüft*, in: Wandtke/Bullinger, UrhR, § 53 Rn. 36; *Decker*, in: Möhring/Nicolini, UrheberG, § 53 Rn. 36; *Dreyer*, in: HK-UrhG, § 53 Rn. 101.

262 *Neumann*, Urheberrecht und Schulgebrauch, S. 62; *Loewenheim*, in: Schricker, UrheberR, § 53 Rn. 37.

263 BT-Dr. 15/38, S. 20.

unterricht mittels elektronischer Netzwerke, sofern die jeweilige Einrichtung im Übrigen Schulcharakter aufweist.[264]

(bb) Hochschulen

Über den Regelungsbereich der gesetzgeberischen Vorlage des § 53 Abs. 3 UrhG hinausgehend, privilegiert § 52a Abs. 1 Nr. 1 UrhG zudem die öffentliche Zugänglichmachung durch Hochschulen. Nach Auffassung des Gesetzgebers solle dies die Wettbewerbsfähigkeit der deutschen Hochschulen im internationalen Vergleich gewährleisten.[265] Erstaunlich ist dies vor dem Hintergrund, dass der Gesetzgeber im Zuge der Neufassung des Urhebergesetzes im Jahre 1983 aufgrund verfassungsrechtlicher Bedenken auf eine Einbeziehung von Hochschulen in den Katalog des § 53 Abs. 3 UrhG verzichtete.[266] Es wäre – so der damalige Rechtsausschuss in seinem Bericht – eine Ausuferung der Schranke angesichts der großen Zahl der an den Lehrveranstaltungen teilnehmenden Studierenden zu befürchten.[267] Jedoch gestattet § 52a Abs. 1 Nr. 1 UrhG die öffentliche Zugänglichmachung nur für einen bestimmt abgegrenzten Kreis von Unterrichtsteilnehmern *(zu dem privilegierten Nutzerkreis, siehe unten (c)*. Somit ist davon auszugehen, dass durch dieses Erfordernis gerade diejenigen Fälle aus dem durch die Schranke erlaubnisfrei gestellten Bereich ausgenommen werden sollen, in denen der Nutzerkreis unüberschaubar wird.[268]

Unter den Begriff der Hochschulen fallen in erster Linie die Universitäten und Fachhochschulen.[269] In Anlehnung an § 1 S. 1 HRG sind ferner pädagogische Hochschulen, Kunsthochschulen sowie sonstige Einrichtungen des Bildungswesens, die nach Landesrecht staatliche Hochschulen sind, vom Hochschulbegriff erfasst. Die Aufzählung des § 1 S. 1 HRG ist jedoch nicht abschließend.[270] Alleinige Voraussetzung einer Hochschule ist vielmehr, dass die Einrichtung eine wissenschaftsnahe bzw. wissenschaftliche oder aber eine künstlerische Ausbildung im Anschluss an das

---

264 *Suttorp*, § 52 UrhG, S. 113; *Dreier*, in: Dreier/Schulze, § 53 Rn. 39.
265 BT-Dr. 10/837, S. 34.
266 BT-Dr. 10/837, S. 16.
267 BT-Dr. 10/3360, S. 19.
268 *Suttorp*, § 52a UrhG, S. 114.
269 *Loewenheim*, in: Schricker, UrheberR, § 52a Rn. 8.
270 *Reich*, HRG, § 1 Rn. 6.

sekundäre Schulwesen bietet.[271] Daher werden ebenfalls On-demand Angebote an Gesamthochschulen, Sport- und Musikhochschulen sowie an Spezialhochschulen, wie beispielsweise der Wissenschaftlichen Hochschule für Unternehmensführung (WHU),[272] von der Schranke des § 52a Abs. 1 Nr. 1 UrhG erfasst. Die öffentliche Zugänglichmachung geschützter Inhalte an Volkshochschulen sowie an reinen Forschungseinrichtungen fällt indes nicht unter die Schranke. Bei letzteren mangelt es bereits an dem vom Hochschulbegriff zwingend vorausgesetzten Angebot von Lehrveranstaltungen.[273] Auf die staatliche oder private Trägerschaft kommt es hingegen für die Einordnung einer Einrichtung als Hochschule i.S.d. § 1 S. 1 HRG nicht an; ebenso wenig auf die Frage, ob Studiengebühren erhoben werden.[274] Schließlich beschränkt sich der Hochschulbegriff des § 52a Abs. 1 Nr. 1 UrhG nicht allein auf die klassische Präsenzhochschule, sondern erfasst ebenfalls On-demand Angebote im Rahmen der netzbasierten Fernlehre,[275] wie beispielsweise das der Virtuellen Universität der FernUniversität Hagen *(siehe oben A. II. 1. b)*.

(cc) Nichtgewerbliche Einrichtungen der Aus- und Weiterbildung

Mit der Privilegierung nichtgewerblicher Einrichtungen der Aus- und Weiterbildung wird der Kreis der zur zustimmungsfreien öffentlichen Zugänglichmachung berechtigten Institutionen erheblich erweitert. Der Gesetzgeber orientierte sich bei dieser Formulierung an § 53 Abs. 3 Nr. 1 UrhG,[276] so dass der Bedeutungsinhalt beider Formulierungen deckungsgleich ist.[277] Unter diese Kategorie fallen insbesondere Einrichtungen der Erwachsenenbildung, wie beispielsweise Volkshochschulen, überbetriebliche Bildungsstätten, Aus- und Fortbildungsstätten der Wirtschaft, der Verbände, der Gewerkschaften und der Öffentlichen

---

271 *Lüthje*, DöV 1973, S. 547; *Reich*, HRG, § 1 Rn. 6.

272 http://www.whu.edu (Abruf vom 16. 11. 2006).

273 *Suttorp*, § 52a UrhG, S. 115.

274 *Reich*, HRG, § 1 Rn. 6.

275 *Suttorp*, § 52a UrhG, S. 115 unter Verweis auf die Kommentierungen zum Begriff des „Hochschulwesens" in Art. 75 Abs. 1 Nr. 1a GG bzw. der „Hochschulen" in Art. 91a Abs. 1 Nr. 1 GG von *Heun*, in Dreier GG Band III, Art. 91a Rn. 12; *Pieroth*, in: Jarass/Pieroth, GG, Art. 75 Rn. 8 sowie von *Rozek*, in: v. Mangoldt/Klein/Starck, GG Band II, Art. 75 Rn. 34.

276 *Dreier*, in: Dreier/Schulze, UrhG, § 53 Rn. 6.

277 *Dreier*, in: Dreier/Schulze, UrhG, § 53 Rn. 6; *Suttorp*, § 52a UrhG, S. 115.

Hand,[278] Sozialer Bund, Arbeiterwohlfahrt und kirchliche Einrichtungen.[279]

(dd) Einrichtungen der Berufsbildung

Diese Kategorie des § 52a Abs. 1 Nr. 1 UrhG umfasst den gesamten Bereich der Berufsbildung im Sinne des Berufsbildungsgesetzes.[280] Gem. § 1 Abs. 1 BBiG sind die Bereiche der Berufsausbildungsvorbereitung, der Berufsausbildung, die berufliche Fortbildung sowie die berufliche Umschulung von der Schranke umfasst. Gem. § 1 Abs. 5 BBiG findet Berufsbildung in Betrieben der Wirtschaft, bzw. in vergleichbaren Einrichtungen außerhalb der Wirtschaft, insbesondere des öffentlichen Dienstes, der Angehörigen freier Berufe, in Haushalten sowie in berufsbildenden Schulen und in sonstigen Berufsbildungseinrichtungen außerhalb der schulischen und betrieblichen Berufsbildung statt. Zu den „sonstigen Berufsbildungseinrichtungen" zählen sämtliche Einrichtungen, bei denen die praktische Berufsausbildung selbst Gegenstand des Betriebszwecks ist, wie beispielsweise außerbetriebliche Ausbildungswerkstätten, Berufsbildungs- sowie Berufsförderungswerke.[281] Gem. § 2 Abs. 1 BBiG sind die berufsbildenden Schulen nur insoweit Gegenstand der Berufsbildung i. S. d. BBiG, als sie nicht den Schulgesetzen der Länder unterstehen. In diesem Fall kann jedoch das Online-Angebot von Lehrinhalten regelmäßig auf die Privilegierung des Unterrichts an Schulen *(siehe oben)* gestützt werden.[282]

Vor diesem Hintergrund sind daher beispielsweise das durch die Ausbildungsabteilung einer Bank im Rahmen der Ausbildung zum Bankkaufmann initiierte elektronische On-demand Angebot eines Artikels aus einem Wirtschaftmagazin sowie die On-demand Angebote innerhalb der netzbasierten Schulungsmodule der Aral Lubricants GmbH *(siehe oben A. II. 1. c)* von der Schranke des § 52a Abs. 1 Nr. 1 UrhG umfasst.

---

278 BT-Dr. 10/837, S. 37.

279 *Gounalakis*, § 52a UrhG, S. 31.

280 *v. Bernuth*, ZUM 2003, S. 440; BT-Dr. 10/3360, S. 19.

281 *Stück*, in: BBiG-Kommentar, § 1 Rn. 92.

282 *Suttorp*, § 52a UrhG, S. 117.

(c) Der Nutzerkreis

§ 52a Abs. 1 Nr. 1 UrhG gestattet die zustimmungsfreie öffentliche Zugänglichmachung ausschließlich für den bestimmt abgegrenzten Kreis von Unterrichtsteilnehmern. Mit dieser Beschränkung wird ein konkreter Bezug zwischen den öffentlich zugänglich gemachten Inhalten und der Nutzergruppe verlangt. Erforderlich ist stets, dass der Teilnehmerkreis bereits zum Zeitpunkt der öffentlichen Zugänglichmachung feststeht.[283] Die Formulierung „bestimmt abgegrenzt" erfordert eine konkrete, individualisierte Festlegung der Zugehörigkeit zu der begünstigten Personengruppe – die bloße Abgrenzbarkeit der Gruppe genügt nicht.[284] Auch steht eine ständig wechselnde Zusammensetzung des Adressatenkreises seiner hinreichenden Individualisierung entgegen.[285] Vor diesem Hintergrund darf allein denjenigen Schülern bzw. Studierenden Zugang zu geschützten Inhalten im Rahmen eines On-demand Abrufs gewährt werden, die der jeweiligen Klasse angehören, das betreffende Seminar oder die einschlägige Vorlesung besuchen.[286] Zu diesem Kreis gehört naturgemäß auch der Unterrichtende, der zwar oftmals, nicht jedoch zwangsläufig die Inhalte selbst zum netzbasierten On-demand Abruf bereitgestellt hat.[287]

Im Rahmen des Schulunterrichts folgt daraus, dass sich der zulässige Nutzerkreis auf die Schüler einer bestimmter Schulklasse bzw. eines bestimmten Kurses beschränkt.[288] Dabei lässt ein ausnahmsweise erfolgender Wechsel einzelner Schüler die Qualität der Schulklasse als „bestimmt abgegrenzter Kreis" unberührt.[289] Somit sind sowohl Wiederholer eines Schuljahres als auch solche Schüler, die ein Schuljahr überspringen sollen und probeweise am Unterricht teilnehmen, erfasst.[290] Dies gilt ferner für Personen, die im regelmäßigen Schulbetrieb Schulklassen besuchen, wie

283 *v. Bernuth*, ZUM 2003, S. 441.

284 *Loewenheim*, in: Handbuch UrhR, § 31 Rn. 61; *Suttorp*, § 52a UrhG, S. 136.

285 *Dreyer*, in: HK-UrhG, § 52a Rn. 30.

286 *Loewenheim*, in: Schricker, UrheberR, § 52a Rn. 8; *Dreier*, in: Dreier/Schulze, UrhG, § 52a Rn. 8; *Lüft*, in: Wandtke/Bullinger, UrhR, § 52a Rn. 9; *Dreyer*, in: HK-UrhG, § 52a Rn. 16; *v. Bernuth*, ZUM 2003, S. 441.

287 *Lüft*, in: Wandtke/Bullinger, UrhR, § 52a Rn. 9.

288 *Haupt*, ZUM 2004, S. 110.

289 *Dreyer*, in: HK-UrhG, § 52a Rn. 16.

290 *Dreyer*, in: HK-UrhG, § 52a Rn. 16.

beispielsweise das Prüfungskomitee bei einer von einem Referendar geleiteten Klasse.[291]

§ 52a Abs. 1 Nr. 1 UrhG gestattet überdies die öffentliche Zugänglichmachung für den bestimmt abgegrenzten Kreis von Teilnehmern des Hochschulunterrichts. Im Hochschulunterricht werden urheberrechtlich geschützte Inhalte sowohl zur Vor- oder Nachbereitung klassischer universitärer Präsenzveranstaltungen als auch im Rahmen der vollständig netzbasierten Fernlehre zum On-demand Abruf angeboten *(siehe oben A. II. 1. b)*. Während sich der Adressatenkreis bei On-demand Applikationen im Rahmen der reinen netzbasierten Distanzausbildung, wie beispielsweise solchen der Virtuellen Universität der FernUniversität Hagen *(siehe oben A. II. 1. b)*, durch eine bei der Anmeldung vergebene Nutzerkennung bestimmt abgrenzen lässt,[292] gestaltet sich hingegen die Individualisierung der Nutzer bei universitären Präsenzveranstaltungen oftmals problematisch. Mit Ausnahme kleinerer Seminarveranstaltungen wird nämlich oftmals der teilnehmende Personenkreis für den Dozenten kaum überschaubar[293] und durch ein „Kommen und Gehen“[294] der Studierenden geprägt sein. In derartigen Fällen kann nicht mehr von einem „bestimmt abgegrenzten Kreis“ i.S.d. § 52a Abs. 1 Nr. 1 UrhG gesprochen werden;[295] ein schrankengestütztes On-demand Angebot im Rahmen universitärer Massenveranstaltungen erfordert daher grundsätzlich eine Anmeldung seitens der Teilnehmer sowie eine Kontrolle, mittels derer sichergestellt wird, dass die jeweils anwesenden Studierenden den über das Anmeldeverfahren abgegrenzten Kreis von Teilnehmern entsprechen.[296]

Die Eingrenzung des Nutzerkreises obliegt demjenigen, der urhebergesetzlich geschützte Inhalte zum On-demand Abruf bereithält.[297] Er hat dafür Sorge zu tragen, dass an dem Ort, an welchem der Abruf der Infor-

---

291 *Dreyer*, in: HK-UrhG, § 52a Rn. 16.

292 *Suttorp*, § 52a UrhG, S. 140.

293 *Dreyer*, in: HK-UrhG, § 52a Rn. 17.

294 *Suttorp*, § 52a UrhG, S. 140.

295 *Dreyer*, in: HK-UrhG, § 52a Rn. 17.

296 *Suttorp*, § 52a UrhG, S. 141.

297 *Lutterbeck/Gehring*, Kritik aus der Sicht eines Hochschullehrers und Wissenschaftlers, den Gesetzesentwurf der Bundesregierung zum UrhG und die Schrankenbestimmung für „Unterricht und Forschung“ betreffend, abrufbar unter: http://ig.cs.tu-berlin.de/forschung/IPR (Abruf vom 2. 1. 2007); *Schmid/Wirth*, UrhG, § 52a UrhG Rn. 5.

mationen möglich wird, eine wirksame Eingrenzung auf den privilegierten Nutzerkreis erfolgt.[298] Dies wird allein durch Maßnahmen der Zugangskontrolle, wie beispielsweise mittels Passwörtern, Matrikelnummern oder anderer Identifikationsmaßnahmen möglich sein.[299] Dabei haben die technischen Vorkehrungen dem jeweiligen Stand der Technik zu entsprechen[300], die Wirksamkeit des Systems ist mithin stetig zu überwachen und unter Umständen das Schutzniveau insoweit anzupassen, dass Missbräuche auf ein verträgliches Maß reduziert werden.[301] Ansonsten würde sich der Anbieter dem Vorwurf einer fahrlässigen Urheberrechtsverletzung[302] aussetzen mit der Folge eines Unterlassungs- und Schadensersatzanspruchs gem. § 97 UrhG. Eine vollständige Zugangssperre für außerhalb des Kreises der Unterrichtsteilnehmer liegende Nutzer wird indes in der Praxis kaum möglich[303] sein und liegt daher außerhalb der dem Anbieter obliegenden Sorgfaltspflicht.[304]

bb) Die eigene wissenschaftliche Forschung, § 52a Abs. 1 Nr. 2 UrhG

§ 52a Abs. 1 Nr. 2 UrhG gestattet die erlaubnisfreie öffentliche Zugänglichmachung veröffentlichter Teile eines Werkes, von Werken geringen Umfanges sowie einzelner Beiträge aus Zeitungen oder Zeitschriften ausschließlich für einen bestimmt abgegrenzten Kreis von Personen für deren eigene wissenschaftliche Forschung. Der Begriff der Veröffentlichung entspricht dabei – wie bereits in § 52a Abs. 1 Nr. 1 UrhG – dem des § 6 Abs. 1 UrhG.[305]

---

298 *v. Bernuth*, ZUM 2003, S. 441; *Dreier*, in: Dreier/Schulze, UrhG, § 52a Rn. 8.

299 *Lauber/Schwipps*, GRUR 2004, S. 296; *Loewenheim*, in: Schricker, UrheberR, § 52a Rn. 10; *v. Bernuth*, ZUM 2003, S. 441; *Dreier*, in: Dreier/Schulze, UrhG, § 52a Rn. 8.

300 BT-Dr. 15/38, S. 20.

301 *Loewenheim*, in: Schricker, UrheberR, § 52a Rn. 10; *Dreier*, in: Dreier/Schulze, UrhG, § 52a Rn. 8.

302 *Schmid/Wirth*, UrhG, § 97 UrhG Rn. 16.

303 *Loewenheim*, in: Schricker, UrheberR, § 52a Rn. 10.

304 *Dreier*, in: Dreier/Schulze, UrhG, § 52a Rn. 8.

305 *Lüft*, in: Wandtke/Bullinger, UrhR, § 52a Rn. 11.

(a) Die Nutzungsgegenstände

Der Kreis der in § 52a Abs. 1 Nr. 2 UrhG zustimmungsfrei nutzbaren Werke entspricht weitgehend dem des Abs. 1 Nr. 1 *(siehe oben D. III. 2. b) aa)*. Jedoch erfolgt in Abs. 1 Nr. 2 eine quantitative Begrenzung des Nutzungsgegenstandes lediglich auf „Teile eines Werkes", während Abs. 1 Nr. 1 die öffentliche Zugänglichmachung für Zwecke des Unterrichts darüber hinausgehend auf „kleine Teile" eines Werkes begrenzt. Der Kreis der für Zwecke der eigenen wissenschaftlichen Forschung privilegierten Nutzungsgegenstände ist damit im Vergleich zum Unterrichtsprivileg des Abs. 1 Nr. 1 weiter.[306] Diese Differenzierung zwischen On-demand-Anwendungen im Unterricht einerseits und in der wissenschaftlichen Forschung andererseits war vom Gesetzgeber beabsichtigt.[307]

Bei der Bestimmung eines „Teils eines Werkes" i.S.d. § 52a Abs. 1 Nr. 2 UrhG verbietet sich – analog zur Bestimmung eines „kleinen Teils" im Rahmen des Abs. 1 Nr. 1 – jedwede schematische Betrachtungsweise. Es ist vielmehr dem besonderen Bedürfnis Forschender nach digitalen Informationen im Wege einer Abwägungsentscheidung im Einzelfall Rechnung zu tragen. Dabei ist zu berücksichtigen, dass die wissenschaftliche Forschungsarbeit in besonderer Weise von der Auseinandersetzung mit einem möglichst breiten Informationsspektrum geprägt ist *(siehe oben A. I.)*, während im Unterricht regelmäßig ein eng umrissenes Themengebiet didaktisch aufbereitet wird.

Zur Beantwortung der Frage, ob im Rahmen eines On-demand Angebotes die Grenze eines „Teiles eines Werkes" überschritten ist, ist der öffentlich zugänglich gemachte Teil im Verhältnis zu dem Gesamtumfang des Werkes zu betrachten. Eine absolute Grenze lässt sich – in Anlehnung an die Auslegung des § 46 Abs. 1 UrhG a.F., welcher u.a. die Nutzung von „Teilen eines Werkes" privilegiert – allein dann als überschritten ansehen, wenn der öffentlich zugänglich gemachte Werkteil die Anschaffung des Originalwerkes obsolet werden lässt.[308] Darüber hinaus ist zu be-

---

306 BT-Dr. 15/837, S. 34; *Haupt,* ZUM 2004, S. 109.

307 Bericht des Rechtsausschusses, BT-Dr. 15/837, S. 34.

308 *v. Bernuth,* ZUM 2003, S. 442 unter Bezugnahme auf die Auslegung der „Teile von Werken" in § 46 UrhG a. F. in *Melichar,* in: Schricker, UrheberR, § 46

rücksichtigen, dass der Gesetzgeber beim Forschungsprivileg des Abs. 1 Nr. 2 im Vergleich zum Unterrichtsprivileg absichtlich keine Begrenzung auf „kleine“ Teile vornahm und somit ein großzügiger Maßstab anzulegen ist.[309] Ein „kleiner“ Teil i.S.d. Abs. 1 Nr. 1 liegt grundsätzlich bis zu einer Nutzungsgrenze von 20% des Gesamtwerkes vor *(siehe oben D. II. 2. b) aa) (a) (aa)*, sodass im Wege des Gegenschlusses davon auszugehen ist, dass die Obergrenze jedenfalls höher als 20% liegen muss.[310] Da in Abs. 1 Nr. 2 die privilegierten Nutzungsgegenstände nicht etwa auf „große“ Teile ausgedehnt wurden, kann eine überwiegende Nutzung, d.h. von mehr als 50% des Gesamtwerkes, nicht mehr umfasst sein.[311] Im Ergebnis überschreitet daher das On-demand Angebot Forschender, welches mehr als 50% des Gesamtwerkes zum elektronischen Abruf bereithält, die Grenze des „Teils eines Werkes“ i.S.d. § 52a Abs. 1 Nr. 2 UrhG.[312] Wird ein geringerer Prozentsatz des Gesamtwerkes öffentlich zugänglich gemacht, so kann ein schrankengestütztes On-demand Angebot gleichwohl unzulässig sein, wenn der zugänglich gemachte Teil geeignet ist, die Anschaffung des gesamten Werkes zu ersetzen. Dies wird je eher anzunehmen sein desto mehr sich der Umfang der angebotenen Werkteile der 50% Marke annähert.[313] Ganze Werke dürfen stets nur dann öffentlich zugänglich gemacht werden, wenn es sich um solche „geringen Umfangs“ handelt[314] *(zu diesem Begriff, siehe oben D. II. 2. b) aa) (a) (bb)*.

Rn. 15; *Melichar,* UFITA 92 (1982), S. 49; *Lüft,* in: Wandtke/Bullinger, UrhR, § 52a Rn. 12.

309 *Lüft,* in: Wandtke/Bullinger, UrhR, § 52a Rn. 12; *Suttorp,* § 52a UrhG, S. 99.

310 *Suttorp,* § 52a UrhG, S. 99.

311 *Gounalakis,* § 52a UrhG, S. 34; *Lüft,* in: Wandtke/Bullinger, UrhR, § 52a Rn. 12; *Suttorp,* § 52a UrhG, S. 100; *Loewenheim,* in: Schricker, UrheberR, § 52a Rn. 13.

312 *Gounalakis,* § 52a UrhG, S. 37; *Loewenheim,* in: Schricker, UrheberR, § 52a Rn. 13; a.A. *Suttorp,* § 52a UrhG, S. 100, die eine Grenze von 40% des Gesamtwerks annimmt.

313 Vgl. auch **§ 2 Abs. 1 b) des Entwurfes eines Gesamtvertrages zur Vergütung von Ansprüchen nach § 52a UrhG** für die Bereiche Hochschulen und Schulen zwischen der Kultusministerkonferenz und der VG Musikedition, der GEMA, VG Bild-Kunst, GVL, VFF, VGF sowie GWFF demgemäß als ein Teil eines Werkes 33% eines Druckwerks gelten.

314 *Loewenheim,* in: Schricker, UrheberR, § 52a Rn. 13.

(b) Die Zweckgebundenheit

§ 52a Abs. 1 Nr. 2 UrhG privilegiert die öffentliche Zugänglichmachung ausschließlich zum Zwecke der eigenen wissenschaftlichen Forschung. Es handelt sich bei dem Begriff der Wissenschaft um einen Oberbegriff,[315] welcher sich wiederum in den Bereich der Lehre sowie den der Forschung untergliedern lässt.[316] Letztere stellt den nach Inhalt und Form ernsthaften und planmäßigen Versuch zur Ermittlung der Wahrheit dar und damit eine Tätigkeit mit dem Ziel, in systematischer, einer Nachprüfung zugänglichen Weise neue Erkenntnisse zu gewinnen.[317]

Jedoch ist streitig, ob der Bedeutungsgehalt des seitens des Gesetzgebers gewählten Begriffs der „eigenen wissenschaftlichen Forschung" mit demjenigen des „eigenen wissenschaftlichen Gebrauchs" in § 53 Abs. 2 S. 1 Nr. 1 UrhG übereinstimmt,[318] oder ob nicht vielmehr der Begriff der „wissenschaftlichen Forschung" in § 52a Abs. 1 Nr. 2 UrhG enger zu verstehen ist.[319]

Einer Ansicht entsprechend sind die zu dem Begriff des „wissenschaftlichen Gebrauchs" in § 53 Abs. 2 S. 1 Nr. 1 UrhG entwickelten Grundsätze vollständig auf den Begriff der „wissenschaftlichen Forschung" in § 52a Abs. 1 Nr. 2 UrhG übertragbar; beide Formulierungen seien deckungsgleich.[320] Folgt man dieser Ansicht, wäre die öffentliche Zugänglichmachung im Rahmen jeder wissenschaftlichen Tätigkeit, d.h. bei einer methodisch-systematisch ausgerichteten Suche nach bereits vorhandenen oder neuen Erkenntnissen,[321] vom Forschungsprivileg des § 52a Abs. 1 Nr. 2 UrhG erfasst. Dabei zielt der Begriff des wissenschaftlichen Ge-

315 *v. Bernuth*, ZUM 2003, S. 442.

316 BVerfGE 35, 79 (113).

317 *Jarass*, in: Jarass/Pieroth, GG, Art. 5 Rn. 96; *Bethge*, in: Sachs GG, Art. 5 Rn. 206; *Decker*, in: Möhring/Nicolini, UrhG, § 53 Rn. 21.

318 *Dreier*, in: Dreier/Schulze, UrhG, § 52a Rn. 10; *Lauber/Schwipps*, GRUR 2004, S. 297; *Schmid/Wirth*, UrhG, § 52a Rn. 5; *Lüft*, in: Wandtke/Bullinger, UrhR, § 52a Rn. 14.

319 *Loewenheim*, in: Schricker, UrheberR, § 52a Rn. 11; *Dreyer*, in: HK-UrhG § 52a Rn. 29; *v. Bernuth*, ZUM 2003, S. 442; *Suttorp*, § 52a UrhG, S. 131.

320 *Dreier*, in: Dreier/Schulze, UrhG, § 52a Rn. 10; *Lauber/Schwipps*, GRUR 2004, S. 297; *Schmid/Wirth*, UrhG, § 52a Rn. 5; *Lüft*, in: Wandtke/Bullinger, UrhR, § 52a Rn. 14.

321 *Loewenheim*, in: Schricker, UrheberR, § 53 Rn. 22; *Dreier*, in: Dreier/Schulze, UrhG, § 53 Rn. 23; *Suttorp*, § 52a UrhG, S. 129.

brauchs zwar in erster Linie auf die Tätigkeiten von Wissenschaftlern, Forschungsinstituten oder anderen wissenschaftlichen Einrichtungen ab, jedoch erstreckt er sich ebenfalls auf wissenschaftliche Leistungen von Personen, die ansonsten nicht dem Berufsbild des Wissenschaftlers entsprechen.[322] So nutzt beispielsweise der Student bei der Bearbeitung einer Seminararbeit, der Rechtsanwalt bei der Anfertigung eines Schriftsatzes oder der Privatmann, der sich über den Stand der Wissenschaft informiert, urhebergesetzlich geschützte Inhalte zum „wissenschaftlichen Gebrauch" i.S.d. § 53 Abs. 2 S. 1 Nr. 1 UrhG, solange er nur nach wissenschaftlichen Methoden zum Zwecke der Erkenntnis vorgeht.[323] Überträgt man diese Grundsätze auf den Begriff der „wissenschaftlichen Forschung" in § 52a Abs. 1 Nr. 2 UrhG, wäre beispielsweise das On-demand Angebot wissenschaftlicher Fachliteratur auf einer Homepage eines Lehrstuhls zum Zwecke der bloßen Unterrichtung interessierter Privatpersonen über den Stand der Wissenschaft umfasst.[324]

Die Gegenansicht misst dem Begriff der „wissenschaftlichen Forschung" in § 52a Abs. 1 Nr. 2 UrhG einen deutlich engeren Regelungsgehalt zu als dem des „wissenschaftlichen Gebrauchs".[325] So umfasse die wissenschaftliche Forschung allein das Streben nach Gewinnung neuer wissenschaftlicher Erkenntnisse.[326] Ausdrücklich außerhalb des durch die Schranke des Abs. 1 Nr. 2 umfassten Nutzungszwecks liege damit die öffentliche Zugänglichmachung im Rahmen der bloßen Anwendung bereits bekannter Erkenntnisse, insbesondere während des Studiums.[327]

Allein diese engere Auslegung des Begriffs der „wissenschaftlichen Forschung" i.S.d. § 52a Abs. 1 Nr. 2 UrhG findet eine Stütze in Wortsinn, Systematik und Historie der Schranke. So deutet bereits der natürliche Wortsinn der Begriffe „wissenschaftlicher Gebrauch" einerseits und „wissenschaftliche Forschung" andererseits darauf hin, dass Ersterer ein

322 *Loewenheim*, in: Schricker, UrheberR, § 53 Rn. 22; *Suttorp*, § 52a UrhG, S. 129.
323 *Loewenheim*, in: Schricker, UrheberR, § 53 Rn. 22; *Nordemann*, in: Fromm/Nordemann, UrhG, § 53 Rn. 6; *Raczinski/Rademacher*, GRUR 1989, S. 327; *Kröger*, Informationsfreiheit, S. 323.
324 *Loewenheim*, in: Schricker, UrheberR, § 52a Rn. 11.
325 *Loewenheim*, in: Schricker, UrheberR, § 52a Rn. 11; *Dreyer*, in: HK-UrhG § 52a Rn. 29, *v. Bernuth*, ZUM 2003, S. 442.
326 *Loewenheim*, in: Schricker, UrheberR, § 52a Rn. 11; *ders.*, in: Handbuch UrhR, § 31 Rn. 64; *v. Bernuth*, ZUM 2003, S. 442.
327 *v. Bernuth*, ZUM 2003, S. 442; *Dreyer*, in: HK-UrhG § 52a Rn. 32.

deutlich breiteres Spektrum an zulässigen Nutzungen erfasst und daher weiter zu verstehen ist.[328] Darüber hinaus sprechen systematische Erwägungen gegen eine Gleichsetzung beider Begriffe. So vermag es nicht einzuleuchten, warum der Gesetzgeber, hätte er den privilegierten Zweck auf den von § 53 Abs. 2 S. 1 Nr. 1 UrhG umfassten Anwendungsbereich ausdehnen wollen, nicht auch in § 52a Abs. 1 Nr. 2 UrhG den Begriff des wissenschaftlichen Gebrauchs verwendet, wie er es ebenfalls im Rahmen des § 87c Abs. 1 Nr. 2 UrhG tut.[329] Schließlich ist den Gesetzesmaterialen zu entnehmen, dass der Gesetzgeber durch die Privilegierung der wissenschaftlichen Forschung vornehmlich On-demand Angebote in „kleinen Forschungsteams" erlaubnisfrei stellen wollte und damit gerade nicht sämtliche wissenschaftlich tätigen Personen von der Schranke profitieren sollten.[330] Vor diesem Hintergrund ist der in § 52a Abs. 1 Nr. 2 UrhG privilegierte Nutzungszweck allein der Bereich des methodischen Strebens nach neuen Erkenntnissen.[331] Das Forschungsprivileg umfasst allein solche Personen, die mit dem Ziel tätig werden, die Wissenschaft voranzubringen, die somit mit dem Anspruch forschen, Wissenschaft zu produzieren und nicht lediglich zu konsumieren.[332] Vor diesem Hintergrund sind insbesondere On-demand Angebote urhebergesetzlich geschützter Inhalte an Wissenschaftler, wie beispielsweise im Rahmen des DFNNet-News-Dienstes *(siehe oben A. II. 2. b)*, von der Schranke erfasst. Zielt die öffentliche Zugänglichmachung indes lediglich auf die Auseinandersetzung mit dem nach dem Stand der Wissenschaft bereits Bekannten, so liegt sie außerhalb des durch § 52a Abs. 1 Nr. 2 UrhG privilegierten Bereichs und setzt – sofern nicht das Unterrichtsprivileg des § 52a Abs. 1 Nr. 1 UrhG greift – einen vorherigen Lizenzerwerb voraus.[333]

Überdies setzt § 52a Abs. 1 Nr. 2 UrhG voraus, dass die öffentliche Zugänglichmachung zum Zwecke der „eigenen" wissenschaftlichen Forschung erfolgt. Damit muss die Nutzung des On-demand Angebots in einem Personenkreis erfolgen, dessen Angehörige selbst das Ziel der Ge-

328 *Suttorp*, § 52a UrhG, S. 129.

329 *Suttorp*, § 52a UrhG, S. 131.

330 Bericht des Rechtsausschusses, BT-Dr. 15/837, S. 34.

331 *Loewenheim*, in: Schricker, UrheberR, § 52a Rn. 11; *ders.*, in: Handbuch UrhR, § 31 Rn. 64; *Dreyer*, in: HK-UrhG, § 52a Rn. 29; *v. Bernuth*, ZUM 2003, S. 442.

332 *Dreyer*, in: HK-UrhG, § 52a Rn. 29.

333 *Suttorp*, § 52a UrhG, S. 131.

winnung neuer wissenschaftlicher Erkenntnisse verfolgen.[334] Die Einbeziehung außenstehender Personen ist unzulässig. Dabei findet bei stark untergliederten Forschungseinrichtungen, wie etwa bei Universitäten oder Pharmaunternehmen, bei denen jeder einzelne Fachbereich ein unterschiedliches Forschungsziel verfolgt, nur in den einzelnen Fachabteilungen „eigene" Forschung i. S. d. § 52a Abs. 1 Nr. 2 UrhG statt.[335] Eigene wissenschaftliche Forschung wird daher regelmäßig an einem Lehrstuhl, einem Institut oder einer Fachabteilung betrieben, nicht jedoch an einer Universität oder in einem Konzern.[336] Nicht von der Schranke umfasst ist es daher, Werke dergestalt in das Intranet einer Universität oder eines Unternehmens zu stellen, dass sämtlichen dort tätigen Forschern – mithin auch solchen ohne Bezug zum konkreten Forschungsprojekt – der elektronische Abruf ermöglicht wird.[337]

(c) Der Nutzerkreis

§ 52a Abs. 1 Nr. 2 UrhG beschränkt den Kreis derer, zu deren Gunsten für Zwecke ihrer eigenen wissenschaftlichen Forschung urhebergesetzlich geschützte Inhalte zum elektronischen Abruf angeboten werden können, auf einen bestimmt abgegrenzten Kreis von Personen. Ausweislich der Begründung der Beschlussempfehlung des Rechtsausschusses zu der durch den Bundestag verabschiedeten Fassung der Schranke war dabei an „kleine Forschungsteams" gedacht, nicht hingegen etwa an eine öffentliche Zugänglichmachung in der Form, dass Werke im Intranet einer Universität sämtlichen dort tätigen Forschern zum Abruf angeboten werden.[338] Allerdings hängt die zulässige Größe der Forschungsgruppe maßgeblich vom jeweiligen Forschungsprojekt und dem dafür erforderlichen personellen Aufwand ab.[339] Jedoch muss der Kreis der Personen, an den sich das On-demand Angebot richtet, stets überschaubar sein.[340] Vor diesem Hintergrund ist – ebenso wie im Rahmen des Unterrichtspri-

334 *Loewenheim*, in: Schricker, UrheberR, § 52a Rn. 11.
335 *Suttorp*, § 52a UrhG, S. 134.
336 *Suttorp*, § 52a UrhG, S. 134.
337 Begründung der Besschlussempfehlung des Rechtsausschusses, BT-Dr. 15/837, S. 34; *Loewenheim*, in: Schricker, UrheberR, § 52a Rn. 11.
338 Begründung der Besschlussempfehlung des Rechtsausschusses, BT-Dr. 15/837, S. 34.
339 *Loewenheim*, in: Schricker, UrheberR, § 52a Rn. 12.
340 *Dreyer*, in: HK-UrhG, § 52a Rn. 30.

vilegs aus Abs. 1 Nr. 1 – ein konkreter Bezug zwischen den öffentlich zugänglich gemachten Inhalten und dem zum Zeitpunkt der öffentlichen Zugänglichmachung bereits feststehenden Nutzerkreis erforderlich. Im Ergebnis ist damit regelmäßig die öffentliche Zugänglichmachung ausschließlich für konkrete Forschungsprojekte zulässig, da nur bei diesen der Kreis der beteiligten Forscher bereits zum Zeitpunkt der öffentlichen Zugänglichmachung bestimmbar ist.[341] Somit sind beispielsweise On-demand Angebote im Rahmen netzwerkunterstützter Arbeitsgruppen von Professoren oder Doktoranden,[342] etwa im Wege des Grid-Computing *(siehe oben A. II. 2. b)* oder im Intranet eines Lehrstuhls[343] von der Schranke des § 52a Abs. 1 Nr. 2 UrhG umfasst. Überdies können vielfach On-demand-Anwendungen in Fachabteilungen von Unternehmen, wie etwa in der „Aesthetic Information Database" der Abteilung für Designforschung der Ford Motor Corp. *(siehe oben A. II. 2. a)*, auf das Forschungsprivileg gestützt werden.

Die effektive Abgrenzung der Nutzergruppe am Ort des Abrufs obliegt – wie im Falle des Abs. 1 Nr. 1 – demjenigen, welcher Werke respektive Werkteile öffentlich zugänglich macht.[344] Dabei ergibt sich jedoch im Vergleich zur Privilegierung des Unterrichts in Abs. 1 Nr. 1 ein Unterschied hinsichtlich des vom Anbieter einzuhaltenden Schutzniveaus. Der Begründung des Gesetzesentwurfes entsprechend, hat die Eingrenzung des zugelassenen Personenkreises durch konkrete und nach dem jeweiligen Stand der Technik wirksame Vorkehrungen zu erfolgen.[345] Damit wird von Forschern im Rahmen ihres On-demand Angebotes die Einhaltung eines mittleren Sicherheitsniveaus[346] verlangt und demnach ein Wissen, welches über das hinausgeht, was in den Kreisen der jeweiligen Techniker bekannt und als richtig anerkannt ist.[347]

---

341 *v. Bernuth*, ZUM 2003, S. 442.

342 *Dreyer*, in: HK-UrhG, § 52a Rn. 31.

343 *Lüft*, in: Wandtke/Bullinger, UrhR, § 52a Rn. 13.

344 *Lüft*, in: Wandtke/Bullinger, UrhR, § 52a Rn. 13.

345 BT-Dr. 15/38, S. 20; *Loewenheim*, in: Schricker, UrheberR, § 52a Rn. 12.

346 *Foerste*, in: Graf v. Westphalen, Produkthaftung, S. 320.

347 *Lutterbeck/Gehring*, Kritik aus der Sicht eines Hochschullehrers und Wissenschaftlers, den Gesetzesentwurf der Bundesregierung zum UrhG und die Schrankenbestimmung für „Unterricht und Forschung" betreffend, abrufbar unter: http://ig.cs.tu-berlin.de/forschung/IPR (Abruf vom 7. 6. 2006); *Foerste*, in: Graf v. Westphalen, Produkthaftung, S. 320.

cc) Gemeinsame Voraussetzungen

§ 52a Abs. 1 2. Hs. UrhG knüpft die öffentliche Zugänglichmachung sowohl zur Veranschaulichung im Unterricht gem. Abs. 1 Nr. 1 als auch für Zwecke der eigenen Forschung gem. Abs. 1 Nr. 2 an weitere Voraussetzungen. So muss die öffentliche Zugänglichmachung in beiden Fällen zu dem jeweiligen Zweck geboten und zur Verfolgung nicht kommerzieller Zwecke gerechtfertigt sein.

(a) Gebotenheit der öffentlichen Zugänglichmachung

Das Merkmal der Gebotenheit nimmt eine über den jeweiligen Unterrichts- bzw. Forschungszweck hinausgehende Begrenzung des Anwendungsbereichs der Schranke vor.[348] Vor dem Hintergrund, dass der Gesetzgeber durch die Einführung der Schranke die Nutzung moderner Kommunikationstechnologien in den Bereichen Unterricht und wissenschaftlicher Forschung gerade vereinfachen und damit in einem größeren Umfang ermöglichen wollte, kann zur Beurteilung der Gebotenheit einer öffentlichen Zugänglichmachung nicht eine strikte Notwendigkeit im Sinne eines sine quo non entscheidend sein.[349] Vielmehr kommt es zur Bestimmung dessen, was im Einzelfall geboten ist, auf eine Gesamtabwägung zwischen dem Bedürfnis nach einer öffentlichen Zugänglichmachung einerseits und dem Grad der Beeinträchtigung der Rechteinhaber andererseits an.[350] Dabei kommt jedoch dem Zugänglichmachenden eine Einschätzungsprärogative zu. Es genügt, wenn durch das On-demand Angebot der Unterricht bzw. die Forschung erleichtert wird.[351] Die Erleichterung kann gerade in der durch die öffentliche Zugänglichmachung eröffnete Möglichkeit des zeit- und ortsunabhängigen Zugriffs

---

348 *Dreier,* in: Dreier/Schulze, UrhG, § 52a Rn. 12; *Loewenheim,* in: Schricker, UrheberR, § 52a Rn. 14; *Suttorp,* § 52a UrhG, S. 144; *Lüft,* in: Wandtke/Bullinger, UrhR, § 52a Rn. 14; *Dreyer,* in: HK-UrhG, § 52a Rn. 22; a. A. *v. Bernuth,* ZUM 2003, S. 441, der dem Merkmal der „Gebotenheit" aufgrund der bereits in § 52a Abs. 1 Nr. 1 und Nr. 2 UrhG festgelegten privilegierten Nutzungszwecke keine eigenständige, einschränkende Bedeutung beimisst.

349 *Dreier,* in: Dreier/Schulze, UrhG, § 52a Rn. 12; *Loewenheim,* in: Schricker, UrheberR, § 52a Rn. 14; *Suttorp,* § 52a UrhG, S. 144.

350 *Loewenheim,* in: Schricker, UrheberR, § 52a Rn. 14.

351 *Dreier,* in: Dreier/Schulze, UrhG, § 52a Rn. 12; *Suttorp,* § 52a UrhG, S. 145.

auf die bereitgestellten Inhalte bestehen.[352] Eine objektive Grenze ist jedoch erreicht, wenn die Informationen mit demselben Effekt auch auf eine den Rechtsinhaber weniger belastende Weise vermittelt werden können.[353] In diesen Fällen führt das On-demand Angebot gerade nicht zu einer objektiv feststellbaren Erleichterung der Informationsvermittlung in Unterricht oder Forschung.

Derartige, den Rechtsinhaber weniger belastende Möglichkeiten, könnten sich regelmäßig sowohl durch den Erwerb einer Lizenz[354] als auch durch den Rückgriff auf analoges Informationsmaterial ergeben.[355] Es stellt sich somit die Frage, inwiefern zum einen durch einen zumutbaren Lizenzerwerb und zum anderen durch die Möglichkeit der Offline-Nutzung die Gebotenheit der Inanspruchnahme des § 52a UrhG ausgeschlossen sein kann.

Die Gebotenheit eines schrankengestützten On-demand Angebotes in Unterricht und Forschung könnte zunächst durch die Möglichkeit der Lizenzierung der Online-Nutzung entfallen. Jedoch vermag die Möglichkeit des Lizenzerwerbs die Gebotenheit nur in Fällen auszuschließen, in denen die Lizenz in zumutbarer Art und Weise zu erlangen ist.[356] Insbesondere muss die Lizenz ohne besonderen Zeitaufwand und zu angemessenen Konditionen erhältlich sein.[357] Ob dies der Fall ist, ist wiederum durch Abwägung der Intensität der Beeinträchtigung der Verwertungsinteressen der Rechteinhaber einerseits und der Interessen der durch die Schranke Begünstigten an einer erlaubnisfreien Nutzung geschützter Inhalte andererseits, zu ermitteln.[358] Dabei werden vielfach in solchen Fällen den Interessen der Forschenden und Lehrenden der Vorrang einzuräumen sein, in denen die Lizenzierung nur unter enormen Zeitaufwand, z.B. aufgrund von umfassenden Recherchearbeiten zur

---

352 *Suttorp*, § 52a UrhG, S. 145.

353 *Loewenheim*, in: Schricker, UrheberR, § 52a Rn. 14; a.A. *Gounalakis*, § 52a UrhG, S. 40, der von einer subjektiven Einschätzung seitens des Zugänglichmachenden ausgeht und es folglich genügen lässt, dass der Anbieter sein On-demand Angebot subjektiv für erforderlich hält.

354 *Dreyer*, in: HK-UrhG, § 52a Rn. 22.

355 *Lüft*, in: Wandtke/Bullinger, UrhR, § 52a Rn. 14.

356 *Dreyer*, in: HK-UrhG, § 52a Rn. 22; *Suttorp*, § 52a UrhG, S. 146.

357 *Dreyer*, in: HK-UrhG, § 52a Rn. 22; *Suttorp*, § 52a UrhG, S. 146.

358 *Dreyer*, in: HK-UrhG, § 52a Rn. 22; *Dreier*, in: Dreier/Schulze, UrhG, § 52a Rn. 12; *Loewenheim*, in: Schricker, UrheberR, § 52a Rn. 14.

Ermittlung des Rechtsinhabers, erfolgen kann.[359] Auch in Fällen, in denen nur eine Lizenz für das Gesamtwerk erworben werden kann, der Nutzer aber nur einen kleinen Teil benötigt[360] – wie etwa bei der Besprechung ausgewählter Passagen eines Romans im Rahmen des Projekts „Deutsch digital" des Clavus-Gymnasiums in Bamberg *(siehe oben A. II. 1. a)* – müssen die Interessen der Rechtsinhaber zurücktreten.

Weiterhin könnte die Möglichkeit des Rückgriffs auf Offline-Angebote die Gebotenheit der Inanspruchnahme der Schranke ausschließen. So werden durch das elektronische Bereithalten geschützter Inhalte, im Zuge dessen Werke bzw. Werkteile digitalisiert und einer Vielzahl von Nutzern ohne größeren Kostenaufwand zum zeit- und ortsunabhängigen Abruf angeboten werden, die Interessen der Rechteinhaber weitaus stärker beeinträchtigt, als im Rahmen von Offline-Nutzungen.[361] Vor diesem Hintergrund lehnt eine Ansicht die Gebotenheit der öffentlichen Zugänglichmachung bereits dann ab, wenn die Informationen ohne erheblichen Aufwand in analoger Form, insbesondere im Wege der papierbasierten Kopie, beschaffbar sind.[362] Diese Ansicht verkennt jedoch, dass es gerade die Intention des Gesetzgebers war, durch Einführung des § 52a UrhG die Nutzung moderner Kommunikationsformen in Unterricht und Forschung zu fördern.[363] Mithin kann die bloße Möglichkeit der Beschaffung der jeweiligen Informationen in analoger Form die Gebotenheit der schrankengestützten öffentlichen Zugänglichmachung nicht kategorisch ausschließen.[364] Es besteht daher kein grundsätzliches Gebot, die analoge Vervielfältigung in Form konventioneller Fotokopien einer öffentlichen Zugänglichmachung vorzuziehen.[365] Vielmehr besteht, speziell im Rahmen des Unterrichts, ein Wahlrecht, die jeweiligen Informationen entweder in analoger Form unter Berufung auf die Schranke des § 53 Abs. 3 UrhG oder aber in digitaler Form, gestützt auf das Unterrichtsprivileg des § 52a Abs. 1 Nr. 1 UrhG, anzubieten.[366]

---

359 *Suttorp*, § 52a UrhG, S. 147.
360 *Beger*, in: FS Kuhlen, S. 138.
361 *Lüft*, in: Wandtke/Bullinger, UrhR, § 52a Rn. 14; *Suttorp*, § 52a UrhG, S. 147.
362 *Lüft*, in: Wandtke/Bullinger, UrhR, § 52a Rn. 14.
363 BT-Dr. 15/38, S. 20; *Zypries*, NJW-Editorial 16/2003.
364 *Loewenheim*, in: Schricker, UrheberR, § 52a Rn. 14.
365 *Lauber/Schwipps*, GRUR 2004, S. 297.
366 *Lauber/Schwipps*, GRUR 2004, S. 297.

(b) Rechtfertigung zur Verfolgung nicht kommerzieller Zwecke

Schließlich muss gem. § 52a Abs. 1 2. Hs. UrhG die öffentliche Zugänglichmachung zur Verfolgung nicht kommerzieller Zwecke gerechtfertigt sein. Problematisch erscheint, ob zur Beurteilung, inwiefern mit der öffentlichen Zugänglichmachung ein kommerzieller Zweck verfolgt wird, allein auf den Charakter des mit der konkreten Unterrichts- bzw. Forschungstätigkeit verfolgten Zwecks abzustellen ist oder vielmehr auf den kommerziellen Charakter der Tätigkeit der unterrichtenden oder forschenden Institution. Eine Leitlinie bietet hier der Erwägungsgrund 42 der InfoSoc-RL, dem zufolge allein der Zweck der Tätigkeit und nicht etwa die organisatorische Struktur oder die Finanzierung der Institution über die Frage des kommerziellen Charakters entscheiden soll. Folglich darf die Tätigkeit, deren Zweck die Zugänglichmachung dient, also der Unterricht bzw. die Forschung, nicht der Gewinnerzielung dienen.[367] On-demand-Anwendungen im Rahmen des bezahlten Unterrichts und der bezahlten Auftragsforschung liegen damit außerhalb des durch die Schranke erlaubnisfrei gestellten Bereichs.[368] Zielen die erhoben Entgelte jedoch allein auf die Amortisation der durch die öffentliche Zugänglichmachung entstandenen Kosten ab, so ist dies unschädlich.[369] Ein kommerzieller Zweck wird daher allein in Fällen anzunehmen sein, in denen mit der öffentlichen Zugänglichmachung ein über die reine Kostenerstattung hinausgehender Gewinn erzielt wird.[370]

(aa) Unterricht, § 52a Abs. 1 Nr. 1 UrhG

Im Rahmen der öffentlichen Zugänglichmachung im Unterricht stellt sich die Frage, ob durch das Unterrichtsprivileg des Abs. 1 Nr. 1 ausschließlich nicht gebührenpflichtige Schulen und Hochschulen erfasst werden, oder ob die Schranke darüber hinaus Unterrichtseinrichtungen einschließt, die Gebühren erheben oder in kommerzieller Gewinnabsicht

---

367 *Loewenheim*, in: Schricker, UrheberR, § 52a Rn. 15; *Lüft*, in: Wandtke/Bullinger, UrhR, § 52a Rn. 14; *Dreyer*, in: HK-UrhG, § 52a Rn. 21, *Schmid/Wirth*, UrhG, § 52a UrhG, Rn. 6.

368 *Lüft*, in: Wandtke/Bullinger, UrhR, § 52a Rn. 14; *Loewenheim*, in: Schricker, UrheberR, § 52a Rn. 15; *v. Bernuth*, ZUM 2003, S. 441.

369 *Dreier*, in: Dreier/Schulze, UrhG, § 52a Rn. 13; *Suttorp*, § 52a UrhG, S. 153; *Loewenheim*, in: Schricker, UrheberR, § 52a Rn. 15.

370 *Dreier*, in: Dreier/Schulze, UrhG, § 52a Rn. 13.

betrieben werden. Zur Beantwortung dieser Frage ist – in Anlehnung an den Erwägungsgrund 42 der InfoSoc-RL *(siehe oben)* – nicht etwa auf die Finanzierung der öffentlich zugänglich machenden Institution abzustellen, sondern auf den mit dem On-demand Angebot verfolgten Zweck.[371] So wird zwar regelmäßig der kommerzielle Charakter einer Bildungseinrichtung auf den kommerziellen Charakter des Unterrichts und folglich auch auf das zu diesem Zweck vorgenommene On-demand Angebot durchschlagen.[372] Jedoch ist nicht generell ausgeschlossenen, dass auch private Schulen und Universitäten einzelne Veranstaltungen entgeltfrei oder gegen einen reinen Kostenbeitrag anbieten. In diesen Fällen wird mit dem On-demand Angebot kein kommerzieller Zweck verfolgt und eine Berufung auch privater, kommerziell ausgerichteter Bildungseinrichtungen auf das Unterrichtsprivileg bleibt möglich.[373]

Überdies ist fraglich, ob auch öffentliche Hochschulen, die Studiengebühren erheben, von der Schranke des § 52a Abs. 1 Nr. 1 UrhG erfasst werden. Wiederum ist zur Bestimmung der Reichweite der Schranke allein auf den mit der öffentlichen Zugänglichmachung verfolgten Zweck abzustellen; die öffentliche Trägerschaft der Hochschule ist unerheblich.[374] Es ist somit zu differenzieren, inwieweit die für den Unterricht erhobene Gebühr der bloßen Kostenerstattung dient oder aber darüber hinausgehend Gewinne erzielt werden. Ausschließlich im ersten Fall ist ein auf § 52a Abs. 1 Nr. 1 UrhG gestütztes On-demand Angebot an öffentlichen Hochschulen möglich, während im zweiten Fall der Unterricht der Verfolgung kommerzieller Zwecke dient und mithin eine Berufung auf die Schranke ausscheidet.[375] Jedoch ist zu berücksichtigen, dass die durch die Studiengebühren erzielten Einnahmen vielfach zweckgebunden für die Verbesserung der Lehre einzusetzen sind und ihre Verwendung zur Gewinnerzielung oftmals gesetzlich untersagt ist.[376] Im Ergebnis wird

---

371 *Dreier,* in: Dreier/Schulze, UrhG, § 52a Rn. 13; *Schmid/Wirth,* UrhG, § 52a UrhG, Rn. 6.

372 *Dreier,* in: Dreier/Schulze, UrhG, § 52a Rn. 13.

373 *Schmid/Wirth,* UrhG, § 52a UrhG, Rn. 6; *Dreier,* in: Dreier/Schulze, UrhG, § 52a Rn. 13.

374 *Schmid/Wirth,* UrhG, § 52a UrhG, Rn. 6.

375 *Loewenheim,* in: Schricker, UrheberR, § 52a Rn. 15; *Dreier,* in: Dreier/Schulze, UrhG, § 52a Rn. 13; *Schmid/Wirth,* UrhG, § 52a UrhG, Rn. 6.

376 So schreibt z.B. § 2 Abs. 2 StBAG NRW (Gesetz zur Erhebung von Studienbeiträgen und Hochschulabgaben) vor, dass Einnahmen aus Studienbeiträ-

daher die Erhebung von Studiengebühren an öffentlichen Hochschulen dem Gebrauch des Unterrichtsprivilegs des § 52a Abs. 1 Nr. 1 UrhG somit nicht entgegenstehen.

(bb) Forschung, § 52a Abs. 1 Nr. 2 UrhG

Das Erfordernis der Verfolgung nicht kommerzieller Zwecke gilt ebenfalls für die Privilegierung der wissenschaftlichen Forschung in § 52a Abs. 1 Nr. 2 UrhG. Daher liegt auch hier jede auf wirtschaftlichen Gewinn ausgerichtete Tätigkeit außerhalb der Schranke.[377] Wiederum ist zur Beantwortung der Frage nach dem kommerziellen Charakter auf die konkrete Tätigkeit der forschenden Institution selbst abzustellen, die organisatorische Struktur und die Finanzierung des Trägers der Tätigkeit sind unerheblich.[378] Sofern also Forschung nicht kommerziell betrieben wird, ist die zu diesem Zwecke erfolgende öffentliche Zugänglichmachung selbst bei kommerzieller Finanzierung privilegiert.[379] Vor diesem Hintergrund ist jedoch problematisch, dass gerade in der industriellen Forschung eine Vielzahl der öffentlichen Zugänglichmachungen mit dem Ziel erfolgt, die Effizienz der Forschungsprozesse durch den Einsatz moderner Informationstechnologie zu steigern und auf diesem Wege die Rentabilität des Unternehmens zu verbessern.[380] So wurden beispielsweise die netzbasierten Wissensmanagementsysteme bei Roche, der BMW AG sowie der Ford Motor Corp. *(siehe oben A. II. 2. a)* als Maßnahme zur Steigerung der Produktivität und damit des Unternehmensgewinns implementiert. Auch im Rahmen der wissenschaftlichen Forschung wird daher regelmäßig der kommerzielle Charakter der forschenden Institution auf den kommerziellen Charakter der betriebenen Forschung und damit auch auf das zu diesem Zweck vorgenommene On-demand Angebot durchschlagen.[381] Anders sind jedoch öffentliche Zugänglichmachungen im Rahmen von Forschungsprojekten zu beurteilen, die, ob-

---

gen von den Hochschulen zweckgebunden für die Verbesserung der Lehre und der Studienbedingungen zu verwenden sind.

377 *Dreier*, in: Dreier/Schulze, UrhG, § 52a Rn. 13; *Schmid/Wirth*, UrhG, § 52a UrhG, Rn. 6; *Loewenheim*, in: Schricker, UrheberR, § 52a Rn. 15; *Spindler*, GRUR 2002, S. 114.

378 *Suttorp*, § 52a UrhG, S. 154.

379 *Spindler*, GRUR 2002, S. 114.

380 *Suttorp*, § 52a UrhG, S. 155.

381 *Suttorp*, § 52a UrhG, S. 155.

schon im Rahmen der industriellen Forschung betrieben, nicht gewinnbringend verwertet werden. Hier bleibt ein auf das Forschungsprivileg des § 52a Abs. 1 Nr. 2 UrhG gestütztes On-demand Angebot möglich. Zu solchen Projekten zählen beispielsweise Medikamentenspenden durch Roche[382] sowie Wohltätigkeitsaktionen im Rahmen der BMW Stiftung[383] oder der Ford Foundation.[384]

Fraglich ist darüber hinaus die Einordnung der Drittmittelforschung an staatlichen Hochschulen. Unproblematisch dem Bereich der nicht kommerziellen Forschung zugehörig ist dabei die aus Mitteln Dritter finanzierte Forschung, deren Ergebnisse nicht gewinnbringend verwertet werden.[385] Hingegen liegt kommerzielle Forschung vor, wenn sie etwa im Zuge der Erstellung eines vergüteteten Gutachtens erfolgt.[386] Probleme bei der Grenzziehung zwischen kommerzieller Forschung einerseits und nicht kommerzieller Forschung andererseits können bei aus Drittmitteln finanzierten Forschungsprojekten auftreten, bei deren Beginn keine kommerzielle Verwertung der Ergebnisse beabsichtigt war, im Laufe des Forschungsprozesses jedoch Patente anfallen. Hier wird man zur Grenzziehung allein auf den derzeitigen Charakter der Tätigkeit abstellen können, nicht hingegen darauf, ob die Tätigkeit zukünftig kommerziellen Ertrag haben könnte.[387] Nimmt die Forschungsarbeit somit im Zuge des Forschungsprozesses einen kommerziellen Charakter an, so scheidet ab diesem Zeitpunkt eine schrankengestütze öffentliche Zugänglichmachung aus. Vor diesem Zeitpunkt auf § 52a Abs. 1 Nr. 2 UrhG gestützte Zugänglichmachungen werden indes nicht rückwirkend unzulässig, da in diesem Stadium noch keine kommerziellen Zwecke verfolgt wurden.[388]

---

382 http://www.roche.de/nachhaltigkeit (Abruf vom 29. 11. 2006).

383 http://www.bmwstiftunghq.com (Abruf vom 6. 12. 2006).

384 http://www.fordfound.org (Abruf vom 14. 12. 2006).

385 *Spindler*, GRUR 2002, S. 114.

386 *Suttorp*, § 52a UrhG, S. 155; *Decker*, in: Möhring/Nicolini, UrheberG, § 87c Rn. 8.

387 *Spindler*, GRUR 2002, S. 114.

388 *Suttorp*, § 52a UrhG, S. 156.

(c) Die Quellenangabe, § 63 Abs. 2 S. 2 UrhG

Schließlich erfordert § 63 Abs. 2 UrhG, dass im Falle einer öffentlichen Zugänglichmachung gem. § 52a UrhG stets die Quelle einschließlich des Namens des Urhebers anzugeben ist, sofern dies nicht unmöglich ist. Die Vorschrift sichert zum einen das in § 13 UrhG geschützte Interesse des Urhebers auf Anerkennung seiner Urheberschaft. Darüber hinaus entfaltet die Verpflichtung zur Quellenangabe eine Werbefunktion und trägt auf diesem Wege zur Kompensation des Rechtseingriffs bei, der mit der Wahrnehmung der Schranke verbunden ist.[389] Mit dieser Verpflichtung kommt der deutsche Gesetzgeber den in Art. 5 Abs. 3 lit. a) InfoSoc-RL konstituierten gemeinschaftsrechtlichen Vorgaben an die Ausgestaltung der Schranke nach.

Die Verpflichtung zur Quellenangabe soll verhindern, dass das Werk nur schwerlich zuzuordnen ist oder nur mit großer Mühe aufgefunden werden kann.[390] Der Begriff der Quelle in Abs. 2 umfasst neben der Bezeichnung des Urhebers i. S. d. § 10 Abs. 1 UrhG ebenfalls den Titel des Werkes sowie die Angabe des Publikationsmediums (z.B. Zeitschrift, Zeitung, Monographie oder Sammelband).[391]

Die Pflicht zur Angabe der Quelle entfällt gem. § 63 Abs. 2 S. 2 UrhG, wenn dies nicht möglich ist. Darunter ist keine objektive Unmöglichkeit der Quellenermittlung zu verstehen, da sich in nahezu jedem Fall ein Weg finden ließe, die erforderlichen Angaben zu beschaffen und somit der Befreiungstatbestand praktisch leer liefe.[392] Vielmehr ist darauf abzustellen, ob der zur Quellenangabe Verpflichtete subjektiv annehmen durfte, dass eine Ermittlung der Quelle unmöglich sei.[393] Anhaltspunkte für diese Zumutbarkeitsentscheidung im Rahmen des § 63 Abs. 2 S. 2 UrhG liefern zunächst die Kriterien des § 63 Abs. 1 S. 4 UrhG.[394] So entfällt die Quellenangabepflicht, wenn die Quelle unbekannt und sie auch

389 *Schmid/Wirth*, UrhG, § 63 UrhG, Rn. 1.

390 *Bullinger*, in: Wandtke/Bullinger, UrhR, § 63 Rn. 11.

391 *Dietz*, in: Schricker, UrheberR, § 63 Rn. 13, 14; *Dreyer*, in: HK-UrhG, § 63 Rn. 10; *Bullinger*, in: Wandtke/Bullinger, UrhR, § 63 Rn. 11; *Gass*, in: Möhring/Nicolini, UrhG, § 63 Rn. 11.

392 *Dreyer*, in: HK-UrhG, § 63 Rn. 16; *Suttorp*, § 52a UrhG, S. 190.

393 *Dreyer*, in: HK-UrhG, § 63 Rn. 16.

394 *Dietz*, in: Schricker, UrheberR, § 63 Rn. 18a; *Dreyer*, in: HK-UrhG, § 63 Rn. 16.

nicht durch einfache Nachforschungen zu ermitteln ist.[395] Darüber hinaus kann sich die Unmöglichkeit der Quellenangabe im Rahmen einer öffentlichen Zugänglichmachung aus technischen Gründen ergeben.[396] Dies ist etwa der Fall, wenn im Rahmen eines digitalen On-demand Angebots die Integration der Quellenangabe in die zum Abruf gestellten Dateien mit unverhältnismäßigem technischem Aufwand[397] verbunden ist.

Sind die Quellenangaben hingegen nur lückenhaft bekannt oder ermittelbar, so entfällt die Verpflichtung zur Quellenangabe nur teilweise. Anzugeben sind in einem solchen Fall die bekannten bzw. nachforschbaren Angaben, es sei denn, dass diese gerade wegen ihrer Lückenhaftigkeit vollkommen wertlos sind.[398]

c) Bereichsausnahmen, § 52a Abs. 2 UrhG

§ 52a Abs. 2 UrhG nimmt bestimmte Werkarten vom Privilegierungstatbestand des Abs. 1 aus. So dürfen Werke, die für den Unterrichtsgebrauch an Schulen bestimmt sind (§ 52a Abs. 2 S. 1 UrhG) sowie Filmwerke vor Ablauf von zwei Jahren nach Beginn der üblichen regulären Auswertung in Filmtheatern (§ 52a Abs. 2 S. 2 UrhG) nur mit Einwilligung des Berechtigten öffentlich zugänglich gemacht werden. Dieser Ausnahmetatbestand erstreckt sich sowohl auf die öffentliche Zugänglichmachung für den Unterrichtsgebrauch gem. Abs. 1 Nr. 1 als auch im Rahmen der wissenschaftlichen Forschung gem. Abs. 1 Nr. 2.[399]

aa) Für den Unterricht an Schulen bestimmte Werke, § 52a Abs. 2 S. 1 UrhG

§ 52a Abs. 2 S. 1 UrhG nimmt Werke vom Anwendungsbereich der Schranke aus, die für den Unterrichtsgebrauch an Schulen bestimmt sind. Bei dieser Bereichsausnahme handelt es sich um ein Zugeständnis

---

395 *Bullinger*, in: Wandtke/Bullinger, UrhR, § 63 Rn. 23; *Dietz*, in: Schricker, UrheberR, § 63 Rn. 18a; *Dreyer*, in: HK-UrhG, § 63 Rn. 16; *Vinck*, in: Fromm/Nordemann, UrheberR-Komm., § 63 Rn. 3; *Suttorp*, § 52a UrhG, S. 190.

396 *Dietz*, in: Schricker, UrheberR, § 63 Rn. 18a.

397 *Dietz*, in: Schricker, UrheberR, § 63 Rn. 18a.

398 *Dreyer*, in: HK-UrhG, § 63 Rn. 16.

399 *Dreier*, in: Dreier/Schulze, UrhG, § 52a Rn. 14; *v. Bernuth*, ZUM 2003, S. 443.

an die Schulbuchverlage,[400] die bereits im Zuge des Gesetzgebungsverfahrens die Befürchtung äußerten, das Einscannen und anschließende Bereithalten von Lehrmaterialen zum elektronischen Abruf würde in massiver Form den Vertrieb von Print-Exemplaren beeinträchtigen und damit ihren Primärmarkt gefährden *(siehe oben D. II. 1. c)*. Zur Beantwortung der Frage, wann ein Werk für den Unterrichtsgebrauch an Schulen bestimmt ist, kann auf die Grundsätze des § 46 Abs. 1 S. 1 UrhG zurückgegriffen werden.[401] Maßgeblich ist danach nicht die vom Urheber gewählte Bestimmung, sondern allein die objektive Beschaffenheit des Werkes.[402] Wesentliche Anhaltpunkte für die Zweckbestimmung eines Werkes für den Unterricht an Schulen können sich aus inneren und äußeren Merkmalen des zugänglich gemachten Werkes sowie im Rahmen einer Gesamtschau ergeben.[403] Wichtiges Indiz kann dabei sein, ob das Werk bereits in der Vergangenheit für den Unterricht an Schulen verwandt wurde.[404] Nicht erforderlich ist, dass das Werk ausschließlich Unterrichtszwecken dient, ausreichend ist die deutlich überwiegende Konzeption des Werkes für Unterrichtszwecke.[405] Im Ergebnis werden daher insbesondere Lehrbücher, den Unterricht begleitende Übungs- und Vertiefungsbücher sowie sonstige Lernhilfen von der Bereichsausnahme des § 52a Abs. 2 S. 1 UrhG erfasst.[406] Sie dürfen ohne Zustimmung des Berechtigten nicht zum On-demand Abruf bereitgehalten werden; hier bleibt oftmals allein der Rückgriff auf eine, unter Berufung auf die Schranke des § 53 Abs. 3 UrhG angefertigte, konventionelle Fotokopie. Hingegen sind solche Werke von der Bereichsausnahme des § 52a Abs. 2 UrhG nicht erfasst, die für das reine Selbststudium konzipiert und damit nicht für einen Einsatz im Schulunterricht ausgelegt sind.[407]

Bedeutsam ist weiterhin, dass § 52a Abs. 2 S. 1 UrhG ausschließlich die öffentliche Zugänglichmachung eines für den Unterrichtsgebrauch an

---

400 BT-Dr. 15/837, S. 34; *Loewenheim*, in: Schricker, UrheberR, § 52a Rn. 16.

401 *Lüft*, in: Wandtke/Bullinger, UrhR, § 52a Rn. 17; *Dreyer*, in: HK-UrhG, § 52a Rn. 39.

402 *Lüft*, in: Wandtke/Bullinger, UrhR, § 52a Rn. 17.

403 *Dreyer*, in: HK-UrhG, § 52a Rn. 39; zu § 46 Abs. 1 UrhG BGH NJW 1992, 1686, 1687.

404 *Dreyer*, in: HK-UrhG, § 52a Rn. 39; *Suttorp*, § 52a UrhG, S. 166.

405 *Dreyer*, in: HK-UrhG, § 52a Rn. 39.

406 *Loewenheim*, in: Schricker, UrheberR, § 52a Rn. 16; *Haupt*, ZUM 2004, S. 111.

407 *Suttorp*, § 52a UrhG, S. 161.

Schulen bestimmten Werkes unter den Einwillungsvorbehalt des Berechtigten stellt. Werke, die für den Unterricht an anderen in Abs. 1 Nr. 1 genannten Bildungseinrichtungen bestimmt sind, werden von dem Ausnahmetatbestand nicht erfasst.[408] Somit wird etwa das auf § 52a Abs. 1 Nr. 1 UrhG gestützte On-demand Angebot studentischer Lehrbücher, Skripten sowie von Studienliteratur zum Zwecke der betrieblichen Berufsausbildung nicht durch die Bereichsausnahme des Abs. 2 ausgeschlossen.

Schließlich erstreckt sich § 52a Abs. 2 S. 1 UrhG auf sämtliche Werkarten, die für den Unterrichtsgebrauch an Schulen bestimmt sind. Dies entspricht dem Umstand, dass für den Schulunterricht nicht nur Schriftwerke, wie z.B. Lehrbücher im Rahmen des Englischunterrichts, sondern auch eine Vielzahl anderer Arten von Bildungsmedien erstellt werden.[409] Von der Bereichsausnahme des § 52a Abs. 2 S. 1 UrhG sind daher u.a. Computerprogramme (§ 2 Abs. 1 Nr. 1, 3. Var. UrhG) wie etwa Lernsoftware in Form elektronischer Vokabeltrainer, Musikwerke (§ 2 Abs. 1 Nr. 2 UrhG) wie z.B. bei einer für den Musikunterricht konzipierten CD sowie Darstellungen wissenschaftlicher und technischer Art (§ 2 Abs. 1 Nr. 7 UrhG), wie etwa bei der Illustration eines Atommodells im Rahmen des Chemieunterrichts, erfasst.[410]

bb) Filmwerke, § 52a Abs. 2 S. 2 UrhG

§ 52a Abs. 2 S. 2 UrhG normiert einen Ausnahmetatbestand für Filmwerke i.S.d. § 2 Abs. 1 Nr. 6 UrhG. Diese stellen bewegte Bild- oder Bild-Tonfolgen dar, die durch Aneinanderreihung fotografischer oder fotografieähnlicher Einzelbilder den Eindruck des bewegten Geschehensablaufs entstehen lassen.[411] Das Filmwerk stellt sich dabei – anders als bloße Laufbilder gem. § 95 UrhG – als eine persönliche geistige Schöpfung

---

408 *Loewenheim*, in: Schricker, UrheberR, § 52a Rn. 16; *Lüft*, in: Wandtke/Bullinger, UrhR, § 52a Rn. 16.

409 *Suttorp*, § 52a UrhG, S. 161.

410 *Haupt*, ZUM 2004, S. 111; *v. Bernuth*, ZUM 2003, S. 443; *Dreyer*, in: HK-UrhG, § 52a Rn. 40; *dies.*, in: HK-UrhG, § 2 Rn. 267; *Suttorp*, § 52a UrhG, S. 161.

411 *Loewenheim*, in: Schricker, UrheberR, § 2 Rn. 181; *Schulze*, in: Dreier/Schulze, UrhG, § 2 Rn. 204; *Bullinger*, in: Wandtke/Bullinger, UrhR, § 2 Rn. 120; *Hertin*, in: Fromm/Nordemann, UrheberR-Komm., Vor. §§ 88ff. Rn. 3; *Dreyer*, in: HK-UrhG, § 2 Rn. 246.

i.S.d. § 2 Abs. 2 UrhG dar. Auf den Inhalt des Films kommt es bei der Einordnung als Filmwerk nicht an; auch Aufnahmeverfahren und Trägermedium sind für den Begriff des Filmwerks unerheblich.[412] Folglich kann auch eine digitale Speicherung des Bildmaterials auf einer Festplatte zum elektronischen Abruf die Voraussetzungen des § 2 Abs. 1 Nr. 6 UrhG erfüllen.[413]

Die öffentliche Zugänglichmachung eines Filmwerkes darf gem. § 52a Abs. 2 S. 2 UrhG ohne Zustimmung des Berechtigten nicht vor Ablauf von zwei Jahren nach Beginn der üblichen regulären Auswertung in deutschen Filmtheatern erfolgen. Diese Zweijahresfrist schützt die im Filmbereich übliche Verwertungskaskade (Kino → Video/DVD → Pay-TV → Free-TV), die üblicherweise in diesem Zeitraum durchlaufen wird und mit den Vorführungen in den inländischen Kinos beginnt.[414] Vor diesem Hintergrund erklärt sich zudem das Abstellen des Gesetzgebers auf den Beginn der Auswertung im Geltungsbereich des UrhG, da vor allem US-amerikanische Produktionen im Ausland teilweise erheblich früher ihre Kinopremiere feiern.[415]

Jedoch ist umstritten, ob sich die Bereichsausnahme des § 52a Abs. 2 S. 2 UrhG ebenfalls auf Filmwerke bezieht, die nicht für eine Vorführung in Filmtheatern, sondern lediglich für das Fernsehen oder den Videovertrieb (DVD/VHS) produziert wurden.

Eine Ansicht erstreckt den § 52a Abs. 2 S. 2 UrhG auf Filmwerke aller Art. So sei aus der Tatsache, dass der Wortlaut der Norm den Beginn der Schonfrist an den Beginn der deutschen Kinoauswertung knüpft, der Schluss zu ziehen, dass bei Filmwerken ohne Kinoauswertung die Schonfrist niemals an- und damit auch niemals ablaufen kann.[416] Erfolgt die Verwertung eines Filmwerkes daher ausschließlich über VHS/DVD oder

---

412 *Loewenheim*, in: Schricker, UrheberR, § 2 Rn. 181; *Schulze*, in: Dreier/Schulze, UrhG, § 2 Rn. 205; *Nordemann*, in: Handbuch UrhR, § 9 Rn. 162.

413 *Loewenheim*, in: Schricker, UrheberR, § 2 Rn. 181; *Schulze*, in: Dreier/Schulze, UrhG, § 2 Rn. 205; *Ahlberg*, in: Möhring/Nicolini, UrheberG § 2 Rn. 33.

414 BT-Dr. 15/837, S. 34; *Schmid/Wirth*, UrhG, § 52a UrhG Rn. 7; *Loewenheim*, in: Schricker, UrheberR, § 52a Rn. 17; *Lüft*, in: Wandtke/Bullinger, UrhR, § 52a Rn. 19; *Dreyer*, in: HK-UrhG, § 52a Rn. 42; *Dreier*, in: Dreier/Schulze, UrhG, § 52a Rn. 14; *Haupt*, ZUM 2004, S. 111.

415 *Schmid/Wirth*, UrhG, § 52a UrhG Rn. 7.

416 *Lüft*, in: Wandtke/Bullinger, UrhR, § 52a Rn. 19.

im Fernsehen, so sei die Anwendung des § 52a UrhG insgesamt auf jenes Werk dauerhaft ausgeschlossen.[417] Folglich wäre ein schrankengestütztes On-demand Angebot gerade der für den Unterricht (§ 52a Abs. 1 Nr. 1 UrhG) in besonderer Weise relevanten Filmgenres, wie etwa von naturwissenschaftlichen TV-Dokumentationen oder TV-Romanverfilmungen, unmöglich.[418]

Nach einer zweiten Ansicht erstreckt sich zwar der Anwendungsbereich des § 52a Abs. 2 S. 2 UrhG auf solche Filmwerke, die für das Fernsehen oder den Videovertrieb konzipiert wurden, jedoch trete in diesem Falle an die Stelle der regulären Auswertung in Filmtheatern die reguläre Auswertung im TV und im Videovertrieb.[419] Demzufolge wäre zur Fristberechnung auf die Erstverwertung der jeweiligen Filmart abzustellen, im Rahmen des Videovertriebes etwa auf die Erhältlichkeit des Werkes in Videotheken und Einzelhandel.[420] Demnach stünde nach Ablauf von zwei Jahren nach Beginn der üblichen regulären Auswertung einem schrankengestützten On-demand Angebot auch von Film- und Videoproduktionen in Unterricht und Forschung die Bereichsausnahme nicht länger entgegen.

Schließlich erachtet eine dritte Ansicht § 52 Abs. 2 S. 2 UrhG nicht als Bereichsausnahme für Filmwerke im Allgemeinen, sondern als Schranken-Schranke[421] ausschließlich für Kinofilmwerke.[422] So ergebe sich bereits aus der inneren Systematik des § 52a UrhG, dass diejenigen Werke, die nicht unter die ausdrücklichen Bereichsausnahmen des Abs. 2 UrhG zu fassen sind, in den von Abs. 1 gesteckten Grenzen öffentlich zugänglich gemacht werden können.[423] Demnach ist beispielsweise das schrankengestütze On-demand Angebot einer im Fernsehen ausgestrahlten Dokumentation über den Zweiten Weltkrieg für Zwecke des Geschichtsunterrichts in dem durch § 52a Abs. 1 Nr. 1 UrhG erlaubnisfrei gestellten Umfang möglich.

---

417 *Lüft*, in: Wandtke/Bullinger, UrhR, § 52a Rn. 19.
418 *Sieber*, MMR 2004, S. 717.
419 *Loewenheim*, in: Schricker, UrheberR, § 52a Rn. 17.
420 *Sieber*, MMR 2004, S. 717; *Suttorp*, § 52a UrhG, S. 169.
421 *Flechsig*, in: Handbuch UrhR, § 41 Rn. 56.
422 *Sieber*, MMR 2004, S. 717; *Suttorp*, § 52a UrhG, S. 169; *Haupt*, ZUM 2004, S. 111; *Flechsig*, in: Handbuch UrhR, § 41 Rn. 56.
423 *Flechsig*, in: Handbuch UrhR, § 41 Rn. 56.

Allein der letztgenannte Ansatz zur Auslegung des § 52a Abs. 2 S. 2 UrhG vermag zu überzeugen. So steht die erstgenannte Ansicht, demzufolge die Anwendung des § 52a UrhG insgesamt auf Film- und Videoproduktionen ausgeschlossen sei, im Widerspruch zur Teleologie des Ausnahmetatbestandes. Die Intention des Gesetzgebers bestand ausweislich der Gesetzesbegründung lediglich darin, die mit hohem finanziellem Aufwand verbundenen Kinoproduktionen im Vergleich zu anderen Filmarten in besonderer Weise vor einer schrankengestützen öffentlichen Zugänglichmachung zu schützen.[424] Wären jedoch letztere bereits vom Anwendungsbereich der Schranke ausgeschlossen, so würde das Ondemand Angebot von Film- und Videoproduktionen stets eine Lizenzierung erfordern, während hingegen Kinoproduktionen nach einer Frist von zwei Jahren erlaubnisfrei öffentlich zugänglich gemacht werden dürften.[425] Die Folge wäre eine die gesetzgeberische Intention konterkarierende Benachteiligung von Kinofilmen gegenüber anderen Arten von Filmwerken.[426]

Gegen die zweite Ansicht spricht der Wortlaut der Norm. So stellt die Erstausstrahlung im Rundfunk oder die Veröffentlichung als DVD keine „übliche reguläre Auswertung in Filmtheatern" i.S.d. § 52a Abs. 2 S. 2 UrhG dar.[427] Für eine Einbeziehung auch anderer Filme als Kinofilme in den Ausnahmetatbestand fehlt es daher an einem Anknüpfungspunkt für den Beginn der Schonfrist.[428] Hätte der Gesetzgeber andere Filmarten als Kinofilme unter den Schutz der Bereichsausnahme stellen wollen, so hätte er in § 52a Abs. 2 S. 2 UrhG entweder generell auf die Veröffentlichung des Filmwerks abstellen oder aber für die verschiedenen Arten der Erstverwertung von Filmwerken jeweils Beginn und Dauer der Schonfrist regeln müssen.[429]

Im Ergebnis ist schließlich festzuhalten, dass Filmwerke, die nicht für die Auswertung in Filmtheatern bestimmt sind, nicht vom Ausnahmetatbestand des § 52a Abs. 2 S. 2 UrhG erfasst und folglich in den durch § 52a

---

424 BT-Dr. 15/837, S. 34.
425 *Suttorp*, § 52a UrhG, S. 172.
426 *Suttorp*, § 52a UrhG, S. 172.
427 *Sieber*, MMR 2004, S. 717.
428 *Sieber*, MMR 2004, S. 717.
429 *Sieber*, MMR 2004, S. 717.

Abs. 1 UrhG gezogenen Grenzen erlaubnisfrei öffentlich zugänglich gemacht werden können.[430]

Die Frist, innerhalb derer die öffentliche Zugänglichmachung eines Kinofilmwerkes an die Einwilligung des Berechtigten geknüpft ist, endet zwei Jahre nach Beginn der üblichen regulären Auswertung in deutschen Filmtheatern. Die Fristberechnung erfolgt nach den §§ 187 Abs. 2, 188 Abs. 2 BGB.[431] Somit beginnt die Frist mit dem Tag, der dem Beginn der regulären Auswertung folgt, und endet mit Ablauf desjenigen Tages nach zwei Jahren, der dem Anfangstag der Frist vorangeht. Inwiefern eine Maßnahme eine reguläre Auswertung i.S.d. § 52a Abs. 2 S. 2 UrhG darstellt, ist aus der Sicht der mit der Auswertung regelmäßig befassten Verkehrskreise, mithin der Filmindustrie, der Filmurheber sowie der Kinobetreiber, zu beurteilen.[432] Vor diesem Hintergrund wird allein in der offiziellen Kinopremiere eines Films der Beginn seiner regulären Auswertung zu sehen sein, nicht jedoch in einer vor diesem Zeitpunkt liegenden Sondervorstellung, wie etwa einer Preview oder einem Trailer.[433] Bedeutsam ist schließlich, dass der Gesetzgeber zum Schutz von Kinoproduktionen eine starre Frist wählte. Daher wird selbst in Fällen, in denen die Kinoauswertung eines Filmwerkes auch nach Ablauf der Zweijahresfrist nicht abgeschlossen sein sollte, eine auf § 52a Abs. 1 UrhG gestützte öffentliche Zugänglichmachung des betreffenden Filmwerkes nicht durch § 52a Abs. 2 S. 2 UrhG ausgeschlossen.[434]

d) Die erforderlichen Vervielfältigungen, § 52a Abs. 3 UrhG

§ 52a Abs. 3 UrhG gestattet die Herstellung der für die schrankengestützte öffentliche Zugänglichmachung erforderlichen Vervielfältigungen. Der Begriff der Vervielfältigung entspricht dabei dem des § 16 UrhG.[435] Damit erfasst § 52a Abs. 3 UrhG zunächst diejenigen Speichervorgänge, welche im Gesamtprozess einer öffentlichen Zugänglichmachung technisch bedingt anfallen. Umfasst sind sowohl die dauerhafte Datenspei-

430 *Sieber*, MMR 2004, S. 717; *Suttorp*, § 52a UrhG, S. 172; *Haupt*, ZUM 2004, S. 111; *Flechsig*, in: Handbuch UrhR, § 41 Rn. 56.

431 *Dreyer*, in: HK-UrhG, § 52a Rn. 41.

432 *Dreyer*, in: HK-UrhG, § 52a Rn. 41.

433 *Suttorp*, § 52a UrhG, S. 173.

434 *Dreyer*, in: HK-UrhG, § 52a Rn. 42.

435 *Loewenheim*, in: Schricker, UrheberR, § 52a Rn. 18; *Thum*, K&R 2005, S. 497.

cherung auf dem Server des Anbieters im Rahmen des Uploads als auch die im Zuge eines anschließenden Down-loads erfolgenden dauerhaften oder vorübergehenden Vervielfältigung im Arbeitsspeicher, auf der Festplatte des Nutzers oder auf dem am Übermittlungsvorgang beteiligten Server des Access Providers des Nutzers.[436] Damit kommt dem Abs. 3 in weiten Teilen eine rein klarstellende Funktion zu, da der Bereich der ephemeren Vervielfältigungen bereits von § 44a UrhG umfasst ist.[437]

Zudem erfasst § 52a Abs. 3 UrhG solche Vervielfältigungshandlungen, die zwar nicht unmittelbar im Rahmen des Uploadings selbst erfolgen, aber diesem unmittelbar vorgeschaltet sind. Dazu zählt die Vervielfältigung im Zuge der Digitalisierung analoger Medien zum Zwecke ihres On-demand Angebotes.[438] Vor diesem Hintergrund ist beispielsweise die durch das Scannen analogen Bildmaterials im Rahmen des digitalen Bildarchivs „prometheus“ *(siehe oben A. II. 1. b)* erfolgende Vervielfältigung als Voraussetzung der sich anschließenden, auf § 52a Abs. 1 UrhG gestützten öffentlichen Zugänglichmachung von Abs. 3 umfasst.

Fraglich ist jedoch, inwiefern der Rezeption des On-demand Angebots nachgelagerte Vervielfältigungen, wie z.B. Ausdrucke oder digitale Speicherungen zum Zwecke der Archivierung, von § 52a Abs. 3 UrhG gestattet sind. Einen Ansatzpunkt liefert die Historie der Vorschrift. So wurde § 52a Abs. 3 UrhG im Vergleich zu seinem ersten Entwurf vom 16. August 2002 *(siehe oben D. II. 1. a)* enger gefasst. In seiner Entwurfsfassung erlaubte dieser noch die Herstellung von sämtlichen Vervielfältigungen, die mit der öffentlichen Zugänglichmachung in Zusammenhang standen, soweit sie zu dem jeweiligen Zweck geboten waren. Der Grund für diese im Laufe des Gesetzgebungsverfahrens vorgenommene Begrenzung des Wortlauts auf die zur öffentlichen Zugänglichmachung „erforderlichen“ Vervielfältigungen liegt in den seitens des Bundesrates geäußerten Bedenken. Dieser führte in seiner Stellungnahme an, dass es

---

436 *v. Bernuth*, ZUM 2003, S. 442; *Dreyer*, in: HK-UrhG, § 52a Rn. 20; *Schmid/Wirth*, UrhG, § 52a UrhG, Rn. 8; *Dreier*, in: Dreier/Schulze, UrhG, § 52a Rn. 16; *Loewenheim*, in: Schricker, UrheberR, § 52a Rn. 18; *Suttorp*, § 52a UrhG, S. 177. *Lüft*, in: Wandtke/Bullinger, UrhR, § 52a Rn. 20.

437 *Schmid/Wirth*, UrhG, § 52a UrhG, Rn. 8; *Loewenheim*, in: Handbuch UrhR, § 31 Rn. 72.

438 BT-Dr. 15/38, S. 35; *Gounalakis*, § 52a UrhG, S. 42; *Dreyer*, in: HK-UrhG, § 52a Rn. 20; *Haupt*, ZUM 2004, S. 110; *Lüft*, in: Wandtke/Bullinger, UrhR, § 52a Rn. 20.

einer weiteren – neben der bereits in § 53 Abs. 2, 3 UrhG bestehenden – Möglichkeit zur Herstellung analoger und digitaler Kopien in Unterricht und Forschung nicht bedarf.[439] Mit der Eingrenzung des Wortlauts des § 52a Abs. 3 UrhG auf „erforderliche“ Vervielfältigungen sollte der Kritik des Bundesrates Rechnung getragen und ausweislich des Berichts des Rechtsausschusses eine Überschneidung mit § 53 Abs. 3 UrhG vermieden werden.[440]

Im Ergebnis sind daher der Wahrnehmung des On-demand Angebots nachgelagerte Vervielfältigungshandlungen, sog. Folgeverwertungen[441] wie etwa Abspeicherungen zum Zwecke der Archivierung oder Ausdrucke der online angebotenen Materialen, nicht von § 52a Abs. 3 UrhG erfasst.[442] Derartige, sich an die Rezeption der zum elektronischen Abruf bereitgestellten Inhalte anschließende Vervielfältigungen sind keine für die öffentliche Zugänglichmachung „erforderlichen“ Vervielfältigungen i.S.d. Abs. 3. Die Zulässigkeit solcher Folgevervielfältigungen im Bereich von Unterricht und Wissenschaft richtet sich vielmehr ausschließlich nach § 53 Abs. 2, 3 UrhG – ein neben diese Schranke tretendes Privileg sollte nach dem Willen des Gesetzgebers durch § 52a Abs. 3 UrhG nicht begründet werden.[443]

e) Die Vergütungspflicht, § 52a Abs. 4 UrhG

§ 52a Abs. 4 S. 1 UrhG sieht sowohl für die öffentliche Zugänglichmachung für Zwecke des Unterrichts (Abs. 1 Nr. 1) als auch für Zwecke der eigenen wissenschaftlichen Forschung (Abs. 1 Nr. 2) eine angemessene Vergütung vor. Dabei werden von der Vergütungspflicht die gem. § 52a Abs. 3 UrhG privilegierten Vervielfältigungshandlungen umfasst.[444] Die Vergütungspflicht für Vervielfältigungshandlungen jedoch, welche auf eine andere Schranke als § 52a UrhG gestützt werden, richtet sich nach

---

439 BT-Dr. 15/38, S. 36.

440 BT-Dr. 15/837 S. 34.

441 *Dreyer*, in: HK-UrhG, § 52a Rn. 20; *Suttorp*, § 52a UrhG, S. 181.

442 BT-Dr. 15/837 S. 34; *Dreyer*, in: HK-UrhG, § 52a Rn. 20; *Dreier*, in: Dreier/Schulze, UrhG, § 52a Rn. 16; *Loewenheim*, in: Schricker, UrheberR, § 52a Rn. 18; *Lüft*, in: Wandtke/Bullinger, UrhR, § 52a Rn. 20; *v. Bernuth*, ZUM 2003, S. 443.

443 BT-Dr. 15/837 S. 34; *Dreier*, in: Dreier/Schulze, UrhG, § 52a Rn. 17.

444 BT-Dr. 15/837 S. 34; *Dreier*, in: Dreier/Schulze, UrhG, § 52a Rn. 18.

den jeweils für diese Schranke einschlägigen Vergütungsvorschriften.[445] Damit ist insbesondere die Vergütungspflicht für Vervielfältigungen, welche auf der Grundlage des § 53 UrhG für Zwecke der Forschung und Lehre getätigt wurden, nicht nach § 52a Abs. 4 UrhG zu beurteilen, sondern allein nach den §§ 54, 54a UrhG.[446]

aa) Der Anspruch auf angemessene Vergütung, § 52a Abs. 4 S. 1 UrhG

Gem. § 52a Abs. 4 S. 1 UrhG muss die Vergütungshöhe angemessen sein. Durch diese Regelung wird dem seitens des BVerfG aufgestellten Grundsatz[447] Rechnung getragen, dass der Urheber Einschränkungen seines Ausschließlichkeitsrechts zu Gunsten von Unterricht und Wissenschaft grundsätzlich nur gegen eine angemessene Vergütung hinzunehmen hat.[448] Welche Vergütungshöhe im Rahmen gesetzlicher Vergütungsansprüche als angemessen gilt, ist aufgrund sämtlicher Umstände des Falles – insbesondere der Intensität der mit der schrankengestützten Werknutzung einhergehenden Beeinträchtigung des urheberrechtlichen Ausschließlichkeitsrechts – zu ermitteln.[449] Gesamtverträge zur Vergütung von Ansprüchen nach § 52a Abs. 4 UrhG bestehen zur Zeit nur teilweise. Insbesondere wurden bislang keine Vertragsverhandlungen mit den Trägern der gem. § 52a Abs. 1 Nr. 1 UrhG begünstigten nichtgewerblichen Einrichtungen der Aus- und Weiterbildung sowie mit Trägern von Berufsbildungseinrichtungen aufgenommen.[450] Allein für die Bereiche Hochschulen und Schulen wurde bereits ein Entwurf eines Gesamtvertrages (GesamtVE) zur Vergütung von Ansprüchen nach § 52a UrhG zwischen der Kultusministerkonferenz (KMK) einerseits und der VG Musikedition, der GEMA, der VG Bild-Kunst, der GVL, der VFF, der VGF und der GWFF ausgearbeitet,[451] welcher am 26. Juni 2007 allein für die Nut-

445 BT-Dr. 15/837 S. 34.
446 *Schmid/Wirth*, UrhG, § 52a UrhG, Rn. 9.
447 BVerfGE 49, 382, 400 – Kirchenmusik; BVerfGE 31, 229, 244 f. – Kirchen- und Schulgebrauch.
448 *Loewenheim*, in: Schricker, UrheberR, § 52a Rn. 19.
449 *Melichar*, in: Schricker, UrheberR, Vor 44a ff. Rn. 23; *Lüft*, in: Wandtke/Bullinger, UrhR, § 52a Rn. 21; *Dreyer*, in: HK-UrhG, § 52a Rn. 44.
450 *Suttorp*, § 52a UrhG, S. 188.
451 *Loewenheim*, in: Schricker, UrheberR, § 52a Rn. 20; *Sieber*, in: UrheberR für Bildung und Wissenschaft, S. 66; *Thum*, K&R 2005, S. 498.

zung urheberrechtlich geschützter Werke bzw. Werkteile im Intranet von Schulen stellvertretend für alle Bundesländer von Bayern und Rheinland-Pfalz mit den Verwertungsgesellschaften abgeschlossen wurde.[452]

Gem. § 1 Abs. 2 GesamtVE bezieht sich dieser Vergütungsvertrag nur auf Ansprüche gegen Einrichtungen, die öffentlich-rechtlich organisiert sind und überwiegend durch öffentliche Mittel von Bund und/oder Ländern grundfinanziert werden.

Die in § 4 Abs. 1 GesamtVE normierten Vergütungssätze unterscheiden nach öffentlichen Zugänglichmachungen im Rahmen des Unterrichts (§ 52a Abs. 1 Nr. 1 UrhG) und solchen im Rahmen der wissenschaftlichen Forschung (§ 52a Abs. 1 Nr. 2 UrhG). So sieht § 4 Abs. 1 a) S. 1 GesamtVE eine gestaffelte Vergütung für jede Zugänglichmachung pro Werk oder Werkteil im Rahmen des Unterrichts in Höhe von 1,80 € bis zu 20 Teilnehmern, von 21 bis 50 Teilnehmern von 3,00 €, von 51 bis 100 Teilnehmern von 4,00 € und von 101 bis 250 Teilnehmern von 5,00 € vor. Gem. § 4 Abs. 1 a) S. 2 GesamtVE erhöht sich je weitere 250 Teilnehmer die Vergütung um jeweils 1,00 €. Für die öffentliche Zugänglichmachung im Rahmen der eigenen wissenschaftlichen Forschung sieht § 4 Abs. 1 b) S. 1 GesamtVE eine pauschale Vergütung pro Werk oder Werkteil in Höhe von 4,00 € vor. Schließlich bestimmt § 4 Abs. 1 b) S. 2 GesamtVE, dass sich die obigen Vergütungssätze im Fall der Nutzung von Audio- und audiovisuellen Werken um 100% erhöhen.

bb) Die Verwertungsgesellschaftspflicht, § 52a Abs. 4 S. 2 UrhG

Gem. § 52a Abs. 4 S. 2 UrhG kann der Vergütungsanspruch nur durch eine Verwertungsgesellschaft geltend gemacht werden. Zur Geltendmachung ihrer Ansprüche müssen die Rechteinhaber daher gem. § 6 Abs. 1 UrhWG diejenigen Verwertungsgesellschaften mit der treuhänderischen Rechtewahrnehmung betrauen, zu deren Tätigkeitsbereich die Wahrnehmung von Ansprüchen nach § 52a Abs. 4 UrhG gehört.[453] Welche Verwertungsgesellschaft für die Wahrnehmung von Ansprüchen aus § 52a Abs. 4 UrhG zuständig ist, hängt bislang noch von der Art des Wer-

452 Pressemitteilung der KMK vom 26. Juni 2007, abrufbar unter: http://www.kmk.org (Abruf vom 28. 7. 2007).

453 *Loewenheim*, in: Schricker, UrheberR, § 52a Rn. 20.

kes ab, das verwertet wurde.[454] Wird beispielsweise im Rahmen des netzbasierten Unterrichts der Virtuellen Berufsoberschule Bayern (VIBOS) *(siehe oben A. II. 1. a)* ein Schriftwerk, § 2 Abs. 1 Nr. 1 UrhG, zum On-demand Abruf angeboten, ist die VG Wort zuständig, handelt es sich hingegen um die öffentliche Zugänglichmachung eines Lichtbildwerks, § 2 Abs. 1 Nr. 5 UrhG, im Rahmen des Projektes „prometheus" *(siehe oben A. II. 1. b)*, wird die VG Bild-Kunst tätig. Jedoch ist davon auszugehen, dass es zukünftig – nach dem Vorbild der Zentralstelle Fotokopieren an Schulen (ZFS) – zu der Gründung einer gemeinsamen Inkassostelle der mit Wahrnehmung von Ansprüchen nach § 52a Abs. 4 UrhG betrauten Verwertungsgesellschaften kommen wird.[455]

3. Die Vereinbarkeit des § 52a UrhG mit den Vorgaben aus Art. 5 Abs. 5 InfoSoc-RL

Mit der Einführung des § 52a UrhG machte der deutsche Gesetzgeber von der in Art. 5 Abs. 3 lit. a) InfoSoc-RL eröffneten Möglichkeit der Einschränkung des Rechts der öffentlichen Zugänglichmachung aus § 19a UrhG, Art. 3 InfoSoc-RL Gebrauch.[456] Diese in Art. 5 Abs. 3 lit. a) InfoSoc-RL gewährte Möglichkeit der Begrenzung des urheberrechtlichen Ausschließlichkeitsrechts gilt indes nicht schrankenlos. Art. 5 Abs. 5 InfoSoc-RL macht die Zulässigkeit der Einräumung von Schranken davon abhängig, dass diese den Anforderungen des bereits in Art. 9 Abs. 2 RBÜ, Art. 13 TRIPS, Art. 10 WCT, Art. 16 WPPT normierten völkerrechtlichen Dreistufentest *(siehe oben B. I.)* entsprechen.[457] Die Mitgliedstaaten dürfen demnach die in Art. 5 Abs. 1–4 der InfoSoc-RL genannten Ausnahmen und Beschränkungen nur in bestimmten Sonderfällen anwenden, in denen die normale Verwertung des Werkes oder des sonstigen Schutzgegenstandes nicht beeinträchtigt wird und die berechtigten Interessen des

---

454 *Dreyer*, in: HK-UrhG, § 52a Rn. 47.

455 *Dreyer*, in: HK-UrhG, § 52a Rn. 47; *Suttorp*, § 52a UrhG, S. 188.

456 BT-Dr. 15/38, S. 20.

457 *Senftleben*, Copyright, S. 247; *ders.*, GRUR Int. 2004, S. 201; *ders.*, CR 2003, S. 915. Der völkerrechtliche Hintergrund des Art. 5 Abs. 5 der InfoSoc-RL wird in Erwägungsgrund 44 S. 1 der RL deutlich. Demnach sollen bei der Anwendung der Ausnahmen und Beschränkungen die internationalen Verpflichtungen aus den WIPO-Verträgen beachtet werden, deren Umsetzung die InfoSoc-RL gem. Erwägungsgrund 15 dient.

Rechtsinhabers nicht ungebührlich verletzt werden *(siehe oben B. III. 2.)*. Inwiefern § 52a UrhG dieser „Schranken-Schranke“[458] entspricht, soll nun im Folgenden untersucht werden.

a) Bestimmte Sonderfälle

Die erste Teststufe des Art. 5 Abs. 5 der InfoSoc-RL beschränkt die Anwendung der in Art. 5 Abs. 3 der Richtlinie normierten Schranken auf „bestimmte Sonderfälle“. Umstritten ist dabei bereits, ob das Tatbestandsmerkmal „bestimmt“ als Synonym für „spezifische“ zu verstehen und somit aus ihm ein gesondertes Bestimmtheitskriterium abzuleiten ist.

aa) Bestimmtheit

Eine Ansicht leitet aus dem Umstand, dass die erste Teststufe nicht nur eine Begrenzung urheberrechtlicher Schranken auf Sonderfälle, sondern darüber hinausgehend auf „bestimmte Sonderfälle“ vorsieht, ein gesondertes Bestimmtheitsgebot ab.[459] So folge bereits aus dem englischen Wortlaut „certain special cases“ der ersten Teststufe, dass die durch Schranken privilegierte Werknutzung spezifisch und somit präzise und eng sein müsse.[460]

Die Gegenansicht legt den englischen Ausdruck „certain special cases“ dahingehend aus, dass lediglich „einige“ oder „gewisse“ Sonderfälle erlaubt sein sollen.[461] Zusätzliche Anforderungen an die Qualität erlaubter Beschränkungen seien mit dieser Formulierung jedoch nicht verknüpft.[462]

---

458 *Senftleben*, GRUR Int. 2004, S. 200.

459 *Reinbothe/v. Lewinski*, WIPO Treaties, S. 124, *Fiscor*, Copyright & Internet, S. 516; WTO Panel Report WT/DS160/R vom 15. 6. 2000, § 6.108.

460 “An exception or limitation should be a special case. This means that the use to be covered must be specific – precisely and narrowly determined – and that no broadly determined cases are acceptabe”, *Fiscor*, Copyright & Internet, S. 516.

461 „Hence, the expression ‘certain special cases’ can be equated with the formula ‘some special cases’, *Senftleben*, Copyright, S. 134.

462 *Senftleben*, GRUR Int. 2004, S. 206, vgl. auch *Fiscor*, Copyright & Internet, S. 516, der speziell Schranken zugunsten von Unterricht als „bestimmt“ i. S. d. ersten Stufe erachtet.

Eine Entscheidung zwischen beiden Auslegungsalternativen erscheint für die Überprüfung des § 52a UrhG mit seinen Vorgaben aus Art. 5 Abs. 5 InfoSoc-RL entbehrlich. So nimmt § 52a Abs. 1 UrhG eine Eingrenzung der durch die Schranke privilegierten Formen der öffentlichen Zugänglichmachung sowohl in quantitativer Hinsicht (Werkteile, Werke geringen Umfangs) als auch in qualitativer Hinsicht (abgegrenzter Kreis, nichtkommerzieller Zweck, eigene wissenschaftliche Forschung) vor und entspricht damit selbst dem Bestimmtheitsgebot der engeren ersten Auslegungsalternative.[463] Im Ergebnis bezieht sich § 52a UrhG damit nach beiden Auslegungsalternativen auf einen „bestimmten" Fall i. S. d. ersten Teststufe des Art. 5 Abs. 5 InfoSoc-RL.[464]

bb) Vorliegen eines Sonderfalls

Das zweite Merkmal der ersten Teststufe begrenzt die Einräumung von Schranken auf Sonderfälle. Zur Bestimmung, inwiefern sich eine Schranke des Urheberrechts als Sonderfall darstellt, werden in der Literatur zwei unterschiedliche Wege beschritten.[465]

Teile des völkerrechtlichen Schrifttums[466] qualifizieren eine Schranke unter der Voraussetzung als Sonderfall, dass sie sich in quantitativer Hinsicht hinreichend von den normalen Fällen der Werkverwertung abhebt. Entscheidend sei demnach, dass die Schranke nur eine begrenzte Anzahl privilegierter Nutzungsvorgänge erlaube und sich daher diese Nutzungen aufgrund ihrer geringen Anzahl im Vergleich zur sonst üblichen Werkverwertung als Sonderfälle darstellen.[467] Die Gegenansicht stellt demgegenüber auf qualitative Erwägungen ab.[468] Entscheidend sei, welche Rechtfertigung zu Gunsten einer Beschränkung angeführt werden kann; insbesondere, ob die Schranke der Durchsetzung wichtiger Belange der Allgemeinheit diene.[469] Diese qualitative Sichtweise erscheint vor-

463 *Suttorp*, § 52a UrhG, S. 195.
464 *Suttorp*, § 52a UrhG, S. 195.
465 *Senftleben*, Copyright, S. 138.
466 *Ricketson*, The Berne Convention, S. 482; *Collovà*, RIDA 1979, S. 77; WTO Panel Report WT/DS160/R vom 15. 6. 2000, § 6.108
467 *Collovà*, RIDA 1979, S. 77; *Senftleben*, CR 2003, S. 915.
468 *Senftleben*, Copyright, S. 140; *ders.* GRUR Int. 2004, S. 207; *Reinbothe/v. Lewinski*, WIPO Treaties, S. 124; *Fiscor*, Copyright & Internet, S. 516.
469 *Senftleben*, GRUR Int. 2004, S. 207; *ders.*, CR 2003, S. 916.

zugswürdig.[470] Insbesondere sprechen systematische Erwägungen für eine qualitative Betrachtungsweise eines „Sonderfalles" i.S.d. Art. 5 Abs. 5 InfoSoc-RL.[471] So würde eine quantitative Betrachtung einen Vorgriff auf die zweite Teststufe des Dreistufenstests darstellen und diese bedeutungslos werden lassen.[472] Denn wenn ohnehin nur solche Schranken einen „Sonderfall" i.S.d. ersten Teststufe darstellen können, die eine geringe Anzahl von Nutzungshandlungen ermöglichen, wird regelmäßig eine Beeinträchtigung der „normalen Auswertung" i.S.d. zweiten Teststufe ausbleiben und sich mithin ihre Prüfung erübrigen.[473] Ein quantitativer Ansatz auf der ersten Stufe würde mithin das Ergebnis der Prüfung der zweiten Teststufe vorwegnehmen.

Unter Zugrundelegung des qualitativen Ansatzes stellt sich daher die Frage, welchem Zweck die Schranke des § 52a UrhG dient und ob dieser Zweck schließlich als ein „Sonderfall" i.S.d. ersten Teststufe gelten kann.

§ 52a UrhG bezweckt die Privilegierung von Unterricht und Forschung.[474] Hierbei handelt es sich um Bereiche, die ausweislich des Art. 10 Abs. 2 RBÜ, der Präambeln der WIPO-Verträge sowie des Erwägungsgrundes 14 der InfoSoc-RL als wichtige Belange der Allgemeinheit anerkannt und durch die Einräumung von Schranken zu privilegieren sind.[475] Die Freistellung des On-demand Angebots geschützter Inhalte für Zwecke des Unterrichts und der Forschung verfolgt damit „allgemeine öffentliche Interessen"[476] und begründet somit einen „Sonderfall" i.S.d. ersten Teststufe des Art. 5 Abs. 5 InfoSoc-RL.[477]

b) Beeinträchtigung der normalen Verwertung des Werkes

In seiner zweiten Teststufe beschränkt Art. 5 Abs. 5 der Richtlinie die Anwendung der Schranken durch die Mitgliedstaaten auf Fälle, in denen die normale Verwertung des Werkes oder des sonstigen Schutzgegenstandes nicht beeinträchtigt wird. Problematisch erscheint, ob der deutsche Ge-

---

470 *Senftleben*, Copyright, S. 144; *ders.* GRUR Int. 2004, S. 207.
471 *Senftleben*, GRUR Int. 2004, S. 207.
472 *Senftleben*, Copyright, S. 144.
473 *Senftleben*, Copyright, S. 144.
474 BT-Dr. 15/38, S. 20.
475 *Suttorp*, § 52a UrhG, S. 195.
476 Präambel der WIPO-Verträge; *Senftleben*, GRUR Int. 2004, S. 208.
477 *Gounalakis*, § 52a UrhG, S. 63; *Suttorp*, § 52a UrhG, S. 195.

setzgeber mit der Einführung des § 52a UrhG dieser Anforderung gerecht wurde.[478] Zur Beantwortung dieser Frage gilt es zunächst herauszuarbeiten, welche Formen der Werknutzung von der „normalen Verwertung“ umfasst sind.[479] Dabei sind folgende Ansätze zu unterschieden:

aa) Historischer Ansatz

Bornkamm verweist bei seiner Auslegung auf Äußerungen von *Ulmer* aus dem Jahre 1967 während der Stockholmer Konferenz zur Revision zur Berner Übereinkunft.[480] Dieser führte aus, dass die Vervielfältigung literarischer Werke durch den Buchdruck oder deren Neuauflage im Wege der fotomechanischen Vervielfältigung in den Bereich der normalen Verwertung falle, nicht hingegen die Herstellung einzelner Fotokopien.[481] Demzufolge, so *Bornkamm,* sei allein in solchen Fällen von einer Beeinträchtigung der normalen Verwertung auszugehen, in denen die fragliche Nutzung in unmittelbaren Wettbewerb zu herkömmlichen Verwertungsformen tritt.[482] Dieser Ansatz sieht somit an dem Punkt die „normale Verwertung“ beeinträchtigt, an welchem der Schrankenbegünstigte auf dem traditionellen Primärmarkt des jeweiligen Werkes in Wettbewerb mit dem Rechteinhaber tritt.

bb) Empirischer Ansatz

Ricketson verfolgt zur Bestimmungen der „normalen Verwertung“ einen rein empirischen Ansatz und fragt nach der seitens des Urhebers vernünftigerweise erwartbaren Art der kommerziellen Verwertung seines Werkes.[483] Dieser Ansicht entsprechend liegen diejenigen Nutzungsarten außerhalb der „normalen Verwertung“ eines Werkes, die zwar ein urhe-

---

478 Stellungnahme des Bundesrates vom 27. September 2002, BT-Dr. 15/38 S. 36.

479 *Senftleben,* CR 2003, S. 917.

480 *Bornkamm,* in: FS Erdmann, S. 34.

481 *Ulmer,* GRUR Int. 1967, S. 444.

482 *Bornkamm,* in: FS Erdmann, S. 34; vgl. auch *Fiscor,* Copyright & Internet, S. 516.

483 „[ ] the expression „normal exploitation of a work“ refers simply to the ways in which an author might reasonably be expected to exploit his work in the normal course of events.“, *Ricketson,* The Berne Convention, S. 483; *Senftleben,* Copyright, S. 171.

berrechtliches Ausschließlichkeitsrecht tangieren, für die der Urheber indes vernünftigerweise keine Vergütung erwarten kann.[484]

cc) Normativer Ansatz

Schließlich entwickelte *Senftleben* zur Bestimmung des Bereichs der „normalen Verwertung" i.S.d. zweiten Teststufe einen normativen Ansatz, der, im Gegensatz zu obigen Ansichten, nicht starr an traditionelle Verwertungsformen anknüpft, sondern darüber hinaus auch potentielle Sekundärmärkte einbezieht.[485] So könne von einer Beeinträchtigung der normalen Verwertung in Fällen gesprochen werden, in denen die in Rede stehende Schranke die Rechteinhaber einer aktuellen oder potenziellen Einnahmequelle beraubt, die typischerweise ganz erhebliches Gewicht innerhalb der Gesamtverwertung von Werken einer betroffenen Werkart hat.[486]

dd) Stellungnahme

Fraglich ist nun, welcher dieser Ansätze verzugswürdig ist. Gegen den historischen Ansatz *Bornkamms* spricht seine unflexible, an traditionelle Verwertungsformen anknüpfende Konstruktion. So zählt beispielsweise das digitale Angebot urhebergesetzlich geschützter Inhalte zwar zu einer zunehmend bedeutsamen Verwertungsform, jedoch kann es kaum zu den herkömmlichen Verwertungsarten i.S.d. historischen Ansatzes gezählt werden.[487] Folglich bleiben digitale Verwertungsstrukturen nach *Bornkamm* – obschon sie traditionelle Vertriebsarten zunehmend substituieren (*siehe oben A. II.*) – bei der Frage der Beeinträchtigung der normalen Verwertung gänzlich außer Betracht.[488] Im Ergebnis führt dies zu einer ungerechtfertigten Benachteiligung derjenigen Urheber, die ihre Werke in digitaler Form verbreiten. Diese können sich – im Gegensatz zu Urhebern, welche sich konventionellen Verwertungsstrukturen bedienen –

484 *Ricketson*, The Berne Convention, S. 483.
485 *Senftleben*, Copyright, S. 178.
486 *Senftleben*, Copyright, S. 177ff.; *ders.*, GRUR Int. 2004, S. 209; *ders*, CR 2003, S. 918.
487 *Senftleben*, CR 2003, S. 918.
488 *Senftleben*, Copyright, S. 170; *ders.*, CR 2003, S. 918.

nicht auf den durch die zweite Stufe des Dreistufenstests gewährten Schutz berufen.[489]

Auch der empirische Ansatz *Ricketsons* vermag nicht zu überzeugen. Es erscheint zirkulär, die Frage der normalen Verwertung an die vom Urheber erwartbare Art der kommerziellen Werkverwertung zu knüpfen.[490] So werden Urheber regelmäßig in Bereichen, die durch eine Schranke ihrer ausschließlichen Verwertung entzogen sind, keine einträglichen Verwertungsmöglichkeiten erwarten.[491] Die Erwartungshaltung des Urhebers wird vielmehr durch die bestehenden Schranken geprägt. Läge man dessen ungeachtet diesen Ansatz zur Bestimmung der „normalen Verwertung" i.S.d. Art. 5 Abs. 5 InfoSoc-RL zu Grunde, käme man unweigerlich zu dem Schluss, dass alle bestehenden Schranken die normale Auswertung nicht beeinträchtigen, da der Urheber – eben aufgrund der ihm gezogenen Schranken – eine finanziell lukrative Werkverwertung in diesen Bereichen nicht erwartet.

Der normative Ansatz *Senftlebens* bezieht digitale Verwertungsstrukturen in die Bestimmung der normalen Auswertung ein. Er stellt nicht statisch auf die traditionelle Werkverwertung ab, sondern nimmt die aktuelle und zukünftige Gesamtverwertung der durch eine Schranke betroffenen Werke zum Ausgangspunkt.[492] Diese Auffassung ist damit entwicklungsoffen und trägt dem Umstand Rechnung, dass auch solche Schranken, die zwar nicht in traditionelle Verwertungsformen eingreifen, jedoch zukunftsträchtige elektronische Vertriebsmodelle für den Rechteinhaber ökonomisch sinnlos werden lassen, die Verwertung seines Werkes beeinträchtigen können. Sie ist daher vorzugswürdig. Insbesondere steht diese Ansicht auch nicht in Widerspruch zu der völkerrechtlichen Historie des Dreistufentests. Ausweislich der sich in den Materialen der Stockholmer Konferenz befindlichen Ausführungen zu der zweiten Stufe des Art. 9 Abs. 2 RBÜ, sollte die Herstellung einer sehr großen Zahl von Kopien geeignet sein, die normale Auswertung des Werkes zu beeinträchtigen.[493] Aus dieser Wertung geht der Grundgedanke hervor, dass die zweite Teststufe keineswegs dazu bestimmt war, jede erdenkliche Beein-

---

489 *Senftleben,* Copyright, S. 171.
490 *Hugenholtz,* AMI, S. 201.
491 *Senftleben,* CR 2003, S. 917.
492 *Senftleben,* GRUR Int. 2004, S. 209.
493 Report on the Works of Main Committee I, Records 1967, S. 1145.

trächtigung der Werkverwertung auszuschließen.[494] Dies gilt insbesondere vor dem Hintergrund, dass der zweiten Teststufe eine dritte nachfolgt, die aufgrund ihres offenen Wortlautes genügend Freiraum für eine umfassende Abwägung der widerstreitenden Interessen bietet. Damit bezweckt die zweite Teststufe allein die Aussonderung von Fällen evidenter Übergriffe in den ökonomischen Kern des Urheberrechts.[495] Ein solcher Übergriff kann dabei sowohl durch einen Eingriff in bestehende als auch in zukunftsträchtige potentielle Märkte erfolgen. Somit kann von einer Beeinträchtigung der normalen Auswertung i.S.d. zweiten Teststufe des Art. 5 Abs. 5 der InfoSoc-RL bereits dann gesprochen werden, wenn durch § 52a UrhG die Rechtsinhaber einer aktuellen oder potentiellen Einnahmequelle beraubt werden, die typischerweise ganz erhebliches Gewicht innerhalb der Gesamtverwertung von Werken der betroffen Art hat.[496]

Es stellt sich mithin zunächst die Frage, in welcher Weise die Gesamtverwertung der durch § 52a UrhG tangierten Werkarten erfolgt. Die Verwertung der unter Rückgriff auf § 52a UrhG in Unterricht und Forschung öffentlich zugänglich gemachten Inhalte findet primär in konventioneller analoger Form (z.B. Schulbücher, Skripten, Monographien), in zunehmender Weise jedoch ebenfalls über elektronische Abrufsysteme (z.B. online Veröffentlichung wissenschaftlicher Dissertationen im Rahmen des electronic publishings) statt.[497] Vor diesem Hintergrund ist zwischen seiner möglichen Beeinträchtigung der Werkverwertung in interaktiven Abrufsystemen einerseits und einer Beeinträchtigung der konventionellen Verwertung durch den Verkauf von Printmedien andererseits zu unterscheiden.[498]

(a) Beeinträchtigung der Verwertung in interaktiven Abrufsystemen

§ 52a UrhG könnte die Rechteinhaber einer aktuellen oder zukünftigen Einnahmequelle von erheblichem Gewicht im Segment der Online-Werkverwertung berauben. In diesen Teilbereich der Gesamtverwertung fallen alle interaktiven Verwertungsmodelle, bei denen der Nutzer die

494 *Senftleben*, GRUR Int. 2004, S. 209.
495 *Kröger*, Informationsfreiheit, S. 229; *Senftleben*, Copyright, S. 188.
496 *Senftleben*, GRUR Int. 2004, S. 209; *ders.*, CR 2003, S. 918.
497 *Gounalakis*, § 52a UrhG, S. 63; *Beger*, in: FS Kuhlen, S. 138.
498 *Suttorp*, § 52a UrhG, S. 197ff.

angebotenen Inhalte im Wege des On-demand Abrufs zeit- und ortsunabhängig konsumieren kann. Dazu gehören beispielsweise elektronische Mehrwertdienste von Verlagen, die es den Nutzern mittels neuer Abrechungsverfahren („pay per use") ermöglichen, anstatt der kompletten Ausgabe einer Zeitung bzw. einer Fachzeitschrift lediglich einzelne Artikel in elektronischer Form direkt über das Netzwerk abzurufen.[499] Sowohl der Zugriff auf die bereitgestellten Inhalte als auch ihre weitere Verwendung (Anzahl möglicher Ausdrucke, Möglichkeit der Weiterleitung des Dokuments per E-mail) werden bei derartigen Geschäftsmodellen über technische Schutzmaßnahmen gesteuert.[500]

Eine Beeinträchtigung der Online-Verwertung durch § 52a UrhG ist indes nur möglich, wenn die Schranke in diesem Marktsegment Anwendung findet. So bestimmt § 95a Abs. 1 UrhG, dass wirksame technische Maßnahmen, die der Rechtsinhaber zum Schutz der angebotenen Inhalte verwendet, ohne dessen Zustimmung nicht umgangen werden dürfen. Zwar verpflichtet § 95b Abs. 1 Nr. 5 i.V.m. Abs. 2 UrhG die Rechteinhaber den durch § 52a UrhG Begünstigten die notwendigen Mittel für ein schrankengestütztes On-demand Angebot zur Verfügung zu stellen, jedoch gilt dies gem. § 95b Abs. 3 UrhG nicht für On-demand Angebote auf der Grundlage einer vertraglichen Vereinbarung.

§ 95b Abs. 3 UrhG beruht auf Art. 6 Abs. 4 Unterabs. 4 der InfoSoc-RL und nimmt wirksame technische Maßnahmen, die im Rahmen eines interaktiven Angebots urhebergesetzlich geschützter Inhalte auf der Grundlage vertraglicher Vereinbarungen angewandt werden, von der Durchsetzung der Schrankenregelungen aus.[501] Die Verpflichtung des § 95b Abs. 1 UrhG gilt somit nur für offline, nicht hingegen für online angebotene Werke und Leistungen. Durch die Formulierung „soweit" in § 95 Abs. 3 UrhG stellt der Gesetzgeber klar, dass sich die Norm allein auf die technischen Maßnahmen erstreckt, die konkret im Rahmen des interaktiven Angebots auf der Grundlage vertraglicher Vereinbarungen angewandt werden; wird das Werk darüber hinaus auch in anderen Vertriebs-

499 *Sand,* Forschung und Lehre 2000, S. 459.

500 *Arlt,* Digital Rights Management Systeme, S. 15; *Bechtold,* DRM, S. 19.

501 *Götting,* in: Schricker, UrheberR, § 95b Rn. 25; *Wandtke/Ohst,* in: Wandtke/Bullinger, UrhR, § 95b Rn. 43; *Dreyer,* in: HK-UrhG, § 95b Rn. 16.

formen angeboten, so ist hinsichtlich dieser § 95b Abs. 3 UrhG nicht einschlägig.[502]

Im Ergebnis können die Begünstigten des § 52a UrhG in interaktiven Abrufsystemen angebotene Werke zwar weiterhin zulässigerweise nutzen, jedoch steht ihnen zur Realisierung einer schrankengestützten Nutzung keine Durchsetzungsmöglichkeit zur Verfügung.[503] Sie werden daher regelmäßig an einem On-demand Angebot in Forschung und Lehre gehindert sein, wenn geschützte Werke und Leistungen mit technischen Schutzmaßnahmen versehen und zum Abruf über Netzwerke angeboten werden.[504] Die Zulassung der Schrankennutzung steht in diesem Bereich im Belieben des jeweiligen Rechteinhabers.[505] Eine Beeinträchtigung der Online-Verwertung durch § 52a UrhG scheidet vor diesem Hintergrund aus.[506]

(b) Beeinträchtigung der analogen Verwertung

Ferner könnte § 52a UrhG die Rechteinhaber einer aktuellen oder zukünftigen Einnahmequelle von erheblichem Gewicht im Marktsegment der analogen Werkverwertung berauben. Dies könnte dadurch geschehen, dass Print- exemplare geschützter Inhalte digitalisiert und für Zwecke des Unterrichts und der Forschung schrankengestützt zum On-demand Abruf angeboten werden.

Problematisch ist daher, ob die durch § 52a Abs. 1, 3 UrhG eröffnete Möglichkeit der Digitalisierung und des anschließenden On-demand Angebotes geschützter Inhalte den Vertrieb von Printexemplaren derart substituiert, dass den Rechteinhabern eine Einnahmequelle von erheblichem Gewicht abgeschnitten wird. Anknüpfungspunkt zur Beantwortung dieser Frage ist die tatbestandliche Ausgestaltung des § 52a UrhG, insbesondere das Potential der Schranke, durch ihren Gebrauch bedingte erhebliche finanzielle Einbußen der Rechteinhaber zu unterbinden.[507]

---

502 *Arlt*, Digital Rights Management Systeme, S. 138; *Kröger*, CR 2001, S. 323.

503 *Arlt*, Digital Rights Management Systeme, S. 139.

504 *Suttorp*, § 52a UrhG, S. 199.

505 BT-Dr. 15/38, S. 27.

506 *Beger*, in: FS Kuhlen, S. 138; *Suttorp*, § 52a UrhG, S. 199; im Ergebnis ebenfalls *Gounalakis*, § 52a UrhG, S. 63.

507 *Gounalakis*, § 52a UrhG, S. 65.

§ 52a Abs. 1 UrhG beschränkt die privilegierte öffentliche Zugänglichmachung zunächst auf die Zwecke des Unterrichts[508] (Nr. 1) und der Forschung[509] (Nr. 2). Innerhalb dieses begrenzten Anwendungsbereichs der Schranke erfolgt weiterhin eine Begrenzung der Nutzungsgegenstände auf Werkteile, Werke geringen Umfangs sowie einzelne Beiträge aus Zeitungen oder Zeitschriften.[510] Das vollständige On-demand Angebot umfänglicher Werke oder Schutzgegenstände ist demnach stets unzulässig.[511] Die von § 52a Abs. 1 UrhG umfassten Nutzungsgegenstände dürfen weiterhin nicht für die Öffentlichkeit, sondern allein für einen bestimmt abgrenzbaren Nutzerkreis[512] öffentlich zugänglich gemacht werden. Durch diese Begrenzung wird der Gefahr begegnet, dass ein unüberschaubarer Personenkreis von den digital angebotenen Inhalten profitiert und sich im Ergebnis für einen Großteil potentieller Abnehmer der Erwerb des Printexemplares erübrigt.[513]

In einem weiteren Schritt nimmt § 52a Abs. 1 2. Hs. UrhG durch das Tatbestandsmerkmal der Gebotenheit eine weitere Einschränkung des Anwendungsbereichs der Schranke vor.[514] Aus ihm folgt eine Überprüfungspflicht des Zugänglichmachenden, ob die digitalisierten und anschließend online bereitgestellten Informationen mit demselben Effekt auch auf eine den Rechtsinhaber weniger belastende Weise vermittelt werden können.[515] Darüber hinaus obliegt dem Zugänglichmachenden die Überprüfung der Möglichkeiten zur Lizenzierung der bereitgestellten Inhalte. So entfällt die Gebotenheit eines schrankengestützten On-demand Angebotes in Unterricht und Forschung in Fällen, in denen eine Lizenz ohne besonderen Zeitaufwand und zu angemessenen Konditionen zu erlangen ist.[516] Die Rechteinhaber haben mithin die Möglichkeit, durch Einrichtung einer effektiven Lizenzierungsinfrastruktur die Gebotenheiten einer öffentlichen Zugänglichmachung entfallen zu lassen.

508 Siehe oben D. II. 2. b) aa).
509 Siehe oben D. II. 2. b) bb).
510 Siehe oben D. II. 2. b) aa) (a).
511 *Loewenheim*, in: Schricker, UrheberR, § 52a Rn. 13.
512 Siehe oben D. II. 2. b) aa) (c).
513 *Suttorp*, § 52a UrhG, S. 202.
514 *Dreier*, in: Dreier/Schulze, UrhG, § 52a Rn. 12; *Loewenheim*, in: Schricker, UrheberR, § 52a Rn. 14; *Suttorp*, § 52a UrhG, S. 144; *Lüft*, in: Wandtke/Bullinger, UrhR, § 52a Rn. 14; *Dreyer*, in: HK-UrhG, § 52a Rn. 22.
515 Siehe oben D. II. 2. b) cc) (a).
516 Siehe oben D. II. 2. b) cc) (a).

Auch im analogen Markt wird damit die Möglichkeit der Schrankennutzung im Ergebnis ins Belieben der Rechteinhaber gestellt.[517]

Abschließend reduziert § 52a Abs. 1 2. Hs. UrhG den Anwendungsbereich der Schranke auf öffentliche Zugänglichmachungen, die keine kommerziellen Zwecke verfolgen.[518] Durch diese letzte Begrenzung wird sichergestellt, dass im Rahmen der schrankengestützten öffentlichen Zugänglichmachung keine wirtschaftlichen Gewinne erzielt werden. Dies soll allein dem Urheber vorbehalten bleiben.[519]

Im Ergebnis verfügt die Schranke mit der Eingrenzung des Nutzungszwecks, der Nutzungsgegenstände, des zulässigen Adressatenkreises sowie durch das Merkmal der Gebotenheit sowie den Ausschluss kommerzieller Nutzungen über ein tatbestandsimmanentes System zur Begrenzung ihres Anwendungsbereichs. Der Tatbestand des § 52a UrhG wird auf mehreren Stufen von Einschränkungen durchzogen, die durch ihr kumulatives Ineinandergreifen der durch die Schranke freigestellten öffentlichen Zugänglichmachung enge Grenzen setzen. Oftmals wird eine schrankengestützte öffentliche Zugänglichmachung ausscheiden, weil etwa nicht nur Teile eines Werkes, sondern größere Werkteile benötigt werden, weil der mit dem On-demand Angebot zu erreichende Zweck mit gleichem Erfolg auch auf andere Weise zu erreichen ist oder aber, weil mit der öffentlichen Zugänglichmachung ein über die reine Kostenerstattung hinausgehender Gewinn erzielt wird.[520]

Somit bietet § 52a UrhG keine gesetzliche Grundlage für eine auf breiter Front stattfindende Digitalisierung und anschließende öffentliche Zugänglichmachung analoger Inhalte in Unterricht und Forschung. Durch die Schranke werden folglich die Rechteinhaber keiner aktuellen oder zukünftigen Einnahmequelle von erheblichem Gewicht im Marktsegment der analogen Werkverwertung beraubt.

Vor diesem Hintergrund scheidet eine Beeinträchtigung der normalen Verwertung i.S.d. zweiten Teststufe des Art. 5 Abs. 5 der InfoSoc-RL durch § 52a UrhG aus.

---

517 *Suttorp*, § 52a UrhG, S. 202.
518 Siehe oben D. II. 2. b) cc) (b).
519 *Suttorp*, § 52a UrhG, S. 202.
520 *Suttorp*, § 52a UrhG, S. 203.

c) Die ungebührliche Verletzung berechtigter Interessen

Die abschließende Teststufe des Art. 5 Abs. 5 der InfoSoc-RL gestattet den Mitgliedstaaten eine Beschränkung der urhebergesetzlichen Ausschließlichkeitsrechte allein in Fällen, in welchen durch die Gewährung der Schranke die berechtigten Interessen des Rechtsinhabers nicht ungebührlich verletzt werden. Im Unterschied zum Wortlaut des Art. 9 Abs. 2 RBÜ, der allein auf die „berechtigten Interessen des Urhebers" abstellt, richtet sich Art. 5 Abs. 5 InfoSoc-RL an einen weiter gefassten Kreis von Berechtigten.[521] So ist „Rechtsinhaber" i.S.d. Art. 5 Abs. 5 InfoSoc-RL neben dem Urheber auch der Leistungsschutzberechtigte sowie der Inhaber von vertraglich eingeräumten Nutzungsrechten, wie etwa ein Schulbuch- oder Zeitschriftenverlag. Bedeutsam ist ferner, dass die dritte Teststufe des Art. 5 Abs. 5 InfoSoc-RL nicht jedwede Verletzung berechtigter Interessen sondern allein eine „ungebührliche" durch die Gewährung von Schranken untersagt. Vor diesem Hintergrund gilt es zunächst herauszuarbeiten, welche Interessen des Rechtsinhabers zu seinen berechtigten i.S.d. des Art. 5 Abs. 5 InfoSoc-RL zählen, um dann in einem zweiten Schritt zu untersuchen, ob solche durch § 52a UrhG ungebührlich verletzt werden.

aa) Berechtigung der Interessen

Zu den berechtigten Interessen i.S.d. internationalen Dreistufentests zählen solche, die auf völkerrechtlicher Ebene vertraglichen Schutz genießen.[522] Dazu zählen sowohl ökonomische Interessen, die etwa in Art. 7, 8, 9 WCT, Kapitel II WPPT umfassend geschützt sind, als auch urheberpersönlichkeitsrechtliche Interessen, wie sie in Art. 6bis RBÜ ihren Ausdruck gefunden haben.[523]

Zweifelhaft ist jedoch, inwieweit sich dieser völkerrechtliche Begriff der „berechtigten Interessen" auf Art. 5 Abs. 5 InfoSoc-RL übertragen lässt. So sind ausweislich des neunzehnten Erwägungsgrundes der InfoSoc-RL Urheberpersönlichkeitsrechte ausdrücklich von ihrem Anwendungsbe-

---

521 *Senftleben*, GRUR Int. 2004, S. 209.

522 "An interest of the author can be qualified as 'legitimate' if it is conformable to law or rule; sanctioned or authorized by law or right", *Senftleben*, Copyright, S. 227.

523 *Senftleben*, GRUR Int. 2004, S. 210; *ders.* Copyright, S. 230.

reich ausgenommen. Aufgrund des eindeutigen Wortlauts der Richtlinie zählen folglich allein ökonomische Interessen des Rechtsinhabers zu den „berechtigte Interessen“ i.S. der letzten Teststufe des Art. 5 Abs. 5 Info-Soc-RL. Persönlichkeitsrechtliche Interessen bleiben hier gänzlich außer Betracht.[524]

bb) Ungebührliche Verletzung

§ 52a UrhG könnte das berechtigte Interesse des Rechtsinhabers an einer angemessenen monetären Verwertung seiner Ausschließlichkeitsrechte,[525] sei es durch Einräumung von Lizenzen oder durch eigene Vermarktung, ungebührlich verletzen. Dabei stellt sich zunächst in einem ersten Schritt die Frage, ob durch § 52a UrhG überhaupt ökonomische Interessen des Rechtsinhabers tangiert werden. Erst in einem solchen Falle fragt sich weiter, ob diese Verletzung „ungebührlich“ i.S.d. Art. 5 Abs. 5 Info-Soc-RL ist.

(a) Interessenverletzung

Eine Schranke beeinträchtigt bereits ihrem Wesen nach die Interessen der Rechteinhaber.[526] Hier ist indes allein fraglich, ob durch § 52a UrhG berechtigte ökonomische Interessen der Rechtsinhaber verletzt werden. In dem durch § 52a UrhG freigestellten Bereich wird die Befugnis des Rechteinhabers, über die Nutzung seiner Werke und Leistungen eigenverantwortlich zu disponieren und es exklusiv zu verwerten, beschnitten.[527] Liegen die engen Voraussetzungen einer erlaubnisfreien öffentlichen Zugänglichmachung nach § 52 Abs. 1 UrhG vor, erübrigt sich sowohl der Lizenzerwerb seitens des Zugänglichmachenden als auch der Erwerb der online angebotenen Inhalte seitens der Nutzer.[528]

Sehr deutlich tritt die Verletzung ökonomischer Interessen bei denjenigen Rechteinhabern zu Tage, deren Werke und Leistungen speziell auf

524 *Senftleben*, GRUR Int. 2004, S. 210; *Suttorp*, § 52a UrhG, S. 204.

525 “[ ] the essence of the author's legitimate interest' is the possibility of getting an appropriate economic return for his or her rights”, *Reinbothe/v. Lewinski*, WIPO Treaties, S. 127; vgl. auch *Fiscor*, Copyright & Internet, S. 516.

526 *Melichar*, in: Schricker UrheberR, Vor §§ 44a ff. Rn. 6.

527 *Gounalakis*, § 52a UrhG, S. 9.

528 *Suttorp*, § 52a UrhG, S. 206.

den Vertrieb in den durch § 52a Abs. 1 UrhG privilegierten Einrichtungen zugeschnitten sind.[529] So sind etwa Verlage von Schulbüchern und wissenschaftlicher Fachliteratur durch die Privilegierung von Schulen, Hochschulen, Berufs- und Weiterbildungseinrichtungen sowie von Einrichtungen der wissenschaftlichen Forschung in besonderer Weise durch die Schranke betroffen. Durch § 52a Abs. 1 UrhG werden ausdrücklich diejenigen Institutionen privilegiert, welche einen bedeutenden Absatzmarkt für Lehrbücher, Skripten und wissenschaftliche Fachzeitschriften darstellen und damit in wirtschaftlicher Hinsicht für Schul- und Wissenschaftsverlage von besonderer Bedeutung sind.[530] Im Ergebnis verletzt damit § 52a UrhG die berechtigten ökonomischen Interessen der Rechteinhaber an einer möglichst exklusiven Verwertung ihrer Werke und Leistungen im Bereich des Unterrichts und der wissenschaftlichen Forschung.

(b) Verhältnismäßigkeit

Fraglich ist nun, ob diese Verletzung ökonomischer Interessen der Rechteinhaber „ungebührlich“ i.S.d. Art. 5 Abs. 5 InfoSoc-RL ist. Dabei verbietet es bereits die Grundkonzeption des Dreistufentests zur Beantwortung dieser Frage starre Maßstäbe anzulegen.[531] Vielmehr wurde speziell die letzte Stufe des Tests als eine Regel konzipiert, die dem nationalen Gesetzgeber bei der Eingrenzung der urheberrechtlichen Ausschließlichkeitsrechte enormen Freiraum gewähren soll.[532] Vor diesem Hintergrund ist die Frage, ob § 52a UrhG berechtigte Interessen der Rechtsinhaber ungebührlich verletzt, im Wege einer flexiblen Abwägungsentscheidung zu beantworten.[533] Dabei kann als Leitlinie dieses Abwägungsprozesses auf den Grundsatz der Verhältnismäßigkeit zurückgegriffen werden.[534] Somit darf die durch § 52a UrhG ausgehende Verletzung der berechtigten Interessen der Rechtsinhaber nicht unverhältnismäßig sein. Dies setzt voraus, dass § 52a UrhG einen legitimen Zweck verfolgt, geeignet ist diesen Zweck zu fördern, die Schranke zur Erreichung der Ziele erfor-

---

529 *Suttorp*, § 52a UrhG, S. 206.
530 *Ensthaler*, K&R, S. 210.
531 *Senftleben*, GRUR Int. 2004, S. 210.
532 *Heide*, EIPR, 1999, S. 105.
533 *Fiscor*, Copyright & Internet, S. 516; *Reinbothe/v. Lewinski*, WIPO Treaties, S. 127; *Kröger*, Informationsfreiheit, S. 231; *Senftleben*, Copyright, S. 235 ff.
534 *Senftleben*, Copyright, S. 236; *ders.*, GRUR Int. 2004, S. 211.

derlich ist sowie der mit der Einführung der Schranke zu erwartende Erfolg in einem angemessenen Verhältnis zu den Beeinträchtigungen der Rechtsinhaber steht.

(aa) Legitimer Zweck

§ 52a UrhG müsste einen legitimen Zweck verfolgen. Ausweislich der Gesetzesbegründung verfolgt § 52a UrhG das Ziel, in den Bereichen des Unterrichts und der Wissenschaft die Nutzung moderner Kommunikationsformen zu ermöglichen.[535] Der Begründung der Beschlussempfehlung des Rechtsausschusses entsprechend bezweckt die Norm darüber hinaus, die Wettbewerbsfähigkeit deutscher Hochschulen im internationalen Vergleich zu gewährleisten.[536] Die Privilegierung der Bereiche Unterricht und Forschung ist ein auf nationaler, internationaler sowie auf gemeinschaftsrechtlicher Ebene anerkanntes Ziel.

Auf nationaler Ebene werden die Informationsinteressen Forschender und Lehrender durch Art. 5 Abs. 3 GG sowie durch die Sozialbindung des Eigentums in Art. 14 Abs. 2 S. 2 GG verfassungsrechtlich gesichert.[537] Auf völkerrechtlicher Ebene wird die Notwendigkeit des Zugangs zu Informationen für die Bereiche der Forschung und Lehre in Art. 10 Abs. 2 RBÜ sowie in den Präambeln der WIPO-Verträge deutlich. Schließlich zeigt sich auf der Ebene des Gemeinschaftsrechts der besondere Stellenwert von Forschung und Lehre. Ausweislich des vierzehnten sowie vierunddreißigsten Erwägungsgrundes der InfoSoc-RL sollen Mitgliedstaaten die Möglichkeiten erhalten, Schranken für Zwecke des Unterrichts und der Wissenschaft vorzusehen. Dabei sieht bereits die InfoSoc-RL selbst in Art. 5 Abs. 3 lit. a) eine solche fakultative Schranke vor *(siehe oben B. III. 2.)*, weitere Einschränkungen auf gemeinschaftsrechtlicher Ebene für Zwecke des Unterrichts und der Forschung finden sich darüber hinaus in Art. 6 Abs. 2 lit. b), Art. 9 lit. b) der Datenbank-RL[538] sowie in Art. 10

535 BT-Dr. 15/38, S. 20.

536 BT-Dr. 15/837, S. 34.

537 *Schack,* UrheberR, Rn. 482; *Bethge,* in: Sachs GG-Kom., Art. 5 Rn. 200ff.; *Melichar*, in: Schricker UrheberR, Vor §§ 44a ff. Rn. 1; *Gounalakis,* § 52a UrhG, S. 16.

538 Richtlinie 96/9/EG des Europäischen Parlaments und des Rates vom 11. 3. 1996 zum rechtlichen Schutz von Datenbanken.

Abs. 1 lit. d) der Vermiet- und Verleihrecht-RL.[539] Im Ergebnis privilegierte der deutsche Gesetzgeber mit der Einführung des § 52a UrhG anerkannte Belange der Allgemeinheit und mithin einen legitimen Zweck.

(bb) Geeignetheit

§ 52a UrhG müsste geeignet sein, dass mit seiner Hilfe angestrebte Ziel zumindest zu fördern. Maßgeblich ist, ob die Schranke ein zwecktaugliches Mittel darstellt; auf ihre Effektivität kommt es dabei nicht an.[540] Vor diesem Hintergrund fehlt es allein dann an der Geeignetheit einer Schranke, wenn den Rechteinhabern eine gänzlich nutzlose Beschränkung ihrer Rechte aufgebürdet würde.[541] § 52a Abs. 1 UrhG gestattet den erlaubnisfreien Zugriff auf urheberrechtlich geschützte Werke zum Zwecke ihres On-demand Angebots in Unterricht und wissenschaftlicher Forschung. Die Online-Nutzung urheberrechtlich geschützter Werke wird in dem durch § 52a Abs. 1 UrhG vorgegebenen Umfang aus dem Schutz des Ausschließlichkeitsrechts aus § 19a UrhG herausgenommen und in die Hände Lehrender, Lernender und Forschender gelegt. § 52a UrhG lässt damit kosten- und zeitaufwändige Lizenzverhandlungen von Bildungs- und Forschungseinrichtungen mit den jeweiligen Rechteinhabern entfallen und ermöglicht auf diesem Wege die unkomplizierte Verwendung geschützter Inhalte in elektronischen Abrufsystemen. Die Schranke ist somit zumindest nicht „evident untauglich“,[542] in den Bereichen des Unterrichts und der Wissenschaft die Nutzung moderner Kommunikationsformen zu ermöglichen und die Wettbewerbsfähigkeit deutscher Hochschulen zu verbessern. Sie ist daher zur Erreichung des mit ihrer Hilfe angestrebten legitimen Zwecks geeignet.

(cc) Erforderlichkeit

§ 52a UrhG müsste zudem zur Erreichung der Ziele erforderlich sein, die mit seiner Einführung verfolgt werden. Im Rahmen des Dreistufentests

---

539 Richtlinie 92/100/EWG des Rates vom 19. 11. 1992 zum Vermietrecht und Verleihrecht sowie zu bestimmten dem Urheberrecht verwandten Schutzrechten im Bereich des geistigen Eigentums.

540 *Senftleben*, Copyright, S. 237.

541 *Senftleben*, GRUR Int. 2004, S. 211.

542 Zu diesem Maßstab BVerfGE 67, 157 (173).

verlangt das Gebot der Erforderlichkeit, dass die durch den nationalen Gesetzgeber gewählte Schranke das mildeste Mittel zur Zielerreichung ist.[543] Erforderlich ist § 52a UrhG somit allein dann, wenn es kein milderes Mittel gibt, welches den gleichen Erfolg mit der gleichen Sicherheit und einem vergleichbaren Aufwand herbeiführen würde. Verfügt der Gesetzgeber über eine ebenso effektive, aber weniger einschneidende Alternative, so ist auf diese zurückzugreifen, um eine ungebührliche Verletzung i.S.d. Art. 5 Abs. 5 InfoSoc-RL zu vermeiden.[544]

Bereits im Gesetzgebungsverfahren wurde die Erforderlichkeit des § 52a UrhG unter Verweis auf bestehende urhebergesetzliche Schranken angezweifelt. Es bestünde kein Regelungsbedarf für eine Schranke des Rechts der öffentlichen Zugänglichmachung aus § 19a UrhG, da dem Interesse Forschender und Lehrender an einem erlaubnisfreien Informationszugang bereits durch die §§ 51, 53 Abs. 2 Nr. 1, Abs. 3 UrhG hinreichend Rechnung getragen werde.[545] Demnach sei eine weitere Schranke zugunsten von Forschung und Lehre nicht erforderlich und die Einführung des § 52a UrhG schlicht überflüssig.[546] Vor diesem Hintergrund stellt sich daher die Frage, ob die §§ 51, 53 Abs. 2 Nr. 1, Abs. 3 UrhG ein milderes Mittel darstellen, welches den mit der Einführung des § 52a UrhG verfolgten legitimen Zweck mit der gleichen Sicherheit und einem vergleichbaren Aufwand zu erreichen vermag.

Dies scheint zunächst hinsichtlich des § 53 Abs. 2 Nr. 1, Abs. 3 UrhG zweifelhaft. So gestattet diese Schranke allein die Herstellung von Vervielfältigungsstücken urhebergesetzlich geschützter Inhalte, nicht jedoch deren Angebot zum zeit- und ortsunabhängigen Abruf über Netzwerke.[547] § 53 UrhG deckt mithin allein einen Eingriff in § 16 UrhG, etwa durch das Uploading urhebergesetzlich geschützter Inhalte auf einen

543 *Senftleben*, Copyright, S. 237.

544 *Senftleben*, GRUR Int. 2004, S. 211.

545 Vgl. die Änderungsanträge der CDU/CSU-Bundestagsfraktion sowie der FDP-Bundestagsfraktion, BT-Dr. 15/837, S. 27ff.; *Gounalakis*, § 52a UrhG, S. 24.

546 *Sprang/Baer*, Gemeinsame Stellungnahme des Börsenvereins des deutschen Buchhandels und des VdS Bildungsmedien e.V. zum Regierungsentwurf für ein Gesetz zur Regelung des Urheberrechts in der Informationsgesellschaft, abrufbar unter: http://www.urheberrecht.org/topic/Info-RiLi/st/StellungnahmeBvRegE03.rtf (Abruf vom 25. 8. 2006).

547 *Schmid/Wirth*, UrhG, § 53 Rn. 1.

Server. Ihre öffentliche Zugänglichmachung i.S.d. § 19a UrhG liegt hingegen außerhalb des durch § 53 UrhG privilegierten Bereichs. Der mit der Einführung des § 52a UrhG intendierte Zweck der Förderung netzbasierter Informations- und Kommunikationstechnologie in Forschung und Lehre kann somit durch einen Rückgriff auf den auf ein analoges Umfeld zugeschnittenen § 53 Abs. 2 Nr. 1, Abs. 3 UrhG nicht erreicht werden.[548] Die Schranke stellt folglich kein im Vergleich zu § 52a UrhG gleich effektives Mittel dar.

Jedoch könnte das Zitatrecht aus § 51 UrhG ein milderes Mittel darstellen. § 51 erlaubt die Vervielfältigung (1. Var.), die Verbreitung (2. Var.) sowie die öffentliche Wiedergabe (3. Var.) einzelner Werke (Nr. 1), von Stellen eines Werkes (Nr. 2) sowie einzelner Stellen eines Musikwerkes (Nr. 3). Dabei erfasst § 51 UrhG – anders als der § 53 Abs. 2 Nr. 1, Abs. 3 UrhG – ebenfalls die öffentliche Zugänglichmachung, da diese gem. § 15 Abs. 2 S. 2 Nr. 2 UrhG einen Unterfall der öffentlichen Wiedergabe, § 51, 3. Var. UrhG, darstellt. Jedoch setzt das Zitatrecht stets die Einbindung der verwandten einzelnen Werke bzw. Werkstellen in ein selbstständiges Werk des Schrankenbegünstigten voraus.[549] Dabei fehlt es an der erforderlichen Selbstständigkeit bereits, wenn fremde Werke ohne wesentliche eigene Leistung wiedergegeben werden.[550] Zwar ist es im Bereich von Forschung und Lehre durchaus möglich, dass der Anbietende die online bereitgehaltenen Inhalte in sein eigenes Werk i.S.d. § 2 Abs. 2 UrhG integriert, wie z.B. bei dem On-demand Angebot von individuell aufbereiteten Studienmaterialen (Sprachwerk im Sinne des § 2 Abs. 1 Nr. 1 UrhG) im Rahmen des Studiums zum „Master of Science in Information Systems" der Universität Göttingen *(siehe oben A. II. 1. b)*. Vielfach jedoch werden die in Unterricht und Forschung online angeboten Inhalte nicht in ein selbstständiges Werk des Zugänglichmachenden eingebunden sein.[551] So dienen On-demand Angebote in Forschung und Lehre regelmäßig allein dazu, die informationelle Basis für die sich anschließende Werkschöpfung durch die *Rezipienten* der digitalen Inhalte zu liefern. Der Beitrag des Zugänglichmachenden erschöpft sich dabei in der Auswahl der angebotenen Inhalte, ihrer Digitalisierung sowie in ihrem anschließenden Uploading auf dem Server. Beispielhaft für On-demand-

548 *Zypries*, NJW-Editorial 16/2003.
549 *Schmid/Wirth*, UrhG, § 51 Rn. 3.
550 BGH NJW 1986, 131 (132).
551 *Suttorp*, § 52a UrhG, S. 212.

Anwendungen, bei denen es an einer Einbettung der zum On-demand Abruf angebotenen Inhalte in ein selbstständiges Werk des Zugänglichmachenden mangelt, ist etwa das digitale Bildarchiv „prometheus“ der Universität zu Köln *(siehe oben A. II. 1. b)* oder aber das digitale Angebot von Wirtschaftsdaten im Fachunterricht Wirtschaft/Recht des Adam-Kraft-Gymnasiums Schwabach *(siehe oben A. II. 1. a)*. Im Unterschied zu § 52a UrhG liegt somit der gesamte Bereich des reinen Informationsangebotes über elektronische Netzwerke, bei denen es an einem selbstständigen Werk des Anbieters fehlt, außerhalb des Zitatrechts. Es lässt keine umfassende Online-Nutzung geschützter Inhalte in Unterricht und Forschung zu.[552] Der durch § 51 UrhG privilegierte Rahmen zum On-demand Angebot urhebergesetzlich geschützter Inhalte in Forschung und Lehre ist daher im Vergleich zu dem durch § 52a UrhG eröffneten Freiraum deutlich enger. § 51 UrhG ist folglich nicht in gleicher Weise wie § 52a UrhG geeignet, das gesetzgeberische Ziel der Förderung netzwerkbasierter Informations- und Kommunikationstechnologie in Forschung und Lehre zu erreichen.

Überdies erscheint zweifelhaft, ob der durch den Gesetzgeber mit der Einführung des § 52a UrhG eingeschlagene Weg der gesetzlichen Lizenz tatsächlich erforderlich war. Zu prüfen ist daher, ob ein Modell der Zwangslizenzen das gesetzgeberische Ziel der Förderung von Netzwerktechnologie in Unterricht und Forschung auf gleich effektive, die Rechtsinhaber jedoch weniger belastende Weise zu erreichen vermag.

Anders als bei der gesetzlichen Lizenz ist bei der Zwangslizenz die Benutzungsfreiheit nicht durch das Gesetz selbst erklärt.[553] So gestattet eine gesetzliche Lizenz als Schranke des Urheberrechts gegen Zahlung einer Vergütung die Werknutzung ohne Einwilligung des Berechtigten, während die Zwangslizenz, wie etwa in § 42a UrhG, nicht von der Verpflichtung zur Einholung einer Einwilligung des Berechtigten für die jeweilige Nutzungshandlung befreit, sondern allein zum Abschluss eines entsprechenden Nutzungsvertrages zu angemessenen Bedingungen verpflichtet.[554] Die Zwangslizenz beseitigt daher nicht das ausschließliche

552 *Suttorp*, § 52a UrhG, S. 212.
553 *Melichar*, in: Schricker UrheberR, Vor §§ 44a ff. Rn. 29.
554 *Melichar*, in: Schricker UrheberR, Vor §§ 44a ff. Rn. 6.

Nutzungsrecht des Urhebers, sondern regelt nur dessen Ausübung und zählt nicht zu den Schranken i. S. d. 6. Abschnitts des UrhG.[555]

Im Bereich von Forschung und Lehre könnte man an einen urhebergesetzlichen Kontrahierungszwang zu Lasten der Verwerter und zu Gunsten von Schulen, Universitäten und Forschungsinstituten denken. Durch eine solche gesetzliche Zwangslizenz würden die Rechtsinhaber verpflichtet, eventuell nach Ablauf einer gesetzlich näher bestimmten Karenzzeit ab Erscheinen des Werkes, auf Anfrage das Recht zur öffentlichen Zugänglichmachung zu angemessenen Bedingungen einzuräumen.[556] Bei einem solchem Modell bliebe die Freiheit der inhaltlichen Gestaltung des Vertrages insoweit erhalten, als die Einräumung der Nutzung zu „angemessenen Bedingungen“ erfolgen muss.[557] Ein Modell der Zwangslizenzen in Forschung und Lehre stellt daher im Vergleich zur gesetzlichen Lizenz eine die Rechteinhaber weniger belastende Alternative dar.[558] Jedoch müsste diese Alternative auch in gleicher Weise wie eine gesetzliche Lizenz geeignet sein, dass mit der Einführung des § 52a UrhG intendierte Ziel zu erreichen. Dies ist insbesondere aufgrund des dem Zwangslizenzmodell immanenten Zustimmungserfordernisses seitens der Rechtsinhaber zweifelhaft. Denn ist der Rechtsinhaber nicht oder nur zu unangemessenen Konditionen zur Einräumung des Nutzungsrechts zur öffentlichen Zugänglichmachung bereit, so bleibt Lehrenden und Forschenden allein die Klage auf Abschluss eines solchen Vertrages.[559] Das Urteil ersetzt in diesem Falle gem. § 894 ZPO die Einwilligung des Rechtsinhabers. Im Unterschied zu einer gesetzlichen Lizenz darf daher ein Werk im Rahmen des Zwangslizenzmodells ohne Einwilligung des Rechtsinhabers – selbst bei ungerechtfertigter Verweigerung des Vertragsschlusses – nicht genutzt werden.[560] Wird es ohne Erlaubnis genutzt, so stellt dies eine Urheberrechtsverletzung mit den Folgen aus §§ 97 ff. UrhG dar, selbst wenn später ein entsprechender Vertrag geschlossen oder die Einwilligung des Berechtigten durch ein Urteil ersetzt wird.[561] Das Zwangslizenzmodell ermöglicht daher im Unterschied zur

555 *Rehbinder*, UrheberR, Rn. 253.
556 *Hansen*, GRUR Int. 2005, S. 383.
557 *Melichar*, in: Schricker UrheberR, Vor §§ 44a ff. Rn. 29.
558 *Gounalakis*, § 52a UrhG, S. 24.
559 *Melichar*, in: Schricker UrheberR, Vor §§ 44a ff. Rn. 29.
560 BGH NJW 1998, S. 1393 – Coverversion; OLG Dresden ZUM 2003, S. 490.
561 *Melichar*, in: Schricker UrheberR, Vor §§ 44a ff. Rn. 29.

gesetzlichen Lizenz keinen unmittelbaren Zugriff auf urhebergesetzlich geschützte Inhalte in Forschung und Lehre, sondern setzt für jede einzelne Online-Nutzung die sowohl kosten- als auch zeitintensive[562] Einholung der Einwilligung des Berechtigten bzw. ein diese ersetzendes Urteil voraus. Forschende und Lehrende wären beispielsweise in Fällen überzogener Vergütungsforderungen zur Vermeidung von Schadensersatzansprüchen regelmäßig gezwungen, vor Verwendung digitaler Inhalte zunächst gerichtlich klären zu lassen, ob die seitens des Zwangslizenzgebers geforderte Vergütung „angemessenen Bedingungen" entspricht.[563] Vor diesem Hintergrund ist ein gesetzlicher Kontrahierungszwang nicht in gleicher Weise effizient wie die Gestattung der erlaubnisfreien On-demand Nutzung geschützter Inhalte durch Einräumung einer Schranke.[564] Im Ergebnis ist daher die gesetzliche Lizenz des § 52a UrhG zwar ein im Vergleich zur Zwangslizenz die Rechtsinhaber stärker belastendes, aufgrund ihrer Zustimmungsfreiheit jedoch auch das effektivere Mittel,[565] um den Zugriff auf digitale Inhalte durch Lehrende und Forschende zu vereinfachen und auf diesem Wege das gesetzgeberische Ziel der Förderung moderner Informations- und Kommunikationstechnologie in Unterricht und Wissenschaft zu erreichen. Sie ist mithin erforderlich.

(dd) Angemessenheit

Schließlich müsste § 52a UrhG angemessen sein. Dies setzt voraus, dass der mit der Einführung der Schranke zu erwartende Erfolg nicht außer Verhältnis zu der Beeinträchtigung der Rechtsinhaber steht.[566] In diesem Prüfungsschritt muss somit eine Abwägung stattfinden zwischen der Intensität des Eingriffs in das urheberrechtliche Ausschließlichkeitsrecht einerseits und der Werthaltigkeit des mit der Schranke verfolgten Gemeinwohlzwecks andererseits. Von besonderer Bedeutung ist dabei, ob durch die Verpflichtung zur Zahlung einer angemessenen Vergütung

---

562 Vgl. zu den im Rahmen des Lizenzerwerbs auftretenden Problemen den Erfahrungsbericht von *Lutterbeck,* Bericht aus der Zukunft? Alltagserfahrungen eines Hochschullehrers mit Lizenzen und dergleichen, abrufbar unter: http://www.urheberrecht.org/topic/Info-RiLi/st/LutterbeckGehring-Stellungnahme.pdf (Abruf vom 3. 1. 2007).

563 *Hansen,* GRUR Int. 2005, S. 383.

564 *Hansen,* GRUR Int. 2005, S. 383; a. A. *Gounalakis,* § 52a UrhG, S. 27.

565 *Hansen,* GRUR Int. 2005, S. 383.

566 *Senftleben,* GRUR Int. 2004, S. 211.

die Beeinträchtigung der Verwertungsinteressen der Rechtsinhaber abgemildert und auf ein angemessenes Maß reduziert wird.[567] Die Vergütungspflicht kann somit als Mittel dienen, eine unangemessene Verletzung des urheberrechtlichen Ausschließlichkeitsrechts auf ein angemessenes Maß zu reduzieren.[568]

§ 52a UrhG gestattet das erlaubnisfreie On-demand Angebot urhebergesetzlich geschützter Inhalte nicht entschädigungslos. Gem. § 52a Abs. 4 S. 1 UrhG ist den Rechtsinhabern für die schrankengestützte öffentliche Zugänglichmachung eine angemessene Vergütung zu zahlen. Diese Vergütung müsste nun derart hoch sein, dass durch sie die Verletzung der wirtschaftlichen Verwertungsinteressen in einem Rahmen gehalten wird, der die Schwelle zur Unangemessenheit nicht überschreitet.[569] Dazu ist es nicht erforderlich, dass die Vergütungssätze das Niveau der entgangenen Lizenzgebühr erreichen.[570] Durch die Vergütungspflicht soll allein soweit Ersatz geleistet werden, wie § 52a UrhG die urheberrechtlichen Verwertungsinteressen unangemessen verletzt. Dabei ist für die Ermittlung der angemessenen Vergütungssumme die Rechtfertigung der Schrankenbestimmung von überragender Bedeutung.[571] Dient die Schranke etwa einem berechtigten Belang der Allgemeinheit, der seinen Ausdruck sowohl in völkerrechtlichen Verträgen als auch in den Richtlinien der EU gefunden hat, ist ein deutlich niedrigerer Vergütungssatz ausreichend als bei einer Schranke, die auf schwacher rechtfertigender Grundlage beruht.[572]

Die Verhandlungen zum Abschluss von Gesamtverträgen zur Vergütung von Ansprüchen nach § 52a Abs. 4 UrhG dauern zur Zeit noch an.[573] Allein für die Bereiche der öffentlich-rechtlich organisierten Hochschulen und Schulen, die überwiegend durch öffentliche Mittel von Bund und/oder Ländern grundfinanziert werden, liegt bereits ein Entwurf eines Gesamtvertrages (GesamtVE) zur Vergütung von Ansprüchen nach § 52a UrhG zwischen der Kultusministerkonferenz und der VG Musik-

567 BGH NJW 1999, S. 1953 – Kopienversanddienst; *Bornkamm*, in: FS Erdmann, S. 47. *Senftleben*, Copyright, S. 237; *ders.*, CR 2003, S. 919.
568 *Senftleben*, GRUR Int. 2004, S. 211.
569 *Suttorp*, § 52a UrhG, S. 214.
570 *Senftleben*, GRUR Int. 2004, S. 211.
571 *Senftleben*, GRUR Int. 2004, S. 211.
572 *Senftleben*, GRUR Int. 2004, S. 211.
573 *Loewenheim*, in: Schricker, UrheberR, § 52a Rn. 20.

edition, der GEMA, der VG Bild-Kunst, der GVL, der VFF, der VGF und der GWFF vor *(siehe oben D. II. 2. e)*. Dieser Vertragsentwurf sieht eine Differenzierung der Vergütungssätze nach öffentlichen Zugänglichmachungen im Rahmen des Unterrichts einerseits sowie im Rahmen der wissenschaftlichen Forschung andererseits vor. § 4 Abs. 1 a) S. 1 des GesamtVE normiert eine gestaffelte Vergütung für jede Zugänglichmachung pro Werk oder Werkteil im Rahmen des Unterrichts in Höhe von 1,80 € bis zu 20 Teilnehmern, von 21 bis 50 Teilnehmern von 3,00 €, von 51 bis 100 Teilnehmern von 4,00 € und von 101 bis 250 Teilnehmern von 5,00 €. Gemäß § 4 Abs. 1 a) S. 2 GesamtVE erhöht sich je weitere 250 Teilnehmer die Vergütung um jeweils 1,00 €. Für On-demand Angebote im Rahmen der eigenen wissenschaftlichen Forschung sieht § 4 Abs. 1 b) S. 1 GesamtVE eine pauschale Vergütung pro Werk oder Werkteil in Höhe von 4,00 € vor. § 4 Abs. 1 b) S. 2 GesamtVE regelt abschließend, dass sich die obigen Vergütungssätze im Fall der Nutzung von Audio- und audiovisuellen Werken um 100% erhöhen.

§ 4 des GesamtVE trägt durch die Staffelung der Vergütungssätze dem Umstand Rechnung, dass die durch das schrankengestützte On-demand Angebot in Forschung und Lehre hervorgerufenen Beeinträchtigungen der Verwertungsinteressen von gänzlich unterschiedlichem Ausmaß seien können. So differenziert § 4 GesamtVE gleich in dreifacher Hinsicht – zunächst nach dem Nutzungszweck (Unterricht oder Forschung), nach der Anzahl der Rezipienten bei einer öffentlichen Zugänglichmachung im Rahmen des Unterrichts sowie nach den öffentlich zugänglich gemachten Inhalten (erhöhter Vergütungssatz für Audio- und audiovisuelle Werke um 100%). Damit enthält § 4 GesamtVE ein flexibles Vergütungssystem, welches die Höhe der jeweils fälligen Vergütung dem Grad der Beeinträchtigung der Verwertungsinteressen anzupassen und die durch § 52a UrhG bedingten wirtschaftlichen Einbußen auf Seiten der Verwerter deutlich abzumildern vermag. Insbesondere erscheint die Höhe der jeweiligen Vergütungssätze vor dem Hintergrund einer starken völker- und europarechtlichen Rechtfertigung des § 52a UrhG *(siehe oben D. II. 3. a) bb)* als angemessen. So wird beispielsweise bei dem On-demand Angebot eines einzelnen Musikwerkes, § 2 Abs. 1 Nr. 2 UrhG, im Rahmen einer universitären Vorlesung mit 150 Teilnehmern bereits ein Vergütungssatz von 10,00 €, für das Online-Angebot eines Romanauszuges (Schriftwerk, § 2 Abs. 1 Nr. 1 UrhG) im Rahmen des Projekts „Deutsch digital“ *(siehe oben A. II. 1. a)* für einen 25 Schüler umfassenden Klassenverband ein Tarif von 3,00 € fällig. Ein solches Vergütungsmodell, das eine Differenzierung in der Vergütungshöhe erlaubt und die Beeinträchtigung wirtschaftlicher Interessen spürbar abfedert, dient daher als wirksames Mittel, den von § 52a UrhG ausgehenden Eingriff in urheberrechtliche Verwertungsrechte nicht außer Verhältnis zu dem mit der Schranke verfolgten Gemeinwohlzweck erscheinen zu lassen. Im Geltungsbereich des GesamtVE ist mithin davon auszugehen, dass § 52a UrhG die wirtschaftlichen Interessen der Rechtsinhaber nicht in einer Weise beeinträchtigt, die die Grenze zur Unangemessenheit überschreitet.

d) Zwischenergebnis

Mit der Schranke des § 52a UrhG machte der deutsche Gesetzgeber in einem bestimmten Sonderfall *(siehe oben D. II. 3. a)* von der fakultativen Einschränkungsmöglichkeit des Art. 5 Abs. 3 lit. a) InfoSoc-RL Gebrauch, der die normale Verwertung des Werkes oder des sonstigen Schutzgegenstandes nicht beeinträchtigt *(siehe oben D. II. 3. b)* und die berechtigten Interessen des Rechtsinhabers nicht ungebührlich verletzt *(siehe oben D. II. 3. c)*. Mithin entspricht § 52a UrhG den Vorgaben des Dreistufenstests aus Art. 5 Abs. 5 InfoSoc-RL.[574]

III. Zusammenfassung des vierten Teils

Der rechtliche Rahmen in Deutschland dafür, im Bereich von Forschung und Lehre urhebergesetzlich geschützte Inhalte über Netzwerke zum elektronischen anbieten zu können, hat sich mit dem Inkrafttreten des novellierten Urheberrechts zum 13. September 2003 grundlegend verändert. Mit der Einführung des § 52a UrhG wurden Lehrende, Lernende und Forschende erstmalig in die Lage versetzt, Wissen in digitaler Form im Rahmen ihrer Tätigkeit zum orts- und zeitunabhängigen Abruf anzubieten. Das volle Ausmaß dieses neuen urheberrechtlichen Freiraums in Forschung und Lehre wird in besonderer Weise durch den direkten Vergleich beider Rechtsrahmen deutlich:

574 Im Ergebnis ebenso *Suttorp*, § 52a UrhG, S. 215; *Beger*, in: FS Kuhlen, S. 140; a.A. wohl *Gounalakis*, § 52a UrhG, S. 63.

III. Zusammenfassung des vierten Teils

1. On-demand Angebote nach früherer Rechtslage

Vor der Implementierung der InfoSoc-RL setzte das On-demand Angebot von Werken und Leistungen in Forschung und Lehre zwingend den Erwerb einer Lizenz voraus. Die überwiegende Ansicht in Rechtsprechung und Literatur ordnete das Online-Angebot urhebergesetzlich geschützter Inhalte dem Recht zur unkörperlichen Werkverwertung zu und begriff es als unbenannte, unmittelbar von § 15 Abs. 2 UrhG a.F. erfasste Form des Rechts zur öffentlichen Wiedergabe *(siehe oben D. I. 1. b) bb)*. Eine Einschränkung dieses unbenannten On-demand Rechts für Zwecke des Unterrichts und Forschung sah das Urhebergesetz nicht vor. Insbesondere konnte das On-demand Angebot Forschender und Lehrender nicht auf § 52 UrhG a.F. gestützt werden, sei es, weil man bereits die Anwendbarkeit des § 52 UrhG a.F. auf On-demand Dienste verneinte, sei es aufgrund des Ausschlusses der öffentlichen Wiedergabe der während des Uploadings zwingend vorgenommenen Vervielfältigungen durch § 53 Abs. 6 UrhG a.F. *(siehe oben D. I. 2.)*.

2. On-demand Angebote nach aktueller Rechtslage

Mit der Umsetzung der InfoSoc-RL in das deutsche Urhebergesetz wurde das Recht zum On-demand Angebot geschützter Inhalte in § 19a UrhG normiert und damit erstmalig ausdrücklich dem Urheber zugewiesen *(siehe oben D. II. 2. a) aa)*. Die Konstruktion eines Innominatfalles des § 15 Abs. 2 UrhG a.F. zur Erfassung von Online-Angeboten urhebergesetzlich geschützter Werke und Leistungen wurde somit durch die Umsetzung des 1. Korbes der Urheberrechtsnovelle obsolet. § 52a UrhG schränkt dieses neue Recht der öffentlichen Zugänglichmachung aus § 19a UrhG für Zwecke des Unterrichts und der eigenen wissenschaftlichen Forschung ein. Lehrenden, Lernenden und Forschenden ist es fortan gestattet, im Rahmen ihrer Tätigkeit gegen Zahlung einer angemessenen Vergütung *(siehe oben D. II. 2. e)* erlaubnisfrei Werkteile sowie Werke geringen Umfangs zum zeit- und ortsunabhängigen Abruf über Netzwerke bereitzustellen *(siehe oben D. II. 2)*. Dabei muss sich das Angebot stets an einen bestimmt abgegrenzten Rezipientenkreis richten *(siehe oben D. II. 2. b)*. Überdies muss die On-demand Nutzung geboten und zur Verfolgung nicht kommerzieller Zwecke gerechtfertigt sein *(siehe oben D. II. 2. b) cc)*. Ausgenommen vom Privilegierungstatbestand des § 52a Abs. 1 UrhG sind gem.

Abs. 2 Werke, die für den Unterricht an Schulen bestimmt sind, sowie Filmwerke in den ersten zwei Jahren ihrer regulären Auswertung in deutschen Kinos *(siehe oben D. II. 2. c)*. § 52a UrhG erfüllt die internationalen Vorgaben des Dreistufentests des Art. 5 Abs. 5 InfoSoc-RL hinsichtlich Ausgestaltung und Reichweite urhebergesetzlicher Beschränkungen *(siehe oben D. II. 3.)*. Gemäß § 137k UrhG n.F. ist die Privilegierung von Forschung und Lehre in § 52a UrhG zeitlich bis zum 31. Dezember 2008 *(siehe oben D. II. 1. g)* befristet.

E. Fünfter Teil: Schlussbetrachtung

Abschließend sollen nun die urheberrechtlichen Rahmenbedingungen zum elektronischen Angebot von Wissen in Unterricht und Forschung in Schweden mit den durch das deutsche Urheberrecht gewährten Freiheiten verglichen werden. Dabei wird zunächst in einem ersten Schritt der urhebergesetzliche Freiraum zum On-demand Angebot vor und nach Umsetzung der InfoSoc-RL betrachtet, um sodann in einem zweiten Schritt zu untersuchen, in welche Richtung sich beide Urheberrechtsordnungen durch die Umsetzung der internationalen Vorgaben gewandelt haben. Im Ergebnis geht es somit im letzten Teil dieser Arbeit um die Frage, welcher Bildungs- und Forschungsstandort nach Umsetzung der InfoSoc-RL im Hinblick auf die jeweils gewährten urheberrechtlichen Freiräume vorzugswürdig ist.

I. Rechtsvergleich

1. On-demand-Anwendungen in Forschung und Lehre in Schweden und Deutschland vor Implementierung der InfoSoc-RL

Vor Umsetzung der europarechtlichen Vorgaben aus der InfoSoc-RL in das schwedische Urheberrecht wurde über das Recht der öffentlichen Wiedergabe gem. § 2 Abs. 3, 1. Var. URL allein das Online-Angebot von Werken mit erzählerischer Dimension, also Audio- und audiovisuelle Werke, dem urheberrechtlichen Ausschließlichkeitsrecht unterstellt *(siehe oben C. V. 1.)*. Die Schranke für Zwecke des Unterrichts aus § 21 Abs. 1 Nr. 2, 1. Alt. URL gestattete es jedoch Lehrenden und Lernenden, auch solche fließenden Werke – mit Ausnahme von Filmwerken, § 21 Abs. 2 URL – für Zwecke des Unterrichts zum On-demand Abruf bereitzustellen *(siehe oben C. III. 3. a)*. Das On-demand Angebot von Werken und Leistungen, die in statischer Form auf dem Bildschirm des Rezipienten erscheinen, wie etwa Texte, Grafiken und Fotos, wurde weder über das Recht der öffentlichen Wiedergabe aus § 2 Abs. 3, 1. Var. URL noch über das Recht der öffentlichen Darstellung, § 2 Abs. 3, 3. Var. URL, dem Urheber zugewiesen *(siehe oben C. V. 1.)*. Sie standen somit Forschenden und Lehrenden in umfassender Form für die elektronische Nutzung in Netzwerken zur Verfügung.

Anders gestaltete sich der urhebergesetzliche Freiraum zum On-demand Angebot geschützter Werke und Leistungen in Deutschland. Vor Umsetzung der InfoSoc-RL wurde das Online-Angebot unabhängig vom Charakter der bereitgestellten Inhalte (d.h. sowohl Audio- und audiovisuelle als auch zweidimensionale Werke) über die Annahme eines unbenannten Falles des § 15 Abs. 2 UrhG a.F. dem Urheber zugewiesen *(siehe oben D. II. 1. b) bb)*. Eine Schranke für Zwecke von Forschung und Lehre lehnte das urheberrechtliche Schrifttum – wenn auch mit unterschiedlicher Begründung, so doch im Ergebnis übereinstimmend – ab *(siehe oben D. II. 2)*. Folglich setzte das Online-Angebot urhebergesetzlich geschützter Inhalte der in Deutschland Lehrenden und Forschenden vor dem in Kraft treten des 1. Korbes der Urheberrechtsnovelle zwingend die Lizenzierung voraus.

Im deutsch-schwedischen Vergleich ist festzuhalten, dass der Rechtsrahmen zum On-demand Angebot von Wissen in Unterricht und Forschung in Schweden vor Umsetzung der InfoSoc-RL deutlich vorteilhafter war. Anders als in Deutschland bedurften Forschende und Lehrende nicht stets der Einwilligung der Rechteinhaber, um Werke und Leistungen unter Einsatz von Netzwerktechnologie zur Verfügung zu stellen. Insbesondere der Bereich des Online-Angebots der für Unterricht und Forschung in besonderer Weise relevanten statischen Werke (Texte, Bilder, Grafiken) wurde in Schweden bislang nicht unter ein urheberrechtliches Ausschließlichkeitsrecht gestellt und eröffnete Lehrenden, Lernenden und Forschenden ein weites Spektrum zur Nutzung urhebergesetzlich geschützter Inhalte in digitalen Informations- und Kommunikationssystemen. Diese im Vergleich zu Deutschland deutlich ausgeweitete Möglichkeit zur Online-Nutzung von Werken in Forschung und Lehre ist keineswegs zufällig. Sie beruht vielmehr auf den Empfehlungen der im Jahr 1998 eingesetzten Kommission zur Frage der Förderung der IT-basierten Distanzausbildung (*„Distansutbildningskommittén, DUKOM“*), die in ihren beiden Abschlussberichten sehr deutlich das Abhängigkeitsverhältnis zwischen dem freien Zugang zu Informationen einerseits und dem Einsatz moderner Informationstechnologie in der Praxis von Forschung und Lehre andererseits betonte *(siehe oben C. III. 2. d) aa)*.

2. On-demand-Anwendungen in Forschung und Lehre in Schweden und Deutschland nach Implementierung der InfoSoc-RL

Mit der Umsetzung der InfoSoc-RL hat sich der Rechtsrahmen für On-demand-Anwendungen in Forschung und Lehre sowohl in Schweden als auch in Deutschland grundlegend gewandelt. Beide Rechtsordnungen enthalten nun ausdrückliche Kodifizierungen des Rechts zum zeit- und ortsunabhängigen Angebot urheberrechtlich geschützter Inhalte über Netzwerke. So findet sich im novellierten schwedischen Urheberrecht mit dem Recht zur Übertragung an die Allgemeinheit aus § 2 Abs. 3 Nr. 1 URL eine neue Variante der öffentlichen Zugänglichmachung *(siehe oben C. V. 2.)*. Das zum 1. Juli 2005 in das schwedische Urhebergesetz aufgenommene Ausschließlichkeitsrecht umfasst sämtliche Formen der Distanzübertragung, unabhängig von der Frage, ob es sich bei den online angebotenen Inhalten um statische oder audio(visuelle) Werke handelt, ob die Inhalte auf drahtlosem (z.B. via WLAN) oder auf drahtgebundenem Wege übertragen werden, oder aber, ob der Zeitpunkt der Übertragung des Werkes frei wählbar ist (On-demand-Anwendungen) oder aber durch den Anbieter der Inhalte bestimmt wird (z.B. TV/Radio-Sendung) *(siehe oben C. IV. 2.)*.

In Deutschland wurde bereits mit der Umsetzung des 1. Korbes der Urheberrechtsnovelle zum 13. September 2003 mit dem Recht zur öffentlichen Zugänglichmachung aus § 19a UrhG ausdrücklich dem Urheber das Recht zugewiesen, sein Werk drahtlos oder drahtgebunden zum zeit- und ortsunabhängigen Abruf anzubieten *(siehe oben D. II. 2. a) aa)*. Anders als im schwedischen Recht differenziert damit das deutsche Urheberrecht weiterhin zwischen On-demand-Anwendungen i.S.d. § 19a UrhG, die einen orts- und zeitunabhängigen Zugriff ermöglichen und Sendungen i.S.d. § 20 UrhG, bei denen zwar der Zugriffsort, nicht jedoch der Zeitpunkt des Werkgenusses im Belieben des Rezipienten steht *(D. II. 2. a) aa)*.

Weitere Unterschiede zwischen beiden Urheberrechtsordnungen bestehen auf der Ebene der Schranken des On-demand Rechts. Während Schweden keinen Gebrauch von der fakultativen Schranke des Art. 5 Abs. 3 lit. a) InfoSoc-RL machte, enthält das deutsche Urhebergesetz in § 52a UrhG eine Einschränkung des Rechts zur öffentlichen Zugänglichmachung für Zwecke von Unterricht (§ 52a Abs. 1 Nr. 1 UrhG) und Forschung (§ 52a Abs. 1 Nr. 2 UrhG). Insbesondere erweist sich im schwedischen Recht die Schranke des Wiedergaberechts aus § 21 URL n.F. nach der im Rahmen der Umsetzung der InfoSoc-RL erfolgten Neukonzeption der Ausschließlichkeitsrechte nicht als flexibel genug, auch Distanzübertragungen zu erfassen. Sie findet vielmehr auf das neue Recht zur Übertragung an die Allgemeinheit ausweislich der Gesetzesbegründung keine Anwendung *(siehe oben C. IV. 3.)*.

Im Vergleich mit Schweden bietet der deutsche Urheberrechtsrahmen nach Umsetzung der Vorgaben aus der InfoSoc-RL Vorteile. Während Schweden seit dem 1. Juli 2005 das Online-Angebot geschützter Inhalte in Unterricht und Forschung schrankenlos unter das Urheberrecht stellt und damit an die Einwilligung der Rechteinhaber knüpft, wird es in Deutschland Lehrenden und Forschenden mit der Einführung des § 52a UrhG immerhin gestattet, gegen Zahlung einer angemessenen Vergütung erlaubnisfrei Werke und Werkteile in Netzwerken zum elektronischen Abruf bereitzuhalten.

II. Gesamtergebnis der Untersuchung

Mit der Implementierung der InfoSoc-RL in Schweden zum 1. Juli 2005 wurden bislang bestehende Freiräume in Forschung und Lehre zum elektronischen Angebot von Wissen geschlossen. Hingegen erhielten in Deutschland Forschende und Lehrende mit dem im Zuge des 1. Korbes der Urheberrechtsnovelle zum 13. September 2003 eingeführten § 52a UrhG erstmalig die Möglichkeit, erlaubnisfrei urhebergesetzlich geschützte Inhalte zum Zwecke von Unterricht und Forschung zum On-demand Abruf bereitzuhalten. Nach Umsetzung der europarechtlichen Vorgaben *(siehe oben B. III.)* weist der Bildungs- und Forschungsstandort „Deutschland" im deutsch-schwedischen Vergleich einen deutlich wissenschaftsfreundlicheren Urheberrechtsrahmen auf und verfügt damit über einen Vorteil im europäischen Wettbewerb. Die Einführung des § 52a UrhG ist daher ein Schritt in die richtige Richtung, um das gesetzgeberische Ziel der Förderung innovativer Netzwerktechnologie in Forschung und Lehre zu verfolgen. Mit Spannung gilt es nun zu beobachten, in welchem Umfang sich dieser neue urheberrechtliche Standortvorteil in den Resultaten zukünftiger internationaler Vergleichsstudien im Bereich von Forschung und Lehre, wie etwa des „E-Learning readiness ranking" der IBM Corp. *(siehe oben A. III. 2.)*, der vergleichenden Erhebungen des

Deutschen Instituts für Wirtschaftsforschung (DIW) *(siehe oben A. III. 2.)* oder aber des „Programme for International Student Assessment" (PISA) der OECD, niederschlägt.

Jedoch ist trotz des richtigen gesetzgeberischen Ansatzes, das Recht aus § 19a UrhG für Zwecke von Unterricht und Forschung zu begrenzen, die Schranke des § 52a UrhG nicht frei von Kritik. Sie weist im Hinblick auf ihre tatbestandliche Ausgestaltung deutliche Schwachstellen auf:

Zunächst erscheint es in gesetzessystematischer Hinsicht als wenig überzeugend, dass der in § 52a UrhG verwandte Begriff der „Öffentlichkeit" von der Legaldefinition des § 15 Abs. 3 UrhG abweicht *(siehe oben D. II. 2. a) bb)*. Ein unterschiedliches Verständnis des Öffentlichkeitsbegriffs im Rahmen der Zugänglichmachung gem. § 52a UrhG einerseits und der Wiedergabe gem. § 15 Abs. 3 UrhG andererseits führt zu unnötiger Unsicherheit über die Reichweite der Schranke.[1] An dieser Stelle wäre daher eine klarstellende Formulierung in § 52a UrhG wünschenswert.[2]

Unklar ist ferner die seitens des Gesetzgebers in § 52a Abs. 1 Nr. 1 UrhG gewählte Formulierung der Veranschaulichung *„im"* Unterricht. Hier suggeriert der Wortlaut, der On-demand Abruf müsse während der Unterrichtszeit und innerhalb der Schule stattfinden. Ein solches Verständnis des § 52a UrhG steht indes im krassen Widerspruch zu seinen europarechtlichen Vorgaben *(siehe oben D. II. 2. b) aa)* und führt zur Verwirrung der Normadressaten über die durch die Schranke freigestellten Werknutzungen.[3] Daher sollte der Gesetzgeber den Wortlaut des § 52a Abs. 1 Nr. 1 UrhG dahingehend verändern, zukünftig die öffentliche Zugänglichmachung zur Veranschaulichung *„für"* den Unterricht zu privilegieren.

Überdies erscheint die Umschreibung der privilegierten Nutzungsgegenstände in § 52a Abs. 1 UrhG ((keine) Teile eines Werkes, Werke geringen Umfangs sowie einzelne Beiträge aus Zeitungen und Zeitschriften) als wenig präzise. Auch im Wege der Gesetzesauslegung lassen sich keine expliziten Obergrenzen des zulässigen Werkumfangs aufstellen *(siehe oben D. II. 2. b) aa) (a)*. Weitere Probleme treten zu Tage, wenn es sich bei

1 *Kuhlen*, in: Forschung und Lehre im Informationszeitalter, S. 149.

2 *Suttorp*, § 52a UrhG, S. 223.

3 *Sieber*, in: Urheberrecht für Bildung und Wissenschaft, S. 57; *Kuhlen*, in: Forschung und Lehre im Informationszeitalter, S. 149.

den online angeboten Inhalten nicht um Texte, sondern um digitale Bilder, Fotos, Skizzen, Zeichnungen oder Tabellen handelt. Auch hier wäre eine gesetzgeberische Klarstellung dahingehend wünschenswert, dass auch nicht in Textform angebotene Inhalte als „Werke geringen Umfangs“ von der Schranke umfasst sind *(siehe oben D. II. 2. b) aa) (a) (bb)*.

Darüber hinaus ist umstritten, ob der Bedeutungsgehalt des in § 52a Abs. 1 Nr. 2 UrhG verwandten Begriffs der „eigenen wissenschaftlichen Forschung“ mit demjenigen des „eigenen wissenschaftlichen Gebrauchs“ in § 53 Abs. 2 S. 1 Nr. 1 UrhG übereinstimmt *(siehe oben D. II. 2. b) bb) (b)*. Auch hier wäre eine gesetzgeberische Klarstellung erstrebenswert.

Des Weiteren ist nicht nachvollziehbar, aus welchen Gründen der Gesetzgeber hinsichtlich der Eingrenzung des Rezipientenkreises an Forschende deutlich höhere Anforderungen stellt als an Lehrende. So knüpft der Gesetzgeber in seiner Begründung des Gesetzesentwurfes die öffentliche Zugänglichmachung für Zwecke der wissenschaftlichen Forschung (§ 52a Abs. 1 Nr. 2 UrhG) an die Vorgabe, den zugelassenen Personenkreis durch „konkrete und nach dem jeweiligen Stand der Technik wirksame Vorkehrungen“[4] einzugrenzen. Gefordert wird damit die Einhaltung eines mittleren Sicherheitsniveaus und demnach ein Wissen, welches über das hinausgeht, was in den Kreisen der jeweiligen Techniker – im Rahmen eines On-demand Angebotes mithin der Informatiker – bekannt und als richtig anerkannt ist *(siehe oben D. II. 2. b) bb) (c)*. Damit wird Forschenden eine Last auferlegt, welche sie nur mit Mühe werden schultern können.[5] Zumindest in der wissenschaftlichen Praxis an Hochschulen werden On-demand-Anwendungen regelmäßig vom Mitarbeiterstab des Lehrstuhlinhabers betreut. Von diesem aber zur Realisierung eines elektronischen Wissensangebotes die Einhaltung eines mittleren Sicherheitsniveaus und damit eine stetige Beobachtung des Standes der Technik sowie die schnellstmögliche Implementierung neuer Schutzsysteme in das eigene On-demand Angebot zu verlangen, erscheint wirklichkeitsfremd. Vielmehr besteht aufgrund dieser überzogenen Sicherheitsanforderun-

---

4 BT-Dr. 15/38, S. 20.

5 *Lutterbeck/Gehring*, Kritik aus der Sicht eines Hochschullehrers und Wissenschaftlers, den Gesetzentwurf der Bundesregierung zum UrhG und die Schrankenbestimmung für Unterricht und Forschung betreffend, abrufbar unter: http://www.urheberrecht.org/topic/Info-RiLi/st/LutterbeckGehring-Stellungnahme.pdf (Abruf vom 11. 1. 2007).

gen die große Gefahr, dass Forscher auf das Bereitstellen von Wissen in Netzwerken verzichten werden und auf diesem Wege einer möglichen Inanspruchnahme aus §§ 97 ff. UrhG begegnen.

Probleme können weiterhin bei der Grenzziehung zwischen kommerzieller und nicht kommerzieller Forschung auftreten. So stellt sich die Frage des kommerziellen Zwecks insbesondere bei aus Drittmitteln finanzierten Forschungsprojekten, bei deren Beginn keine kommerzielle Verwertung der Ergebnisse beabsichtigt ist, im Laufe des Forschungsprozesses jedoch vermarktungsfähige Forschungsergebnisse anfallen *(siehe oben D. II. 2. b) cc) (b) (bb).*

Schließlich ist umstritten, ob sich die Bereichsausnahme des § 52a Abs. 2 S. 2 UrhG auf Filmwerke bezieht, die nicht für eine Vorführung in Filmtheatern, sondern lediglich für das Fernsehen oder den Videovertrieb (DVD/VHS) produziert wurden. Hier wäre es zur Klarstellung sinnvoll, zukünftig die öffentliche Zugänglichmachung lediglich von *Kinofilmwerken* vor Ablauf von zwei Jahren an die Einwilligung des Berechtigten zu knüpfen *(siehe oben D. II. 2. c) bb).*

Neben der tatbestandlichen Ausgestaltung des § 52a UrhG bietet die Befristung der Schranke in § 137k UrhG n.F. bis zum 31. Dezember 2008 Anlass zu Kritik: Durch die Verfallsklausel ist die Bildungs- und Wissenschaftsschranke nicht dauerhaft im deutschen Urheberrecht gesichert.[6] Daher ist zweifelhaft, wie die Befristung mit den wissenschafts- und bildungspolitischen Zielen des BMBF, deren Erreichung der § 52a UrhG gerade zu dienen bestimmt war, zu vereinbaren ist. So gehört es zu den Primärzielen des BMBF, den schnellen Wissenszugriff – auch in einer digital vernetzten Informationslandschaft – *langfristig* zu sichern.[7] Dies gelingt durch die zeitliche Begrenzung der Anwendbarkeit der Schranke in § 137k UrhG jedoch nur bis zum 31. Dezember 2008.

Darüber hinaus ist zu bedenken, dass Deutschland zwar im direkten Vergleich zu Schweden im Wettbewerb der Wissenschaftsstandorte einen urheberrechtlichen Vorteil genießt, der Kampf um die Ansiedlung von Bildungs- und Forschungsinstitutionen jedoch auf internationaler Büh-

6 *Kuhlen*, in: Forschung und Lehre im Informationszeitalter, S. 146.

7 BMBF – Strategisches Positionspapier: Informationen vernetzten – Wissen aktivieren, S. 3, abrufbar unter: http://www.bmbf.de/pub/information_vernetzen-wissen_aktivieren.pdf (Abruf vom 11. 1. 2007).

ne ausgetragen wird. Dabei wird speziell im anglo-amerikanischen Rechtskreis den Bedürfnissen Forschender und Lehrender nach Online-Nutzungen geschützter Inhalte durch extensive urheberrechtliche Schranken Rechnung getragen.[8] So zeichnet sich beispielsweise der U.S.-amerikanische „Technology, Education and Copyright Harmonization Act“ (TEACH Act) durch einen im Vergleich zu § 52a UrhG deutlich flexibleren Anwendungsbereich aus.[9] Mit dem Ablauf der Frist des § 137k UrhG zum 31. Dezember 2008 würde damit keine, auch nur in Ansätzen mit dem amerikanischen TEACH Act vergleichbare Vorschrift im deutschen Urheberrecht existieren.[10]

Letztlich jedoch wurzelt die Kritik an der Befristung des § 52a UrhG im zwingenden Charakter urheberrechtlicher Schranken. So sind die Schranken des Urheberrechts nicht etwa bloße Zugeständnisse der Rechteinhaber an die Allgemeinheit, sondern in Fällen, in denen sie auf Grundrechten basieren, Rechte der Nutzer.[11] Erst durch sie erhält das Urheberrecht seinen Gehalt,[12] um durch das Zusammenspiel von Nutzungsfreiheit und Ausschließlichkeitsrecht seine Kernaufgabe zu erfüllen – die optimalen Rahmenbedingungen für geistig-schöpferische Prozesse zu schaffen.[13] Begrenzt werden die Schranken des Urheberrechts allein durch den Dreistufentest.[14] § 52a UrhG regelt einen bestimmten Sonderfall, der die normale Auswertung des Werkes nicht beeinträchtigt und die berechtigten Interessen der Rechteinhaber nicht ungebührlich verletzt *(siehe oben D. II. 3.)*. Er erfüllt damit sämtliche an eine Schranke des Urheberrechts gestellten Voraussetzungen. Diese Schranke nun in § 137k UrhG mit einem Verfallsdatum zu versehen, steht daher in einem deutlichen Spannungsverhältnis zu dem grundrechtlich in Art. 5 Abs. 3 GG verbürgten Anspruch Forschender und Lehrender, fremdes Wissen als Schaffensbasis ihrer Tätigkeit *(siehe oben A. I.)* auch in einer, das traditionelle analoge Wissensumfeld in zunehmender Weise ersetzenden, digitalen Bildungs- und Forschungslandschaft nutzbar zu machen.

---

8 *Hoeren*, in: UrheberR für Bildung und Wissenschaft, S. 166ff.
9 Ausführlich zum TEACH Act *Hoeren/Kalberg*, ZUM 2006, S. 600ff.
10 *Hoeren/Kalberg*, ZUM 2006, S. 604.
11 *Geiger*, in: Interessenausgleich im Urheberrecht, S. 149.
12 *Geiger*, GRUR Int. 2004, S. 818.
13 *Senftleben*, in: Interessenausgleich im Urheberrecht, S. 162; *Schack*, UrheberR, Rn. 482.
14 *Senftleben*, in: Interessenausgleich im Urheberrecht, S. 173.

Anhang

Anhang 1: Auszug aus dem schwedischen Gesetz über die Regierungsform (SFS 1974:152, zuletzt geändert durch das Gesetz SFS 2002:905) samt deutscher Übersetzung

Regeringsformen (1974:152)

2 Kap. Grundläggande fri-och rättigheter

19 § Författare, konstnärer och fotografer äger rätt till sina verk enligt bestämmelser som meddelas i lag.

Übersetzung des Verfassers:

Die Regierungsform (SFS 1974:152)

2. Kapitel: Grundlegende Freiheiten und Rechte

§ 19 Autoren, Künstler und Fotografen verfügen über das Recht an ihren Werken gemäß den gesetzlichen Bestimmungen.

Anhang 2: Auszug aus dem schwedischen Urhebergesetz (SFS 1960:729, zuletzt geändert durch das Gesetz SFS 2000:665) vor seiner Änderung im Zuge der Umsetzung der InfoSoc-RL samt deutscher Übersetzung

Lag (1960:729) om upphovsrätt till litterära och konstnärliga verk
1 Kap. Upphovsrättens föremål och innehåll
1 § Den som har skapat ett litterärt eller konstnärligt verk har upphovsrätt till verket oavsett om det är
1. skönlitterär eller beskrivande framställning i skrift eller tal,
2. datorprogram,
3. musikaliskt eller sceniskt verk,
4. filmverk,
5. fotografiskt verk eller något annat alster av bildkonst,
6. alster av byggnadskonst eller brukskonst, eller
7. verk som har kommit till uttryck på något annat sätt.

Till litterära verk hänförs kartor, samt även andra i teckning eller grafik eller i plastisk form utförda verk av beskrivande art.
Vad som i denna lag sägs om datorprogram skall i tillämpliga delar gälla även förberedande designmaterial för datorprogram.

2 § Upphovsrätt innefattar, med de inskränkningar som nedan stadgas, uteslutande rätt att förfoga över verket genom att framställa exemplar därav och genom

att göra det tillgängligt för allmänheten, i ursprungligt eller ändrat skick, i översättning eller bearbetning, i annan litteratur- eller konstart eller i annan teknik. Såsom framställning av exemplar anses även att verket överföres på anordning, genom vilken det kan återgivas.
Verket göres tillgängligt för allmänheten då det framföres offentligt, så ock då exemplar därav utbjudes till försäljning, uthyrning eller utlåning eller eljest sprides till allmänheten eller visas offentligt. Lika med offentligt framförande anses framförande som i förvärvsverksamhet anordnas inför en större sluten krets.

Offentliga framföranden
21 § Var och en får framföra utgivna verk offentligt
1. vid tillfällen där framförandet av sådana verk inte är det huvudsakliga, tillträdet är avgiftsfritt och anordnandet sker utan förvärvssyfte samt
2. vid undervisning eller gudstjänst.
Första stycket gäller inte sceniska verk och filmverk och ger inte rätt att sända ut verk i ljudradio eller television.
Första stycket 2 ger inte rätt att i förvärvssyfte framföra sammanställningar vid undervisning.

Übersetzung des Verfassers:

Gesetz (1960:729) zur Regelung des Urheberrechts an literarischen und künstlerischen Werken
1. Kapitel: Gegenstand und Reichweite des Urheberrechts
§ 1 (1) Jedermann, der ein literarisches oder künstlerisches Werk geschaffen hat, genießt das Urheberrecht an diesem Werk, unabhängig davon, ob es sich bei diesem um
1. schöngeistige Literatur oder beschreibende Darstellungen in Schrift oder Sprache,
2. ein Computerprogramm,
3. ein Werk der Musik oder der Bühnenkunst,
4. ein Filmwerk,
5. ein Lichtbildwerk oder andere Werke der Bildkunst,
6. ein Werk der Baukunst oder angewandten Kunst oder,
7. ein Werk, welches in einer anderer Weise seinen Ausdruck fand,
handelt.

(2) Literarische Werke umfassen ebenfalls Karten sowie andere, in Form von Zeichnungen, Grafiken oder in plastischer Art zum Ausdruck gebrachte Werke der darstellenden Kunst. (...)

§ 2 (1) Das Urheberrecht umfasst, mit seinen im Weiteren festgesetzten Beschränkungen, das ausschließliche Recht über das Werk durch seine Vervielfältigung und im Wege seiner öffentlichen Zugänglichmachung zu verfügen, sei es in seinem ursprünglichen oder einem veränderten Zustand, im Wege seiner Übersetzung oder Bearbeitung, in einer anderen literarischen oder künstlerischen Form oder unter Einsatz einer anderen Technik.

(2) Eine Vervielfältigung ist ebenfalls die Übertragung des Werkes auf eine Vorrichtung, welche seine Wiedergabe ermöglicht.

(3) Ein Werk wird im Wege der öffentlichen Wiedergabe öffentlich zugänglich gemacht und in Fällen, in denen ein Exemplar des Werkes zum Kauf, zur Vermietung oder zum Verleih angeboten wird oder auf andere Weise an die Allgemeinheit verbreitet wird oder wenn das Werk öffentlich dargestellt wird. Einer öffentlichen Wiedergabe gleichgestellt sind gewerbliche Wiedergaben, welche sich an einen größeren geschlossenen Personenkreis richten.

Öffentliche Wiedergabe
§ 21 (1) Jedermann hat das Recht, veröffentlichte Werke öffentlich wiederzugeben
1. bei Veranstaltungen, in denen die Werkwiedergabe nicht den Mittelpunkt bildet, zu denen der Zugang entgeltfrei möglich ist und die keine kommerziellen Interessen verfolgen sowie
2. beim Unterricht oder Gottesdienst.

(2) Absatz 1 findet keine Anwendung auf Werke der Bühnenkunst sowie auf Filmwerke und gewährt kein Recht zur Sendung des Werkes in Radio oder Fernsehen.

(3) Absatz 1 Nr. 2 findet keine Anwendung auf die gewerbsmäßige Wiedergabe von Zusammenstellungen im Rahmen des Unterrichts.

Anhang 3: Auszug aus dem Gesetz (Lag 2005:359) zur Implementierung der Info-Soc-RL in das schwedische Urheberrecht (Upphovsrätten i informationssamhället – genomförande av direktiv 2001/29/EG) samt deutscher Übersetzung. Die Änderungen des Urhebergesetzes (Lag 1960:729) sind *hervorgehoben*.

Lag (1960:729) om upphovsrätt till litterära och konstnärliga verk
1 Kap. Upphovsrättens föremål och innehåll
§ 2 Upphovsrätt innefattar, med de inskränkningar som *föreskrivs i det följande*, uteslutande rätt att förfoga över verket genom att framställa exemplar *av det* och genom att göra det tillgängligt för allmänheten, i ursprungligt eller ändrat skick, i översättning eller bearbetning, i annan litteratur- eller konstart eller i annan teknik.

Framställning av exemplar innefattar varje direkt eller indirekt samt tillfällig eller permanent framställning av exemplar av verket, oavsett i vilken form eller med vilken metod den sker och oavsett om den sker helt eller delvis.

Verket *görs* tillgängligt för allmänheten *i följande fall.*

1. *När verket överförs till allmänheten. Detta sker när verket på trådbunden eller trådlös väg görs tillgängligt för allmänheten från en annan plats än den där allmänheten kan ta del av verket. Överföring till allmänheten innefattar överföring som sker på ett sådant sätt att enskilda kan få tillgång till verket från en annan plats och vid en tidpunkt som de själva väljer.*

2. *När verket framförs offentligt. Offentligt framförande innefattar endast sådana fall då verket görs tillgängligt för allmänheten med eller utan användning av ett tekniskt hjälpmedel på samma plats som den där allmänheten kan ta del av verket.*

3. *När exemplar av verket visas offentligt. Offenlig visning innefattar en- dast sådana fall då ett exemplar av ett verk görs tillgängligt för allmänheten utan användning av ett tekniskt hjälpmedel på samma plats som den där allmänheten kan ta del av exemplaret. Om ett tekniskt hjäpmedel används är det i stället ett offentligt framförande.*

4. *När exemplar av verket bjuds ut till försäljning, uthyrning eller utlåning eller annars sprids till allmänheten.*

Med överföring till allmänheten och offentligt framförande jämstalls överföringar och framföranden som i förvärvsverksamhet anordnas till eller inför en större sluten krets.

Offentliga framföranden

§ 21 Var och en får, *med undantag för* filmverk och sceniska verk, framföra *offentliggjorda* verk offentligt
1. vid tillfällen där framförandet av sådana verk inte är det huvudsakliga, tillträdet är avgiftsfritt och anordnandet sker utan förvärvssyfte samt
2. vid undervisning eller gudstjänst.
Riksdagen samt statliga och kommunala myndigheter får i fall som avses i första stycket 1 även framföra offentliggjorda filmverk och sceniska verk. Verken får framföras endast genom en uppkoppling till ett externt nätverk som tillhandahålls i syfte att tillgodose ett allmänt informationsintresse. Framförandet får ske endast i riksdagens eller myndigheternas egna lokaler.
Första stycket 2 ger inte rätt att i förvärvssyfte framföra sammanställningar vid undervisning.

Übersetzung des Verfassers

Gesetz (1960:729) zur Regelung des Urheberrechts an literarischen und künstlerischen Werken

1. Kapitel: Gegenstand und Reichweite des Urheberrechts

§ 2 (1) Das Urheberrecht umfasst, mit seinen im Folgenden vorgeschriebenen Beschränkungen, das ausschließliche Recht über das Werk durch seine Vervielfältigung und im Wege seiner öffentlichen Zugänglichmachung zu verfügen, sei es in seinem ursprünglichen oder einem veränderten Zustand, im Wege seiner Übersetzung oder Bearbeitung, in einer anderen literarischen oder künstlerischen Form oder unter Einsatz einer anderen Technik.

(2) Eine Vervielfältigungshandlung umfasst jede direkte oder indirekte, einschließlich temporäre oder dauerhafte, Herstellung von Werkexemplaren, unabhängig in welcher Form oder auf welcher Weise diese vorgenommen wurde, sowie unabhängig davon, ob vollständig oder nur in Teilen.

(3) Das Werk wird in den folgenden Fällen der Allgemeinheit zugänglich gemacht:

1. Wenn das Werk an die Allgemeinheit übertragen wird. Dies geschieht, wenn das Werk auf einem drahtgebundenen oder drahtlosen Weg der Allgemeinheit von einem anderen Ort zugänglich gemacht wird, als dem, an welchem die Allgemeinheit auf das Werk zugreifen kann. Die Übertragung an die Allgemeinheit schließt Übertragungen in einer Weise mit ein, dass einzelne Mitglieder der Allgemeinheit den Zugang zum Werk an einem Ort und zu einem Zeitpunkt ihrer Wahl herstellen können.
2. Wenn das Werk öffentlich wiedergegeben wird. Die öffentliche Wiedergabe umfasst ausschließlich solche Fälle, bei denen die Zugänglichmachung an die Allgemeinheit, mit oder ohne Einsatz eines technischen Hilfsmittels, am selben Ort erfolgt, an welchem die Öffentlichkeit von dem Werk Kenntnis nehmen kann.
3. Wenn ein Werkexemplar öffentlich dargestellt wird. Die öffentliche Darstellung umfasst ausschließlich solche Fälle, bei denen der Allgemeinheit ein Exemplar des Werkes ohne Einsatz eines technischen Hilfsmittels an dem Ort zugänglich gemacht wird, an welchem der Allgemeinheit die Kenntnisnahme möglich ist. Wird ein technisches Hilfsmittel verwandt, handelt es sich um eine öffentliche Wiedergabe.
4. Wenn ein Exemplar des Werkes zum Kauf, zur Vermietung oder zum Verleih angeboten oder auf andere Weise öffentlich verbreitet wird.

(4) Mit Übertragungen an die Allgemeinheit sowie öffentlichen Wiedergabehandlungen sind Übertragungen und Wiedergaben gleichgestellt, welche gewerbsmäßig für oder vor einem größeren geschlossenen Personenkreis veranstaltet werden.

Öffentliche Wiedergabe
§ 21 (1) Jedermann hat das Recht, öffentlich gemachte Werke, mit Ausnahme von Filmwerken und Werken der Bühnenkunst, öffentlich wiederzugeben
1. bei Veranstaltungen, in denen die Werkwiedergabe nicht den Mittelpunkt bildet, zu denen der Zugang entgeltfrei möglich ist und die keine kommerziellen Interessen verfolgen sowie
2. beim Unterricht oder Gottesdienst.

(2) Der Reichstag sowie staatliche und kommunale Einrichtungen dürfen in den Fällen des Absatzes 1 Nr. 1 ebenfalls Filmwerke sowie Werke der Bühnenkunst öffentlich wiedergeben. Die Werke dürfen ausschließlich über ein externes Netzwerk wiedergegeben werden, welches zur Verfügung gestellt wird, um ein öffentliches Informationsinteresse zu befriedigen. Die Wiedergabe darf allein in den Räumen des Reichstags oder anderer öffentlicher Einrichtungen erfolgen.

(3) Absatz 1 Nr. 2 findet keine Anwendung auf die gewerbsmäßige Wiedergabe von Zusammenstellungen im Rahmen des Unterrichts.

Anhang 4: Auszug aus dem Entwurf eines Gesamtvertrages zur Vergütung von Ansprüchen nach § 52a UrhG zwischen der Kultusministerkonferenz und den Verwertungsgesellschaften[1]

§ 1
Vertragsgegenstand

(1) Dieser Vertrag regelt die Abgeltung urheberrechtlicher Ansprüche aus § 52a Abs. 4 UrhG für das öffentliche Zugänglichmachen von Werken oder Werkteilen für Zwecke des Unterrichts und der Forschung.

(2) Der Vertrag regelt nur Ansprüche gegen Einrichtungen, die öffentlich-rechtlich organisiert sind und überwiegend durch öffentliche Mittel von Bund und/oder Ländern grundfinanziert werden.

§ 2
Begriffsbestimmungen

(1) Im Sinne dieses Vertrages gelten als:

a) kleine Teile eines Werkes maximal 15% eines Werkes, bei Filmen nicht mehr als 5 Minuten Länge
b) Teile eines Werkes 33% eines Druckwerkes
c) Werk geringen Umfangs:
– ein Druckwerk mit maximal 25 Seiten, bei Musikeditionen maximal 6 Seiten;
– ein Film von maximal 5 Minuten Länge,
– maximal 5 Minuten eines Musikstücks, sowie
– alle vollständigen Bilder, Fotos und sonstigen Abbildungen

(2) Die öffentliche Zugänglichmachung darf stets nur für einen bestimmt abgegrenzten Kreis von Unterrichtsteilnehmern zur Veranschaulichung im Rahmen des Unterrichts oder von Personen für deren eigene wissenschaftliche Forschung erfolgen. Dabei muss durch technische Maßnahmen gewährleistet sein, dass Unberechtigte nicht zugreifen können.

(3) Eine öffentliche Zugänglichmachung gemäß § 52 a UrhG muss stets zu dem jeweiligen Zweck geboten sein. Dies ist nur der Fall, wenn das Werk nicht in zumutbarer Weise vom ausschließlichen Rechteinhaber in digitaler Form für die Nutzung im Netz der jeweiligen Einrichtung angeboten wird.

§ 4
Vergütung

(1) Die Vertragsparteien vereinbaren für jede Zugänglichmachung pro Werk oder Werkteil

[1] Folgende Verwertungsgesellschaften sind Parteien des Entwurfes: VG Musikedition, GEMA, VG Bild-Kunst, GVL, VFF, VGF, GWFF.

a) im Rahmen des Unterrichts (§ 52 a Abs. 1 Nr. 1 UrhG) einen Tarif in Höhe von

bei bis zu 20 Teilnehmer	1,80 Euro
von 21 bis 50 Teilnehmer	3,00 Euro
von 51 bis 100 Teilnehmer	4,00 Euro
von 101 bis 250 Teilnehmer	5,00 Euro

Je weitere 250 Teilnehmern erhöht sich die Vergütung um jeweils 1,00 Euro

b) im Rahmen der eigenen wissenschaftlichen Forschung eine Vergütung in Höhe von 4,00 Euro.

Vorstehende Vergütungen erhöhen sich im Fall der Nutzung von Audio- und audiovisuellen Werken um 100%.

(2) Abrechnungszeitraum für die Vergütung nach Abs. 1 a) ist die jeweilige Ausbildungseinheit (Semester oder Trimester).

(3) Der Abrechnungszeitraum für die Vergütung nach Abs. 1 b) ist die Dauer des Forschungsprojekts.

(4) Die in Abs. 1 vereinbarten Beträge sind Nettobeträge und verstehen sich zuzüglich der jeweils gültigen Umsatzsteuer (zur Zeit 7%).

(5) Die Rechnungsstellung erfolgt durch die Verwertungsgesellschaften halbjährlich gegenüber Bund und Ländern jeweils für das vorausgegangene Halbjahr. Die Zahlung hat bis spätestens 31. 12. des Folgejahres zu erfolgen.

(6) Bei der Rechnungsstellung gewähren die Verwertungsgesellschaften einen pauschalen Nachlass in Höhe von 5% für den Anteil an urheberrechtlich gemeinfreien Werken.

Register

Bei Fragen zur Produktsicherheit wenden Sie sich bitte an:
If you have any questions regarding product safety,
please contact:

Walter de Gruyter GmbH
Genthiner Straße 13
10785 Berlin
productsafety@degruyterbrill.com